國家古籍整理出版專項經費資助項目
北京市優秀古籍整理出版扶持項目

定州塔北宋題名碑記整理

梁鬆濤
魏國棟　注釋

北京聯合出版公司

前 言

定州塔，即定州開元寺塔，現位於河北省定州市城區，因坐落於開元寺而得名，又因此塔有監察敵情的功能，還稱之爲料敵塔。其始建於宋真宗咸平四年（1001），仁宗至和二年（1055）建成，至今已有千年歷史。定州塔爲八角形樓閣式建築，由基座、塔身、塔刹三部分組成，基座周長 127.65 米，塔身 11 級，塔高 83.7 米，塔刹高 8.56 米，是我國現存最高的磚塔。著名古建專家羅哲文先生讚譽其爲“中華第一塔”。1961 年被國務院列爲第一批全國重點文物保護單位。

一、定州塔與開元寺

定州開元寺歷史要比定州塔更爲久遠，最早可追溯至北魏太和十六年（492）所建的七帝寺。隋開皇十六年（596）更名爲正解寺[1]；唐開元二十六年（738），“敕每州各以郭下定形勝觀寺，改以‘開元’爲額。”[2] 更名爲開元寺，後沿用至今。

開元寺建立後，歷經多次滅佛運動，幾經毀廢，但仍爲當時北方著名大寺廟。如：《舊五代史》載，後唐天祐十九年（922）李存

---

1 ［民國］賈恩紱纂修：《（民國）定縣志》卷十九《志餘》，中國臺北：成文出版社，1969 年，第 1000—1016 頁。

2 ［宋］王溥：《唐會要》卷五十《雜記》，北京：中華書局，1985 年，第 879 頁。

勖與契丹耶律阿保機激戰至定州，“王都迎謁，是夜宿於開元寺。”[1]又如：敦煌文書《定州開元寺僧歸文牒》載，後唐時開元寺僧人歸文曾“敕旨往詣西天取經”[2]。可見，當時的開元寺在北方仍具有較大影響力。北宋立國後，對開元寺進行了重建。從鑲嵌在定州塔第二層《當寺上生閣百法院助緣糺首僧道瑩等修塔題名碑記》《開元寺上生院演法大師門人修塔題名碑記》兩方碑文所載信息來看，開元寺當時已有上生院、上生閣、百法院等衆多院落，可見規模之宏大。

宋真宗咸平年間，爲保存開元寺僧會能從天竺所得佛經、舍利子，下令在開元寺建塔。清道光二十九年（1849）《定州志》載：“開元寺僧會能，嘗往西竺取經，得舍利子，宋真宗咸平四年（1001）詔建塔開元寺，會能董其役，伐材於嘉山，至仁宗至和二年（1055）始成。”[3]鑲嵌在定州塔第二層《定州開元寺李德澤等僧俗修塔題名碑記》則記載其開建於“大宋咸平四年歲次辛丑七月庚午朔十八日丁亥丙時”。

定州開元寺塔爲八角形樓閣式建築，由基座、塔身、塔刹三部分組成，塔身共十一級，由下而上諸層收縮，外塔體環抱内塔體，以八角形回廊相連接，樓梯從内塔體穿心盤旋至塔身頂部[4]。其不同於我國現存其他樓閣式佛塔，其最上兩層，八面均爲真門，頂部還

1 ［宋］薛居正:《舊五代史》卷二十九《唐書五·莊宗紀第三》，北京: 中華書局，1976年，第400頁。

2 唐耕耦、陸宏基：《敦煌社會經濟文獻真跡釋録》第5輯，北京：書目文獻出版社，1990年，第14頁。

3 ［清］寶林等纂修：《（道光）定州志》卷五《地理·古蹟》，中國臺北：成文出版社，1969年，第524頁。

4 賈敏峰、賈寶峰：《定州開元寺歷史沿革考》，《文物春秋》，2006年第3期，第11—13頁；定州開元寺塔文物保護管理所編撰：《定州開元寺塔石刻題記》，北京：文物出版社，2019年，第9頁。

設有磚口，用於登上塔刹[1]。這與料敵塔樣式一致："洞門八面，鐵幢四落，飛寶縣梯，俯跳百里。"[2]如此設計是爲方便登塔瞭望、監察敵情。

定州塔的修建兼具了監察敵情的軍事功能，這是緣於定州重要的軍事地位。定州古爲冀州之域，北魏置安州，至道武末改爲定州，以安定天下爲名[3]；北宋屬河北路，是"扼賊衝，爲國門户"之地。如宋人富弼言："天下十八道，惟河北最重。河北三十六州軍，就其中又析大名府、定州、真定府、高陽關爲四路，惟定州最要，定爲一路治所，實天下要衝之最。"[4]定州塔的修建可能與軍事有密切關係。民國二十三年《定縣志》載"蓋築以望契丹者"[5]。鑲嵌在塔内第四層《在州使院邑衆等修塔題名碑記》所載的"機密司"情報機構，也是這一措施的反映。

金代，開元寺規模進一步擴大，下轄有崇教院和圓教院，"敕賜曰圓教院，即與開元寺崇教院系是一家，並立常住"[6]。元泰定四年（1327）開元寺曾奉旨藏經；另據定州塔第一層《大元中山府大開元寺重修佛塔記碑》記載，元代還專門賞賜白銀遣人重修佛塔。明清先後七次對定州塔進行修繕，光緒十年（1884）六月，定州塔東北角從上至下全部塌落，面積約占外塔體的四分之一，加之塔體

1 朱希元：《北宋"料敵"用的定縣開元寺塔》，《文物》，1984年第3期，第83—84頁。

2 [清]陳夢雷等編：《古今圖書集成》第一百四十卷《真定府部彙考十二》，中華書局影印本，1934年，第71册37頁。

3 [宋]樂史撰，王文楚等點校：《太平寰宇記》卷六十二《河北道十一・定州》，北京：中華書局，2007年，第1268頁。

4 [宋]吕祖謙：《宋文鑒》卷十二，北京：中華書局，1992年，第153頁。

5 [清]寶林等纂修：《（道光）定州志》卷五《地理・古蹟》，中國臺北：成文出版社，1969年，第524頁。

6 [民國]賈恩紱纂修：《（民國）定縣志》卷十九《志餘》，中國臺北：成文出版社，1969年，第1107頁。

各層出現牆體斷裂、磚瓦酥碎等險情，已是岌岌可危[1]。

新中國成立後，對定州塔進行了兩次修復。1988至2003年在國家文物部門，河北省、定州市各部門大力支持配合下，對定州塔進行了最全面的一次加固和修復，開元寺和定州塔恢復了往日的生機和輝煌。

開元寺從建寺到元代，歷經多次更名、重修及滅佛運動，一直受到皇家和世人重視。其獨特的建築風格，是我國古代建築的重要代表。明清時仍有不少文人墨客登頂定州塔。定州塔内存放的歷代石刻也成爲了歷史的見證，爲我們瞭解和研究定州歷史提供了實物材料。

二、定州塔内碑記現存概況

定州塔自修建伊始，塔内都保存了題名碑記，雖因歷史原因部分損壞，但大部分保存相對完整。塔内現存碑記三十七方，其中宋代碑記三十一方，刊刻時間爲真宗咸平四年（1001）至仁宗至和二年（1055），這個時間與定州塔修建時間一致。元代碑記一方，刊刻時間爲大德元年（1297）；明代碑記四方，刊刻時間嘉靖十六年（1537）至萬曆十五年（1587）；清代碑記一方，刊刻時間爲雍正七年（1729）。塔内碑記主要集中在塔的一至四層、七層、十層和十一層[2]。

---

1 ［民國］賈恩紱纂修：《（民國）定縣志》卷二《輿地志》，中國臺北：成文出版社，1969年，第147頁；賈敏峰、王麗華：《定州開元寺塔歷代維修情況介紹》，《文物春秋》，2009年第2期，第47—51頁；定州開元寺塔文物保護管理所編撰：《定州開元寺塔石刻題記》，北京：文物出版社，2019年，第7頁。

2 本文所列定州塔内石刻存現狀況，參考了《定州開元寺塔石刻題記》一書。詳見定州開元寺塔文物保護管理所編撰：《定州開元寺塔石刻題記》，北京：文物出版社，2019年，第20—21頁。

定州塔第一層存碑記兩方，分别爲：元代《大元中山府大開元寺重修佛塔記碑》和清代《重修寶塔佛像碑記》。

第二層共存八方，均爲北宋時期所刻，分别爲：《新樂縣吴村維那頭周玢等題名碑記》《當寺上生閣百法院助緣糺首僧道瑩等修塔題名碑記》《定州開元寺李德澤等僧俗修塔題名碑記》《東頭供奉官閤門祗候知乾寧軍事田思明等修塔題名碑記》《鎮定高陽關三路都部署王顯、王超等修塔題名碑記》《開元寺上生院演法大師門人修塔題名碑記》《散員指揮使李榮、僕射賈進等修塔題名碑記》《望都縣善化鄉胡方村都維那王欽嗣等題名碑記》。

第三層共存十一方，均爲北宋時期刊刻，包括：《散員指揮使賈進等題名碑記》《深州安平縣糺首維那頭等修塔題名碑記》《唐縣城諫村糺首維那頭劉希遵等修塔題名碑記》《修塔院主僧淳清等題名碑記》《陘邑縣趙家莊維那頭强壯指揮使馬潛等修塔題名碑記》《無極縣西高村維那頭將仕郎攝祁州助教李中一等修塔題名碑記》《定州信利坊邑長張贇修塔題名碑記》《曲陽縣歸善鄉西諸侯村糺首維那石厚昌等題名碑記》《雲翼左第六指揮邑衆修塔題名碑記》《雲翼左第五指揮使劉超等修塔題名碑記》《檀下村維那劉習等修塔題名碑記》。

第四層共存十一方，其中北宋碑記七方，分别爲：《驍武左第一指揮第一都張明等修塔題名碑記》《在州使院邑衆等修塔題名碑記》《使院糺首維那劉政等修塔題名碑記》《永定軍博野縣萬人邑衆等修塔題名碑記》《雲翼第八指揮副兵使皇祚等修塔題名碑記》《定州開元寺演法大師門人等修塔題名碑記》《驍武第六女衆等修塔題名碑記》。明代石刻四方，分别爲：《唐錡詩文石刻》《廖希彦詩文石刻》《楊文舉詩文石刻》《張松仝等修塔題名碑記》。

第七層共存三方，均爲北宋石刻：《使院都孔目官薛均等修塔題名碑記》《保州小冉村邑眾等修塔題名碑記》《望都縣黑保村陳榮等修塔題名碑記》。

第十層存北宋石刻一方：《在州都押衙耿素等修塔題名碑記》。

第十一層存北宋石刻一方：《史家疃張咢、母劉氏閻清題名碑記》。

此外，定州市博物館和定州市漢墓石刻管理收藏《大金定州創建圓教院記》《唐祥興詩文石刻》《善人龐自文重修寶塔石刻》《梁芳等題名石刻》《登開元塔續夢蘿中句石刻》《弟子王雲等修塔題名碑記》[1] 六方與定州塔有關的碑刻及題記。定州塔現存石刻所載信息十分豐富，主要包括：

一、修建定州塔時的捐施人題名，其中涉及定州、保州、深州、祁州等所屬縣鄉村信息；定州禁軍、廂軍、鄉兵以及來定州更戍軍隊的番號、軍職等信息；有關定州州縣機構及基層官吏信息。

二、定州塔歷代修繕情況，自元至清或由官方或由民間組織，曾對定州塔進行了多次的修繕加固。

三、開元寺與周邊地域的佛教交流活動情況。

定州塔内題名碑記已有近千年的歷史，最短也近三百年，其所載資訊也爲我們研究定州政治制度史、軍事史及宗教文化提供了第一手史料。

三、定州塔北宋題名碑記的價值

定州塔内的北宋題名碑記内容豐富，北宋三十一方石刻的刊刻

1　定州開元寺塔文物保護管理所編撰：《定州開元寺塔石刻題記》，北京：文物出版社，2019 年。

時間跨度長達五十餘年，涉及定州及周邊區域官府、軍隊、寺廟、鄉村等信息。這些信息相對完整、時間連貫。故定州塔宋代題名碑記有重要的學術價值。

一、保存了北宋州縣行政組織機構名稱及胥吏信息

定州塔題名碑記中保存了大量北宋前期定州使院、州院及所屬縣機構和官吏的信息，這些信息多爲正史所不載，爲我們研究宋代州級使院的機構、縣級諸案設置及基層吏人狀況等方面提供了新史料。如：在定州塔第四層《在州使院邑衆等修塔題名碑記》中記載了定州使院下設有書表司、勾院、開拆司、當直司、磨勘司、機密司，以及糧草案、商税案、户口案、差科案、兵案、胄案等機構；所屬吏人主要有孔目官、勾押官和衙前各類吏人等。其中記載了安喜縣下設有司事案、差科案、户口案、上司户案、下司户案、兵案、法案、司功案、倉案等。這些資料，在一定程度彌補了北宋基層行政組織史料的匱乏，可與其他史料相互參照，爲研究宋代政治制度史提供新史料。

二、保存了北宋定州駐軍番號、軍隊基層職官等信息

定州塔題名碑記的捐施人有許多爲當時定州的駐軍官兵，這爲我們補充北宋基層軍事職官、定州軍隊的番號、種類和駐軍性質提供了一手史料。例如：北宋指揮使以下的基層軍事職官情況，員寮爲實職，常設於鄉兵；軍頭常設於禁軍、厢軍；十將、將虞候已有左右之分等。再如：駐紮在定州的禁軍共有十九個番號，分别爲：雲翼、散員、威邊、忠猛、驍武、定塞、聽子馬、振武、神虎、武衛、虎翼、招收、神威、神衛、步武、龍騎、神鋭、雄威、床子弩十九個番號。厢軍共有五個番號，勁勇、無敵、牢城、德勝、静虜。鄉兵有强壯、宣勇、静邊三個番號。除此以外，還可確定雲翼、忠猛、驍武等爲就糧軍，神衛爲駐泊性質等。

定州塔所載内容爲我們深入研究和細化宋代軍制問題提供了不可多得的新史料，也對《宋史》《續資治通鑒長編》等傳世文獻所缺載的史料，起到彌補記載過簡、訂史之誤的作用。

三、保存了大量北宋定州及周邊地域的鄉村名稱史料

定州塔題名碑記中保存了大量北宋時定州及周邊地區的鄉村的名稱，這爲我們復原、研究定州及周邊鄉村的基本狀況提供了重要的第一手史料。如：在定州塔第四層《永定軍博野縣萬人邑衆等修塔題名碑記》記載了“祁州深澤縣長樂鄉静練里大邢管馬累村”，這是北宋時期完整的州、縣、鄉、里、管、村行政設置。宋代北方方志多不存留，有關宋代北方基層社會史料十分缺乏，這些史料時間明確，記載内容相對集中，真實地反映了以定州爲代表的北方地區鄉村民衆對地域認同的普遍狀況。同時還可與明清方志和現代行政區劃進行對比，一定程度上還原定州及周邊地區鄉村的變遷、發展。

四、保存了大量民間佛教社邑的相關史料

題名碑記記述了定州及周邊地區大量的佛教社邑資料，如修塔社邑、造像社邑、念經社邑。這些社邑中除大量的僧尼、百姓參與外，還有大量官吏、軍人參與。碑記中也保存了定州開元寺與其他寺廟的佛教交流情況，如：仙林寺、霸州大城縣宣善寺、乾寧軍乾明寺、莫州持惠寺的僧尼都曾來開元寺交流佛法，或參與了定州塔的捐施。這些信息可與其他出土碑刻及傳世文獻相結合，進一步補充宋代北方地區佛教活動狀況，對研究北方佛教發展史有重要的意義。

定州塔内的題名碑記資料涉及定州及周邊地區的政治、軍事、宗教等方面的史料，其相較於傳世文獻所載信息更爲豐富，更貼近於當時的基層社會，更能真實的反映當時社會的真實狀況，且多爲正史所不載，爲我們研究定州基層社會提供了第一手資料。

目録

定州塔修塔題名碑記相關研究

定州塔題名碑記所見北宋州、縣機構及吏人考述

定州塔内有四方碑記記載了大量北宋州縣下屬機構和吏人信息。具體爲第二層《鎮定高陽關三路都部署王顯、王超等修塔題名碑記》，第四層《在州使院邑衆等修塔題名碑記》，第七層《使院都孔目官薛均等修塔題名碑記》。這些題名碑記記載了北宋時期定州使院各司案、定州所屬縣級案以及基層吏人的大量信息，由於這批資料時間明確，記載内容相對集中，内容多爲正史所不載，爲我們研究宋代州級使院的機構、縣級諸案設置及基層吏人狀況等方面提供了其他文獻無載的新史料。本文結合其他文獻，重點考證北宋州府使院下設諸案和吏人構成及縣級案的設置和吏人構成。認爲北宋州級使院下設糧草案、户口案、差科案、商税案、兵案、胄案、修造案，補充了正史記載州府使院下設十一案但無具體内容的不足。北宋縣級案的設置，並非是從元豐改制開始，宋初即有設置，在其後的實際運行過程中，又增加各類案的設置，有的達十一二個；徽宗時期，由於宋廷精簡州縣以下機構，故對縣級所屬各案進行歸併與裁撤，仿尚書省六部將其正式確定爲六案，宋室南遷之後，仍依此六案而設。

一、北宋州府使院十一案及吏人構成

北宋地方行政區劃的州府，其事務十分繁雜，由此産生了衆多的附屬機構和行政管理人員。在行政設置上，除了作爲正、副長官的知州（知府）、通判和數量不多的一些高級幕職、曹官爲國家正式官吏外，地方政府還任用大量胥吏來實現州級行政的運轉。近年來，學界對這些胥吏進行了較深入的研究。如高美鈴主要對宋代胥吏專權存在的問題進行論述[1]；祖慧發表多篇文章，主要對胥吏的選任、遷轉、差遣以及作用等方面進行了研究[2]；甄一蘊《宋代胥吏研究綜述》一文，從宋代"吏弊"問題、宋代胥吏組織及職能和宋代胥吏管理制度三個層面動態進行了論述，同時指出宋代胥吏問題的研究多集中在制度層面，缺乏對這個群體作"人"的層面或者説是社會層面的研究[3]。除此之外，尚有多篇文章對胥吏的來源、銓選、作用、特點和缺陷進行論述[4]，但對於州級吏人的組成機構、所屬類型，學界關注甚少。

1　高美鈴：《宋代的胥吏》，《中國史研究》，1988 年第 4 期，第 75—84 頁。

2　祖慧：《宋代胥吏的選任與遷轉》，《杭州大學學報（哲學社會科學版）》，1997 年第 2 期，第 72—77 頁；《宋代胥吏出職與差遣制度研究》，《浙江學刊》，1997 年第 5 期，第 118—121 頁；《宋代胥吏溢員問題研究》，《中國史研究》，1998 年第 3 期，第 92—100 頁；《論宋代胥吏的作用及影響》，《學術月刊》，2002 年第 6 期，第 79—85 頁。

3　甄一蘊：《宋代胥吏研究綜述》，《中國史研究動態》，2016 年第 1 期，第 31—39 頁。

4　詳見：梁金貴：《宋代胥吏制度探微》，貴州大學碩士學位論文，2008 年；鄧銘傑：《北宋胥吏行爲模式研究》，華中師範大學碩士學位論文，2009 年；張超逸：《崛起·毀譽·真實——唐宋胥吏階層的考察》，河北師範大學碩士學位論文，2013 年；甄一蘊：《官民之間：北宋胥吏階層研究》，西北民族大學碩士學位論文，2014 年；高柯立：《宋代地方官府胥吏再探：以官民溝通爲中心》，《河北大學學報（哲學社會科學版）》，2017 年第 3 期，第 7—14 頁。

目前學界對州級吏人組成的研究，當首推苗書梅《宋代州級公吏制度研究》一文，此文對宋代州府公吏進行細緻的考證，並對州級公吏的設置狀況、職能進行了探討。苗書梅認爲宋代州府公吏大體可分爲四大群體：其一，衙前；其二，人吏；其三，散從官、院虞候、雜職等吏人；其四，斗子、庫子等公人。對於人吏這一群體，苗書梅指出：人吏主要由職級、手分、貼司、雜職等組成，分佈於州院、司理院、法司、使院，其相關或附屬機構有書表司、勾院、客司、當直司、開拆司、諸案等。苗書梅對這些公吏的設置、職能、作用和存在的問題等都作了詳實的論述。[1] 然而由於宋代基層史料的缺乏，文章仍有不足之處，大致有兩點：

第一，文中提及諸司、諸案，但沒有明確諸司以及諸案的具體設置類型。

第二，對諸司、諸案下設吏人孔目官和勾押官的解釋並不完整。

對於這兩個問題，學界至今沒有對其進行細緻的考證。究其原因，還是因爲史料的缺乏。定州塔内新發現的數方題名碑記中保存了這方面較爲詳細的記載，如鑲嵌在定州塔第四層的《在州使院邑衆等修塔題名碑記》的第1—11行：

在州使院邑衆等：

前都孔目官樊峻，都孔目官鄭勛，知勾孔目官周旻，節度孔目官徐仲甫，觀察孔目官銀青光禄大夫檢校國子祭酒兼監察御史武騎尉梁吉，勾覆孔目官袁守琪，開拆孔目官薛守筠，知印勾押官楊永，驍武左第五指揮使任重進，節度勾押官韓悦，觀察勾押官楊思旻，書表勾押官李旻，勾院勾押官杜隆，開拆勾押官杜化，當直司守闕勾押官張化，糧草案勾押官韓俊，商

1 苗書梅:《宋代州級公吏制度研究》,《河南大學學報(社會科學版)》, 2004年第6期,第101—108頁。

税案勾押官張顔，户口案勾押官李祚，差科案前行康白，開拆司前行賈清，兵案兼機密司前行王清，磨勘司勾押官成真，磨勘司勾押官王緒，胄案前行李守一，右都押衙楊貞，右知客押衙趙宗，通引官嚴俊，客司軍將張澄，衙前押衙王聿。

仔細考之，發現《在州使院邑衆等修塔題名碑記》中所涉及的捐施人主要是定州使院的各類公吏。使院，源於唐代的節度使制度，主要是由節度使統領，幕職官參與管理。胡三省對其解釋爲："使院，節度使司官屬治事之所。"[1]賈玉英認爲，使院在五代時，地位下降。北宋建立後，地方兵權已收歸中央，使院喪失軍事職能，演變爲州的文書管理機構，多由判官監領[2]。苗書梅指出，宋代的使院大體上可以分爲兩類：一、幕職官官衙；二、吏人官舍[3]。題名碑記中所記的在州使院應爲吏人官舍之意。苗書梅在使院吏人官舍部分的論述中，認爲宋代使院吏人名目龐雜，等級劃分複雜，所以僅做了簡單介紹，對於使院下設機構和吏人並未涉及。根據題名碑記，我們可知北宋州級使院下設機構有：書表司、勾院、開拆司、當直司、磨勘司、機密司以及糧草案、商税案、户口案、差科案、兵案、胄案等，這些機構下設吏人主要有孔目官、勾押官和衙前類吏人等。

（一）使院下設機構：各司與諸案

北宋州級使院以下設有各司，如題名碑記所載勾院、書表司、開拆司、當直司、磨勘司這五類較爲常見，其職能也相對明確。書表司，爲諸州掌書寫檔的機構。勾院，在中央主要糾察三司錢穀、百物出入帳籍，負責勾銷報帳，防止財務失陷。從題名碑記來看，

1 ［宋］司馬光編撰，［元］胡三省音注：《資治通鑑》卷二百五十七《唐紀七十三》，光啓三年夏四月丁巳，北京：中華書局，1956年，第8352頁。

2 賈玉英：《唐宋時期州僚佐體制變遷初探》，《中州學刊》，2012年第6期，第156頁。

3 苗書梅：《宋代的"使院"、"州院"試析》，《宋代文化研究》，2009年第2期，第176—179頁。

北宋時期地方上也設置勾院，職能可能與中央所設的勾院有相似之處，應該爲地方財務的管理人員，具體不詳。開拆司，主要負責收發文書。當直司，爲各府簽書判官廳當直司的省稱，爲府推、判官訊鞫之所。磨勘司，中央所設爲都磨勘司，掌復勾三部帳籍，以驗出入之數，地方上所設磨勘司，可能同爲掌管賬籍的機構。

除此五類外，題名碑記中另一機構就是機密司。機密司，《宋史》無載，其他金石資料也未曾一見，此題名碑記中却有"兵案兼機密司前行王清"。機密司與兵案相連，很有可能是當時與軍事有關的機構。

與機密司相似的機構是北宋初期特設的機宜司。機宜司，最初設於雄州，是專門負責對遼情報的間諜機構，主要是應戰争所需而設。國家對其管理"擇馴謹吏主之"[1]，負責機密事項，主管收集情報。澶淵之盟後，宋遼交好。真宗景德二年（1005），任職於雄州機宜司的趙延祚被真宗改官名爲雄州北關城巡檢，"以契丹通好，不可復置機宜司，故命爲巡檢"[2]；景德三年（1006）"今契丹修和，請改爲國信司。"[3] 由此可以看出，澶淵之盟後真宗本人和雄州地方都認爲帶有情報色彩的機宜司的名稱已不合時宜，因而將其改爲互信語境下的國信司，最後於中央設置管勾往來國信司[4]。機宜司雖然撤除，但北宋依然在雄州保留了類似職能機構，使院兵案兼機密司應當繼承了此前設置的機宜司的職能。

---

1 ［清］徐松輯，劉琳等校點：《宋會要輯稿》職官六之三二，上海：上海古籍出版社，2014年，第7册，第3905頁。

2 ［宋］李燾，上海師範大學古籍整理研究所、華東師範大學古籍整理研究所點校：《續資治通鑑長編》卷五十九，真宗景德二年三月丙寅，北京：中華書局，2004年，第1325頁。

3 ［宋］李燾：《續資治通鑑長編》卷六十四，真宗景德三年十二月戊子，北京：中華書局，2004年，第1437頁。

4 林小異：《"主管往來國信"？——淺談宋代的國信所》，收入張希清主編：《澶淵之盟新論》，上海：上海人民出版社，2007年，第415頁。

定州與雄州有着同樣的特殊地位，它地處太行山東麓地區，位於河北北部，與遼臨近。定州知州蘇軾曾言："本路極邊定保兩州。"[1]定州被劃入"極邊"，成爲禦遼的軍事重地，其地理位置的重要性便不言而喻了。此時，定州機密司的出現，很有可能爲特殊時期所設的臨時機構，應該保留和繼承了先前北宋在雄州所設機宜司的部分職能，其目的是爲了獲取軍事情報。

除各司之外，州級使院有諸案的設置。諸案，我們於正史中，只見其統述，不言具體案的設置。如《宋會要輯稿》中有開封府中使院十一案的記載[2]：

> （天聖）六年（1028）七月，開封府言："在府使院十一案，每日行遣錢穀、税賦及刑獄諸般文書不少，欲乞添置守闕勾押官壹名，已後爲額，與都孔目官同共繫書，點檢諸司公事。"從之。

由此段記載我們可知，北宋元豐改制前，在府使院下有諸案的設置，主管財政、賦税和刑獄等諸類文書，機構下設有都孔目官，而且加設守闕勾押官與其一起"點檢諸司公事"。而開封府使院下設爲十一案，但並不載其具體案名。而《在州使院邑衆等修塔題名碑記》第7—10、13行載定州使院所設有七案：

> 糧草案勾押官韓俊，商税案勾押官張顔，户口案勾押官李祚，差科案前行康白……兵案兼機密司前行王清……冑案前行李守一……修造案前行宋璘。

由此我們可知"糧草案、商税案、户口案、差科案、兵案、冑

1　[元]脱脱：《宋史》卷一百九十《志第一百四十三·兵四》，北京：中華書局，1985年，第4727頁。

2　[清]徐松輯，劉琳等校點：《宋會要輯稿》職官四八之九六，上海：上海古籍出版社，2014年，第7册，第4374頁。

案、修造案”七案爲州府使院中所設，以此我們可補充出州府使院十一案中的七案。使院諸案與三司三部諸案名稱相似，其中“商税案、兵案、胄案、修造案”四案與中央三司中的四案名稱一樣。説明當時使院中所設諸案可能依照中央三司三部而設。商税案，應爲主管州級徵收商税之事；兵案，應爲主管州級兵事；胄案，應爲掌管軍器監工之事；修造案，應爲主管州級城建和城防工程建設之事。户口案，記載最早的爲元豐改制後户部左曹五案的“户口案”，此題名碑記當刊刻於真宗、仁宗時期，故户口案在元豐改制前已設置，應爲主管州縣户口之職；“差科案”，負責差役和賦税；“糧草案”，使院中設有糧料院，糧草案可能爲使院中所設管理軍隊糧草事務的機構。

定州開元寺塔内題名碑記對於州府各司、諸案的補充，爲我們研究北宋州級使院下設機構的問題提供了十分重要的資料，對於我們考證使院十一案的設置提供了新史料。

（二）使院公吏：孔目官與勾押官

孔目官、勾押官，雖帶官字，而實際上却是吏人。“外則如句押官、孔目官、散從官之類，寔古之胥徒也，乃謂之官。”[1]對於北宋時期各州使院下設吏人中孔目官和勾押官的研究，至今未見有專論，學界也不曾仔細考究其設置源流和機構所設以及具體名目，只於各文中稍有提及。如嚴耕望在考證唐代方鎮使府僚佐時對孔目官進行了簡單的論述，文中分析了孔目官與録事參軍和判官職能的相似性[2]；黄正建在研究中晚唐社會與政治時指出孔目官是作爲原勾檢

1　[清]徐松輯，劉琳等校點：《宋會要輯稿》職官五六之四一，上海：上海古籍出版社，2014年，第8册，第4549頁。

2　嚴耕望：《唐代方鎮使府僚佐考》，《唐史研究叢稿》，香港：新亞研究所，1969年，第201—203頁。

官的取代者而出現的，與勾檢官的職能類似，其司綱紀，掌提舉，兼樞密，職掌更爲複雜，融勾檢監察於一體，適應了唐後期行政手段的變化，成爲唐後期、五代國家機構運轉中新的不可或缺的一環[1]；趙丹對唐、五代藩鎮孔目官進行了細緻的研究，有其設置淵源、種類、職能和群體分析[2]。宋代官制承襲唐、五代之制，學界對宋代孔目官和勾押官的研究很少。苗書梅在考證宋代州級公吏制度時，指出孔目官及其相關吏目往往合稱"職級"，並設於州院、使院中，文章同時指出孔目官的具體職能有：督徵違欠税租、負有管理倉斗等公人之責和參預司法活動[3]。蔣文軒研究宋代州制時，將宋代州級政府中的公吏分爲外部與内部兩種情況，孔目官屬於内部公吏，對吏人的各項職責負有全責，也指出了其具體的職能，同時文中指出勾押官的職權較大，負責對文書提出處理意見，且與孔目官一道簽書有關財賦、刑獄的文書。[4]

因此，從以上研究來看，目前學界對於孔目官的設置緣由、職能都較爲明確。但是，對於宋代孔目官具體類型没有涉及，對勾押官的研究更是甚少。對此，本文主要根據題名碑記對勾押官類型進行考證，同時對孔目官和勾押官繁多的名目進行分類和整理，以此來分析二吏所承擔的職能。

首先，我們考察孔目官。據《唐六典》載，孔目官"開元五年（717）置"[5]，設於集賢殿書院，主掌皇帝詔書的起草和文書檔案的

1　黄正建：《中晚唐社會與政治研究》，北京：中國社會科學出版社，2006年，第62頁。

2　趙丹：《唐、五代藩鎮孔目官研究》，黑龍江大學碩士學位論文，2011年，第13—18頁。

3　苗書梅：《宋代州級公吏制度研究》，《河南大學學報（社會科學版）》，2004年第6期，第104頁。

4　蔣文軒：《宋代州制研究》，湖南師範大學碩士學位論文，2010年，第68—69頁。

5　[唐]李林甫等撰，陳仲夫點校：《唐六典》中書省集賢院史館匭使卷九《中書侍郎·集賢殿書院》，北京：中華書局，1992年，第280頁。

整理，之後被廣泛設於中央和地方藩鎮中。唐中後期隨着孔目官制的完善和藩鎮獨立性的增强出現了名目繁多的孔目官，職掌範圍愈加複雜，孔目官群體越來越大，並逐步演變爲藩鎮中的重要官員，官職不大，但地位十分重要[1]。至北宋初期，孔目官地位降低，名稱中雖帶“官”字，實際成爲“吏人”，但仍爲州院、使院中的吏人之首，綜理衆事。

其次，我們細究勾押官。關於勾押官的記載最早出現於唐中後期，具體應不遲於唐文宗在位時期。“其年七月度支、户部、鹽鐵三司奏：准今年六月敕，令三司官典及諸色場庫所由等，其孔目、句檢、句覆、支對、句押、權遣、指引進庫官、門官等，請許服細葛布折造，及無紋綾充衫及袍襖，依前通服緑，闇銀藍鐵充腰帶，不得乘毛色大馬，鞍轡踏鐙用鍮石。”[2]文中雖爲“句檢”“句覆”“句押”，但依據《宋史》等文獻記載可知“句檢”“句覆”“句押”即爲“勾檢”“勾覆”“勾押”。《靈石高壁鎮新建通濟橋碑記》中也提到“勾押官齊順”[3]，此碑刊刻於唐朝咸通十三年（872）。五代時期的州級制度基本沿襲唐制，州大致可分爲五個級别：節度、觀察、團練、防禦和刺史，勾押官即爲其中設置的幕職官，並常常與孔目官一同出現，應該是從事財政文籍帳簿的核驗。北宋初期，勾押官在中央和地方均有設置。在中央機構中，設置於宣徽院、三班院、三衙、群牧司和侍衛親軍馬步軍等機構；地方上也有勾押官的設置，“府院置孔目、勾押司、開拆官、行首、雜事、前行，其餘州府使院置都孔目官、都勾押官各一人，又節度、觀察有孔目、勾押、勾覆、

1 趙丹：《唐、五代藩鎮孔目官研究》，黑龍江大學碩士學位論文，2011年，第16頁。
2 [宋]王溥：《唐會要》卷三十一《輿服上》，北京：中華書局，1985年，第576頁。
3 景茂禮、劉秋根編：《靈石碑刻全集（上）》，保定：河北大學出版社，2014年，第14頁。

押司官、前後行之名。”[1] 由此可知，孔目官、勾押官普遍設置於州府使院，有都孔目官、都勾押官、節度孔目官、觀察孔目官、節度勾押官、觀察勾押官之稱，除這些名目外，定州開元寺塔題名碑記中有九方言及孔目官和勾押官的其他名目，今詳列如下：

表一：定州塔題名碑記所載孔目官、勾押官一覽表

題名碑記	州（府、軍）	類別
《當寺上生閣百法院助緣糺首僧道瑩等修塔題名碑記》	乾寧軍	都勾押官
《定州開元寺李德澤等僧俗修塔題名碑記》	泰寧軍	隨使勾押官、使院勾押官
		節度孔目官
《東頭供奉官閤門祇候知乾寧軍事田思明等修塔題名碑記》	乾寧軍	孔目官
		勾押官
《鎮定高陽關三路都部署王顯、王超等修塔題名碑記》	雄州 安肅軍	屯田勾押官
		都勾押官、勾押官
	定州	節度孔目官、觀察孔目官、開拆孔目官
		知印勾押官、觀察勾押官、開拆勾押官、書表勾押官、使院勾押官、勾押官
《修塔院主僧淳清等題名碑記》	高唐縣	開拆勾押官
《雲翼左第六指揮邑衆修塔題名碑記》	廣信軍	都勾押官

1 ［清］徐松輯，劉琳等校點：《宋會要輯稿》職官四七之二，上海：上海古籍出版社，2014 年，第 7 册，第 4265 頁。

續表

題名碑記	州（府、軍）	類別
《在州使院邑衆等修塔題名碑記》	定州	都孔目官、知勾孔目官、節度孔目官、觀察孔目官、勾覆孔目官、開拆孔目官
		知印勾押官、節度勾押官、觀察勾押官、書表勾押官、勾院勾押官、開拆勾押官、當直司守闕勾押官、磨勘司勾押官
		糧草案勾押官、商税案勾押官、户口案勾押官、
	天雄軍	使院前行充都部署司勾押官
	安喜縣	商税務都勾押
《定州開元寺演法大師門人等修塔題名碑記》	定州	都孔目官
《使院都孔目官薛均等修塔題名碑記》	定州	都孔目官、知勾孔目官、節度孔目官、觀察孔目官、支計孔目官、書使孔目官、勾覆孔目官、開拆孔目官
		知印勾押官、節度勾押官、觀察勾押官、支計勾押官、書表勾押官、勾院勾押官、開拆勾押官、守闕勾押官

從上表來看，孔目官、勾押官設置於雄州、定州，同下州的安肅軍、乾寧軍、泰寧軍和廣信軍，以及高唐縣、安喜縣等中。由此，我們可知：孔目官、勾押官主要於州（府、軍）級直屬機構或者使院各司、諸案機構中。所以本文以表格中所列孔目官和勾押官的類

目爲主，根據其設置的具體類型將二吏分爲以下三類：

第一、州級直屬吏人。如都孔目官、都勾押官、孔目官、勾押官。

第二、使院下設各司與諸案。如屯田司：勾押官。開拆司：開拆孔目官、開拆勾押官。當直司：守開勾押官。磨勘司：勾押官。勾院：勾押官。諸案：糧草案勾押官、商税案勾押官、户口案勾押官。

第三、所設其他未知機構。如：知勾孔目官、勾覆孔目官、支計孔目官、支計勾押官、知印勾押官、書表勾押官、守闕勾押官。

從這些孔目官和勾押官來看，二吏的設置範圍廣，職能也較爲複雜。州級直屬的都孔目官、孔目官應爲州級吏人之首，使院下設各司與諸案中所設孔目官和勾押官掌管具體司案諸事，其餘名目繁多的孔目官、勾押官，也是各有職能，就如知印勾押官，可能掌州級印章之事，守闕勾押官，可能爲吏人替補之人等。因此，從題名碑記來看，在北宋前期的州級吏人中，孔目官和勾押官的設置是十分普遍的，涉及到北宋州級管理的諸多方面。

（三）使院公吏：衙前

除各司各案外，使院又設多類衙職。衙職，即爲衙前職員。據《宋會要輯稿・職官四七》載[1]：

> 衙前置都知兵馬使、左右都押衙，都教練使、（押）左右教練使、散教練使、押衙軍將，又有中軍、子城、鼓角、宴設、作院、山河等使，或不備置。又客司置知客、副知客、軍將，又通引司置行首、副行首、通引官。其防禦、團練等州使院衙職，悉約節鎮而差減焉。

由此可知，北宋“衙前”主要指一般府州使院之下所設自“都知兵馬使”下至各類小吏的統稱，又稱“衙職”。衙前，始設於唐朝，

1 ［清］徐松輯，劉琳等點校：《宋會要輯稿》職官四七之二，上海：上海古籍出版社，2014年，第7册，第4265頁。

爲衙門中的低級吏人。唐剛卯認爲衙前分爲兩類：一類是以衙前爲職業，身份是吏的衙前；另一類是服職役，身份是鄉户的衙前，即鄉户、里正衙前[1]。王曾瑜認爲，宋代衙前制度之名實淆亂，凡是衙前，都屬公人，都是掛“軍職招牌的吏”[2]。開元寺塔題名碑記中載“右都押衙、右知客押衙、通引官、子城使、客司軍將和衙前押衙”等皆爲此類衙前諸職，應爲王曾瑜所論掛“軍職招牌的吏”。

都押衙，在唐代後期爲藩鎮使府的高級武職僚佐，下設左右都押衙，職高權重，地位僅次於節度使，職掌衙前軍務，也統兵打仗。嚴耕望認爲它是節度使的“親要”之職，與（都知）兵馬使、（都）虞候、（都）教練使“並稱軍將四要職”。節度使府押衙體系中大抵有都押衙一人，左、右都押衙各一人，左、右押衙或不冠左右爲稱之押衙若人[3]。五代時期都押衙出現兼官帶職現象，呈現階官化性質，地位和權力也越來越低。入宋後，都押衙成爲無品級的吏職，是一種“衙前”職役的名目。而押衙，又作押牙，爲都押衙之下。唐人李匡 × 解釋爲“押牙，武職，今有押衙之目。‘衙’宜作‘牙’，此職名，非押其衙府也，蓋押牙旗者。”[4] 胡三省對此解釋爲：“押牙者，盡管節度使牙内之事。”[5] 嚴耕望認爲“知客、作坊、財富、倉儲親

1 唐剛卯：《衙前考論》，中州書畫社編：《宋史論集》，鄭州：中州書畫社，1983 年，第 127 頁。

2 王曾瑜：《宋衙前雜論（一）》，《北京師院學報（社會科學版）》，1986 年第 3 期，第 81 頁。

3 嚴耕望：《唐代方鎮使府僚佐考》，《唐史研究叢稿》，香港：新亞研究所，1969 年，第 229 頁。

4 ［唐］李匡乂：《資暇集》卷中，北京：中華書局，1985 年，第 11 頁。

5 ［宋］司馬光編撰，［元］胡三省音注：《資治通鑑》卷二百一十六《唐紀三十二》，天寶六載十二月己巳，北京：中華書局，1956 年，第 6887 頁。

要職任，皆以押衙兼充"[1]。宋朝依然沿用了唐末五代節度使府中押衙的稱謂，但其職能地位已大爲不同。押衙轉入地方行政機構，變成了胥吏，成爲一種役吏名目，主要管理及押運官物，管理州郡的各種物資倉庫和官府日常支用所出自的公使庫。"民役之重者，自里正歲滿爲牙前，主典府庫，或輦運官物。"[2]"知客""軍將"均爲衙前客司中所設。客司，宋代置於諸州，下設知客、副知客、軍將，掌招待賓客。客司軍將，爲宋代客司下設的最低吏職。"通引官"，隸於通引司。通引司置行首、副行首、通引官。通引官雖然帶有"官"字，但實際却是小吏，如升遷官職，也是最低等的武官。

二、北宋縣級案及吏人設置

北宋初年，中央爲加强對縣級政區的管理，多派朝官到地方管理政務，代表中央管理地方，此爲知縣，即爲"知某縣事"。知縣下設縣丞、主簿、縣尉和諸吏人。其中，諸吏人屬於縣裏官吏的最低級，而對其具體構成部分的研究，主要以苗書梅的研究爲主。苗書梅《宋代縣級公吏制度初論》[3]將縣級吏人分爲四組來論述其職掌：第一，押録、手分、貼司等，或稱吏人或人吏；第二，手力、雜職、弓手、解子、腳力等，或稱爲役人；第三，鄉書手；第四，公人。其餘對此的研究，尚未超出苗書梅的研究。特别是對縣級下屬機構的設置，限於材料匱乏，依然存在盲點，對此的研究也十

1　嚴耕望：《唐代方鎮使府僚佐考》，《唐史研究叢稿》，香港：新亞研究所，1969 年，第 233 頁。

2　[宋] 李燾：《續資治通鑑長編》卷一百十四，景祐元年正月庚午，北京：中華書局，2004 年，第 2659 頁。

3　苗書梅：《宋代縣級公吏制度初論》，《文史哲》，2003 年第 1 期，第 124—127 頁。

分不足。對於縣級公吏的研究很多，但其大多没有脱離此類論述。[1] 而開元寺塔題名碑記所載縣級機構和吏人爲我們提供了罕有的比較詳細的信息。《在州使院邑衆等修塔題名碑記》第 27—33 行涉及衆多縣級機構及吏人，對此本文先將其轉録如下：

安喜縣押司録事劉璘。録事史李斌、録事史田信，勾司房勾司賈緒，差科案高顯，户口案賈超，司功案石贇，鹽案耿緒，上司户案王洪，下司户案王玉，司事案吕政，兵案杜龜，法案劉贊，勾司房演，倉案楊榮。商税務都維那頭崔榮，左教練使勾當商税事□李嶼，商税務都勾押苗喬，商税務前行劉宗、商税務前行馬源，商税務節級張美，櫃前節級孟斌，商税務梁貞，鹽務節級甄贇，商税務當櫃張節，商税務前行王旻，教練使勾當鹽務張贇。

此題名碑記中主要爲定州安喜縣下設的機構以及吏人。大致歸類，這些吏人所屬機構有三：縣級諸案、勾司房以及商税務。題名碑記中記載爲定州安喜縣，但是其他州縣也有涉及。因此本文主要立足於題名碑記中所存的此三類縣級機構，對其進行補充和考證。

（一）縣級機構：諸案

對於北宋時期縣級設案的記載，最早見於徽宗時的六案。據《宋史》記載[2]：

蔡京當國，率意自用。然動以繼志爲言，首更開封守臣爲

1 陳振：《關於宋代的縣尉與尉司》，《中州學刊》，1987 年第 6 期，第 113—116 頁；李立：《宋代縣主簿初探》，《城市研究》，1995 年第 4 期，第 59—64 頁；陸敏珍：《宋代縣丞初探》，《史學月刊》，2003 年第 11 期，第 31—37 頁；余蔚：《宋代的縣級政區和縣以下政區》，《歷史地理》第二十一輯，上海：上海人民出版社，2006 年，第 73—86 頁；張洪新：《宋代縣制探析》，山東大學碩士學位論文，2010 年，第 28—29 頁；魏麗：《宋代縣佐制度研究》，《青海師範大學學報》，2014 年第 3 期，第 66—70 頁。

2 [元]脱脱：《宋史》卷一百六十一《志第一百一十四・職官一》，北京：中華書局，1985 年，第 3770 頁。

尹、牧，由是府分六曹，縣分六案。

由此可知，北宋末年形成府分六曹、縣分六案的行政設置結構。關於“曹”“案”之問題，最早可追溯至隋煬帝，“煬帝置通守，贊治，東西曹掾，主簿，司功、倉、户、兵、法、士等書佐，各因郡之大小而爲增減。”[1]唐襲隋制，諸州分設六曹，由曹官分掌州之事務，曹官人數依照州之等級而定，上州和中州置功、倉、户、兵、法、士六曹，下州置功、户、法三曹。縣級也有設置，據唐《同州韓城縣西尉廳記》載：“縣亦有六曹，尉二人。一判功户倉，其署曰東廳；一判兵法士，其署曰西廳。兹廳兵法士之廳也，根之州則司兵、司法、司士盡在；形之國，即兵部刑部工部盡在，兵主武，法主刑，士主工。”[2]北宋初期，六曹不置，改設參軍，於府設户曹、法曹、士曹參軍，於州設司理、司法、司户參軍。同時在中央三司、宣徽院和州府一級機構中設置諸案。而關於北宋前期的縣級設案，史書中並未記載，但是開元寺塔題名碑記有兩方有載，真定府元氏縣和河南府密縣等宋代碑刻亦有記載，且時間更早。因此本文便根據上述諸碑及定州塔内題名碑記的刊刻時間將其依次排列如下：

第一，建隆四年（963）真定府元氏縣《邑衆等敬造尊勝石幢讚並序》[3]：

司案郝希容、差科王思進、差科孔仁遇、户口張希演、衙司武罕榮、司法□希邵、録事史孫重興、庫案蘇美青、苗[4]劉萬進。

1 ［唐］杜佑撰，王文錦等點校：《通典》卷三十三《職官十五》，北京：中華書局，1988年，第910頁。

2 ［唐］歐陽詹撰，楊遺旗校注：《〈歐陽詹文集〉校注》，武漢：華中科技大學出版社，2012年，第184頁。

3 ［清］陸增祥：《八瓊室金石補正》卷八十二，北京：文物出版社，1985年，第572頁。

4 原文此處有脱漏，應係“苗案”。

第二，咸平四年（1001）河南府密縣《宋法海院石塔記》[1]：

□功案前行史用和、户案前行姜繼升、印司王藴、苗案前行邢訓、倉案前行栗忠、兵案前行王則、苗案前行石坦、士案前行丁守則。

第三，定州塔《在州使院邑衆等修塔題名碑記》[2]：

差科案高顯，户口案賈超，司功案石贇，鹽案耿緒，上司户案王洪，下司户案王玉，司事案吕政，兵案杜龜，法案劉贊，勾司房演，倉案楊榮。

第四，定州塔《史家疃張咢、母劉氏閻清題名碑記》[3]：

差科案劉蕩，户口案申顯，司功延方，鹽錢李晶進，上倉案石堅，下倉案王素、高振，兵案楊靖，司士案孫則，司法案劉志。

這四方題名碑記記載了北宋前期縣級諸案的具體名目，而成書於嘉泰元年（1201）的《嘉泰會稽志》却載："崇寧四年，始命州、縣仿尚書省六部爲六案，曰士案、户案、儀案、兵案、刑案、工案。"[4]以上四方題名碑記所載設立諸案時間最早爲963年，最遲不晚於1055年。因此我們可以斷定，北宋初期政府在縣級已有案的設置，而且不僅限於六案。至於縣級諸案的具體類型，我們將四方題名碑記所載的名目匯總，暫且先依尚書省六部分類，依次將其排序，列表如下：

1　[清]方履籛：《金石萃編補正》卷二，清光緒二十年上海醉六堂影印本，第17頁。

2　定州塔四層《在州使院邑衆等修塔題名碑記》第28—29行。定州開元寺塔這新發現的題名碑記刊刻時間爲咸平四年（1001）到至和二年（1055）間，此碑記刊刻時間無載，依碑記中涉及的部隊番號及分廂情況，可斷定其刊刻時間爲1038—1042年間。

3　定州塔十一層《史家疃張咢、母劉氏閻清題名碑記》第4—6行。此題名碑記的刊刻時間爲致和元年（1054）。

4　[宋]施宿：《嘉泰會稽志》卷一《倉廳》，《宋元方志叢刊》第7册，北京：中華書局，1990年，第6732頁。

表二：北宋前期諸案一覽表

地點		真定府元氏縣	河南府密縣	定州安喜縣	定州安喜縣
時間		963 年	1001 年	1038—1042 年	1054 年
尚書省六部	士		士案	司事案	司士案
	户		户案	差科案、户口案、上司户案、下司户案	差科案、户口案
	儀				
	兵		兵案	兵案	兵案
	刑			法案	司法案
	工		（司）功案	司功案	司功（案）
倉			倉案	倉案	上倉案、下倉案
其他		司案、庫案、苗（案）	苗案	監案	

根據上表統計，真定府元氏縣有“司案”“庫案”和“苗案”，這些案是目前所見史料的最早記録。元氏縣碑刻中有“差科王思進、差科孔仁遇、户口張希演”“司法□希邵”，而相差不到一百年的定州安喜縣有“差科案高顯,户口案賈超”“司法案劉志”,“差科、户口、司法”可能爲“差科案、户口案、司法案”之省稱。但是，不管題名碑記中的“差科、户口、司法”是否爲“差科案、户口案、司法案”，這些官吏的職責都是管理縣級賦税、差役和户口之事。因而二者所屬同一機構，都可證明隨着北宋國家政權的穩固，縣級機構的設置日漸完善。

《嘉泰會稽志》指出，北宋縣級諸案乃仿尚書省六部而設，但是在密縣和安喜縣的這些縣級諸案中,"士案、户案、兵案"相同,"工案"可能爲"功案","儀案"無載,"刑案"當爲"法案",此外還有"倉案"。因此,相比"尚書省六部"而言,北宋縣級諸案的設置接近唐朝所設的縣級六曹官制度,即"功、倉、户、兵、法、士"。所以將其對比如下:

表三:唐朝縣級六曹與北宋前期縣級諸案比對表

唐朝縣級六曹	北宋前期縣級諸案	地點
功	司功案	密縣、安喜縣
倉	倉案、上(下)倉案	密縣、安喜縣
户	户案、户口案、上(下)司户案	密縣、安喜縣
兵	兵案	密縣、安喜縣
法	法案、司法案	安喜縣
士	士案、司士案、司事案	密縣、安喜縣

從上表我們可以看出,北宋前期的縣級六案與唐代所設縣級六曹基本上是一一對應的。北宋建立後,各類制度多承襲唐朝,所以縣級諸案很大可能是根據唐朝的縣級六曹沿襲而成,但在具體實施過程中,又增加了一些案類,例如苗案和監案。《嘉泰會稽志》中明確指出,崇寧四年(1105)始命州縣仿尚書省六部爲六案,曰士案、户案、儀案、兵案、刑案、工案。崇寧,乃徽宗年號,處於北宋晚期。而北宋的官制基本承襲唐朝,在北宋建立後,其機構逐漸增加,日漸繁雜,出現"冗官、冗員"。縣級諸案的設置也逐漸增多,遠遠超過設置初期與唐五代六曹相對應的狀態。元豐改制,其主要精簡中央機構,至徽宗時,才開始對州縣以下機構實行改革。故筆者認爲《嘉泰會稽志》這段史料不是説崇寧四年才開始設置縣級諸

案，而是在這一年開始仿尚書省六部，將縣級所設諸案精簡爲六案，並固定下來，形成定制。

宋室南遷之後，縣級諸案仍依此而設。如臨安府，“建炎三年（1129），詔改爲臨安府……領縣九，分士、户、儀、兵、刑、工六案。内户案分上中下案。外有免役案、常平案、上下開拆司、財賦司、大禮局、國信司、排辦司、修造司，各治其事。”[1]

綜上所述，整個北宋期間，縣級諸案的設置是一個逐步演變的過程。宋開國之初，縣級諸案已有設置，其後在實際運行過程中，又增加各類案的設置，有的縣級多達十一二個。元豐改制後，宋廷裁簡重疊機構，至徽宗時期，對縣級各案進行歸併與裁撤，正式確定仿尚書省六部將其固定成爲六案。宋室南遷之後，仍依此而設。

（二）縣級其他機構：

1. 勾司房

題名碑記中涉及兩處勾司房：“勾司房勾司賈緒”“勾司房演”。對於勾司房的記載，至今無史料可證。史料中所載與勾司類似的只有三司中的“專勾司”。專勾司最早於北宋初期設置於中央，由於三司勾院文案的繁瑣，户部使樊知古於淳化三年（992）奏置專勾司，在馬軍、步軍中各設一司，五年（994）合二爲一[2]。專勾司對於糧料院送至縣及諸軍的衣賜賞給的文書進行批勘後，才能發放；審計各司的庫物出納數；同時專勾司還管轄諸軍庫内賬籍之事和兵馬逃亡[3]。史書中關於縣立“勾司”並未記載。題名碑記中所稱勾司可能爲專勾司的簡稱，爲主管諸縣賬籍文書之事。至於勾司房具體職能

1　[元]脱脱：《宋史》卷一百六十六《志第一百一十九・職官六》，北京：中華書局，1985年，第3944頁。

2　[宋]高承撰、[明]李果訂，金圓、許沛藻點校：《事物紀原》卷七，北京：中華書局，1989年，第351頁。

3　方寶璋：《宋代審計院考析》，《中國經濟史研究》，1995年第3期，第147頁。

如何，還需新的材料證實。

2. 商税務

商税務之設置時間，《嘉泰吴興志》記載：北宋“始命州縣城市悉置商税務以爲定式”[1]。而《舊五代史》載，長興二年（931）“八月丙寅，詔天下州府商税務，並委逐處差人依省司年額勾當納官。”[2]因而，可以明確五代後唐時已置商税務。北宋建立初期，政府沿襲前代設置，在州縣依然設置商税務，來專門徵收商税。設置專門的機構來徵收商税，即爲商税務。商税務設置非常普遍，“凡州縣皆置務，關鎮亦或有之，大則專置官監臨，小則令、佐兼領，諸州仍令都監、監押同掌。”[3]

對於宋代商税務的研究，陳振曾單獨論述過。他認爲，宋代首都設商税院（務），府、州設都商税務，基層稱商税務，通常只稱“税務”或“務”，各商税務普遍設置專欄，有欄頭、書手等，負責應收商税的種類和税額。其後他着重論述商税的税務種類[4]。馬慧丹也曾專文考證宋代的商税務，文章主要論述商税務的設置和商税務的管理。文中提及商税務的常設，主要負責各地税務商税的徵收，商税種類涉及人們生活的許多方面，主要有關市税、田契錢、抽税和折納等[5]。然而，目前對於商税務機構下設吏人的設置，學界尚未弄清。開元寺題名碑記《在州使院邑衆等修塔題名碑記》第30—33行

---

1 ［宋］談鑰：《嘉泰吴興志》卷八《公廨·州治》，《宋元方志叢刊》第5册，北京：中華書局，1990年，第4723—4724頁。

2 ［宋］薛居正：《舊五代史》卷四十二《唐書十八》明宗紀第八，北京：中華書局，1976年，第581頁。

3 ［元］脱脱：《宋史》卷一百八十六《志第一百三十九·食貨下八》，北京：中華書局，1985年，第4541頁。

4 陳振：《中古時代·五代遼宋夏金時期（下）》，上海：上海人民出版社，2015年，第610頁。

5 馬慧丹：《宋代商税務的設置與管理》，《滄桑》，2011年第4期，第33—35頁。

也保存了商税務之下多類吏人的情況，今將内容摘録如下：

> 商税務都維鄃頭崔榮，左教練使勾當商税事□李嶼，商税務都勾押苗裔，商税務前行劉宗、商税務前行馬源，商税務節級張美，櫃前節級孟斌，商税務梁貞，鹽務節級甄贇，商税務當櫃張節，商税務前行王旻，教練使勾當鹽務張贇。

從以上題名碑記來看，商税務所屬吏人至少爲十類。都勾押、前行、節級，應是商税務機構下具體設置掌管各項事務之事的吏人。“左教練使勾當商税事□李嶼”和“教練使勾當鹽務張贇”，應爲以教練使的吏名管理，兼任商税務、監務之意。此外，題名碑記中出現“商税務節級張美，櫃前節級孟斌，商税務梁貞”，此三位吏人均屬有節級之銜。節級，爲低級軍官的職名。因而此三位吏人很可能爲廂軍軍職人員，軍職人員爲何參與到地方税務機構中，其所掌事宜如何，目前尚無資料證實，待考。

結　語

本文通過利用新發現的定州開元寺塔内四方題名碑記材料，結合其他文獻及碑刻資料，對北宋時期州府使院下設諸案、吏人構成及縣級案的設置、吏人構成進行了論述，主要論證了兩個方面的問題：一、州級使院機構及所屬吏人。根據定州塔題名碑記資料，復原了正史不載的北宋州級使院下設十一案中的七案：糧草案、户口案、差科案、商税案、兵案、胄案和修造案，也記録了州級使院的一個新機構——機密司，同時討論了州級使院各司與諸案下設吏人，其吏人構成有主要三種：州府直屬吏人、使院所屬吏人和其他州府機構直屬吏人。認爲北宋時期孔目官和勾押官種類衆多，名目繁多，主要有都孔目官、都勾押官、節度孔目官、觀察孔目官、節度勾押官、觀察勾押官、支計勾押官等，涉及到北宋州級管理的諸多方面。二、縣級諸案的發展演變。北宋時期縣級諸案於太祖建隆四年（963）就已有設置，應爲仿唐縣級六曹而設諸案，在其後的實際運行過程中，又根據不同需求增加了不同的案類設置，有的達十一二個。元豐改制後，至徽宗時期，機構裁簡由中央走嚮州縣，故北宋政府對縣級所屬各案進行歸併與裁撤，仿尚書省六部將其正式確定爲六案，宋室南遷之後，仍依此六案而設。在縣級機構中尚有勾司房和商税務，其中商税務所屬吏人種類較多，如：都勾押、前行、監務、節級等，彌補了學界此前對北宋縣級下屬機構和吏人研究的不足。

通過研究，我們發現北宋州府和縣級附屬機構的設置是比較完善的，其吏人數量和種類也是豐富多樣的。一方面，它適應了北宋人口增加，經濟發展，州縣事務繁劇的需要；另一方面，它和前代州縣機構的設置有着清晰的歷史繼承關係，也呈現了其自身的演變和發展狀况。這既體現了制度本身的繼承性，也體現了制度適應事務發展的變通性。和北宋中央機構對照，我們也發現地方和中央在機構設置的對接上也是有一致性的。這爲我們進一步理解北宋國家政權運轉，以及州縣府司管理地方複雜事務等，提供了更具體清晰的歷史細節。

題名碑記所見北宋定州駐軍考

定州在北宋時期具有重要的軍事地位。宋人胡舜陟言:"失中山,則河北諸郡不攻而自下矣。河北下,則京師不可都,而宗廟社稷危矣。"[1] 宋祁認爲:"天下根本在河北,河北根本在鎮、定,以其扼賊衝,爲國門户也。"[2] 包拯言:"中山最是控扼之所。"[3] 富弼言:"大名府、定州、真定府、高陽關爲四路,惟定州最要。"[4] 可見,在北宋時期,定州在國防地理上位置非常重要,駐扎有大量兵力,"咸平、景德中邊兵二十餘萬,皆屯定武。"[5] 即使澶淵之盟後,邊境相對和平的時期,"定州路兵額常及十萬。"[6]

定州開元寺塔内有十九方題名碑記保存了當時定州的駐軍官兵的信息,主要包括捐施人所屬軍隊的番號、職務、家庭成員等信息。這些碑刻鑲嵌在塔内第二、三、四、十層。如第二層《鎮定高陽

---

1 [宋]趙汝愚:《宋朝諸臣奏議》卷一百四十二《邊防門上欽宗乞救中山》,上海:上海古籍出版社,1999年,第1618頁。

2 [元]脱脱:《宋史》卷二百八十四《列傳第四十三·宋祁》,北京:中華書局,1985年,第9596頁。

3 [宋]包拯撰,楊國宜校注:《包拯集校注》卷一《請添河北入中糧草》,合肥:黄山書社,1999年,第53頁。

4 劉琳、曾棗莊主編:《全宋文》第29册《富弼一〇》,上海:上海辭書出版社,2006年,第30頁。

5 [宋]朱熹:《宋名臣言行録·前集》卷八《王德用》,[清]紀昀編纂:《文淵閣四庫全書》第449册,中國臺北:商務印書館,1986年,第99—100頁。

6 [宋]趙汝愚:《宋朝諸臣奏議》卷一百四十《邊防門上徽宗論河北備邊五事》,上海:上海古籍出版社,1999年,第1586頁。

關三路都部署王顯、王超等修塔題名碑記》《開元寺上生院演法大師門人修塔題名碑記》《散員指揮使李榮、僕射賈進等修塔題名碑記》；第三層《修塔院主僧淳清等題名碑記》《雲翼左第六指揮邑衆修塔題名碑記》《雲翼左第五指揮使劉超等修塔題名碑記》；第四層《驍武左第一指揮第一都張明等修塔題名碑記》《雲翼第八指揮副兵使皇祚等修塔題名碑記》《定州開元寺演法大師門人等修塔題名碑記》。

關於定州北宋時期駐軍的研究，目前相關研究成果僅見王曉薇《定州開元寺塔碑刻題名中的禁軍、廂軍、鄉兵指揮考》[1]一文，該文對其中三方題名碑記中涉及的十個駐軍番號的設置、指揮數量、鄉兵編制等問題進行了概述。本文在此文基礎上，對十九方題名碑記進行細緻的歸納分析，主要進行三個方面的工作：一、對題名碑記所載北宋時期二十六個禁軍、廂軍、鄉兵番號進行考證，特别是鄉兵番號的考訂。二、理清真宗、仁宗時期到定州屯駐、駐泊駐軍的主要來源。三、對熙寧之前河北路鄉兵更戍情況進行探討。這批題名碑記所保存資料爲當時定州駐軍的實際狀況，多爲正史所不載，具有重要史料價值。

一、題名碑記所見北宋定州駐軍考

定州在北宋時期具有重要軍事地位，宋人稱之爲“天下根本在河北，河北根本在鎮、定。”[2]“欲固河北，先扼雲蔚；欲扼雲蔚，先

1　王曉薇：《定州開元寺塔碑刻題名中的禁軍、廂軍、鄉兵指揮考》，《宋史研究論叢》第十九輯，保定：河北大學出版社，2016年，第146—172頁。

2　[元]脱脱：《宋史》卷二百八十四《列傳第四十三·宋祁》，北京：中華書局，1985年，第9596頁。

壯定州之扃鑰。”[1]澶淵之盟後，宋遼邊境雖歸於平静，但北宋王朝在定州依然屯有重兵，“本朝自南北通好已來，定州路兵額常及十萬。”[2]定州塔内有十九方碑刻記録了定州駐軍的信息，這批題名碑記所保存資料爲當時定州駐軍的實際狀況，多爲正史所不載，具有重要史料價值。定州開元寺塔内題名碑記中衆多軍隊番號的記載就是這一情形的集中反映。下面試加以考述。

（一）定州所駐禁軍番號

1. 馬軍

（1）雲翼

雲翼是真宗時設置的禁軍番號，隸屬於侍衛馬軍司。“咸平三年，詔定州等處本城廳子、無敵、忠鋭、定塞指揮，已並升充禁軍馬軍雲翼指揮，依逐州軍就糧，令侍衛馬軍司管轄。”[3]仁宗天聖至寶元間，“增募禁軍，陝西蕃落、廣鋭，河北雲翼……總百餘營。”[4]其後，雲翼指揮在景祐年間有過一次增設，在這次增設中，雲翼分爲左、右廂，在定州設六指揮。《宋史・兵志》[5]載：

> 雲翼舊指揮三十三，景祐以後，增置二十三，分左、右廂，總五十六。真定、雄、瀛、深、趙、永寧各三，定、冀各六，保五，滄、北平、永静、順安、保定各二，莫、邢、霸各一，

---

1 定州市地方志編纂委員會：《定州市地方志》，北京：中國城市出版社，1998 年，第 801 頁。

2 ［宋］趙汝愚：《宋朝諸臣奏議》卷一百四十《邊防門上徽宗論河北備邊五事》，上海：上海古籍出版社，1999 年，第 1586 頁。

3 ［元］脱脱：《宋史》卷一百八十七《志第一百四十・兵一》，北京：中華書局，1985 年，第 4572 頁。

4 ［元］馬端臨：《文獻通考》卷一百五十五《兵考七・禁衛兵》，北京：中華書局，2011 年，第 4635—4636 頁。

5 ［元］脱脱：《宋史》卷一百八十七《志第一百四十・兵一》，北京：中華書局，1985 年，第 4592 頁。

廣信、安肅各四。

康定（1040—1041）初年由於宋夏戰爭，河北雲翼又進行了增置[1]：

> 於是增置陝西蕃落、保捷、定功，河北雲翼、有馬勁勇，陝西、河北振武，河北、京東武衛，陝西、京西壯勇，延州青澗、登州澄海弩手。

據以上史料可知，1038—1040 年間，河北雲翼設有五十六指揮，其中定州設六個指揮。《續資治通鑑長編》載，慶曆四年（1044）“升保州無敵第五指揮爲雲翼指揮。”[2] 河北雲翼一部分是從地方軍升爲就糧禁軍。康定後，河北雲翼增加的指揮數正史無載。

定州塔題名碑記中有十二方修塔碑記載了定州雲翼的設置情況，可對康定後定州雲翼指揮數量進行補充，以彌補傳世史料之不足。

①鑲嵌於定州塔第二層的《當寺上生閣百法院助緣糺首僧道瑩等修塔題名碑記》[3] 載：

> 雲翼左六指揮使竇興……雲翼第四指揮使張斌。

②鑲嵌於定州塔第二層的《開元寺上生院演法大師門人修塔題名碑記》[4] 載：

> 雲翼左第六指揮第一都副兵馬使王謙……雲翼第四指揮十將孟遠……雲翼左第五指揮副指使梁美……雲翼左第三指揮邑

1　[元]脱脱:《宋史》卷一百八十七《志第一百四十・兵一》，北京：中華書局，1985 年，第 4574 頁。

2　[宋]李燾:《續資治通鑑長編》卷一百五十二，慶曆四年九月丁卯，北京：中華書局，2004 年，第 3698 頁。

3　定州塔二層《當寺上生閣百法院助緣糺首僧道瑩等修塔題名碑記》第二部分第 1 行，第三部分第 1 行。

4　定州塔二層《開元寺上生院演法大師門人修塔題名碑記》第 29、36、38、41、44 行。

人李訓……雲翼左第四指揮維那頭郎榮。

③鑲嵌於定州塔第二層的《散員指揮使李榮、僕射賈進等修塔題名碑記》[1]載：

雲翼第六指揮使張斌……雲翼第五指揮使康榮……雲翼左第三指揮使蔣環……雲翼左第二指揮張瑜……雲翼左第三指揮軍使王訓……雲翼第五指揮使【中缺】瓊。

④鑲嵌於定州塔第二層的《望都縣善化鄉胡方村都維那王欽嗣等題名碑記》[2]載：

雲翼左五副指揮使韓榮。

⑤鑲嵌於定州塔第三層《散員指揮使賈進等題名石刻》[3]載：

雲翼左第五指（揮）維那頭李嗣……雲翼左第四指揮使張斌……雲翼第三指揮節級劉睿……雲翼左第四指揮軍使楊勲。

⑥鑲嵌於定州塔第三層《雲翼左第六指揮邑衆修塔題名碑記》[4]載：

雲翼左第六指揮具姓名鐫字者維那頭節級劉榮……雲翼第四指揮使周遇……雲翼左第六第二都張贇父張贇。

⑦鑲嵌於定州塔第三層的《雲翼左第五指揮使劉超等修塔題名碑記》[5]載：

雲翼左第五指揮使劉超……雲翼左第六指揮使曹興……雲翼第四指揮使張恕……

⑧鑲嵌於定州塔第四層的《驍武左第一指揮第一都張明等修塔

---

1 定州塔二層《散員指揮使李榮、僕射賈進等修塔題名碑記》第3、4、25、32、35、41行。

2 定州塔二層《望都縣善化鄉胡方村都維那王欽嗣等題名碑記》第56行。

3 定州塔三層《散員指揮使賈進等題名碑記》第19、24、27、30行。

4 定州塔三層《雲翼左第六指揮邑衆修塔題名碑記》，第1、7、37行。

5 定州塔三層《雲翼左第五指揮使劉超等修塔題名碑記》第1、3、4行。

題名碑記》[1] 載：

雲翼左第六指揮使曹興。

⑨鑲嵌於定州塔第四層的《在州使院邑衆等修塔題名碑記》[2] 載：

雲翼左第二指揮邑人等維那頭將虞候右王遂。

⑩鑲嵌於定州塔第四層的《使院糺首維那劉政等修塔題名碑記》[3] 載：

雲翼左第九指揮四人軍使張美、田弼、名繼、馬欽……雲翼右第二十二指揮使郭美。

⑪鑲嵌於定州塔第四層的《雲翼第八指揮副兵使皇祚等修塔題名碑記》[4] 載：

雲翼第八指揮副兵（馬）使皇祚……雲翼左第九指揮使劉明俊……雲翼第八指揮趙忠……雲翼第十三人副兵馬使張千、馮超、張慶。

⑫鑲嵌於定州塔第四層的《定州開元寺演法大師門人等修塔題名碑記》[5] 載：

雲翼第六劉吉、劉正、劉信。

另外刊刻於康定二年（1041）定州《静志寺僧希素造心經幢》[6] 題名碑記中記載 [7]：

1　定州塔四層《驍武左第一指揮第一都張明等修塔題名碑記》第 25 行。

2　定州塔四層《在州使院邑衆等修塔題名碑記》第 20 行。

3　定州塔四層《使院糺首維那劉政等修塔題名碑記》第 17、27 行。

4　定州塔四層《雲翼第八指揮副兵使皇祚等修塔題名碑記》第 1、8、10、11 行。

5　定州塔四層《定州開元寺演法大師門人等修塔題名碑記》第 24 行。

6　[清] 陸繼輝：《八瓊室金石補正續編》卷四十一，《續修四庫全書》第 900 册，上海：上海古籍出版社，2001 年，第 306 頁。

7　此處兩個第一指揮有兩個指揮使來看，此處的第一指揮可能爲左廂第一指揮和右廂第一指揮。

雲翼第一指揮使李元、雲翼第一指揮使吴興、副指揮使劉清。

根據以上史料可知：一、定州雲翼由地方軍併升爲禁軍，這個時間在咸平三年（1000），碑刻記述與正史記載相符。二、雲翼分左右廂的時間在景祐後，即1038年之後。三、正史載定州雲翼禁軍數量不，共有六個指揮，由題名碑記可知，雲翼在定州至少有十一個指揮，分别爲左廂第一、二、三、四、五、六、九指揮，右廂第一、二十二指揮，不分左、右廂的指揮有第八、十三指揮[1]。比傳世史料記載至少多出五個指揮。

關於禁軍指揮的編制情況，據《武經總要》載："大凡百人爲都，五都爲營，五營爲軍，十軍爲廂，或隸殿前，或隸兩侍衛司。"[2]北宋一指揮滿員爲五百人，或也有四百人。但不滿員的狀況普遍存在。澶淵之盟時期，"雲翼三指揮，第八指揮四百四十九人，第十一指揮四百七十三人，第十三指揮四百七十一人，兩指揮雲翼往大名府，第十四指揮四百六十二人，第二十一指揮四百七十人。"[3]若按滿員計算，定州雲翼最多五千人。

（2）散員

散員，宋真宗咸平五年（1002）設置的禁軍番號，隸屬侍衛馬軍司。"咸平五年置。指揮一。定州。"[4]景德二年（1005）定州部署

1　雲翼分左、右廂，碑記中有第一、三指揮、第四指揮、第五指揮、第六指揮、第八指揮、第十三指揮不言左、右，在統計時爲避免重複，不在統計之列。其中第一指揮、第八指揮、第十三指揮左右廂中均無，無論其屬左廂或右廂均應統計在内。

2　［宋］曾公亮：《武經總要（前集）》卷一，［清］紀昀編纂：《文淵閣四庫全書》第726册，中國臺北：商務印書館，1983年，第245頁。

3　［宋］包拯撰，楊國宜校注：《包拯集校注》卷八《請移冀博深三州兵馬》，合肥：黄山書社，1999年，第126—127頁。

4　［元］脱脱：《宋史》卷一百八十七《志第一百四十・兵一》，北京：中華書局，1985年，第4590頁。

言:“昨遣散員指揮使趙信帥所部襲寇，至水谷寨。”[1] 從正史記述來看，散員在定州設一指揮。

①鑲嵌於定州塔第二層的《鎮定高陽關三路都部署王顯、王超等修塔題名碑記》[2] 載:

散員指揮第四都軍使德遵。散員指揮第一都副兵馬使楊俊。

②嵌於定州塔第二層的《散員指揮使李榮、僕射賈進等修塔題名碑記》[3] 載:

散員指揮使李榮……散員指揮邑長十將趙美。

③鑲嵌於定州塔第三層的《散員指揮使賈進等題名碑記》《雲翼左第六指揮邑衆修塔碑記》[4] 載:

散員指揮使賈進。

定州塔題名碑刻資料與正史記載相符，散員在定州置一指揮。

（3）威邊（威邊、相州威邊）

威邊，宋仁宗慶曆期間（1041—1048）由廂軍升置的禁軍番號，隸屬侍衛馬軍司。宋太宗時“揀選軍士，另設驍武。威邊充廂兵。”[5] “威邊。諸州廂兵，惟保州教戰射，隸巡檢司。慶曆初，升禁軍。指揮二。定、保各一。”[6] 可見，威邊在慶曆初由廂軍升爲禁軍，在定州設一指揮。但定州塔題名碑記有不同記載:

1 [宋]李燾:《續資治通鑑長編》卷五十九，景德二年正月丁巳，北京: 中華書局，2004年，第1310頁。

2 定州塔第二層《鎮定高陽關三路都部署王顯、王超等修塔題名碑記》第二部分第9行。

3 定州塔第二層《散員指揮使李榮、僕射賈進等修塔題名碑記》第1、6行。

4 定州塔第三層《散員指揮使賈進等題名石刻》第1行;《雲翼左第六指揮邑衆修塔碑記》第11行。

5 王曾瑜:《宋朝軍制初探（增訂本）》，北京: 中華書局，2011年，第20頁。

6 [元]脱脱:《宋史》卷一百八十七《志第一百四十・兵一》，北京: 中華書局，1985年，第4593頁。

①鑲嵌於定州塔内第三層的《修塔院主僧淳清等題名碑記》[1]載：

相州威邊曹司韓贇、妻潘氏。

②鑲嵌於定州塔内第四層的《雲翼第八指揮副兵使皇祚等修塔題名碑記》[2]載：

威邊指揮使戚謙。

《修塔院主僧淳清等題名石刻》刊刻於1041—1055年之間，故相州威邊爲禁軍，到定州更戍。正史未載此番號在相州設置，可補正史記載過簡之不足。《雲翼第八指揮副兵使皇祚等修塔題名碑記》刊刻於1040—1055年之間，據以上史料可知：威邊指揮可能已經升爲禁軍，在定州設有一指揮，題名碑記所載與正史記載相符。

（4）忠猛

忠猛是宋真宗咸平元年（998）增置的禁軍番號，隸屬侍衛馬軍司。"忠猛，咸平一年置。指揮一。定州。"[3]忠猛番號何時廢撤，各類史料記載不一致。《宋史·兵志》載，"忠猛。一。定。熙寧五年廢。"[4]《宋史·兵志》又載"元豐七年，以忠猛一分入驍武第七、第八、第九。"[5]《續資治通鑑長編》載，"定州路都總管司以忠猛一指揮分入驍武第七、第八、第九。"[6]不管忠猛指揮何時廢撤，可以肯定，正史記載的忠猛軍在定州只有一個指揮。

1　定州塔第三層《修塔院主僧淳清等題名碑記》第五部分第2行。

2　定州塔第四層《雲翼第八指揮副兵使皇祚等修塔題名碑記》第38行。

3　[元]脱脱：《宋史》卷一百八十七《志第一百四十·兵一》，北京：中華書局，1985年，第4590頁。

4　[元]脱脱：《宋史》卷一百八十八《志第一百四十一·兵二》，北京：中華書局，1985年，第4615頁。

5　[元]脱脱：《宋史》卷一百八十八《志第一百四十一·兵二》，北京：中華書局，1985年，第4616頁。

6　[宋]李燾：《續資治通鑑長編》卷三百四十五，神宗元豐七年四月丙戌，北京：中華書局，2004年，第8277頁。

①鑲嵌於定州塔第二層的《散員指揮使李榮、僕射賈進等修塔題名碑記》[1]載：

忠猛指揮使朱文、僕射譚貴……定州就糧忠猛指揮邑衆等糺首王榮、劉召。五都軍使張謙。

②鑲嵌於定州塔第四層的《驍武左第一指揮第一都張明等修塔題名碑記》[2]載：

忠猛指揮糺首軍使張謙。

由於《散員指揮使李榮、僕射賈進等修塔題名碑記》與《驍武左第一指揮第一都張明等修塔題名碑記》的刊刻時間均爲1040—1055年之間。此修塔碑記所記與正史記載完全相同，忠猛只設於定州，而定州塔題名碑記與正史記載相符，在定州只設一指揮，約五百人。

（5）驍武

驍武，隸屬侍衛馬軍司，原爲後周所置，"建隆二年（961）十一月改左右雄捷、驍武軍爲驍捷。"[3]"淳化四年，揀閱其材，與雲騎、武騎等立，得自置馬，分左、右廂。指揮二十。北京七，真定三，定六，相、懷、洺、邢各一。"[4]至熙寧五年，驍武"定州六併爲四"。[5]從以上史料可知，淳化四年（993）至熙寧五年（1072）間，定州

1 定州塔二層《散員指揮使李榮、僕射賈進等修塔題名碑記》第2、14行。

2 定州塔四層《驍武左第一指揮第一都張明等修塔題名碑記》第14行。此處忠猛指揮沒有記載就糧軍性質，但其與第二層《散員指揮使李榮、僕射賈進等修塔題名碑記》中所記"定州就糧忠猛指揮第五都軍使張謙"中的張謙應爲同一人，故《驍武左第一指揮第一都張明修塔碑記》中所記"忠猛"乃爲"就糧忠猛"。

3 ［宋］王應麟:《玉海》卷一百三十九《兵制四》，揚州：廣陵書社，2003年，第2588頁。

4 ［元］脱脱:《宋史》卷一百八十七《志第一百四十·兵一》，北京：中華書局，1985年，第4591頁。

5 ［元］脱脱:《宋史》卷一百八十八《志第一百四十一·兵二》，北京：中華書局，1985年，第4616頁。

驍武共設置六個指揮。但定州修塔碑記所載與正史記載不同。定州塔九方題名碑記記載的就糧驍武的設置情況[1]如下：

①鑲嵌於定州塔第二層的《當寺上生閣百法院助緣糺首僧道瑩等修塔題名碑記》[2]載：

> 驍武左第六指揮女邑都維那頭女弟子馬氏……驍武左第六指揮使弟子楊超……驍武第六副指揮使侯贊。

②鑲嵌於定州塔第二層的《開元寺上生院演法大師門人修塔題名碑記》[3]載：

> 定州就糧驍武左第三指揮邑長張至誠……定州就糧驍武左第四指揮邑長副兵馬使王榮……驍武第六指揮副兵馬使梁忠……定州就糧驍武右廂第五指揮邑眾等糺首蘇旻……定州就糧驍武左第一指揮邑衆等糺首軍頭王贇。

③鑲嵌於定州塔第二層的《散員指揮使李榮、僕射賈進等修塔題名碑記》[4]載：

> 驍武第三指揮使劉顯……驍武第四指揮使蔣訓……驍武第五指揮使蘇贇……定州就糧驍武左廂第二指揮邑衆等糺首何榮

④鑲嵌於定州塔第三層的《散員指揮使賈進等題名碑記》[5]載：

> 驍武左第六指揮第一都維那頭張美……驍武左第六指揮使楊超……驍武左第一指揮使李達。

1　此處驍武共有九通碑記記載，其中有幾處明確記載“定州就糧驍武”，有幾處雖没有明確記載，但碑刻的刊刻時間接近，均在慶曆年間，可能在刻寫碑刻時省略書寫。

2　定州塔二層《當寺上生閣百法院助緣糺首僧道瑩等修塔題名碑記》第一部分第 2 行，第三部分第 32、35 行。

3　定州塔二層《開元寺上生院演法大師門人修塔題名碑記》第 2、10、18、21、31 行。

4　定州塔二層《散員指揮使李榮、僕射賈進等修塔題名碑記》第 2、3、8 行。

5　定州塔二層《散員指揮使賈進等題名碑記》第 9、17、28 行。

⑤鑲嵌於定州塔第四層的《驍武左第一指揮第一都張明等修塔題名碑記》[1]載：

驍武左第一指揮第一都張明……驍武左第二指揮使劉顯。

⑥鑲嵌於定州塔第四層的《在州使院邑衆等修塔題名碑記》[2]載：

驍武左第五指揮使任重進。

⑦鑲嵌於定州塔第四層的《雲翼第八指揮副兵使皇祚等修塔題名碑記》[3]載：

驍武左第一指揮第二都長行紏首維那頭劉斌……驍武右第一指揮第一都長行紏首維那頭郝斌。

⑧鑲嵌於定州塔第四層的《定州開元寺演法大師門人等修塔題名碑記》[4]載：

驍武第一楊辛。

⑨鑲嵌於定州塔第四層的《驍武第六女衆等修塔題名碑記》[5]載：

驍武弟六女衆等梁氏。

另外刊刻於康定二年（1041）定州《静志寺僧希素等造心經幢》[6]題名碑記中記載：

驍武第二……驍武左第一。

根據題名碑記所載内容來看，一、驍武分左、右廂，此題名碑記與正史記載相同。二、傳世史料中記載定州驍武番號有六指揮，但没有記載其爲就糧禁軍性質，可補正史之缺。題名碑記記載定州

1　定州塔四層《驍武左第一指揮第一都張明等修塔題名碑記》第1、8行。

2　定州塔四層《在州使院邑衆等修塔題名碑記》第5行。

3　定州塔四層《雲翼第八指揮副兵使皇祚等修塔題名碑記》第18、36行。

4　定州塔四層《定州開元寺演法大師門人等修塔題名碑記》第22行。

5　定州塔四層《驍武第六女衆等修塔題名碑記》第1行。

6　[清]陸繼輝：《八瓊室金石補正續編》卷四十一，《續修四庫全書》第900册，上海：上海古籍出版社，2002年，第306頁。

驍武左廂第一、二、三、四、五、六指揮，右廂第一、五指揮，可見定州就糧驍武至少有八個指揮。比正史多出兩個指揮，最多有四千人。

（6）定塞

定塞，宋真宗咸平期間由廂軍升置的禁軍番號，隸屬侍衛馬軍司。《宋史》載:“定塞。河北路州軍。”[1] 設置於“定、真定、冀、滄、雄、博、深、乾寧。”[2] 咸平三年（1000）“詔定州等處本城廳子、無敵、忠鋭、定塞指揮，已並升充禁軍馬軍雲翼指揮，依逐州軍就糧，令侍衛馬軍司管轄。”[3] 説明在咸平三年定塞指揮已由河北地方軍升爲禁軍。鑲嵌於定州塔第三層的《雲翼左第六指揮邑衆修塔題名碑記》[4] 載:

> 定塞第一指揮使蔣進。

此題名碑記的刊刻時間爲 1055 年，另刊刻於康定二年（1041）定州《静志寺僧希素等造心經幢》中記載“定塞第三節級”[5]，題名碑記所載的定塞指揮至和二年已爲禁軍，並在定州設置一個指揮。

（7）廳子馬

廳子馬，太宗時期所設的廂軍番號，宋仁宗慶曆年間由廂軍升爲禁軍，隸屬侍衛馬軍司。“自太宗時，聚夏人降者五指揮，號‘廳

1 [元]脱脱:《宋史》卷一百八十九《志第一百四十二・兵三》，北京:中華書局，1985 年，第 4649 頁。

2 [元]脱脱:《宋史》卷一百八十九《志第一百四十二・兵三》，北京:中華書局，1985 年，第 4668 頁。

3 [元]脱脱:《宋史》卷一百八十七《志第一百四十・兵一》，北京:中華書局，1985 年，第 4572 頁。

4 定州塔第三層《雲翼左第六指揮邑衆修塔碑記》第 35 行。

5 [清]陸繼輝:《八瓊室金石補正續編》卷四十一，《續修四庫全書》第 900 册，上海:上海古籍出版社，2002 年，第 306 頁。

子馬’，子弟相承，百年無它役。”[1] 慶曆二年（1042）“丁酉，升河北廳子馬及無敵、招收軍並隸禁軍。”[2] 從以上史料可知，廳子馬是由西夏降兵設立的番號，在慶曆二年由地方軍升爲禁軍。刊刻於康定二年定州《静志寺僧希素等造心經幢》載：“廳子馬第二指揮虞候邢用。”[3] 此時廳子馬還屬廂軍。鑲嵌於定州塔第三層的《雲翼左第六指揮邑衆修塔題名碑記》[4] 則記載了禁軍廳子馬的情況：

> 廳子馬第一指揮使維那頭劉通正、妻長氏……廳子第二指揮使袁欽。

此碑刻題名刊刻於至和二年，故此時廳子馬應爲禁軍，且在定州最少設有兩指揮，分别爲第一、二指揮。《宋史》載：“廳子。七。定二，相五。熙寧五年，併相廳子五爲三，定廳子馬二爲一。”[5] 碑刻所載與正史相符，在熙寧五年時合併爲一指揮。

2. 步軍

（1）振武

振武，宋真宗咸平五年（1002）增設的禁軍番號，隸屬於侍衛步軍司。振武番號初設於咸平年間，景德三年（1006）廢置。[6] 其是否就糧禁軍，已不可考。但康定初，由於宋夏戰争，北宋政府

---

1 [元]脱脱：《宋史》卷二百九十一《列傳第五十・李復圭》，北京：中華書局，1985年，第9742頁。

2 [宋]李燾：《續資治通鑑長編》卷一百三十五，仁宗慶曆二年二月丁酉，北京：中華書局，2004年，第3226頁。

3 [清]陸繼輝：《八瓊室金石補正續編》卷四十一，《續修四庫全書》第900册，上海：上海古籍出版社，2002年，第306頁。

4 定州塔第三層《雲翼左第六指揮邑衆修塔題名碑記》第20、25行。

5 [元]脱脱：《宋史》卷一百八十八《志第一百四十一・兵二》，北京：中華書局，1985年，第4617頁。

6 [宋]王應麟：《玉海》卷一百三十九《兵制四》，揚州：廣陵書社，2003年，第2590頁。

爲增强兵力，在河北路增設振武，其性質爲就糧禁軍。“故議者欲益募土兵爲就糧。於是增置陝西蕃落、保捷、定功，河北雲翼、有馬勁勇，陝西、河北振武……”[1]又據《宋史·兵志》載：“慶曆後，河北增置爲指揮四十二……真定、定、瀛、保、恩、邢、深、博、永静、乾寧、陵、滄各二。”[2]可見，康定初在河北路增設就糧振武，其在定州設有兩個指揮。開元寺塔内四方題名碑記載有定州就糧振武的設置情況：

①鑲嵌於定州塔第二層的《東頭供奉官閤門祗候知乾寧軍事田思明等修塔題名碑記》[3]載：

振武指揮使侯宬。

②鑲嵌於定州塔第二層的《散員指揮使李榮、僕射賈進等修塔題名碑記》[4]載：

振武第二指揮使劉榮……振武第二指揮第一都維那頭張翌。

③鑲嵌於定州塔第四層的《驍武左第一指揮第一都張明等修塔題名碑記》[5]載：

振武第二指揮使張超。

④鑲嵌於定州塔第四層的《定州開元寺演法大師門人等修塔題名碑記》[6]載：

1 ［元］脱脱：《宋史》卷一百八十七《志第一百四十·兵一》，北京：中華書局，1985年，第4574頁。

2 ［元］脱脱：《宋史》卷一百八十七《志第一百四十·兵一》，北京：中華書局，1985年，第4598頁。

3 定州塔二層《東頭供奉官閤門祗候知乾寧軍事田思明等修塔題名碑記》第10行。

4 定州塔二層《散員指揮使李榮、僕射賈進修塔碑記》第3、18行。

5 定州塔四層《驍武左第一指揮第一都張明等修塔題名碑記》第18行。

6 定州塔二層《定州開元寺演法大師門人等修塔題名碑記》第33行。此碑刻的刊刻時間爲1040—1055年。

振武左第六指揮軍使劉德。

從以上史料來看：一、振武由地方軍升爲禁軍，設立後有過一次增設，在康定年間已具有就糧禁軍性質。正史載振武在定州設有兩個指揮，即第二、六，題名碑記所載與正史記載相符。二、題名碑記所記振武分左、右廂，《宋史・兵志》未載其分左、右廂，可對正史進行補充。

（2）神虎

神虎，宋真宗時期設置的禁軍番號，隸屬侍衛步軍司。咸平六年（1003），“先是，自京師發禁旅戍河東，數不足，則取州兵材勇者補之，十不得四三。又行伍弗整，校長冗多。去歲以義軍分隸州兵之籍，帥臣請增補如舊制。於是命西京左藏庫副使張延禧乘傳料簡，得萬三千餘人，立爲神鋭二十四指揮、神虎十指揮，常加訓習焉。”[1] 定州塔題名碑記中涉及的神虎番號有兩方碑文：

①嵌於定州塔第三層的《修塔院主僧淳清等題名碑記》[2] 記載：

忻州神虎第七維那頭張晏。

②嵌於定州塔第七層的《使院都孔目官薛均等修塔題名碑記》[3] 載：

忻州神虎第八指揮第四都正都頭韋興

忻州在北宋時屬河東路，神虎在此設有兩指揮，“咸平五年，選陝西州兵馬立。六年，又料簡河東州兵立，以西路河東兵之。指揮二十六。永興六，鳳翔、河中、忻、晉、威勝各二，太原、秦、延、鄜、

1 ［宋］李燾：《續資治通鑑長編》卷五十四，真宗咸平六年四月乙丑，北京：中華書局，2004 年，第 1187 頁。

2 定州塔第三層《修塔院主僧淳清等題名碑記》第二部分第 3 行。

3 定州塔第三層《使院都孔目官薛均等修塔題名碑記》第二部分第 7 行。此題名碑記刊刻時間爲 1054 年左右。

華各一，潞州三。"[1] 根據上述題名碑記可知，這兩個指揮分别爲第七、第八指揮，此時在定州更戍。題名碑記既與正史記載相符，又補正史之缺。

（3）武衛

武衛，宋太宗時設立的禁軍番號，由河北地方兵升爲禁軍，隸屬於侍衛步軍司。"太平興國中，募河北諸州兵立。"[2] "康定以來，元昊陸梁禁衛皆西，乃籍民兵以補軍籍，陞廂軍以充禁旅，於是有保捷、武衛、宣毅之禁軍。"[3]《續資治通鑑長編》亦載："至於寶元，幾四十年，天下可謂乂安。嚮因夏戎阻命，宰相非其人，慮害不深，事失幾先，遂致大擾。陝西、河北、京東、京西增置保捷一百八十五指揮，武衛七十四指揮，宣毅一百六十四指揮。"[4] 可見，在康定後河北路增設大量振武指揮。《宋史・兵志》又詳細記載了慶曆中振武在河北路增設的具體地區以及指揮數量。"慶曆中，河北增置爲指揮六十七。南京、真定、淄各四，北京、澶、相、邢、懷、趙、棣、洺、德、祁、通利、乾寧、廣濟各一，青五，鄆、徐、兖、曹、濮、沂、濟、單、萊、濰、登、淮陽、瀛、博各二，齊、密、滄各三。"[5] 由此條史料可知，慶曆中武衛並未在定州設置。但開元寺題名碑記中却記載了河北路定州就糧武衛的設置情況。

---

1 [元]脱脱：《宋史》卷一百八十七《志第一百四十・兵一》，北京：中華書局，1985年，第4597頁。

2 [元]脱脱：《宋史》卷一百八十七《志第一百四十・兵一》，北京：中華書局，1985年，第4594頁。

3 [宋]林駉：《古今源流至論續集》卷一，[清]紀昀編纂：《文淵閣四庫全書》第942册，中國臺北：商務印書館，1983年，第350頁。

4 [宋]李燾：《續資治通鑑長編》卷一百六十三，仁宗慶曆八年三月甲寅，北京：中華書局，2004年，第3923頁。

5 [元]脱脱：《宋史》卷一百八十七《志第一百四十・兵一》，北京：中華書局，1985年，第4594頁。

①鑲嵌於定州塔第二層的《散員指揮使李榮、僕射賈進等修塔題名碑記》[1]載：

武衛第一指揮使薛霸……武衛第四指揮使刁福……武衛第一指揮正都頭張榮……定州就糧武衛第二指揮紅首維鄃頭袁信……武衛第四指揮紅首史琛……武衛第一指揮田旻……武衛第三指揮紅首□□……武衛第五指揮副都頭嗣均。

②鑲嵌於定州塔第三層的《雲翼左第六指揮邑衆修塔題名碑記》[2]載：

武衛第四王貴。

③鑲嵌於定州塔第四層《驍武左第一指揮第一都張明等修塔題名碑記》[3]載：

武衛第三指揮使寇福。

④鑲嵌於定州塔第四層的《永定軍博野縣萬人邑衆等修塔題名碑記》[4]載：

定州武衛第一指揮第五都右承局宋進。

⑤鑲嵌於定州塔第四層的《雲翼第八指揮副兵使皇祚等修塔題名碑記》[5]載：

武衛王榮，副指揮使鄭欽。

⑥鑲嵌於定州塔第四層的《定州開元寺演法大師門人等修塔題名碑記》[6]載：

---

1 定州塔二層《散員指揮使李榮、僕射賈進等修塔題名碑記》第 4、5、26、37、39、44、46 行。

2 定州塔三層《雲翼左第六指揮邑衆修塔題名碑記》第 24 行，此碑的刊刻時間爲 1055 年。

3 定州塔四層《驍武左第一指揮第一都張明等修塔題名碑記》第 33 行。

4 定州塔四層《永定軍博野縣萬人邑衆等修塔題名碑記》第 33 行，此碑的刊刻時間爲 1055 年。

5 定州塔四層《雲翼第八指揮副兵使皇祚等修塔題名碑記》第 8、9 行。

6 定州塔四層《定州開元寺演法大師門人等修塔題名碑記》第 28 行。

武衛第一指揮張睿。

根據以上史料來看，定州在康定初年設有武衛，其性質爲就糧禁軍，“河北增置爲指揮六十七”，其中定州至少應有五個指揮，包括第一、二、三、四、五指揮，此碑記資料可補充正史記載過簡之不足。

（4）虎翼

虎翼，宋太宗時設置的禁軍番號。殿前司步軍“有神武、宣武、驍騎上下軍，寧朔、驍勝、虎翼左右五軍，各十指揮，並有指揮使、都虞候”[1]，侍衛步軍司“虎翼左右各三軍，軍各十指揮，並有都指揮使、都虞候”[2]。通過以上史料可知，殿前司步軍和侍衛步軍司均設有虎翼，只是軍數不同，但定州虎翼屬於殿前司還是侍衛步軍司無法判斷。此外，鑲嵌於定州塔第二層的《東頭供奉官閤門祇候知乾寧軍事田思明等修塔題名碑記》[3]也有關於虎翼的記載：

虎翼都虞候張謙。

都虞候是北宋軍一級的統兵官。每軍“各有都指揮使一員，都虞候副之”[4]，可以推斷，虎翼曾在定州更戍，至少有一軍，即五指揮。

（5）招收（本城招收、壕塞招收）

招收，宋仁宗康定初（1040）由地方軍升置增加的禁兵番號，隸屬侍衛步軍司。“復升河北招收、無敵、廳子馬，陝西制勝，并州克戎、騎射，麟州飛騎，府州威遠，秦州建威，慶州有馬安塞，保州威邊，安肅軍忠鋭，嵐、府州建安，登州平海，皆爲禁兵。”[5]

1 [宋]王應麟：《玉海》卷一百三十九《兵制》，揚州：廣陵書社，2003年，第2586頁。
2 [宋]范鎮撰，汝沛點校：《東齋記事》卷二，北京：中華書局，1980年，第19頁。
3 定州塔第二層《東頭供奉官閤門祇候知乾寧軍事田思明等修塔題名碑記》第18行。
4 [宋]范鎮撰，汝沛點校：《東齋記事》卷二，北京：中華書局，1980年，第19頁。
5 [元]脱脱：《宋史》卷一百八十七《志第一百四十・兵一》，北京：中華書局，1985年，第4574頁。

關於招收在定州設置狀況，《宋史》載：“慶曆初，升禁軍，爲指揮十七。保四，霸、信安各三，定、軍城砦各二，廣信、安肅、順安各一。”[1] 招收在定州設有兩個指揮。但定州修塔題名碑記所載與正史記載不同，共有五通碑記記載了招收設置情況：

①鑲嵌於定州塔第二層《開元寺上生院演法大師門人修塔題名碑記》[2] 載：

> 招收第二指揮孟祚。

②鑲嵌於定州塔第三層的《散員指揮使賈進等題名碑記》[3] 載：

> 招收第一指揮維那頭趙恕、妻楊氏。

③鑲嵌於定州塔第三層的《檀下村維那劉習等修塔題名碑記》[4] 載：

> 本城招收第一指揮邑人都維那承局呂召……招收第二指揮一人，殿前司虎翼權管招收第二指揮使鄭璘。

④鑲嵌於定州塔第四層的《雲翼第八指揮副兵使皇祚等修塔題名碑記》[5] 載：

> 招收第一指揮使孫用。

定州所設招收番號在康定初（1040）由地方軍升爲禁軍，而《開元寺上生院演法大師門人修塔題名碑記》《雲翼第八指揮副兵使皇祚等修塔題名碑記》的刊刻時間均在1040年之後，故可推斷招收爲禁軍，其在定州有二兩個指揮與正史記載相符，分別爲第一、二

1 [元]脱脱：《宋史》卷一百八十七《志第一百四十・兵一》，北京：中華書局，1985年，第4598頁。

2 定州塔第二層《開元寺上生院演法大師門人修塔題名碑記》第37行；此題名碑記的刊刻時間爲1055年左右。

3 定州塔第三層《散員指揮使賈進等題名碑記》第13行。

4 定州塔第三層《檀下村維那劉習等修塔題名碑記》第13、18行。

5 定州塔第四層《雲翼第八指揮副兵使皇祚等修塔題名碑記》第30行；此題名碑記的刊刻時間爲1040—1055年之間。

指揮。題名碑記中提及的“本城招收第一指揮”。《宋史》載：“本城剩員，諸州並有”，“本城廳子。定。”[1]與招收連用，可能是因爲招收原爲定州地方軍，康定初（1040）升爲禁軍後，當地人仍習慣稱爲“本城招收”。

鑲嵌在定州塔第七層的《使院都孔目官薛均等修塔題名碑記》[2]還記載了壕塞招收的設置情況：

壕塞招收第一副指揮使鄭斌。

該題名碑記刊刻時間應在至和元年（1054），因此壕塞招收可能爲禁軍。

壕塞招收，應爲壕寨招收，正史未記載此番號，可補正史之缺。根據“遣康訓部壕寨卒修涇灘路以度大軍”[3]以及“是冬，帝北巡至大名，復以延溥爲本州防禦使，即命爲幽州東路行營壕砦都監。詔修緣邊城壘”[4]，説明壕寨卒是修路及修城的士兵。《營造法式》也有關於壕寨制度的記載，例如建設壕寨的時候有“取正、定平、立基、築基”[5]等過程，因而壕寨招收可能類似今天的工程兵。

（6）神威

神威，宋真宗咸平三年（1000）設置的禁兵番號，隸屬侍衛步軍司，軍鎮神威原設於許州，現更戍到定州。“咸平三年，選京師

---

1 [元]脱脱：《宋史》卷一百八十九《志第一百四十二・兵三》，北京：中華書局，1985年，第4661、4649頁。

2 定州塔第七層《使院都孔目官薛均等修塔題名碑記》第一部分第6行；此題名碑記的刊刻時間爲1054年。

3 [宋]李燾：《續資治通鑑長編》卷八十一，真宗大中祥符六年十二月壬午，北京：中華書局，2004年，第1855頁。

4 [元]脱脱：《宋史》卷二百五十四《列傳第十三・趙延溥》，北京：中華書局，1985年，第8899頁。

5 [宋]李誡：《營造法式》卷三《壕寨制度》，上海：商務印書館，1954年，第50—54頁。

諸司庫務兵立。上下指揮十三。陳留三，許、鞏各二，雍丘、考城、咸平、河陽、廣濟、白波各一。”[1]可知神威是咸平三年（1000）所設，分上、下指揮。此外，鑲嵌於定州塔第三層的《修塔院主僧淳清等題名碑記》[2]也有相關記載：

許州軍鎮神威上第八指揮十將周榮、傅榮。

據以上史料可知：一、神威在許州設有兩個指揮，且分上、下。題名碑記所載與正史記載相符。二、神威在定州曾駐紮過“第八指揮”一個指揮，正史不載，可補正史之缺。

（7）步武

步武，宋仁宗慶曆期間由廂軍升置的禁兵番號，隸侍衛步軍司。步武原設於陳州，現更戍到定州。步武最早爲鄉兵，後升爲禁兵。“本鄉軍選充神勇、宣武，雍熙三年，揀其次等者立。慶曆中，增指揮六。陳。”[3]鑲嵌於定州塔第三層的《修塔院主僧淳清等題名碑記》[4]有關於步武指揮的記載：

陳州步武第三都指揮邑人張進。

據以上史料可知，慶曆時期步武在陳州增設六個指揮，一個指揮在定州更戍過，正史未載，可補正史之缺。

（8）神衛

神衛，原名爲虎捷，宋太宗太平興國二年（977）所設禁軍番號，隸侍衛步軍司，與捧日、天武、龍衛通稱上四軍。太平興國二年

1 ［元］脱脱：《宋史》卷一百八十七《志第一百四十·兵一》，北京：中華書局，1985年，第4597頁。

2 定州塔第三層《修塔院主僧淳清等題名碑記》第三部分第1行。

3 ［元］脱脱：《宋史》卷一百八十七《志第一百四十·兵一》，北京：中華書局，1985年，第4594頁。

4 定州塔第三層《修塔院主僧淳清等題名碑記》第四部分第5行；此題名碑記的刊刻時間大致爲1041—1055年之間。

（977），“詔改簇御馬直曰簇御龍直，鐵騎曰日騎，龍捷曰龍衛，控鶴曰天武，虎捷曰神衛。”[1] 神衛分左右廂，每廂有三軍，每軍五指揮[2]。定州塔題名碑記關於神衛的記載如下：

①鑲嵌於定州塔第二層的《鎮定高陽關三路都部署王顯、王超等修塔題名碑記》[3] 載：

神衛右廂都指揮使、潘州團練使陳榮。神衛左第二軍都指揮使、演州刺史王贇。神衛右第二軍都指揮使、播州刺史王超。

②鑲嵌於定州塔第三層的《雲翼左第五指揮使劉超等修塔題名碑記》[4] 載：

神衛左第一軍第一指揮維那王榮。

③鑲嵌於定州塔第四層的《在州使院邑衆等修塔題名碑記》[5] 載：

神衛右第一軍第二指揮第二都正軍使王贇。

據以上史料可知：第一，碑記中神衛分左、右廂，這與正史記載相符。按正史記載，神衛只在開封設置，“宋初，指揮四十六，仁宗後，止存指揮三十一。京師。”[6] 題名碑記中定州出現神衛駐軍，是宋朝軍隊實行更戍法，將原設於開封的神衛屯駐或駐泊到河北路的定州。

第二，題名碑記中記載神衛可推斷爲駐泊神衛。正史中未有神

1　[元]脱脱：《宋史》卷一百八十七《志第一百四十・兵一》，北京：中華書局，1985年，第4571頁。

2　[宋]范鎮撰，汝沛點校：《東齋記事》卷二，北京：中華書局，1980年，第19頁。

3　定州塔第二層《鎮定高陽關三路都部署王顯、王超等修塔題名碑記》第五部分第1—3行。

4　定州塔第三層《雲翼左第五指揮使劉超等修塔題名碑記》第6行。

5　定州塔第四層《在州使院邑衆等修塔題名碑記》第14行。

6　[元]脱脱：《宋史》卷一百八十七《志第一百四十・兵一》，北京：中華書局，1985年，第4594頁。

衛移駐定州的記載，題名碑記也未提及神衛駐定州的性質，但據傳世文獻記載，“又近日西川駐泊神衛軍都虞候王均作亂，奔衝劍門，尋已殺戮。”[1]康定元年（1040），韓琦言：“慶州駐泊神衛軍，昨隨劉平救延州，戰没者纔十一二。本軍右廂都指揮使劉興與衆皆遁歸，比令分屯邠、寧。緣係近上禁軍，不能力戰，以致陷覆主將。”[2]以及“駐泊神衛指揮使白興爲慈州團練使”[3]，可知神衛曾經移駐於和州、慶州、西川等地，其性質爲駐泊。據此推斷，定州所駐神衛可能是駐泊性質。

第三，碑記中出現“神衛右廂都指揮使”“神衛左第二軍都指揮使”“神衛右第二軍都指揮使”“神衛左第一軍第一指揮”“神衛右第一軍第二指揮”等。廂都指揮使爲廂一級統兵官，都指揮使爲軍一級編制的統兵官。可見神衛最少在定州駐紮過左、右廂各兩軍，共四軍，十五指揮的軍隊。

（10）龍騎（應天府龍騎、咸平縣龍騎、陳州龍騎、河陽軍龍騎、潁州龍騎、南京龍騎）

龍騎，宋太祖時所設禁兵番號，殿前司步軍。太平興國二年（977）曾改爲雄猛。“舊指揮八，康定中，取配隸充軍者增置爲指揮二十，分三軍。京師四，尉氏、雍丘、咸平、鄭各二，南京、陳、蔡、河陽、潁、單、四波各一。[4]可見龍騎在京師設四指揮，咸平縣等設置二指揮，南京、陳州、河陽、潁州等各設一指揮。定州塔

1 ［宋］李燾:《續資治通鑑長編》卷四十六，咸平三年三月丁未，北京：中華書局，2004年，第1002頁。

2 ［宋］李燾:《續資治通鑑長編》卷一百二十七，康定元年六月丁酉，北京：中華書局，2004年，第3018頁。

3 ［宋］李燾:《續資治通鑑長編》卷一百三十一，慶曆元年二月丁酉，北京：中華書局，2004年，第3103頁。

4 ［元］脱脱:《宋史》卷一百八十七《志第一百四十・兵一》，北京：中華書局，1985年，第4589頁。

有七方題名碑記保留了這方面的信息：

①鑲嵌於定州塔第二層的《當寺上生閣百法院助緣糺首僧道瑩等修塔題名碑記》[1]載：

應天府龍騎指揮正都頭馬榮。

②鑲嵌於定州塔第三層的《散員指揮使賈進等題名碑記》[2]載

咸平縣龍騎第一指揮第二都李順。

③鑲嵌於定州塔第三層的《修塔院主僧淳清等題名碑記》[3]載：

龍騎第一指揮邑衆王璨……陳州龍騎第三十將侯忠。

④鑲嵌於定州塔第三層的《雲翼左第六指揮邑衆修塔題名碑記》[4]載：

應天府駐泊龍騎第六指揮副指揮使鹿超……河陽軍龍騎第五指揮第一都維那鄭罕。

⑤鑲嵌於定州塔第四層的《驍武左第一指揮第一都張明等修塔題名碑記》[5]載：

龍騎第五指揮維那頭鄭罕。

⑥鑲嵌於定州塔第四層的《定州開元寺演法大師門人等修塔題名碑記》[6]載：

龍騎第一指揮第五都副都頭李顏。

⑦鑲嵌於定州塔第七層的《使院都孔目官薛均等修塔題名碑記》[7]載：

---

1 定州塔二層《當寺上生閣百法院助緣糺首僧道瑩等修塔題名碑記》第二部分第 2 行。

2 定州塔三層《散員指揮使賈進等題名碑記》第 16 行。

3 定州塔第三層《修塔院主僧淳清等題名碑記》第四部分第 8、9 行。

4 定州塔第三層《雲翼左第六指揮邑衆修塔題名碑記》第 16、32 行。

5 定州塔第四層《驍武左第一指揮第一都張明等修塔題名碑記》第 22 行。

6 定州塔第四層《定州開元寺演法大師門人等修塔題名碑記》第 23 行。

7 定州塔第七層《使院都孔目官薛均等修塔題名碑記》第二部分第 13、19 行。

駐泊頻州[1]龍騎第二指揮邑人等都維那頭譚慶……定州屯駐殿前司南京龍騎第六指揮副指揮袁美。

從以上史料可以看出,有七方題名碑記涉及龍騎番號。其中"應天府駐泊龍騎第六指揮"與"定州屯駐殿前司南京龍騎第六指揮"有密切關係。北宋景德三年(1006)升宋州爲應天府,大中祥符七年(1014)再升爲陪都南京,隸屬京東路。可以斷定,"應天府駐泊龍騎第六指揮"與"定州屯駐殿前司南京龍騎第六指揮"應爲同一番號,只是隨着行政建制的變化稱呼不同罷了。

"應天府駐泊龍騎第六指揮"爲駐泊性質,此碑記最遲刊刻於應天府升南京之前,即大中祥符七年(1014)。此時離澶淵之盟簽訂不久,宋遼邊境還以重兵把守,故由駐泊都部署等管理。"定州屯駐殿前司南京龍騎第六指揮"爲屯駐性質,因《使院都孔目官薛均等修塔題名碑記》的刊刻時間在至和元年(1054)左右,距離澶淵之盟已過去五十年,宋遼邊境相對和平,龍騎第六指揮在定州屯駐時間已經相當長,因此改由當地知州兼領禁軍,從駐泊轉爲屯駐。

另外,根據上述題名碑記還可知,咸平縣設置兩個指揮,其中一個番號爲咸平縣龍騎第一指揮;陳州、河陽軍[2]、潁州設置指揮的番號分别爲陳州龍騎第三指揮、河陽軍龍騎第五指揮、潁州龍騎第二指揮。這些可補正史之闕。

(9)神鋭(代州神鋭、汾州神鋭)

神鋭,宋真宗咸平六年(1003)設置的禁軍番號,隸屬侍衛步軍司,神鋭原設於代州、汾州,後駐泊到定州。該年四月乙丑,"先

1 頻州應爲潁州,碑文篆刻時誤。

2 河陽軍北宋時隸屬京西北路,《元豐九域志》卷一載:"望,孟州,河陽三城節度。治河陽縣"。陸繼輝在《八瓊室金石補正續編》中認爲誤把"河陰軍"刊刻成"河陽軍"。

是，自京師發禁旅戍河東，數不足，則取州兵材勇者補之，十不得四三。又行伍弗整，校長冗多。去歲以義軍分隸州兵之籍，帥臣請增補如舊制。於是命西京左藏庫副使張延禧乘傳料簡，得萬三千餘人，立爲神鋭二十四指揮、神虎十指揮，常加訓習焉。”[1]神鋭應爲設於河東路中央禁軍，在河東路共“指揮二十六。太原六，潞、晉各三，澤、汾、隰、平定各二，代、絳、忻、遼、邢、威勝各一。”[2]神鋭在代州、汾州各設有一個指揮。定州塔題名碑記有兩方碑文也有神鋭相關記載：

①鑲嵌於定州塔第二層的《定州開元寺演法大師門人等修塔題名碑記》[3]載：

駐泊代州神鋭第二指揮第一都孔斌、段貴。

②鑲嵌於定州塔第七層的《使院都孔目官薛均等修塔題名碑記》[4]載：

駐泊汾州神鋭第三指揮維郍邑人等軍頭劉謙。

從上述史料可知，神鋭在代州一指揮的番號爲神鋭第二指揮，在汾州的一指揮番號爲第三指揮，因此碑記的刊刻於至和二年（1055），故此番號最遲在至和二年（1055）駐泊定州。

（12）雄威

雄威，隸屬殿前司步軍。宋太宗太平興國二年（977）改雄威

1 ［宋］李燾：《續資治通鑑長編》卷五十四，咸平六年四月乙丑，北京：中華書局，2004年，第1187頁。

2 ［元］脱脱：《宋史》卷一百八十七《志第一百四十·兵一》，北京：中華書局，1985年，第4597頁。

3 定州塔第二層《定州開元寺演法大師門人等修塔題名碑記》第19行。此題名碑記刊刻於1055年。

4 定州塔第七層《使院都孔目官薛均等修塔題名碑記》第二部分第1行。此題名碑記刊刻於1054年。

爲雄勇[1]，宋太宗雍熙四年（987）又改爲神勇，並“選神勇兵退入第二等立爲神威，後改今名。指揮十。考城、襄邑、陳留各一，南京四，陳二。”[2]重設雄威，在南京共有四個指揮。開元寺塔題名碑記有兩方碑文也有南京雄威相關記載：

①鑲嵌於定州塔第二層的《當寺上生閣百法院助緣糺首僧道瑩等修塔題名碑記》[3]載：

南京雄威第三指揮第二都王訓。

②鑲嵌於定州塔第三層《散員指揮使賈進等題名碑記》[4]載：

南京雄威第三指揮王訓、郎旻。

據上述題名碑記可知：一、在南京設置的四個指揮中一個番號爲南京雄威第三指揮；二、南京雄威第三指揮出現在定州，是受宋更戍法影響，到定州更戍。

（13）東京床子弩

東京床子弩，正史未載此番號。《宋史》載：“雄武，并雄武弩手、床子弩雄武、揀中雄武、飛山雄武、揀中歸明雄武，總指揮三十四。”[5]雄武弩手隸屬於侍衛步軍司，床子弩也可能隸屬侍衛步軍司。鑲嵌於定州塔第三層的《修塔院主僧淳清等題名碑記》[6]有關於東京床子弩的記載：

東京床子弩第一指揮節級許璨、妻阿車。

1 ［元］脱脱：《宋史》卷一百八十七《志第一百四十·兵一》，北京：中華書局，1985年，第4588頁。

2 ［元］脱脱：《宋史》卷一百八十七《志第一百四十·兵一》，北京：中華書局，1985年，第4589頁。

3 定州塔二層《當寺上生閣百法院助緣糺首僧道瑩等修塔題名碑記》第三部分第44行。

4 定州塔三層《散員指揮使賈進等題名碑記》第29行。

5 ［元］脱脱：《宋史》卷一百八十七《志第一百四十·兵一》，北京：中華書局，1985年，第4595頁。

6 定州塔第三層《修塔院主僧淳清等題名碑記》第二部分第5行。

床子弩是一種重型射擊武器，需要多人操作，射程達七百多步，是北宋時期較爲先進的武器裝備，在澶淵之盟時發揮巨大作用。宋人張表臣言："澶淵之役，安床子弩於城上，使卒守之，困着弩邊。忽寤驚起，擊而發之，遂中虜酋，軍退。余曾戲作詩曰：床弩天誅韓闥覽，劍鋒神助宋將軍。"[1] 東京床子弩可能是以使用床子弩爲主的部隊番號，正史無載，可補正史之闕。

通過以上番號分析可知，馬軍有雲翼、散員、威邊、忠猛、驍武、定塞、聽子馬七個番號；步軍有振武、神虎、武衛、虎翼、招收、神威、神衛、步武、龍騎、神鋭、雄威、床子弩十二個番號。就番號數量來説，步軍番號多於馬軍，約占禁軍番號總量的 57%。

（二）定州所駐廂軍番號

定州塔題名碑記中的廂軍番號總共有五個，其中馬軍有勁勇、安肅軍無敵兩個番號，步軍有牢城、德勝、静虜三個番號。此史料中關於五個番號的記載具有重要史料價值：（1）正史無載承天軍何時廢除，定州塔碑記資料可以確定承天軍應在 1041 年以後廢除。（2）正史未載壕塞牢城番號，可補史之缺。（3）相州德勝、趙州静虜分左、右廂。（4）關於静虜移駐趙州的時間，可糾正史記載之誤。

1. 馬軍

（1）勁勇（承天軍勁勇、樂平勁勇）

勁勇，廂軍，隸於侍衛馬軍司。《宋史》載勁勇，"真定北砦，係教閲。"[2] 鑲嵌於定州塔第三層的《修塔院主僧淳清等題名碑

1 ［宋］張表臣：《珊瑚鉤詩話》卷二，北京：中華書局，1985 年，第 16 頁。

2 ［元］脱脱：《宋史》卷一百八十九《志第一百四十二·兵三》，北京：中華書局，1985 年，第 4649 頁。

記》[1]載：

承天軍勁勇第一曹司張進、李澄。樂平勁勇第一節級劉澄。

《宋會要輯稿》載："建隆元年以鎮州孃子關建軍，仍隸鎮州，後廢。"[2]《續資治通鑑長編》載：建隆元年十月"升鎮州娘子關爲承天軍"[3]。以上史料只言承天軍於建隆元年（960）建，關於何時廢除，正史則無載。《修塔院主僧淳清等題名碑記》中出現承天軍勁勇，此碑的刊刻時間在1041—1055年之間，故承天軍可能在1041年以後才廢除。承天軍勁勇、樂平勁勇正史均未記載，題名碑記所記番號，可補正史之缺。

（2）安肅軍無敵

安肅軍無敵，隸屬侍衛馬軍司。安肅軍屬河北路。"無敵。河北沿邊廂兵，慶曆二年（1042）升禁軍。總指揮六。定、北平各二，安肅、廣信各一。"[4]從以上史料可知，慶曆二年（1042）安肅軍無敵由廂軍升爲禁軍。鑲嵌於定州塔第二層《鎮定高陽關三路都部署王顯、王超等修塔題名碑記》[5]也有相應記載：

安肅軍無敵副指揮使周竳。

安肅軍在北宋時屬河北路，無敵在安肅軍設有一個指揮。因《鎮定高陽關三路都部署王顯、王超等修塔題名碑記》刊刻於1006年，在慶曆二年（1042）之前，故安肅軍無敵應爲廂軍。題名碑記所載與正史記載相符。

1 定州塔第三層《修塔院主僧淳清等題名碑記》第五部分第5、6行。

2 [清]徐松輯，劉琳等校點：《宋會要輯稿·方域五》之三五，上海：上海古籍出版社，2014年，第15册，第9372頁。

3 [宋]李燾：《續資治通鑑長編》卷一，建隆元年冬十月壬申，北京：中華書局，2004年，第26頁。

4 [元]脱脱：《宋史》卷一百八十七《志第一百四十·兵一》，北京：中華書局，1985年，第4593頁。

5 定州塔第二層《鎮定高陽關三路都部署王顯、王超等修塔題名碑記》第六部分第8行。

2. 步軍

（1）牢城（牢城、壕塞牢城）

牢城，廂軍，宋太祖初置，屬侍衛步軍司。牢城設置於“河北、河東、陝西、淮南、京東西、江南、荆湖、廣南、益、梓、利、夔路諸軍州，惟汝、處、昭、保安不置。”[1] 牢城軍一般由犯人組成。太平興國七年（982）“丁酉，詔諸州犯徒、流罪人等並配所在牢城，勿復轉送闕下，仍不得輒以案牘聞奏，稽留刑獄，違者論其罪。”[2] 同時，《宋史》又載：“及剩員直、牢城皆待有罪配隸之人。”[3] 定州塔有四方題名碑記有相應記載：

①鑲嵌於定州塔第二層的《望都縣善化鄉胡方村都維那王欽嗣等題名碑記》[4] 載：

牢城婁進。

②鑲嵌於定州塔第三層的《雲翼左第六指揮邑衆修塔題名碑記》[5] 載：

牢城指揮使楊興。

③鑲嵌於定州塔第四層的《雲翼第八指揮副兵使皇祚等修塔題名碑記》[6] 載：

牢城指揮第三都楊緒。

④鑲嵌於定州塔第七層的《使院都孔目官薛均等修塔題名碑

1 ［元］脱脱：《宋史》卷一百八十九《志第一百四十二・兵三》，北京：中華書局，1985 年，第 4657 頁。

2 ［宋］李燾：《續資治通鑑長編》卷二十三，太平興國七年閏十二月丁酉，北京：中華書局，2004 年，第 532 頁。

3 ［元］脱脱：《宋史》卷一百八十九《志第一百四十二・兵三》，北京：中華書局，1985 年，第 4644 頁。

4 定州塔二層《望都縣善化鄉胡方村都維那王欽嗣等題名碑記》第 17 行。

5 定州塔第三層《雲翼左第六指揮邑衆修塔題名碑記》第 28 行。

6 定州塔第四層《雲翼第八指揮副兵使皇祚等修塔題名碑記》第 40 行。

記》[1]載：

壕塞牢城副指揮使羅超。

壕塞牢城士兵可能與前文的壕塞招收一樣，主要負責修城、修路等任務，是以罪犯爲主的技術兵種。

（2）相州德勝

德勝，廂軍，隸屬侍衛步軍司。《宋史》載："德勝，相。"[2]説明設置於相州。此外，鑲嵌於定州塔第三層的《修塔院主僧淳清等題名碑記》[3]載：

相州右德勝節級吴贇。

據以上史料可知，北宋在相州設有德勝指揮。題名碑記所載"右德勝"，説明德勝分左、右廂，可補正史記載之不足。

（3）趙州右静虜

静虜，廂軍，隸屬侍衛步軍司。鑲嵌於定州塔第三層的《修塔院主僧淳清等題名碑記》[4]有關於静虜的記載：

趙州右静虜節級劉福。

《宋史》載："静虜，深。"[5]熙寧之後，"静虜，趙。"[6]趙州在北宋時屬河北路，正史載静虜原在深州置，熙寧之後改置於趙州。定州塔内題名碑記的刊刻時間爲1001—1055年，可以斷定静虜改置趙州的時間當在熙寧之前，可糾《宋史》記載之誤。碑刻記載静虜有

1 定州塔第七層《使院都孔目官薛均等修塔題名碑記》第6行。

2 [元]脱脱：《宋史》卷一百八十九《志第一百四十二・兵三》，北京：中華書局，1985年，第4660頁。

3 定州塔第三層《修塔院主僧淳清等題名碑記》第五部分第1行。

4 定州塔第三層《修塔院主僧淳清等題名碑記》第五部分第4行。

5 [元]脱脱：《宋史》卷一百八十九《志第一百四十二・兵三》，北京：中華書局，1985年，第4663頁。

6 [元]脱脱：《宋史》卷一百八十九《志第一百四十二・兵三》，北京：中華書局，1985年，第4669頁。

左、右廂之分，據此可補正史之缺。

（三）鄉兵所屬軍隊番號

定州塔題名碑記中涉及强壯、宣勇、静邊三個鄉兵番號。

1. 强壯（新樂縣强壯、定州强壯、陘邑縣强壯）

强壯，鄉兵。“鄉兵者，選自户籍，或土民應募，在所團結訓練，以爲防守之兵也。”[1] 五代時河北已置彊壯，“河北、河東彊壯，自五代時瀛、霸諸州已有之，是歲，始詔河北民家二丁、三丁籍一，四丁、五丁籍二，六丁、七丁籍三，八丁以上籍四爲彊壯。”[2] 北宋時期，河北强壯以“二十五人爲團，置押官；四團爲都，置正副都頭各一人；五都爲指揮，置指揮使。”[3] 定州塔題名碑記中也有相關記載：

①鑲嵌於定州塔第二層的《新樂縣吴村維那頭周玢等題名碑記》[4] 載：

强壯指揮使史乂。

②鑲嵌於定州塔第三層的《修塔院主僧淳清等題名碑記》[5] 載：

强壯指揮使王德信。

③鑲嵌於定州塔第三層的《陘邑縣趙家莊維那頭强壯指揮使馬潛等修塔題名碑記》[6] 載：

陘邑縣趙家莊維那頭强壯指揮使馬潛。

---

1 ［元］脱脱：《宋史》卷一百九十《志第一百四十三·兵四》，北京：中華書局，1985 年，第 4705 頁。

2 ［宋］李燾：《續資治通鑑長編》卷四十七，咸平三年十二月壬申，北京：中華書局，2004 年，第 1036 頁。

3 ［元］馬端臨：《文獻通考》卷一百五十六《兵考八·郡國兵》，北京：中華書局，2011 年，第 4655 頁。

4 定州塔第二層《新樂縣吴村維那頭周玢等題名碑記》第 39 行。

5 定州塔第三層《修塔院主僧淳清等題名碑記》碑刻上部第 31 行。

6 定州塔第三層《陘邑縣趙家莊維那頭强壯指揮使馬潛等修塔題名碑記》第 1 行。

④鑲嵌於定州塔第四層的《永定軍博野縣萬人邑衆等修塔題名碑記》[1]載：

陘邑縣唐邑鄉趙家莊强壯指揮使馬潛、母張氏。

從以上史料可知：一、正史只言河北路設强壯指揮，實際在新樂縣、定州、陘邑縣均設有强壯指揮，可補正史記載過簡之不足。二、《陘邑縣趙家莊維那頭强壯指揮使馬潛等修塔題名碑記》《永定軍博野縣萬人邑衆等修塔題名碑記》所載陘邑縣强壯指揮使爲馬潛，説明陘邑縣最少有一指揮。三、關於鄉兵的職官設置，以河北强壯爲例，“五百人爲指揮，置指揮使；百人爲都，置正副都頭二人、節級四人。”[2]題名碑記所載與正史相符。

2. 相州宣勇

宣勇，鄉兵，舊名忠勇[3]。咸平四年（1001）“其年，名河北鄉兵爲忠烈宣勇。”[4]大中祥符四年（1011）十月“詔河北忠烈、宣勇軍士，本自户籍選置，其老疾者許召人承補，即聽歸農。”[5]大中祥符五年（1012）七月二十一日，“詔河北、河東忠烈、宣勇、廣鋭軍士，自今老疾者即歸農，無勒召人承替，其闕員並自京差補。”[6]可見，宣勇自設立之初就爲河北路之鄉兵。鑲嵌於定州

1 定州塔第四層《永定軍博野縣萬人邑衆等修塔題名碑記》第31行。

2 [元]脱脱：《宋史》卷一百九十《志第一百四十三·兵四》，北京：中華書局，1985年，第4711頁。

3 [元]脱脱：《宋史》卷一百八十九《志第一百四十二·兵三》，北京：中華書局，1985年，第4662頁。

4 [宋]程大昌：《演繁露（續集）》卷一《制度》，北京：中華書局，1991年，第5頁。

5 [清]徐松輯，劉琳等校點：《宋會要輯稿》兵一之二，上海：上海古籍出版社，2014年，第14册，第8601頁。

6 [清]徐松輯，劉琳等校點：《宋會要輯稿》兵一之二，上海：上海古籍出版社，2014年，第14册，第8602頁。

塔第三層的《修塔院主僧淳清等題名碑記》[1] 也記載有相州宣勇的信息：

相州宣勇第二曹司齊元。

雖然相州和定州同屬河北路，但題名碑記上出現“相州宣勇”，很有可能是相州宣勇出戍到定州。説明在北宋中期，最遲在熙寧之前鄉兵是更戍的。另外，鑲嵌於定州塔第三層的《雲翼左第五指揮使劉超等修塔題名碑記》[2] 中還出現“迷成村静邊指揮使李訓”。從“迷成村”來看，静邊指揮也可能爲鄉兵。

二、北宋定州駐軍的特點

上述題名碑記資料共記載了八十多個“指揮”級别的禁軍、廂軍及鄉兵番號，涉及的軍隊番號二十六個，其中禁軍番號十九個，廂軍番號五個，鄉兵番號兩個。可以肯定，定州駐扎的兵力相當可觀，證實了定州在北宋國防體系中的重要的戰略地位，在做進一步分析後，我們還發現這一時期北宋定州駐軍具有以下特點：

1. 定州屯駐、駐泊的禁軍主要來源於河東路、京西路、京東路和開封府

北宋在定州駐扎過十九個番號六十九個指揮的禁軍，其中七個禁軍番號爲外來更戍的，四個番號六個指揮的禁軍來源於京西路，兩個番號三個指揮來自河東路，兩個番號兩個指揮來自京東路，兩個番號兩個指揮來自開封府。北宋立國之初，宋太祖爲避免五代時

1 定州塔第三層《修塔院主僧淳清等題名碑記》第五部分第 3 行。此碑刊刻於 1041—1055 年之間。

2 定州塔第三層《雲翼左第五指揮使劉超等修塔題名碑記》第 10 行。

期將帥擁兵自重、叛亂割據的狀況，實行更戍法。實行更戍的軍隊有屯駐、駐泊、就糧三種，其目的是通過移屯換防解除兵將膠固、聚衆叛亂的隱患，以便加强中央集權。北宋軍隊外出更戍時，“京東西、河北、河東、陝西、江、淮、兩浙、荆湖、川峽、廣南東路三年，廣南西路二年，陝西城砦巡檢并並將領下兵半年”[1]。其更戍原則主要是内外相制，加强中央集權，“藝祖養兵止二十二萬，京師十萬餘，諸道十萬餘。使京師之兵足以制諸道，則無外亂；合諸道之兵足以當京師，則無内變。内外相制，無偏重之患。”[2] 富弼言：“太祖英武之才，平定禍亂，盡削方鎮兵權，只用文吏守土。及將天下營兵，縱横交互，移換屯駐，不使常在一處，所以壞其凶謀也。”[3] 但北宋軍隊更戍的實際操作過程中，並非嚴格按照原有規定，有的甚至十年也不能回到原來的營地。更戍的另一個目的是鍛煉士兵意志，讓士兵“均勞逸，知艱難，識戰鬥，習山川。”[4]“分遣禁旅，戍守邊地，率一二年而更，欲使往來道路，足以習勞苦，南北番戍，足以均勞佚，故將不得專其兵，而兵亦不至驕惰。”[5] 儘管北宋軍隊更戍普遍遵循以上原則，但是通過定州塔内題名碑記之記載，我們了解北宋軍隊還遵循其他原則，如下表所示：

1 [元]脱脱:《宋史》卷一百九十六《志第一百四十九·兵十》,北京:中華書局,1985年,第4894頁。

2 [宋]李燾:《續資治通鑑長編》卷三百二十七，元豐五年六月壬申，北京：中華書局，2004年，第7883頁。

3 [宋]趙汝愚：《宋朝諸臣奏議》卷一百四十四《邊防門上仁宗乞選任轉運守令以除盜賊》，上海：上海古籍出版社，1999年，第1630頁。

4 [宋]李燾：《續資治通鑑長編》卷三百七十九，元祐元年六月庚子，北京：中華書局，2004年，第9216頁。

5 [元]馬端臨:《文獻通考》卷一百五十三《兵考五·兵制》，北京：中華書局，2011年，第4580頁。

表一：屯駐、駐泊定州禁軍來源表

京西路	陳州龍騎 1，潁州龍騎 1，河陽軍龍騎 1，陳州神虎 1，許州軍鎮神威 1，陳州步武 1
京東路	應天府（南京）龍騎 1，南京雄威 1
河東路	忻州神虎 1，代州神鋭 1，汾州神鋭 1
開封府	咸平縣龍騎 1，東京床子弩 1

從上表可知，定州屯駐、駐泊的禁軍來自京西路、京東路、河東路、開封府。上述四個地方與河北路相臨，定州塔題名碑記資料中未出現南方各路軍隊，這是符合北宋更戍"以京東兵戍河北，河北兵戍河東，河東、京西兵戍陝西"[1]的原則。從上表還可看出，到定州更戍的禁軍幾乎都來自中北部，並非全是"南北番戍，足以均勞佚"[2]。究其原因有二：其一，南北方氣候差異大，士兵難以適應當地生活，常生病死亡，自然減員比較嚴重。"一往三年，死亡殆半"[3]，尤其是北方士兵到南方，"地多煙瘴，戍者憚之。"[4]其二，南北方作戰地理環境不同。無論是華北平原對遼作戰，還是西北對夏作戰，騎兵都是必不可少的兵種，南方多山地，士兵更擅長山地、叢林作戰，騎兵作戰反而難以適應。綜上所述，通過屯駐、駐泊定州軍隊的來源分析，北宋更戍法更多遵循就近原則和適應當地作戰原則。

北宋定州禁軍更戍體現了插花式的特點。王曾瑜在《宋朝軍制

1 ［宋］陳均編，許沛藻等點校：《皇朝編年綱目備要》卷十八，北京：中華書局，2006年，第436頁。

2 ［元］馬端臨：《文獻通考》卷一百五十三《兵考五·兵制》，北京：中華書局，2011年，第4580頁。

3 ［宋］趙汝愚：《宋朝諸臣奏議》卷一百二十一《兵門·上英宗論兵九事》，上海：上海古籍出版社，1999年，第1325頁。

4 ［宋］李心傳撰，徐規點校：《建炎以來朝野雜記（乙集）》卷二十，北京：中華書局，2000年，第882頁。

初探》中明確提出：“由於三衙禁軍的分佈是插花式的，故很多州府往往同駐三衙或侍衛兩司的禁兵。”[1]按照此觀點，插花式駐軍是指三衙或侍衛兩司的禁兵在州府同時駐扎。定州塔題名碑記也反映這種駐軍體系，如下表所示：

表二：定州塔題名碑記記載三衙所轄軍隊番號[2]

馬軍司	雲翼、散員、威邊、忠猛、驍武、定塞、驪子馬
步軍司	振武、神虎、武衛、招收、許州軍鎮神威、陳州步武、神衛、神鋭、東京床子弩
殿前司	龍騎、南京雄威

這種軍隊駐防佈局是三衙分割軍權在地方的體現，雖然有利於鞏固皇權，但無疑也不利於軍隊的指揮和管理。

2. 定州駐軍以禁軍爲主，其中步軍多於馬軍

尤東進在《北宋仁宗朝禁軍兵力分佈》[3]一文中依據正史資料，討論了仁宗時期禁軍在各地的分佈，分析了禁軍在全國分佈的特點，但涉及定州部分較少。本文以定州塔題名碑記爲基礎，同時結合正史記載進行對比，製成表格如下：

表三：定州禁軍、廂軍、鄉兵所轄軍隊番號數量統計表

	禁軍	廂軍	鄉兵	總計
馬軍	7	2	0	9
步軍	12	3	2	17
總計	19	5	2	26

1　王曾瑜：《宋朝軍制初探（增訂本）》，北京：中華書局，2011年，第67頁。

2　此題名碑記中共有20個禁軍番號，其中神武和虎翼隸屬關係不清楚，故在未在此表統計之列。

3　尤東進：《北宋禁軍兵力分佈研究——以仁宗朝爲中心》《新宋學第八輯》，2019年，第224—264頁。

通過上表可知：馬軍共 9 個番號，約占所有番號的 35%，步軍有 17 個番號，約占所有番號的 65%，步軍數量明顯多於馬軍。這些番號大致反映了澶淵之盟後，北宋對遼的消極防禦思想。首先從北宋統治者的内心來説，澶淵之盟暫時緩解了宋遼邊境的戰事，宋人曹彦約言："真宗皇帝'四方無事'之語發於景德二年（1005），是時澶淵之盟契丹纔一年耳，而聖訓已及此，則知兵革不用，乃聖人本心，自是絶口不談兵矣。"[1] 説明宋真宗對金錢换和平表示滿意。其次，從實際情況來説，宋朝由於失去天然的優良牧場，騎兵的馬匹只能與少數民族進行貿易而來，這就加劇了馬匹供應的不確定性。因而騎兵是人多馬少，河北的騎兵甚至有十分之四無馬可騎。[2] 這種狀況，使得北宋不具備與遼朝進行大規模騎兵作戰的能力，因而宋朝不得不實行以步制騎的防禦策略。宋朝制定的很多軍事戰術都是在貫徹這種防禦思想，比如太宗時期的"平戎萬全陣圖"，仁宗時期的"八陣法"都是以步制騎的方針。這並不是説對於遼朝的騎兵毫無辦法，宋朝通常用弓箭打擊遼朝的騎兵，比如《武經總要》記載："弩者，中國之勁兵，四夷之畏服也。……若乃射堅及遠，争險守隘，怒聲勁勢，遏衝制突者，非弩不充。"[3] 在定州塔題名碑記所載的番號中有"東京床子弩"，床子弩是以重型弓弩打擊騎兵的武器。但是由於床子弩比較笨重，戰場移動不便，通常在守城作戰中使用。

禁軍作爲宋朝的正規軍，無論在數量、裝備、還是兵員素質上都更有優勢，在與遼的對抗中發揮着主要作用。題名碑記所載，

---

1 ［宋］曹彦約：《經幄管見》卷一，［清］紀昀編纂：《文淵閣四庫全書》第 686 册，中國臺北：商務印書館，1983 年，第 36 頁。

2 王曾瑜：《宋朝軍制初探（增訂本）》，北京：中華書局，2011 年，第 263—265 頁。

3 ［宋］曾公亮：《武經總要（前集）》卷二，［清］紀昀編纂：《文淵閣四庫全書》第 726 册，中國臺北：商務印書館，1983 年，第 265 頁。

定州所駐禁軍有就糧、屯駐和駐泊。就糧就是讓軍隊到糧食多的地區補給，屯駐和駐泊的主要區別是隸屬關係不同，"其出戍邊或諸州更戍者曰屯駐，非戍諸州而隸總管者曰駐泊。"[1] 禁軍駐泊目的是爲了防禦，由駐泊都部署等管理訓練。屯駐是臨時性的出戍或者更戍到某州，一般由當地的州官兼領禁軍管理訓練。今就定州塔題名碑記所載定州駐軍與正史所記定州駐軍對比如下：

表四：宋仁宗時期定州駐軍狀況對比一覽表

史料來源	正史		定州塔題名碑記	
馬軍各軍指揮數	1	忠猛 1	1	忠猛 1
	2	散員 1	2	散員 1
	3	驍武 6	3	驍武 8
	4	廳子 1	4	廳子馬 2
	5	雲翼 6	5	雲翼 11
	6	威邊 1	6	威邊 2
	7	無敵 2		
			7	定塞 1
步軍各軍指揮數	1	振武 2	1	振武 2
	2	招收 4 （駐軍城砦 2）	2	招收 3 （本城招收 2，壕塞招收 1）
	3	宣毅 1		

1 ［宋］章如愚：《山堂考索（續集）》卷四十四《兵制門》，北京：中華書局，1992 年，第 1176 頁。

續表

史料來源	**正史**		**定州塔題名碑記**	
步軍各軍指揮數			3	神衛 15
			4	虎翼 5
			5	武衛 5
			6	龍騎 5（應天府龍騎 1，咸平縣龍騎 1，陳州龍騎 1，河陽軍龍騎 1，潁州龍騎 1）
			7	東京床子弩 1
			8	神虎 2
			9	許州軍鎮神威 1
			10	神鋭 2（代州神鋭 1，忻州神鋭 1）
			11	陳州步武 1
			12	南京雄威 1

上表中正史部分的史料是王曾瑜依照《宋史・兵志》對仁宗時期（1023—1063）定州駐軍做出的統計。通過對比，可以看出，定州塔所載番號數量和指揮數量遠多於正史記載。題名碑記記載了殿司所轄番號在定州駐扎，可補史之缺。正史所載馬軍的番號和指揮數量都多於步軍的番號和指揮數量，但題名碑記所載却相反，步軍略多於馬軍。另外，表四主要是仁宗朝定州駐軍的狀況，其中馬軍九個番號二十六指揮，步軍十二個番號四十三指揮，步軍多於馬軍，説明澶淵之盟後在定州的防禦性軍隊多於進攻性軍隊，這也是澶淵之盟後宋朝在河北邊境實行消極防禦思想的體現。

表五：題名碑記載廂軍、鄉兵對比表

廂軍	承天軍勁勇、樂平勁勇、安肅軍無敵、牢城（壕塞牢城）、相州德勝、趙州右静虜
鄉兵	新樂縣强壯、定州强壯、陘邑縣强壯、相州宣勇、静邊

通過表五可知，廂軍有五個番號，鄉兵有三個番號，但不能説廂軍比鄉兵的作用大，因修建定州塔捐施部隊的題名，可能只是鄉兵的一部分。再者，廂軍的士兵基本都是禁軍挑選剩下的老弱者、荒年的流民、犯罪發配之人，兵員成分複雜，戰鬥力自然就會下降。然而鄉兵則不同，由於定州地處宋遼邊境，兵士不僅瞭解當地山川形勢，而且還有"物力資産、父母妻子之所係"[1]，在戰鬥中表現出抗戰守土的熱情，其實際的軍事作用可能不比廂軍小。

3. 熙寧之前河北路軍隊不對外更戍，但河北路内可更戍

宋朝從立國之初就面臨遼巨大的軍事壓力，而河北作爲與遼直接接壤的區域，其軍事力量的强弱直接關係整個國家的安危，因此，北宋立國之初，就規定河北路軍隊不需要對外更戍。《宋史・兵志》載："舊制，河北軍馬不出戍，帝慮其驕惰，（熙寧）五年，始命河北、河東兵更戍，減其一歲以優之。"[2] 可知在熙寧五年（1072）之前，河北軍馬不外出更戍，但河北路之内可更戍。定州塔題名碑記的刊刻時間是 1001—1055 年之間，在熙寧五年（1072）之前，其中有兩通題名碑記的記載可以反映河北路内的更戍狀況：

①《鎮定高陽關三路都部署王顯、王超等修塔題名碑記》[3] 中有

1 ［宋］李燾：《續資治通鑑長編》卷二百三，治平元年十一月乙亥，北京：中華書局，2004 年，第 4915 頁。

2 ［元］脱脱：《宋史》卷一百九十六《志第一百四十九・兵十》，北京：中華書局，1985 年，第 4899 頁。

3 定州塔第二層《鎮定高陽關三路都部署王顯、王超等修塔題名碑記》第六部分第 8 行。

相應記載：

安肅軍無敵副指揮使周遡。

②《修塔院主僧淳清等題名碑記》[1] 載：

相州右德勝節級吴贇。相州威邊曹司韓贇、妻潘氏。相州宣勇第二曹司齊元，十將李均。趙州右静虜節級劉福，曹司王澄。

通過以上題名碑記的史料可知：首先，《修塔院主僧淳清等題名碑記》中出現了“節級、曹司、十將”等基層軍事職官，説明這些部隊番號應爲軍事團體，並非是個人來到定州；其次，安肅軍、相州、趙州在當時全部歸屬於河北路，其屬地的軍隊同時出現在定州，也絶非偶然，可能是有編制的軍隊更戍到定州。據此可説明熙寧五年（1072）之前河北路所設軍隊不對外更戍，但河北路之内可更戍。

除此之外，題名碑記中還發現有鄉兵更戍的内容。關於北宋鄉兵問題，學界對其編制、人數、徵募制度、教閲制度及鄉兵在北宋中後期地位上升的原因等問題已基本研究清楚[2]，但是關於宋代鄉兵是否更戍，學界尚未關注，究其原因主要是資料不足。通過定州塔題名碑記所載内容與傳世史料相結合，可對鄉兵更戍進行分析討論。

《文獻通考》載：“至於諸州禁、廂兵，亦皆戍更。”[3] 鄉兵是否也和禁軍、廂軍一樣實行更戍法，《續資治通鑑長編》載：“樞密院

1 定州塔第三層《修塔院主僧淳清等題名碑記》碑刻下部第五部分第 1—4 行。

2 相關成果有：王曾瑜：《宋朝軍制初探（增訂本）》，北京：中華書局，2011 年，第 87—95 頁。姜錫東：《北宋鄉兵人數考論》，《宋史研究論叢》第五輯，保定：河北大學出版社，2003 年，第 132—149 頁。强文學：《北宋鄉兵徵募制度探究》，《甘肅社會科學》，2009 年第 4 期，第 200—203 頁；强文學：《北宋鄉兵的編制、教閲制度》，《河西學院學報》，2009 年第 3 期，第 27—31 頁；强文學：《北宋中後期鄉兵地位的上升》，《牡丹江大學學報》，2009 年第 5 期，第 44—46 頁。

3 ［元］馬端臨：《文獻通考》卷一百五十二《兵考四 · 兵制》，北京：中華書局，2011 年，第 4554 頁。

言陝西振武鄉兵，各有資産，今西鄙無事，可遣代戍，詔從之。”[1]《修塔院主僧淳清等題名碑記》出現的“相州宣勇”番號内有“曹司”“十將”等系列基層軍事職官，可以斷定相州宣勇應是到定州更戍，直接説明北宋時期鄉兵也可更戍，這佐證了《長編》記載。

康定初年，李元昊反宋，遼趁機嚮宋朝索要關南之地，宋廷不得不在河北地區加强佈防。而澶淵之盟後的三十年裏，宋朝“上下安於無事，武備廢而不修，廟堂無謀臣，邊鄙無勇將，將愚不識干戈，兵驕不知戰陳，器械朽腐，城郭隳頹”[2]，在此情況下，熟悉宋遼雙方情形的鄉兵在宋遼對峙中作用越來越重要。《宋史》記載：“康定初，詔河北、河東添籍彊壯，河北凡二十九萬三千，河東十四萬四千，皆以時訓練。”[3]宋仁宗皇祐三年（1051）三月，包拯言：“聞河北屯兵，無慮三十餘萬。”[4]但這些禁軍“老弱者衆，緩急又不可用。”[5]主張以“義勇强壯一十八萬餘人以充其數。緣河朔之民，稟性勁悍，生習邊鄙之利害，素諳敵國之情僞，校之南兵，絶爲精鋭。一則不費供饋，二則群情樂爲，訓練之法，則有舊制存焉。”[6]在包拯看來，鄉兵比禁軍更適合本地區的防務。而此時正是宋遼關係再次緊張時，相州宣勇更戍到定州，無論從實際防守還是從道理

1 ［宋］李燾：《續資治通鑑長編》卷六十四，景德三年十一月庚戌，北京：中華書局，2004年，第1433—1434頁。

2 ［宋］李燾：《續資治通鑑長編》卷二百四，治平二年正月癸酉，北京：中華書局，2004年，第4936頁。

3 ［元］脱脱：《宋史》卷一百九十《志第一百四十三·兵四》，北京：中華書局，1985年，第4706頁。

4 ［宋］李燾：《續資治通鑑長編》卷一百六十六，皇祐元年三月庚子，北京：中華書局，2004年，第3993頁。

5 ［宋］李燾：《續資治通鑑長編》卷一百六十六，皇祐元年三月庚子，北京：中華書局，2004年，第3993頁。

6 ［宋］李燾：《續資治通鑑長編》卷一百六十六，皇祐元年三月庚子，北京：中華書局，2004年，第3994頁。

上來説，都是合情合理的。雖然鄉兵可能不是像禁軍、廂軍一樣是大範圍、規模性、制度化的更戍，但在一定範圍内適度的調遣，是符合當時定州軍事形勢之需要。

結　語

定州開元寺塔内十九方題名碑記中對北宋軍人信息的記載，在很大程度上補充和豐富了宋代地方軍事史料的不足。通過對這十九方題名碑記内容的釋讀，可以確認定州在北宋時期確實是一個軍力雲集、戰略地位十分重要的軍事重鎮。通過對衆多不同番號和軍種的進一步分析，使我們對北宋軍隊的類别劃分、編制劃分、更戍制度、兵種比例、其實際駐守部隊數量以及在地方兵力的配置格局等都有了更具體深入的認識。值得指出的是，宋代文獻中記載軍事資料較多的史書，如《續資治通鑑長編》《宋史》《宋會要》等多編撰於南宋甚至元代，距離北宋已有百年之久，其原始性和真實性不如當時人記當時事，因此，這批題名碑記不僅印證和補充了傳統文獻的記載，更能起到糾正訛誤的作用，其價值是不言而喻的。

定州塔題名碑記所見北宋前期基層軍事職官考

從定州塔題名碑記可知，指揮（營）以下的北宋基層軍事職官分爲兩類，一類職名是差遣性質的，其中，員寮在禁軍中不常設，但在鄉兵中常設，且是實職，地位僅次於（營）指揮使、副指揮使。軍頭在禁軍、廂軍的都以下均有設置，十將設置數量不止一人，且分左右。將虞候不僅在禁軍、廂軍中設置，在鄉兵中也普遍設置。押官在鄉兵中也有設置。按照地位，由高到低依次爲員寮、軍頭、十將、將虞候、承局、押官。節級爲軍頭、十將、將虞候、承局、押官這些低級職官的統稱或泛稱。通引官、曹司則是屬於負責管理的軍吏。另一類職名則表示榮譽和品級，如僕射、尚書、殿侍，屬於檢校官和無品階官銜。"尚書""僕射"等職名的存在表明北宋基層軍事職官體系遺留有前代軍制的特色。

目前學界對北宋軍事職官體系的研究主要集中在禁軍、廂軍指揮以上職官體系方面，而對指揮以下軍事職官體系的研究較少。王曾瑜對"都"以下的軍頭、節級、十將、長行等進行了初步研究，認爲節級爲軍頭、十將、將虞候、承局、押官的統稱[1]，長行爲普通士兵[2]。他還利用新發現的碑刻對員寮、都頭與副都頭的地位進行了

1　王曾瑜：《宋朝軍制初探（增訂本）》，北京：中華書局，2011 年，第 330 頁。

2　王曾瑜：《宋朝軍制初探（增訂本）》，北京：中華書局，2011 年，第 82 頁。

論述，認爲員寮只是一個具體待遇的標志，實際上並没有具體職務；而曹司的職能則是處理軍中的文書工作[1]。上官紅偉對統兵官之下的節級、殿侍進行了簡略的論述，認爲殿侍爲基層武吏[2]。王曉薇對定州塔内兩方題名碑記中涉及的都頭、軍頭、十將、節級、員寮、長行人數進行了統計，並按照其在題名碑記中出現的先後順序討論了其職級的高低[3]，但對將虞候、承局、押官、通引官、僕射、尚書、檢校、殿侍、曹司均無涉及，並且對北宋基層軍事指揮體系及基層軍事機構内職名的考證也没有展開。龔延明對基層軍事指揮以下的一些職名，如十將、將虞候、承局、節級等設置情況進行了探研[4]，但對北宋時期基層軍事職官設置，特别是都以下人員職名情況因史料缺載而並未詳細考察，通引官、僕射、尚書、殿侍、曹司等均有可討論的空間。

縱觀目前學界的研究，基本廓清了北宋低級軍事職官的一些設置情況，但對一些問題依然存有争議，還有一些問題尚待解決，如：軍頭、員寮的設置及地位如何？節級是軍頭、員寮、十將、將虞候、承局、押官的統稱還是另有所指？十將、將虞候、承局、押官在都的設置人數究竟是多少？這些職名在北宋軍隊中的地位排序及遷轉情況如何，在廂軍、鄉兵等軍種中的設置情況又是怎樣？此類問題之所以不清楚，究其原因還是基層軍職相關史料的缺乏。定州開元寺塔内的修塔題名碑記中保存了北宋低級軍事職官的信息，爲我們厘清此類問題提供了第一手資料。本文將以這些碑刻爲主要史料，

1　王曾瑜：《山西沁縣城内關帝廟宋碑中有關軍制的考釋》，收入《點滴編》，保定：河北大學出版社，2010 年，第 388—396 頁。

2　上官紅偉：《北宋中下級統兵官研究》，西北大學博士學位論文，2013 年，第 107 頁。

3　王曉薇：《定州開元寺塔碑刻題名中的禁軍、廂軍、鄉兵指揮考》，《宋史研究論叢》第二十四輯，保定：河北大學出版社，2016 年，第 146—172 頁。

4　龔延明：《宋代官制辭典》，北京：中華書局，1997 年，第 412—413 頁。

對上述問題進行探討。

定州開元寺塔位於河北省定州市城區，北宋咸平四年（1001）始建，至和二年（1055）建成。塔内現存北宋時期修塔題名碑記共計三十一方，其中有十二方記載了北宋定州駐軍的中下層軍職情況。這十二方碑刻分佈在塔内第二、三、四、七層。如第二層的《開元寺上生院演法大師門人修塔題名碑記》《散員指揮使李榮、僕射賈進等修塔題名碑記》，第三層的《修塔院主僧淳清等題名碑記》《雲翼左第六指揮邑衆修塔題名碑記》《檀下村維那劉習等修塔題名碑記》《雲翼左第五指揮使劉超等修塔題名碑記》，第四層的《驍武左第一指揮第一都張明等修塔題名碑記》《在州使院邑衆等修塔題名碑記》《使院糺首維那劉政等修塔題名碑記》《永定軍博野縣萬人邑衆等修塔題名碑記》《雲翼第八指揮副兵使皇祚等修塔題名碑記》《定州開元寺演法大師門人等修塔題名碑記》，第七層的《使院都孔目官薛均等修塔題名碑記》等。

這十二方題名碑記中有五方已經刊佈[1]，其餘七方歷代未見著録。這些題名碑記爲研究北宋都以下軍事職官體系，如軍頭、員寮的設置情況，十將、將虞候、承局、押官的設置人數等提供了實物證據，也爲北宋軍制問題的細化研究提供了不可多得的第一手史料。

在定州塔修塔題名碑記所出現的都級軍事職官體系裏，除了正史中的常見官職，如軍頭、十將、將虞候、承局、押官等，還出現了如僕射、員寮、通引官、尚書和殿侍等正史中無載或未提及的職

1 ［清］陸繼輝：《八瓊室金石補正續編》卷四十二，收録有《雲翼左第六指揮邑衆修塔題名碑記》《劉佺等修塔題名碑記》《永定軍博野縣萬人邑衆等修塔題名碑記》（宋進等題名）三方，後收入《續修四庫全書》第900册，上海：上海古籍出版社，2002年，第335—342頁。《在州使院邑衆等修塔題名碑記》《檀下村維那劉習等修塔題名碑記》著録於賈敏峰：《從文物資料看北宋前期定州的佛教邑社》，《文物春秋》，2015年第6期，第37—44頁。

名。本文根據其出現的軍隊番號性質、是否設置於都之下，並結合同期其他石刻史料進行綜合考察，力圖還原北宋時期基層軍事職官體系中若職官的設置情況及其職能，爲有争議的、目前尚不能解決的問題提供新的佐證材料，以期對北宋軍制中基層編制設置的一些問題拾遺補漏。

一、題名碑記常見基層軍職

北宋時期，基層軍事職官體系中常出現的軍職有軍頭、十將、將虞候、承局、押官、節級、長行、員寮八種，其中有的軍職，學界已形成共識，但有的尚有較多争議。今根據定州塔内所存修塔題名碑記資料及正史相關記載，考證如下。

（一）軍頭

軍頭，唐始設。唐代統軍之下有軍頭，即一支部隊的領兵官。武德元年（618），軍頭成爲府兵軍府的主官。五代時期，軍頭仍有設置[1]。入宋後，軍頭成爲軍頭司的職官或爲軍隊中的低級軍職。定州塔修塔題名碑記中出現的軍頭即爲低級軍職。目前對軍頭的認識，學界有兩種觀點：其一，王曾瑜認爲軍頭是節級的一種，且不是在禁軍中普遍設置的軍職[2]。其二，張政烺認爲軍頭爲宋朝低級軍職，有代都頭、副都頭或軍使、副兵馬使統率所部兵士的職權[3]。兩位先生對軍頭的論述甚爲精闢，但對軍頭在廂軍中是否設置均無論述。下文結合定州塔修塔題名碑記及相關石刻文獻對軍頭進行論述。

1 《舊五代史》《新五代史》《資治通鑑》内均有五代時期軍頭的記載，詳見［宋］司馬光編撰，［元］胡三省音注：《資治通鑑》卷一百八十四，北京：中華書局，1956年，第5748頁。

2 王曾瑜：《宋朝軍制初探（增訂本）》，北京：中華書局，2011年，第42頁。

3 張政烺主編：《中國古代職官大辭典》，鄭州：河南人民出版社，1990年，第506頁。

定州塔第四層的《驍武左第一指揮第一都張明等修塔題名碑記》第18、19行載：

振武第二指揮使張超，副指揮使吴榮，軍使董節、軍使蓋謙、軍使史昇，副都劉用、副都成巒、副都丘貴，軍頭王興，將虞候李晏，承局高斌。

第三層的《雲翼左第六指揮邑衆修塔題名碑記》第28行載：

牢城指揮使楊興，副都頭楊金，軍頭張翰，節級趙訓。

第七層的《使院都孔目官薛均等修塔題名碑記》第二部分第1行載：

駐泊汾州神鋭第三指揮維那邑人等軍頭劉謙，十將王德、十將張興，將虞候趙义。

第二層的《散員指揮使李榮、僕射賈進等修塔題名碑記》第26、27行載：

（定州就糧武衛第二指揮）第二都副都頭徐進。第一都軍頭紀斌。

第二層的《散員指揮使李榮、僕射賈進等修塔題名碑記》第8、9行載：

（定州就糧驍武左廂第二指揮）軍使曹美、軍使丁珪，副兵馬使解遠、副兵馬使韓瓊，軍頭李昇，十將趙美、甄贇。

從上述第二條史料來看，軍頭在禁軍、廂軍的都以下均有設置，且位於副兵馬使或副都頭之下，十將之上。《宋史·兵志》載禁軍、廂軍都一級的編制均有“十將、將虞候、承局、押官”[1]，没有記載“軍頭”，但《文獻通考》中記載有“軍使、副兵馬使、都頭、副都頭、

1 [元]脱脱：《宋史》卷一百八十七《志第一百四十·兵一》，北京：中華書局，1985年，第4584頁。

廂軍頭、十將、將、虞候、承局、押官”[1]等，其中，“廂軍頭”應該是廂軍中所設置的軍頭。《宋史·兵志三》[2]載：

> 大中祥符元年詔……廂軍軍頭已下至長行，準敕犯流免配役，並徒三年上定斷，只委逐處決訖，節級已上配別指揮長行上名，長行決訖，配別指揮下名收管。

在出戍的軍隊中也有軍頭的記載，如屯駐淄州武衛第六十六指揮有軍頭劉緒，本州武衛第六十六指揮有軍頭韓筠等[3]。其他出土石刻文獻也記載：“□□弟二十三副□□□田□，劉氏、□□□□女衆周氏、邢氏、李氏、□□□□，二軍頭王旻、懷甯軍頭趙興，節級竇吉。”[4]上述定州塔題名碑記中振武第二指揮、汾州神鋭指揮、定州就糧武衛、定州就糧驍武爲禁軍，牢城指揮爲廂軍，可見，軍頭在北宋時期的禁軍、廂軍均有設置，每都設置軍頭一人，其地位次於副兵馬使或副都頭，爲都頭、副都頭之下的低級小武官。從現有史料看，廂軍中的軍頭應爲每都之下的普遍設置。

（二）十將

十將，又名什將。十將在唐、五代時期爲方鎮使府都知兵馬使之下的屬官[5]。入宋後，在軍事職官體系中，十將是設置於都以下的基層職官，其職級序列一般位於副兵馬使（副都頭）之下[6]。十將在宋代禁軍、廂軍中均有設置，並貫穿北宋、南宋始終。在定州塔題

---

1 ［元］馬端臨：《文獻通考》卷一五六《兵考八·郡國兵》北京：中華書局，2011年，第4650頁。

2 ［元］脱脱：《宋史》卷一百八十九《志第一百四十二·兵三》，北京：中華書局，1985年，第4640頁。

3 ［宋］歐陽修撰，李逸安點校：《歐陽修全集》卷一百一十八《河北奉使奏草卷下·劄狀二十首書一首牒二首》，北京：中華書局，2001年，第1817—1818頁。

4 ［清］陸增祥：《八瓊室金石補正》卷八十二，北京：文物出版社，1985年，第577頁。

5 張國剛：《唐代藩鎮軍將職級考略》，《學術月刊》，1989年第5期，第76頁。

6 王曾瑜：《宋朝軍制初探（增訂本）》，北京：中華書局，2011年，第42頁。

名碑記中保留大量關於十將的資料。

如第四層的《在州使院邑衆等修塔題名碑記》第15—16行載：

(神衛右第一軍第二指揮)第五都正軍使翟美，十將欒川、十將樊乂、十將邵詮。

第四層的《定州開元寺演法大師門人等修塔題名碑記》第29行載：

(武衛第一指揮)第三都十將韓瑩、十將劉辛。

第四層的《在州使院邑衆等修塔題名碑記》第22行載：

(雲翼左第二指揮)第一都十將右趙贇，第三都十將右劉榮，第五都十將左穆訓。

從上述題名碑記可知，北宋時期，十將設置在都以下，其設置數目不止一人，從上面第一則材料中十將有欒川、樊乂、邵詮來看，十將在每都最多可設置三人。編纂於南宋嘉定年間的《赤城志》分別列舉了雄節第六指揮、威果第六十指揮、崇節第三十一指揮、牢城第十三指揮設置"十將、將虞候、承局、押官各一十人"[1]。按照宋代兵制，每指揮下設五都，每都十將可能設置爲二人。但《嘉定赤城志》成書於南宋時期，距離北宋已百餘年，其記載是否符合北宋的實際情況，還有待商榷。

張國剛認爲宋"每都100人設十將一人，在軍使、副兵馬使之下，位居第三"[2]。北宋時期，都下十將還分爲左右。定州塔題名碑記記載的"十將左""十將右"應爲"左、右十將"，刊刻於元祐七年(1092)的《天王堂碑》記載了左、右十將的情況："神鋭第二十指揮、副指揮、

1 [宋]陳耆卿：《嘉定赤城志》卷十八《軍防門》，《宋元方志叢刊》第7册，北京：中華書局，1990年，第7420頁。

2 張國剛：《唐代藩鎮軍將職級考略》，《學術月刊》，1989年第5期，第75頁。

管兵員四百五十人，軍員左右十將、都頭、副都頭等。”[1]因定州塔修塔題名碑記中記載的只是捐施人的題名資料，未必是全部軍職人員，但可以肯定，有的都中十將的設置不少於三人，且分左右。

（三）將虞候

將虞候，原爲唐朝藩鎮使府的武職僚佐，其“職在刺奸，威屬整旅，齊軍令之進退，明師律之否臧”[2]。入宋後，將虞候成爲都以下的基層軍事職官[3]。在定州塔題名碑記中，有多處關於將虞候的記載。

如第四層的《在州使院邑衆等修塔題名碑記》第15—16行載：

> （神衛右第一軍第二指揮第五都）將虞候苑文、將虞候于化，成局廷忠……

第四層的《定州開元寺演法大師門人等修塔題名碑記》第29行載：

> （武衛第一指揮第三都）將虞候馬演。

第四層的《在州使院邑衆等修塔題名碑記》第20—22行載：

> 雲翼左第二指揮邑人等維那頭[4]將虞候右王遂、維那頭將虞候右成翰。第二都……第一都將虞候右暴福。

從第一則材料中可見該都的將虞候爲苑文、于化二人，第三則中又有將虞候右的記載。在宋代，都下將虞候分左、右。《續資治通鑑長編》元豐五年（1082）二月載：“乙卯，詔：‘行營諸軍病死，

1　樊秋寶主編：《澤州碑刻大全》第4册，北京：中華書局，2013年，第191頁。

2　李希泌主編：《唐大詔令集補編》，上海：上海古籍出版社，2003年，第612頁。

3　[元]脱脱：《宋史》卷一百八十七《志第一百四十・兵一》，北京：中華書局，1985年，第4584頁。

4　“維那頭”是民間基層佛教社邑的首領之一，不是政府僧官體系。因民間佛教社邑組織的鬆散性、隨意性，其首領可稱爲“維那頭”“維那”“邑録”“邑政”等。這裏只是説將虞候王遂擔任了定州塔修塔社邑的首領，這一佛教社邑組織與官方僧官體系無關。

許子孫承填名糧。軍員下當直長行曾經行營，準此。其人員，安排子孫補本指揮右將虞候。'" [1] 這則詔令雖頒佈於元豐改制後，但仍可證明將虞候可分左、右的事實。《在州使院邑衆等修塔題名碑記》有"右將虞候"，自然就有"左將虞候"，此碑記的刊刻時間爲景祐五年到慶曆二年（1038—1042）之間，説明此時都已設置左、右將虞候二人。

將虞候不僅在禁軍、廂軍中設置，在鄉兵中也有設置。河北、河東路弓箭社設置將虞候的情況，《宋會要輯稿》做了較爲詳細的記載 [2]：

> 每五百人置都頭二人總轄。十將五人，分管一百人。左將虞候五人，右虞候五人，左承局五人，右承局五人。左右將虞候、承局每人分管二十五人。押官五人，分管一百人。

上面史料爲建炎元年（1127）詔令，其中河北、河東路弓箭社指揮以下軍事職官，如十將和左、右將虞候等基層軍事職官，由於鄉兵地域不同，其設置也有差異，但就河北路鄉兵的設置來看，將虞候在鄉兵指揮以下是普遍設置的。

（四）承局

承局，唐爲低級軍職，在軍隊中"主雜供差料" [3]。入宋後成爲軍隊都以下的基層軍職 [4]。承局在文獻中有多種寫法，如"丞句""承句""丞局"等。在定州塔題名碑記中，有多方碑文記載了北宋時

---

1 [宋]李燾：《續資治通鑑長編》卷三百二十三，元豐五年二月乙卯，北京：中華書局，2004年，第7777頁。

2 [清]徐松輯，劉琳等校點：《宋會要輯稿》兵三之一三，上海：上海古籍出版社，2014年，第14册，第8663頁。

3 [唐]李筌：《太白陰經》卷三，[清]紀昀編纂：《文淵閣四庫全書》第726册，中國臺北：臺灣商務印書館，1983年，第182頁。

4 [元]脱脱：《宋史》卷一百八十九《志第一百四十二·兵三》，北京：中華書局，1985年，第4646頁。

期承局的情況。

如第四層的《在州使院邑衆等修塔題名碑記》第23行載：

（雲翼左第二指揮）第三都承局右梁遵、第三都承局右李顯。

第四層的《永定軍博野縣萬人邑衆等修塔題名碑記》第33行載：

定州武衛第一指揮第五都右承局宋進。

第七層的《使院都孔目官薛均等修塔題名碑記》第二部分第7行載：

（忻州神虎第八指揮）第一都維那邑人等左丞句（局）何福、右丞句（局）劉元。

第四層的《雲翼第八指揮副兵使皇祚等修塔題名碑記》第18行載：

（驍武左第一指揮）第一都副兵馬使孟凝，將虞候劉峻，承句賈嗣。

上述雲翼、武衛、忻州神虎、驍武都是禁軍，承局的設置與十將、將虞候大致相同。在上述四條史料中，承局均設於都之下，且有左、右之分，在第一條史料第三都中出現了兩個右承局，與左承局的設置應該相對應，故承局在每都的設置人數可能爲四人。刊刻於元祐七年的《天王堂碑》也佐證了承局人數的設置情況："每軍有軍使，步軍曰都頭，三人；副兵馬使，步軍爲副都頭，二人。十將者，左、右、承局、虞侯、押官各二人。"[1]

（五）押官

押官，唐初稱押隊官，爲軍隊統兵官之一。"凡諸軍鎮，每

1　樊秋寶主編：《澤州碑刻大全》第4册，北京：中華書局，2013年，第191頁。

五百人置押官一人，千人置子總管一人，五千人置總管一人。”[1]五代沿用，宋時成爲都以下的基層軍職。定州塔題名碑記中也有押官的記載，第三層的《檀下村維那劉習等修塔題名碑記》第 14、15 行載：

> （本城招收第一指揮）副兵使馬美、副兵馬使高乂，十將郭謙、十將李祚，將虞候唐榮、將虞候靳斌，承局李贇、承局苑超，押官劉翰。

在禁軍、廂軍中，都一級軍事職官的層級爲軍使、副兵馬使、都頭、副都頭、十將、將虞候、承局、押官。[2]此題名碑記所載與正史相同，押官位於承局之後，爲最後一級。

押官在禁軍、廂軍人數的設置情況《宋史・兵志》未有記載，但《續資治通鑑長編》中有一條關於鄉兵中押官的設置情況：康定元年（1040）九月，“河北、河東路彊壯，陝西、京東西路新置弓手，皆以二十五人爲團，置押官；四團爲都，置正副都頭各一人；五都爲指揮，置指揮使”[3]。可見，鄉兵中每二十五人設押官一人，一都可設押官四人。這條史料的時間和定州塔碑記刊刻的時間一致，記載的也是河北路鄉兵的情況，大致能夠反映北宋鄉兵中押官的設置情況。

《宋會要輯稿》中也有一條史料記載了南宋建炎元年樞密院建議在河北等路所設弓手中設置押官的情況：“每五百人置都頭二人總轄。十將五人，分管一百人。左將虞候五人，右虞候五人，左承

---

1 ［後晉］劉昫等撰：《舊唐書》卷四十三《志第二十三・職官二》，北京：中華書局，1975 年，第 1835 頁。

2 ［元］脱脱：《宋史》卷一百八十九《志第一百四十二・兵三》，北京：中華書局，1985 年，第 4646 頁。

3 ［宋］李燾：《續資治通鑑長編》卷一百二十八，康定元年九月乙丑，北京：中華書局，2004 年，第 3041 頁。

局五人，右承局五人。左右將虞候、承局分管二十五人。押官五人，分管一百人。”[1] 從這條史料看，此“押官”不帶兵，具體承擔弓手差發之事。宋代押官多差押綱。長行可填補押官，説明押官是節級中最低一等。

上述《宋會要輯稿》中所載一百人置押官五人，和康定元年河北等路鄉兵中每二十五人設押官一人的情況略有區别。建炎元年與定州塔題名碑記的刊刻時間的下限相差七十餘年，説明還是有一些變化。另外，由於鄉兵地域差異較大，上述材料只是反映宋代河北鄉兵職官設置的情況，其設置是否和禁軍、廂軍相同，還有待更多的史料。

（六）節級

節級，唐時已設置，一般爲低級軍職，“有節級員闕。且先以行營軍健、量材遞相差署”[2]。入宋後，禁軍、廂軍皆置節級。王曾瑜認爲節級是宋代禁兵低級軍職的泛稱，包括都一級軍隊編制所屬的軍頭、十將、將虞候、承局、押官等[3]。其觀點主要是依據《嘉定赤城志》中關於崇節第三十一指揮的記載：“節級四十一人：軍頭一人，十將、將虞、承局、押官各一十人。”[4] 這條史料記述的是元豐六年（1083）崇節第三十一指揮職官的設置情況，主要從人數計算上認爲節級應包含五類人。在新發現的定州塔修塔題名碑記中保存了多條有關北宋時期軍隊中節級的記載，這些資料能否進一步印證或完善和豐富王曾瑜先生的解釋呢？

---

1 ［清］徐松輯，劉琳等校點:《宋會要輯稿》兵三之一三，上海: 上海古籍出版社，2014年，第14册，第8663頁。

2 ［宋］宋敏求編:《唐大詔令集》卷一百二十五，北京：中華書局，2008年，第673頁。

3 王曾瑜：《宋朝軍制初探（增訂本）》，北京：中華書局，2011年，第330頁。

4 ［宋］陳耆卿：《嘉定赤城志》卷十八《軍防門》，《宋元方志叢刊》第7册，北京：中華書局，1990年，第7420頁。

定州塔第四層的《定州開元寺演法大師門人等修塔題名碑記》第 28、29 行載：

（武衛第一指揮）第二都將虞候劉弼，節級薛乂、解千、張興、周璉、李贇、孟忠、王貞、王均。

第七層的《使院都孔目官薛均等修塔題名碑記》第二部分第 13 行載：

駐泊頻州龍騎第二指揮邑人等都維那頭譚慶，副都頭侯忠，十將史璉，節級陰恕，長行等李能、田達、張萬。

第三層的《雲翼左第六指揮邑衆修塔題名碑記》第 3、4 行載：

（雲翼左第六指揮）第四都副兵馬使吕海，十將韓隱，節級張贇、節級許旻、節級劉欽，長行大楊榮、小楊榮、劉乂、賈贇、馬斌。

第四層的《驍武左第一指揮第一都張明等修塔題名碑記》第 29—32 行載：

（雲翼左第六指揮）第三都副兵馬使吕海，十將楊興，節級李榮……第四都副兵馬使王興，節級王岩……第五都十將張贇、崔興、張從、王信，節級吴信、節級劉榮。

第四層的《在州使院邑衆等修塔題名碑記》第 15—19 行載：

（神衛右第一軍第二指揮）十將欒川、十將樊乂、十將邵詮，將虞候苑文、將虞候于化，成局廷忠……成局孫益，押官崔贇，成局林喜……節級王遂。

從以上史料可以看出，節級一般在都之下設置，每都有若節級。十將、將虞候可以和節級並列，第五條史料説明承局、押官也可以和節級並列。《續資治通鑑長編》記載："癸酉，詔諸軍排聯長行遷節級，應取功勞者，取兩次以上人。功勞等，以先：'後；先後等，比輕重；輕重等，以金瘡多者爲先'。"[1]這條史料説明長行（普通士兵）可升遷爲節級。《續資治通鑑長編》亦載："排連長行充承局押官者，先取年五十以下、有兩次以上戰功人填闕，六人以上，填闕不足，即取一次戰功人一名，每闕六人，更取一名。"[2]這裏長行可升承局、押官，可見"諸軍排聯長行遷節級"就是指長行升承局、押官，這裏的節級應該指承局、押官。聯繫《嘉定赤城志》，結合定州塔題名碑記資料，可以認爲北宋時期的節級就是指軍頭、十將、將虞候、承局、押官這些低級職官的統稱或泛稱，從而印證了王曾瑜先生對節級的解釋。至於在上述碑刻史料中出現的節級和十將、將虞候、承局、押官並列的情況，應該是因爲被稱爲節級的軍職人員沒有擔任具體職務或者不顯示其具體職務，僅僅表示其級別。

（七）員寮

員寮，原爲唐藩鎮使府的廳頭，分"左右員寮"[3]。入宋後，員寮成爲指揮以下的低級軍職。王曾瑜認爲員寮和都頭、副都頭的地位相等，只有相應的待遇，而無實職[4]。正史中對軍隊中員寮的設置情況未有詳細記載，但定州塔題名碑記保存了這方面的信息。

如第二層的《開元寺上生院演法大師門人修塔題名碑記》第38行載：

雲翼左第五指揮副指使梁美，軍使李瓊、軍使樊興，員寮劉潛、員寮周榮……

1 ［宋］李燾：《續資治通鑑長編》卷二百四十七，熙寧六年冬十月癸酉，北京：中華書局，2004年，第6020頁。

2 ［宋］李燾：《續資治通鑑長編》卷五百，元符元年七月庚申，北京：中華書局，2004年，第11910頁。

3 ［宋］章如愚：《山堂考索（續集）》卷四十四《兵制門》，北京：中華書局，1992年，第1177頁。

4 王曾瑜：《山西沁縣城内關帝廟宋碑中有關軍制的考釋》，收入《點滴編》，保定：河北大學出版社，2010年，第394頁。

第二層的《散員指揮使李榮、僕射賈進等修塔題名碑記》第26行載：

（定州就糧武衛第二指揮）第三都員寮常贇，殿侍李継勳。

第31行載：

（定州就糧武衛第二指揮第四都）員寮康超、員寮王進、員寮王忠。

現存山西沁縣石刻博物館，刊刻於元豐三年（1080）的《威勝軍新建蜀蕩寇將□□□□關侯廟記》碑陰施主題名記中也保存了關於員寮的記載，如“安南道迴副指揮使任真、賈信、董寧，員寮牛王、張信，軍頭馮貴，十將劉普、裴昱”[1]。此碑爲威勝軍平定交趾之後衆將士的還願碑，其建制應相對完整。

從以上史料可以推斷：員寮爲指揮以下都一級的軍事職官。就目前定州塔史料來看，員寮不是每都普遍設置的，僅定州就糧武衛第二指揮第四都中有三人，其他軍隊中有一人，也有許多軍隊没有員寮。從這些資料還不能確切判斷禁軍中的員寮到底是實職還是待遇，單就《威勝軍新建蜀蕩寇將□□□□關侯廟記》史料來看，員寮位於副指揮使或副都頭之下，軍頭之上。

員寮不僅在禁軍中有，而且在鄉兵中也有設置。鄉兵中設置員寮的記載有刊刻於大中祥符元年（1008）的《重建造神堂碑》中“强壯員寮王珣”[2]，《宋史》記載，强壯屬於鄉兵，設置於河北、河東（今山西）[3]。還有長名弓手“每十人置節級一員。五十人置十將一員。

1　馮俊傑等編撰：《山西戲曲碑刻輯考》，北京：中華書局，2002年，第20頁。

2　胡聘之編：《山右石刻叢編》第2册，太原：山西人民出版社，1988年，第531頁。

3　[元]脱脱：《宋史》卷一百九十《志第一百四十三・兵四》，北京：中華書局，1985年，第4711頁。

百人置員寮一員。二百人以上，置指揮使、副指揮使各一員”[1]。從長名弓手的員寮設置情況看，鄉兵中的員寮是實職，其地位僅次於指揮使、副指揮使。

另外，田錫《謝賜冬衣狀》的二、三、四中均有給員寮賜衣襖的記載：“右臣今月二十八日翰林藝學光禄寺丞郝承惠到，伏蒙聖慈賜臣紫欹正綿旋襴一領，並賜敕書撫問，兼賜員寮衣襖，已准宣俵散迄。”[2]可見，在鄉兵中“員寮”應有實職，且是某層級軍官（低層）的總稱，並非是一個具體武官名。

上述史料説明王曾瑜先生關於員寮的論斷是不全面的，至少是不適用於鄉兵。

關於以上軍職在宋朝軍事基層編制中的地位和關係，現有傳世文獻没有十分明確的記載。王曾瑜指出：“都一級統兵官，馬兵是軍使和副兵馬使，步兵是都頭和副都頭，在副兵馬使和副都頭之下，尚有軍頭、十將、將虞候、承局和押官。按照規定，‘副兵馬使、副都頭闕，並轉員後，取揀諸軍軍頭、十將補填。’”[3]並且指出軍頭不常設，没有明確指出軍頭、十將、將虞候、承局和押官等軍職的地位差别。《宋史》在《職官志》和《兵志》中均記載：每軍有都指揮使、都虞候。每指揮有指揮使、副指揮使。每都有軍使、副兵馬使、十將、將虞候、承局、押官，各以其職隸於殿前司和步軍司[4]。可以確定，上述這些是常設軍職，但從順序看，是有高低的。《文獻通考》載：“（熙寧）六年（1073），樞密院言：‘……其弓箭

1 ［明］黄淮、楊士奇編:《歷代名臣奏議》卷三百一十八，上海：上海古籍出版社，1989年，第4116頁。

2 ［宋］田錫撰，羅國威校點：《咸平集》，成都：巴蜀書社，2008年，第278頁。

3 王曾瑜：《宋朝軍制初探（增訂本）》，北京：中華書局，2011年，第41—42頁。

4 ［元］脱脱：《宋史》卷一百六十六《志第一百一十九・職官六》，卷一百八十八《志第一百四十一・兵二》，北京：中華書局，1985年，第3928—3931、4614頁。

手有功，亦以八等定賞：一押官、承局，二將、虞將、十將，三副兵馬使、軍使，四副指揮使，五都虞候，六都指揮使，七三班差使，八借職。即以闕排連者次遷如今'。"[1]以此看，都一級編制内，押官和承局是一個級别，將虞候和十將是一個級别，副兵馬使和軍使是一個級别。北宋武將薛超，《宋史》載："少有勇力。乾德初，應募爲虎捷卒。從崔彦進伐蜀平，録功補虞候，遷十將。"[2]説明再細分，十將比將虞候又略高。以此類推，承局又略高於押官。

從前文所引南宋建炎元年樞密院建議在河北、河東、京東西、京畿諸路設置弓手的材料來看，在統兵人數上，十將依然高於將虞候和承局，押官雖每人分管一百人，但看來只是負責管理事宜，並不是和十將一樣指揮作戰。

關於軍頭，歐陽修的奏疏《乞差武衛人員》中有相關記述[3]：

臣今勘會上件武衛兵士共六百三十一人，並無正轄官員，只有權管副都頭四人，並是往年曾在信安軍作過之人……臣亦密體問得權管人員姓名因依，今具如後：

一人，軍頭劉緒。三人，右十將孫榮、田榮、蔡斌。

已上四人，元係本州武衛第九指揮内軍頭及右十將。昨於慶曆三年十一月内準州帖，準步軍司牒，權充第六十六指揮副都頭勾當，並未曾正授。宣其人等，各係曾在信安軍作過之人。

一人，軍頭韓筠。七人，左右十將：四人左，徐吉、賀進、

1　[元]馬端臨:《文獻通考》卷一五十六《兵考八·郡國兵》，北京：中華書局，2011年，第4666頁。

2　[元]脱脱:《宋史》卷二百七十五《列傳第三十四·薛超》，北京：中華書局，1985年，第9376頁。

3　[宋]歐陽修撰，李逸安點校：《歐陽修全集》卷一百一十八《河北奉使奏草卷下·劄狀二十首書一首牒二首》，北京：中華書局，2001年，第1817—1818頁。

谷興、段千；三人右，王清、丁用、楚興。已上八人，亦元係本州武衛第九指揮將、虞候、承局……

……然此一軍兵士已是累日扇摇，人數既多，又無正管人員，只令曾作過人權管，深爲不便。伏乞朝廷特賜允臣所奏，早與差補有心力正、副指揮使及軍頭等部轄。

此奏疏的時間是慶曆四年（1044），與題名碑記的刊刻時間大致相當。通過奏疏内容可知，從排名順序看，軍頭級别低於正副指揮使，高於十將，而十將高於將虞候、承局。另宋哲宗時期規定："副兵馬使、副都頭闕，並轉員後取揀諸軍軍頭、十將補填。"[1] 軍頭也是低於副兵馬使、副都頭，和十將是一個級别，但排名高於十將。至於員寮和節級，前文已經論述，員寮不是禁軍編制中的常設軍職，但在鄉兵中員寮不但是常設，而且還是實職，其地位僅次於指揮使、副指揮使。

二、題名碑記出現的其他職名

通過對十三方修塔題名碑記中涉及的基層軍事職名的統計，可知北宋基層軍事職官體系内尚有通引官、僕射、尚書、殿侍、曹司等職名，這些職名都是北宋基層軍事都以下的軍職，其中的通引官和曹司應爲設置在基層軍事體系中、借用行政機構吏人名稱但服務於軍隊的職名。

（一）通引官

通引官，衙前吏人，屬於衙前第三等。通引官雖然帶有"官"字，但實際却是小吏。王曾瑜認爲宋代衙前制度之名實淆亂，凡是衙前，

1 ［宋］李燾：《續資治通鑑長編》卷三百九十九，元祐二年四月丁未，北京：中華書局，2004 年，第 9730 頁。

都屬公人，都是掛“軍職招牌的吏”[1]。定州塔題名碑記中載“通引官、子城使、客司軍將和衙前押衙”等皆爲此類衙前諸職。王曾瑜所論通引官爲掛軍職招牌的吏，此説甚是，但其是否在軍隊中真正設置，還有待材料來證實。

定州塔第四層的《雲翼第八指揮副兵使皇祚等修塔題名碑記》第19行載：

（驍武左第一指揮）第二都將虞候龐晏、解進，通引（官）高遵。

驍武爲北宋就糧禁軍，通引官出現在都中，屬於指揮以下都一級職名，且定州塔出現的軍隊番號共30個，只有此一處出現。傳世文獻中對軍隊番號中的通引官的設置、任職、職責範圍記載缺失，故難以對其展開討論。但根據衙前吏人的職責來推斷，因就糧禁軍常駐某地，除參與戰争外，還有家屬隨軍及參與糧食生産，事務較爲繁雜，爲處理日常事務，故在就糧禁軍中設置通引官，可能爲處理就糧禁軍日常行政事務的軍職人員。

（二）曹司

曹司，原爲宋代地方州縣中的吏職機構，後指在此機構的各類吏人。“在縣曹司至押、録，在州曹司至孔目官，下至雜職、虞候、揀、掐等人，各以鄉户等第差充。”[2]北宋時期在軍隊中也設有曹司。關於軍隊中曹司的性質，王曾瑜認爲曹司一般爲處理軍中文書工作

1　王曾瑜：《宋衙前雜論（一）》，《北京師院學報（社會科學版）》，1986年第3期，第81頁。

2　[元]馬端臨：《文獻通考》卷十二《職役考一·歷代鄉黨版籍職役》，北京：中華書局，2011年，第340頁。

的吏胥[1]。淮建利認爲廂軍遞鋪兵中的曹司爲負責傳遞公文的軍職[2]。但曹司在北宋禁軍、廂軍、鄉兵中是否普遍設置呢？定州塔題名碑記中關於軍隊中曹司設置的記載如下。

第三層的《修塔院主僧淳清等題名碑記》第五部分第 4—5 行載：

> 趙州右静虜節級劉福，曹司王澄。承天軍勁勇第一曹司張進、李澄。

第四部分第 9 行載：

> 陳州龍騎第三十將侯忠，曹司姜齊。

第七層的《使院都孔目官薛均等修塔題名碑記》第二部分第 8、11 行載：

> （忻州神虎第八指揮）曹司李城……第三都曹司王遠。

第二層的《開元寺上生院演法大師門人修塔題名碑記》第 33 行載：

> （定州就糧驍武左第一指揮）四人曹司劉政、趙旻、邢順、吕瑩。

第三層的《修塔院主僧淳清等題名碑記》第五部分第 3 行載：

> 相州宣勇第二曹司齊元。

根據以上四條史料可以斷定：曹司在禁軍、廂軍、鄉兵中均有設置，禁軍、廂軍的曹司一般在都下設置，鄉兵可能直接設置於指揮之下。綜合學界的研究成果，曹司應爲負責處理軍隊中文書工作的軍職人員，類似於今天軍隊的文職人員。

1　王曾瑜：《山西沁縣城内關帝廟宋碑中有關軍制的考釋》，收入《點滴編》，保定：河北大學出版社，2010 年，第 395 頁。

2　淮建利：《宋朝廂軍研究》，鄭州：中州古籍出版社，2007 年，第 205 頁。

（三）僕射

僕射，秦漢時已置，至唐代成爲尚書省副職。檢校僕射自東晉始置，唐時僅表示品級。唐末五代，藩鎮下屬官吏軍將普遍帶檢校官。但定州塔題名碑記中也有不署軍職而署檢校官的題名，如"僕射""尚書"。第二層的《散員指揮使李榮、僕射賈進等修塔題名碑記》第1—4行中保存了僕射設置於軍隊情況：

> 散員指揮使李榮、僕射賈進。忠猛指揮使朱文、僕射譚貴。驍武第三指揮使劉顯、僕射高斌。驍武第四指揮使蔣訓、僕射王忠。驍武第五指揮使蘇賛、僕射牛敏。振武第二指揮使劉榮、僕射劉榮。雲翼第六指揮使張斌、僕射韓榮。雲翼第五指揮使康榮、僕射恕。武衛第一指揮使薛霸、僕射陳興。武衛第四指揮使刁福、僕射王袖。

此處僕射當爲檢校官，是"檢校僕射"的省稱，爲軍職人員的加官，是一種榮譽官銜，屬於低級軍職中地位較高者。北宋的檢校官大致在宋仁宗時期形成爲十九種，按級別依次爲太師、太尉、太傅、太保、司徒、司空、左僕射、右僕射、吏部尚書、兵部尚書、户部尚書、刑部尚書、禮部尚書、工部尚書、左散騎常侍、右散騎常侍、太子賓客、國子祭酒、水部員外郎。元豐官制改革後，除三師三公以下並罷。北宋軍隊中實行檢校官制度是對前代制度的繼承，更是北宋王朝的建立者宋太祖趙匡胤籠絡軍隊的一種手段。宋人陳傅良在總結本朝兵制時說："藝祖皇帝歷試諸艱，親總戎旅，逮應天順人，曆數有歸，則躬定軍制，紀律詳盡。其軍制親衛殿禁之名，其營立龍虎日月之號。功臣勳爵優視公卿，官至檢校僕射憲之長。封父祖，蔭妻子，榮名崇品，悉以與之。"[1]

1　陳傅良：《歷代兵制》卷八，[清]紀昀編纂：《文淵閣四庫全書》第663册，中國臺北：臺灣商務印書館，1983年，第477頁。

北宋軍隊中的檢校官遷轉有止法，《宋史・職官志》[1]載：

> 四廂都指揮使止於司徒，諸軍都指揮使、忠佐馬步都軍頭止於司空，軍班都虞候、忠佐副都軍頭已上止於左、右僕射，諸軍指揮使止於吏部尚書。其官止，遇恩則或加階、爵、功臣。

上述碑刻中出現的僕射是捐施人在自己官階中選擇最榮耀的稱謂刻進碑刻，實際上並没有反映其實際執掌情況。

（四）尚書

尚書，戰國始置，本爲管理文書的小官吏。秦時掌收發文書、傳達詔令。漢時爲“尚書四員”[2]，參與決策，權力漸重。東晉時設檢校官。唐代爲虚銜，僅表示品級。五代時，藩鎮下屬官吏軍將普遍帶檢校官，“檢校尚書”即爲其中一種。宋延續五代之制，在軍隊中仍設檢校尚書。定州塔《散員指揮使李榮、僕射賈進等修塔題名碑記》第 24 行中有關於檢校尚書在軍事職官中的設置情況，振武第二指揮第五都“尚書王江、尚書劉宗、尚書盍、尚書李祚。”這裹的尚書即爲“檢校尚書”之省稱，無實際執掌，僅僅爲榮譽頭銜。從題名碑記看，“檢校尚書”設置人數較多。捐施人選擇檢校官作爲自己的頭銜也只是彰顯榮譽而已。

（五）殿侍

殿侍，唐代設此官，充當侍衛。入宋後，殿侍有兩種情況：一爲衛士名，二爲無品武階名[3]。上官紅偉認爲殿侍、軍將、下班祇候等名目初皆爲實職，與官制中官品和差遣相分離的趨勢一致，後漸

---

1 [元]脱脱：《宋史》卷一百六十九《志第一百二十二・職官九》，北京：中華書局，1985 年，第 4063 頁。

2 [南朝宋]范曄：《後漢書》卷一《光武帝紀第一上》，北京：中華書局，1965 年，第 15 頁。

3 龔延明：《宋代官制辭典》，北京：中華書局，1997 年，第 592 頁。

成無品武官之職名[1]。定州塔題名碑記也有相關記載。

如第二層的《散員指揮使李榮、僕射賈進等修塔題名碑記》第14、26行載：

（定州就糧忠猛指揮）五都軍使張謙，指揮使男李玏，殿侍李旻，十將許超。

（定州就糧武衛第二指揮）第三都員寮常贊，殿侍李繼勳。

第二層的《開元寺上生院演法大師門人修塔題名碑記》第32、47行載：

（定州就糧驍武左第一指揮）五人十將許珪、郭贊、王秀、張興、王贊，一人殿侍何全。

（雲翼左第四指揮）殿侍李俊，殿侍楊澄。

以上兩條史料可見，有殿侍職名的軍隊番號爲忠猛指揮、武衛指揮、驍武指揮、雲翼指揮，這幾個番號全部爲就糧禁軍，此處殿侍全部設於都之下。定州塔題名碑記共涉及軍隊番號三十個，其他二十六個番號均未見殿侍一職，有可能殿侍只設於就糧禁軍中，通常一都設置一人，應爲低級無品級的軍銜，具體執掌待考。

結　語

綜上所述，新發現的題名碑記所涉及指揮以下軍事職官主要有：軍頭、十將、將虞候、承局、押官、節級、員寮七種，及通引官、僕射、尚書、殿侍、曹司五種職名，其中絕大多數在傳世文獻中及其他碑刻中有載，可以印證題名碑記比較全面地反映了北宋時期基層軍事職官的設置情況。其中，一類職名是行使具體職務的，類似於宋代職官體系中的差遣，如軍頭、十將、將虞候、承局、押官、

1　上官紅偉：《北宋中下級統兵官研究》，西北大學博士學位論文，2013年，第107頁。

節級、員寮等，這些具有作戰職能；通引官、曹司則是屬於負責管理的軍吏。另一類職名則是表示榮譽和品級，如僕射、尚書、殿侍，屬於階官和檢校官。尚書、僕射等職名的存在表明北宋基層軍事職官體系遺留有前代軍制的特色。對這些低級職官的性質和設置情況的研究，有些學界已形成共識，有的尚有争議，究其原因，既有不同軍種、不同地域之間的差異，也有北宋軍隊中一些職名的設置並不是整齊劃一的緣故。定州塔題名碑記的記載還表明，這些職名不僅在禁軍中設置，在厢軍、鄉兵中也有大量設置。聯繫到關於北宋鄉兵編制設置的記載不是十分詳細的情況，就本文所探討的北宋基層軍事職官體系而言，禁軍和厢軍的設置是一致的，鄉兵特别是河北地區鄉兵的編制設置是效仿禁軍的，雖有個别變通，但總體上與禁軍的職官設置保持一致。

題名碑記所見北宋定州及周邊地域基層地理區劃

題名碑記中保存了北宋定州及周邊區域十六縣、七坊、三十七鄉、一里、一管、四百二十一村、二十二莊、十五疃的名稱及其隸屬關係，部分還原了北宋定州區域縣下設“鄉”“村”名稱。由於宋代北方地方志不存，有關宋代北方基層社會史料十分缺乏，這批材料真實地反映了以定州爲代表的北方地區鄉村民衆對地域認同的普遍狀況。這批資料時間明確，記載内容相對集中具有隨機性，因此，具有統計學上的樣本意義，爲我們復原、研究北宋定州爲代表的北方鄉村的基本狀況提供了重要的第一手史料。北宋時期定州區域基層地理區劃主要有鄉、里、管、村、莊、疃。這些基層地理區劃的編排形式主要有:鄉—里、鄉—里—管、里—疃 、村—疃、鄉—村（莊）五種。通過題名碑記所載的基層地理區劃與清代地方志記載進行對比，可以認爲北宋至今，“村”級的地域單元具有較强的穩定性和牢固性，大部分自然聚落的村保持相對穩定，一部分村莊出現了變化，表現爲有的村落消失，有的分化擴大、有的升爲鎮、社。

一、對定州及周邊區域所屬鄉、村的部分復原

定州開元寺塔始建於北宋咸平四年（1001），“開元寺僧會能嘗

往西竺取經，得舍利子。宋真宗咸平四年（1001），詔建塔。”[1] 持續修建至至和二年（1055），開元寺石刻資料保存了定州及周邊地域基層社會的佛教信仰狀況，特别是保存了有關捐施人住址的詳細資料，如：隸屬定州的安喜、陘邑[2]、無極、曲陽、唐縣、望都、新樂縣、北平縣；隸屬深州的安平縣；隸屬祁州的蒲陰、深澤、鼓城縣；隸屬保州的保塞縣；隸屬永寧軍的博野縣；隸屬鎮州的行唐縣等名稱。定州塔内捐施人題名碑記中所記載的鄉、村名稱明確，部分地區亦可確定其歸屬，可補正史之缺。

開元寺捐施人題名碑記的刊刻時間爲北宋咸平四年（1001）至至和二年（1055）間[3]，屬於北宋前期。《太平寰宇記》《元豐九域志》等總志，也僅記録了各縣鄉的個數，並不涉及所屬鄉、村名稱。其中‘舊’鄉數引自李吉甫《元和郡縣圖志》，‘今’鄉數則爲太平興國年間（976—984）的資料”[4]。署名元人脱脱所撰《宋史・地理志》中對縣下所設鄉名也没有涉及。定州開元寺塔内的捐施人題名碑記中却保存了較多的縣級以下鄉、村名稱，再結合其他出土資料，使得我們有可能對定州城内的坊及周邊區域的部分縣所屬鄉、村名稱進行復原。

（一）對定州及所屬八縣鄉、村的部分復原

“定州”之名最初見於北朝。北魏時期，置“安州”，天興三年（400），改爲“定州”，領郡五：中山郡、常山郡、鉅鹿郡、博陵郡、

---

1 ［清］寶林等纂修：《（道光）定州志》卷五《地理・古跡》，中國臺北：成文出版社，1969 年，第 524 頁。

2 康定元年（1040），“廢陘邑縣入安喜”，詳見［宋］王存撰，魏嵩山、王文楚點校：《元豐九域志》卷二《河北路・西路》，北京：中華書局，1984 年，第 79 頁。

3 開元寺石刻資料中有關時間的記載有：咸平四年（1001）、大中祥符四年（1011）、乾興元年（1022）、皇祐四年（1052）、至和元年（1054）、至和二年（1055）等。

4 包偉民：《宋代鄉制再議》，《文史》，2012 年第 4 輯，第 129 頁。

北平郡[1]。隋時，改博陵郡，又復爲高陽郡，領縣十：鮮虞、北平、唐、恒陽、新樂、隋昌、毋極、義豐、深澤、安平。[2]唐"天寶元年（742）改爲博陵郡，乾元元年（758）復爲定州……管縣十：安喜，新樂，義豐，唐，望都，北平，無極，陘邑，深澤，恒陽。"[3]北宋前期，定州所轄縣八：安喜、陘邑、無極、曲陽、唐縣、望都、新樂、北平。[4]根據前述材料，現對定州及其周邊州府下轄各級地理單元復原如下：

1. 定州城内所屬坊及其直轄疃、莊、村

定州城轄"坊"六區：信利坊、鮮虞坊、高陽坊[5]、仁教坊、寧國坊、招賢坊。

定州轄"疃"三個：北李疃、保子疃、南疃。

定州轄"莊"三個：暮家莊、麴家莊、程家莊。

定州轄"村"四十個：東張村、八里店、連塚村、唐城村、唐河店、西李崗村、突（度）河村、西奇連村、西士村、中邑村、東邑村、楊平村、友高村、拔落剅村、羅家莊、東唐城村、西唐城村、東章村、葛村、汶村、崔求村、柴離村、東坊村、牛葦村、南張村、小楊村、北劉村、白土村、盧水苻村、趙村、塞里村、

1 [北齊]魏收：《魏書》卷一百六上《地形志上》，北京：中華書局，1974年，第2461—2463頁。

2 [唐]魏徵等撰：《隋書》卷三十《志第二十五·地理中》中，北京：中華書局，1973年，第856—857頁。

3 [唐]李吉甫撰，賀次君點校：《元和郡縣圖志》卷十八《河北道三·定州》，北京：中華書局，1983年，第510頁。

4 本文依據北宋天禧四年（1020）年的州縣劃分。參見：周振鶴主編、李昌憲編：《中國行政區劃通史·宋西夏卷》，上海：復旦大學出版社，2007年，第185頁。

5 定州塔第十層《在州都押衙耿素等修塔題名碑記》載："信利坊麴則，鮮虞坊常文寂，仁教坊李秀，寧國坊安澄，高陽坊楊璘。"相似的記載有南宋樓鑰《北行日録》："唐改定州。城門曰'昭化'。甕城三里甚壯，城濠有流水。第265册過信利、鮮虞、高陽三坊，坊各有小樓，又有明月樓。"詳見曾棗莊、劉琳撰：《全宋文》卷五九七三《北行日録（中）》，上海：上海辭書出版社、合肥：安徽教育出版社，2006年，第91頁。

里村、張村、只懂村、西建陽村、南角羊村、張猛村、石頭崗村、陵頭村、邵村。

以上所涉及各村，並非全部直轄於定州，而是題名記中未言明其所屬之縣，只是州名之下直屬村名，故認爲是所屬縣未明之村疃，屬於定州。

2. 安喜縣

安喜縣，漢時於此置盧奴縣，屬中山國。高齊文宣帝時改其爲安喜縣。隋時又改安喜爲鮮虞縣，唐“武德四年（621），復爲安喜，州所治也。”[1] 北宋時期亦稱如此。《太平寰宇記》載：安喜縣“今十鄉”[2]，但鄉名不詳，利用題名碑記及出土墓志資料，今可復原五鄉、一里、十村、兩疃。

堯城鄉：據“安喜縣堯城鄉大城村梁甫”[3]，可知堯城鄉爲安喜縣轄鄉之一。轄村：大城村。

久貞鄉：據“安喜縣久貞鄉碾子疃紏首維那頭王彦海”[4]，可知久貞鄉爲安喜縣轄鄉之一。轄村：碾子疃。

懷安鄉：據“安喜縣懷安鄉渠頭村邑人”[5]，可知懷安鄉爲安喜縣轄鄉之一。渠頭村。

懷遠鄉：據“安喜縣懷遠鄉于底村維那頭王均”[6]，可知懷遠鄉爲安喜縣轄鄉之一。轄村：于底村。

鮮虞鄉：出土宋代元符二年（1099）墓志《宋故敕賜定州助教

1 [後晉]劉昫等撰:《舊唐書》卷三十九《志第十九·地理二》,北京:中華書局,1975年,第1510—1511頁。

2 [宋]樂史撰，王文楚等點校:《太平寰宇記》卷六十二《河北道十一·定州》，北京:中華書局，2007年，第1270頁。

3 定州塔二層《當寺上生閣百法院助緣紏首僧道瑩等修塔題名碑記》第三部分第36行。

4 定州塔二層《望都縣善化鄉胡方村都維那王欽嗣等題名碑記》第39行。

5 定州塔三層《修塔院主僧淳清等題名碑記》碑刻上部第2行。

6 定州塔三層《曲陽縣歸善鄉西諸侯村紏首維那石厚昌等碑記》第11行。

常君墓志銘》載“卜以其年九月壬寅葬於鮮虞鄉宣德里閻家疃之先塋”[1]，可知“鮮虞鄉”爲北宋時期安喜縣轄鄉之一，同時有宣德里、閻家疃。

轄村：陵北村[2]、佛殿村、齊家莊、大王穪村、小王穪村、劉春村、宣村。

3. 陘邑縣

陘邑縣，漢苦陘縣也，後漢章帝時改爲漢昌縣，魏文帝時再改爲魏昌縣，隋時於此置隋昌縣，屬定州。唐天寶元年（742）改爲陘邑縣。北宋前期仍此稱謂。康定元年（1040）“廢陘邑縣入安喜”[3]。《太平寰宇記》載：陘邑縣“今六鄉”[4]。今利用定州塔題名碑記可復原一鄉、一莊、十八村。

唐邑鄉：據“陘邑縣唐邑鄉趙家莊强壯指揮使馬潛”[5]，可知“唐邑鄉”爲陘邑縣轄鄉之一。轄村：趙家莊。

轄村：□郎村、木佃村、彭村、西内部村、東郎村、宋村、中郎村、西成村、寺下村、丁村、泊頭村、北内部村、蘇村、王俗村、李上村、西侯村、北侯村、八方村。

4. 無極縣

無極縣，漢時毋極縣，屬中山國，隋開皇三年（583）直屬定州，唐“武德四年（621），屬廉州。貞觀元年（627），屬定州。萬

1　吴磐軍：《宋常祐墓誌銘淺説》，《文物春秋》，2005 年第 4 期，第 55 頁。

2　《曹溥神道碑銘》載：“以大定十五年（1175）六月十九日因疾而薨，享年七十，於當年九月吉日歸葬於定州安喜縣陵北村。”詳見王新英輯校：《全金石刻文輯校》，長春：吉林文史出版社，2012 年，第 202 頁。

3　[宋]王存撰，王文楚、魏嵩山點校：《元豐九域志》卷二《河北路・西路》，北京：中華書局，1984 年，第 79 頁。

4　[宋]樂史撰，王文楚等點校：《太平寰宇記》卷六十二《河北道十一・定州》，北京：中華書局，2007 年，第 1273 頁。

5　定州塔四層《永定軍博野縣萬人邑衆等修塔題名碑記》第 31 行。

歲通天二年（697），改‘毋’字爲‘無’。”[1] 景福二年（893）“於此置祁州，從定州節度使王處存之請也，仍割無極、深澤二縣以屬焉。”[2] 宋景德元年（1004），以祁州無極縣屬定州。《太平寰宇記》載：無極縣“今七鄉”[3]。今可復原二鄉、十四村、二莊。

長豐鄉：據“無極縣長豐鄉郝家莊郝玉”[4]，可知“長豐鄉”爲無極縣轄鄉之一。轄村：郝家莊。

□陽鄉：據“無極縣□陽鄉東牛村”[5]，可知“□陽鄉”爲無極縣轄鄉之一。轄村：東牛村。

轄村：趙户村、西高村、獅子堂村、東壇下村、西壇下村、東門村、北扈村、龍泉固、劉村、朱村、北柳村、南蘇村、小吕村。

轄莊：房家莊。

5. 曲陽縣

漢爲上曲陽縣，屬常山郡，高齊天保七年（556）除“上”字，爲曲陽縣，屬中山郡。隋開皇七年（587），“置恒陽縣，屬定州，以在恒山之南，因以爲名。”[6] 唐元和十五年（820），改爲曲陽。北宋屬定州。《太平寰宇記》載：曲陽縣“今十鄉”[7]。今可復原四鄉、三十三村。

---

1 ［後晉］劉昫等撰：《舊唐書》卷三十九《志第十九·地理二》，北京：中華書局，1975 年，第 1512 頁。

2 ［宋］樂史撰，王文楚等點校：《太平寰宇記》卷六十《河北道九·祁州》，北京：中華書局，2007 年，第 1237 頁。

3 ［宋］樂史撰，王文楚等點校：《太平寰宇記》卷六十《河北道九·祁州》，北京：中華書局，2007 年，第 1237 頁。

4 定州塔三層《修塔院主僧淳清等題名碑記》下部第二部分第 6 行。

5 定州塔四層《永定軍博野縣萬人邑衆等修塔題名碑記》第 31 行。

6 ［唐］李吉甫撰，賀次君點校：《元和郡縣圖志》卷十八《河北道三·定州》，北京：中華書局，1983 年，第 514 頁。

7 ［宋］樂史撰，王文楚等點校：《太平寰宇記》卷六十二《河北道十一·定州》，北京：中華書局，2007 年，第 1276 頁。

歸善鄉：據“曲陽縣歸善鄉西諸侯村糺首維那石厚昌”[1]可知，“歸善鄉”爲曲陽縣轄鄉之一。轄村：西諸侯村。

加山鄉：據“曲陽縣加山鄉高門村邑眾王貴”[2]，可知“加山鄉”爲曲陽縣轄鄉之一。轄村：高門村。

葛仙鄉：據“曲陽縣葛仙鄉蓋杜村維那頭王希”[3]，可知“葛仙鄉”爲曲陽縣轄鄉之一。轄村：蓋杜村。

從化鄉、曲陽鄉：曲陽修德寺出土宋代佛教造像題記載：宋天禧三年（1019），“定州曲陽縣從化、曲陽鄉水閒岩等村邑衆共修舍利塔。”[4]轄村：水閒岩村。

轄村：平樂（楽）村、磨羅村、西邸村、蘇家峪、相如村、劉營村、保内村、諸家邑村、東諸侯村、東郭村、西郭村、邸村、楊平村、河流村、七里莊村、闡德村、東大王村、西大王村、趙求村（趙丘村）、行樹村、東王村、楊（陽）村、南相如村、北砂侯村、水浴村、南砂侯村、南馬村、北馬村、南孝墓村。

6. 唐縣

唐縣，漢之唐縣，高齊省。“隋開皇十六年（596）重置，屬定州。”[5]宋襲之。《太平寰宇記》載：唐縣“今十鄉”[6]。利用定州塔題名碑記，今可復原六鄉、四十九村、一莊。

趙母鄉：“唐縣趙母鄉誠諫村”[7]。轄村：誠諫村。

---

1 定州塔三層《曲陽縣歸善鄉西諸侯村糺首維那石厚昌等題名碑記》第1行。

2 定州塔三層《曲陽縣歸善鄉西諸侯村糺首維那石厚昌等題名碑記》第15行。

3 定州塔三層《曲陽縣歸善鄉西諸侯村糺首維那石厚昌等題名碑記》第45行。

4 曲陽縣修德寺塔出土《劉德元等造像題記》，現藏曲陽縣文物保管所。

5 [唐]李吉甫撰，賀次君點校：《元和郡縣圖志》卷十八《河北道三・定州》，北京：中華書局，1983年，第511頁。

6 [宋]樂史撰，王文楚等點校：《太平寰宇記》卷六十二《河北道十一・定州》，北京：中華書局，2007年，第1271頁。

7 定州塔三層《雲翼左第五指揮使劉超等修塔題名碑記》第10行。

克神鄉："克神鄉李村邑眾韓貴"[1]。轄村：李村。

仁樂鄉："仁樂鄉高和村維那馬金"[2]。轄村：高和村。

《曲陽縣誌》范家莊[3]。

東間鄉："東間鄉高昌村楊祚"[4]。轄村：高昌村。

安樂鄉："安樂鄉南京村維那頭張美"[5]。轄村：南京村、拔茄村。

唐城鄉："唐縣唐城鄉扳上村"[6]，"唐縣唐城鄉丁村"[7]，"唐城鄉西張村邑政王化及"[8]，唐縣聖壽寺內有《金定州唐縣唐城鄉壇下村榮植等造陀羅尼經幢》[9]。轄村：扳上村、丁村、西張村、檀下村。

轄村：騎連村、西楊村、白堯村、安樂村、東張村、陶兵（丘）村、蚕舍村、葛洪村、大悲村、洪城村、迷城村、明苻（府）村、岳演村、白合村、北高和村、南高和村、馮村、葛布村、蹙里村、升間村、顯口村、東赤村、南赤村、叔間村、李泉村（祀泉村）、西都亭（西都村）、龐村、建陽村、劉千村、燕村、白塔村、播（潘）村、白砂村、東亦村、東間村、音暗村、連順村、北送村、雹水村。

---

1 定州塔三層《曲陽縣歸善鄉西諸侯村糺首維那石厚昌等題名碑記》第 16 行。

2 定州塔三層《檀下村維那劉習等修塔題名碑記》第 4 行。

3 定州塔三層《檀下村維那劉習等修塔題名碑記》第 3 行。

4 定州塔三層《檀下村維那劉習等修塔題名碑記》第 35 行。

5 定州塔三層《檀下村維那劉習等修塔題名碑記》第 37 行。

6 定州塔三層《雲翼左第五指揮使劉超等修塔題名碑記》第 26 行。

7 定州塔三層《曲陽縣歸善鄉西諸侯村糺首維那石厚昌等題名碑記》第 16 行。

8 定州塔二層《望都縣善化鄉胡方村都維那王欽嗣等題名碑記》第 17 行。

9 [清] 吴式芬：《金石彙目分編》卷三，新文豐出版社編：《石刻史料新編》第 1 輯第 27 冊，中國臺北：新文豐出版社，1977 年，第 20738 頁。

7. 望都縣

望都縣，兩漢時屬中山國，"隋開皇六年（586）復置，屬定州。"[1]唐時因之。"武德四年（621），分安喜、北平二縣置。"[2]宋時屬定州。《太平寰宇記》載：望都縣"今四鄉"[3]。利用定州塔題名碑記，今可復原三鄉、二十四村、二莊。

善化鄉："望都縣善化鄉胡方村都維那王欽嗣"[4]"望都縣善化鄉北合村張守則"[5]。轄村：胡方村、北合村。

翟城鄉："定州望都縣翟城鄉王家屯村"[6]"望都縣翟城鄉古保村邑長閆超"[7]"望都縣翟城鄉留早村"[8]"望都縣翟城鄉西韓村維那田超"[9]。轄村：王家屯村、古保村、留早村、西韓村、剗藻村[10]。

永豐鄉："望都縣永豐鄉黑堡村張超"[11]。轄村：黑堡村。

轄村：老劉堝村、長早村、西王吕村、東王吕村、北同方（房）村、南同方（房）村、東三樓村、東南閤村、西三樓村、西南葛村、東南合村、東白城村、固店村、故縣村、西堤村、楊丘村。

1 ［唐］李吉甫撰，賀次君點校：《元和郡縣圖志》卷十八《河北道三·定州》，北京：中華書局，1983年，第512頁。

2 ［後晉］劉昫等撰：《舊唐書》卷三十九《志第十九·地理二》，北京：中華書局，1975年，第1511頁。

3 ［宋］樂史撰，王文楚等點校：《太平寰宇記》卷六十二《河北道十一·定州》，北京：中華書局，2007年，第1274頁。

4 定州塔二層《望都縣善化鄉胡方村都維那王欽嗣等題名碑記》第1行。

5 定州塔三層《曲陽縣嵂善鄉西諸侯村糺首維那石厚昌等題名碑記》第23行。

6 定州塔三層《雲翼左第五指揮使劉超等修塔題名碑記》第24行。

7 定州塔三層《曲陽縣嵂善鄉西諸侯村糺首維那石厚昌等題名碑記》第18行。

8 定州塔三層《曲陽縣嵂善鄉西諸侯村糺首維那石厚昌等題名碑記》第42行。

9 定州塔四層《永定軍博野縣萬人邑衆等修塔題名碑記》第41行。

10 北宋淳化五年（994）《劉緒施義井欄記》載"望都縣翟城鄉剗藻村"。詳見［清］端方：《陶齋臧石記》卷十九《劉緒施義井欄記》，《續修四庫全書》第905册，上海：上海古籍出版社，1996年，第739頁。

11 定州塔三層《檀下村維那劉習等修塔題名碑記》第4行。

轄莊：寺家莊、王家莊。

8. 新樂縣

新樂縣，“漢新市縣，屬中山郡。”[1] 隋改名爲新樂縣，“屬定州，取新樂故城爲名也。”[2] 宋屬定州。《太平寰宇記》載：新樂縣“今五鄉”[3]。利用定州塔題名碑記，今可復原四鄉、二十三村、四疃、二莊。

清化鄉：“新樂縣清化鄉累頭村《法花經》邑衆劉佺”[4]“清化鄉大岳村維那頭衛旻”[5]。轄村：累頭村、大岳村。

開元鄉：“開元鄉五樓村邑人房嗣”[6]。轄村：五樓村。

仁德鄉：“仁德鄉平香村維那頭李超”“仁德鄉宋村邑人賈一”[7]。轄村：平香村、宋村。

景雲鄉：“景雲鄉赤侯村維那甄思方”[8]。轄村：赤侯村。

轄村：車固村、吴村、東曹村、杜四疃、識芝村、木村、孔村、屈李村、崗頭村、田村、曹村、俠神村、北蘇村、郭故村、牛受村、杜固村、韓村。

轄疃：杜固疃、解香疃、韓邵疃、希臺疃。

轄莊：張家莊、開福莊。

1 [後晉]劉昫等:《舊唐書》卷三十九《志第十九·地理二》, 北京: 中華書局, 1975年, 第1511頁。

2 [唐]李吉甫撰, 賀次君點校:《元和郡縣圖志》卷十八《河北道三·定州》, 北京: 中華書局, 1983年, 第511頁。

3 [宋]樂史撰, 王文楚等點校:《太平寰宇記》卷六十二《河北道十一·定州》, 北京: 中華書局, 2007年, 第1275頁。

4 定州塔七層《使院都孔目官薛均等修塔題名碑記》第三部分第1行。

5 定州塔二層《新樂縣吴村維那頭周玢等題名碑記》第6行。

6 定州塔二層《新樂縣吴村維那頭周玢等題名碑記》第22行。

7 定州塔二層《新樂縣吴村維那頭周玢等題名碑記》第16、21行。

8 定州塔二層《新樂縣吴村維那頭周玢等題名碑記》第11行。

9. 北平縣

北平縣,本秦曲逆縣,後魏孝明帝改爲北平。"隋開皇三年(583)屬定州。皇朝因之。"[1]宋爲中下縣。《太平寰宇記》載:北平縣"今六鄉"。[2]利用定州塔題名碑記,今可復原三鄉、十三村。

懷普鄉:"北平縣懷普鄉巷北村維那頭韓則"[3]。轄村:巷北村。

懷保鄉:"懷保鄉顯楊村邑人等曹文睿"[4]。轄村:顯楊村。

堯城鄉:"北平縣堯城鄉堯城"[5]。轄村:堯城村。

轄村:蒲上村、寺西村、安全村、新興村、趙石村、屯頭村、北城村、子城村、蘇頭村、賽頭村。

(二)對祁州所屬兩縣鄉、村的部分復原

祁州,最初爲無極縣地。唐"景福二年(893),定州節度使王處存,奏請於本部無極縣置祁州。"[6]宋"端拱初,以鎮州鼓城來屬。景德元年(1004),移治於定州蒲陰,以無極隸定。熙寧六年(1073),省深澤縣爲鎮,入鼓城。元祐元年(1086)復。"[7]所以,宋初祁州領縣二:無極、深澤。景德元年(1004)後領縣三:鼓城、蒲陰、深澤。定州開元寺塔内捐施人題名碑記中的"新祁州"應指景德元年(1004)後領鼓城、蒲陰、深澤三縣的祁州。

鼓城縣,"舊曰曲陽,後齊廢。開皇十六年(596)分置昔陽縣,

---

1 [唐]李吉甫撰,賀次君點校:《元和郡縣圖志》卷十八《河北道三·定州》,北京:中華書局,1983年,第513頁。

2 [宋]樂史撰,王文楚等點校:《太平寰宇記》卷六十二《河北道十一·定州》,北京:中華書局,2007年,第1274頁。

3 定州塔四層《在州使院邑衆等修塔題名碑記》第39行。

4 定州塔四層《在州使院邑衆等修塔題名碑記》第37行。

5 定州塔三層《雲翼左第五指揮使劉超等修塔題名碑記》第17行。

6 [後晉]劉昫等撰:《舊唐書》卷三十九《志第十九·地理二》,北京:中華書局,1975年,第1511頁。

7 [元]脱脱:《宋史》卷八十六《志第三十九·地理二》,北京:中華書局,1985年,第2129頁。

十八年(598)改爲鼓城。"[1]武德四年(621)屬廉州,州廢,屬定州,"大曆三年(768)以鼓城隸恒州。"[2]宋爲緊縣,隸屬祁州。定州塔捐施人題名碑記中有"祁州穀城縣","穀城縣"應爲"鼓城縣",但未涉及鄉村名稱。

1. 深澤縣

深澤縣,"本漢南深澤縣也,以涿郡有深澤縣,故此加'南'以别之,屬中山國。高齊省,隋開皇六年(586)分安平縣於滹沱河北重置深澤縣,屬定州。"[3]"唐屬定州,景福二年(893)屬祁州。皇朝熙寧六年(1073)省入鼓城,元祐元年(1086)復置。"[4]《太平寰宇記》載:深澤縣"今四鄉"[5]。利用開元寺塔題名碑記資料,今可復原二鄉、十七村、一里、一管。

長樂鄉:"祁州深澤縣長樂鄉静練□大邢管馬累村"[6]。轄村:馬累村。

秀武鄉:"秀武濁頭村維那張旻"[7]。轄村:濁頭村。

轄村:賈村、吕村、南六村、西六村、東六村、七級村、姜人村、衛村、苦水村、中陽村、水東村、劉屯村、大馮村、小馮村、南王村。

轄里:静練里。

1 [唐]魏徵等撰:《隋書》卷三十《志第二十五·地理中》,北京:中華書局,1973年,第856頁。

2 [後晉]劉昫等撰:《舊唐書》卷三十九《志第十九·地理二》,北京:中華書局,1975年,第1510頁。

3 [唐]李吉甫撰,賀次君點校:《元和郡縣圖志》卷十八《河北道三·定州》,北京:中華書局,1983年,第514頁。

4 [宋]歐陽忞撰,李勇先、王小紅校注:《輿地廣記》卷十二《河北西路下》,成都:四川大學出版社,2003年,第317頁。

5 [宋]樂史撰,王文楚等點校:《太平寰宇記》卷六十《河北道九·祁州》,北京:中華書局,2007年,第1239頁。

6 定州塔四層《永定軍博野縣萬人邑衆等修塔題名碑記》第38行。

7 定州塔三層《深州安平縣紇首維那頭等修塔題名碑記》第32行。

轄管：大邢管。

2. 蒲陰縣

西漢安國縣之地，屬中山國。隋開皇六年（586）移安國縣於鄭德堡，屬定州，並改安國縣爲義豐縣。“唐神功元年（697）改爲立節縣，神龍初復爲義豐縣。至皇朝改爲蒲陰縣。”[1]景德元年（1004）入祁州。《太平寰宇記》載：蒲陰縣“今八鄉”[2]。利用定州塔題名碑記，今可復原二鄉、十八村、一莊。

山楊鄉：“新祁州蒲陰縣山楊鄉楊翟村施主王隱”[3]。轄村：楊翟村。

大德鄉：“新祁州大德鄉西河頭村邑人”[4]“祁州蒲陰縣大德鄉北張村韓均”[5]。轄村：西河頭村、北張村。

轄村：西趙村、東趙村、演村、北葛保村、南葛保村、北河頭村、于村、西齊村、南顏村、北劉村、馬過村、安固村、七翁村、劉霜村、海師村。

轄莊：使莊。

（三）對其他州所屬鄉、村的部分復原

除定州、祁州外，這批捐施人題名碑記中還涉及其他州、軍等鄉、村設置情況，主要有保州保塞縣、鎮州行唐縣、深州安平縣、永定軍博野縣等。

1 ［宋］樂史撰，王文楚等點校：《太平寰宇記》卷六十二《河北道十一·定州》，北京：中華書局，2007 年，第 1271 頁。

2 ［宋］樂史撰，王文楚等點校：《太平寰宇記》卷六十二《河北道十一·定州》，北京：中華書局，2007 年，第 1271 頁。

3 定州塔二層《當寺上生閣百法院助緣糺首僧道瑩等修塔題名碑記》第六部分第 1 行。

4 定州塔二層《當寺上生閣百法院助緣糺首僧道瑩等修塔題名碑記》第五部分第 1 行。

5 定州塔三層《曲陽縣㷈善鄉西諸侯村糺首維那石厚昌等題名碑記》第 25 行。

1. 保州保塞縣

保塞縣，隋開皇十八年（598）改爲清苑。唐“武德四年（621），屬蒲州。貞觀元年（627），改屬瀛洲。景雲二年（711），屬莫州。”[1] 宋“建隆初，置保塞軍。太平興國六年（981），建爲州。”[2] 領縣一：保塞。《太平寰宇記》載：“今十一鄉”[3]。利用開元寺塔題名碑記資料，今可復原四鄉、二十八村、二莊。

白團鄉：“保州白團鄉馬家莊□知謙”[4]“保塞縣白團鄉東臨水村”[5]“白團魏村香花邑衆邑長魏贇”[6]。轄村：馬家莊、東臨水村、魏村。

萬石鄉：“保塞縣萬石鄉賈村”[7]。轄村：賈村

賢臺鄉：“保塞縣賢臺、萬石兩鄉賈村”[8]。

豐歸鄉：“保塞縣豐歸鄉東安村”[9]。轄村：東安村。

轄村：沉苑村、竹澤村、高更村、孔村、方順村、南固村、孟村、小冉村（小染村）、中冉村、大冉村、中臨水村、西臨水村、白城村、苑村、荊村、七里店、郎村、東魏村、西魏村、西路剛村、楊村、

1 ［後晉］劉昫等撰：《舊唐書》卷三十九《志第十九·地理二》，北京：中華書局，1975年，第1515頁。

2 ［元］脱脱：《宋史》卷八十六《志第三十九·地理二》，北京：中華書局，1985年，第2129頁。

3 ［宋］樂史撰，王文楚等點校：《太平寰宇記》卷六十八《河北道十七·保州》，北京：中華書局，2007年，第1376頁。

4 定州塔二層《當寺上生閣百法院助緣糺首僧道瑩等修塔題名碑記》第三部分第3行。

5 定州塔四層《使院糺首維�劉政等修塔題名碑記》第9行。

6 定州塔四層《驍武第六女眾等修塔題名碑記》第25行。

7 定州塔四層《使院糺首維郡劉政等修塔題名碑記》第15行。

8 定州塔四層《雲翼第八指揮副兵使皇祚等修塔題名碑記》第23行因《使院糺首維郡劉政等修塔題名碑記》第9行記載“保塞縣萬石鄉賈村”，故排除“賈村”爲賢臺鄉屬村的可能。

9 ［宋］李燾：《續資治通鑑長編》卷四十七，咸平三年五月甲辰，北京：中華書局，2004年，第1018頁。

小郎村[1]、東陽村、臧村[2]。

轄莊：李家莊。

2. 鎮州行唐縣

行唐縣，“漢南行唐縣，屬常山郡。武德四年（621），置王城縣，屬常山郡。武德五年（622），省滋陽縣併入。長壽二年（693），改爲章武。神龍元年（705），復爲行唐。”[3]宋屬鎮州。《太平寰宇記》載：行唐縣“舊八鄉”[4]。利用開元寺塔題名碑記及其他出土資料，今可復原一鄉、十六村、一疃、一莊。

甘泉鄉：“行唐縣甘泉鄉西桃村封斌”[5]。轄村：西桃村。

轄村：曲河村[6]、井底村、楊觀村、楊同村、東賈村、韃鹁村、榆底村、只楊村、賈樂村、南周村、安鄉村、霍村、孤山村、孫家樓、合河村[7]。

轄疃：中疃。

1　此村開元寺題名碑記及《全宋文》均有記載，熙寧九年（1076）“今偃訪得雲冀卒康進畫到地圖，仍充保塞縣小郎村劉第六地内有泉源”，詳見曾棗莊、劉琳撰：《全宋文》第48册卷一〇四五《乞委曹偃關道叫呼泉奏》，上海：上海辭書出版社、合肥：安徽教育出版社，2006年，第237頁。

2　保州東陽村、臧村出自《宋會要輯稿》。詳見[清]徐松輯，劉琳等點校：《宋會要輯稿》禮二八一七，上海古籍出版社，2014年，第15册，第9217頁。

3　[後晉]劉昫等撰：《舊唐書》卷三十九《志第十九·地理二》，北京：中華書局，1975年，第1503頁。

4　[宋]樂史撰，王文楚等點校：《太平寰宇記》卷六十一《河北道十·鎮州》，北京：中華書局，2007年，第1255頁。

5　定州塔三層《修塔院主僧淳清等題名碑記》下部第一部分第3行。

6　《趙明造石香爐題字》亦載“行唐縣曲河村陽貫疃唯郝頭趙明”。詳見[清]沈濤撰：《常山貞石志》卷十二，《續修四庫全書》第906册，上海：上海古籍出版社，1996年，第484頁。

7　《全宋文》内有“真定府行唐縣合河村使南莊造香爐”。詳見曾棗莊、劉琳撰：《全宋文》卷二八七二《造石香爐題記》，上海：上海辭書出版社、合肥：安徽教育出版社，2006年，第133册，第173頁。

轄莊：市南莊。

3. 深州安平縣

安平縣，西漢始置，"隋開皇三年（583）縣屬定州，十六年（596）改屬深州，大業二年（606）還屬定州，武德四年（621）又屬深州。"[1]及宋，屬深州。《太平寰宇記》載：安平縣"今五鄉"[2]。利用開元寺塔題名碑記資料，今可復原一鄉、二村。

□清鄉："安平縣□清鄉郝村簉公"[3]。轄村：郝村。

轄村：路村。

4. 永定軍博野縣

博野縣，後漢分置博陵縣，後魏改爲博野。周顯德二年（955）屬定州，北宋雍熙四年（987）屬永定軍。因"避真宗陵名"[4]，"景德元年（1004）改永定，天聖七年（1029）改永寧。"[5]轄縣一，爲博野縣。《太平寰宇記》載，博野縣"今十鄉"[6]。據題名碑記及其他出土文獻，今可復原一鄉、二十七村、二莊。

蠡吾鄉：據熙寧八年（1075）《韓忠獻公琦行狀》載："乂賓仕爲成德軍節度判官、檢校太子左庶子兼御史中丞，以唐光啓二年（886），終鎮府立義坊之私第，以龍紀元年（889），葬博野縣蠡吾

1 ［唐］李吉甫撰，賀次君點校：《元和郡縣圖志》卷十七《河北道二・深州》，北京：中華書局，1983年，第488頁。

2 ［宋］樂史撰，王文楚等點校：《太平寰宇記》卷六十三《河北道十二・深州》，北京：中華書局，2007年，第1293頁。

3 定州塔四層《永定軍博野縣萬人邑衆等修塔題名碑記》第29行。

4 ［宋］李燾：《續資治通鑑長編》卷一百八，天聖七年九月辛未，北京：中華書局，2004年，第2522頁。

5 ［宋］王存撰，王文楚、魏嵩山點校：《元豐九域志》卷二《河北路・西路》，北京：中華書局，1984年，第87頁。

6 ［宋］樂史撰，王文楚等點校：《太平寰宇記》卷六十八《河北道十七・寧邊軍》，北京：中華書局，2007年，第1385頁。

鄉之北平原。”[1]

轄村：小王村、東楊村、城東村、南邑村、廬村、北邑村、西杜村、中杜村、東杜村、東許村、西許村、東田村、西田村、陳村、大齊村、程村、小許村、白砂村、長孫村、讀上村、東福樂村、東百長村、南祝村、北祝村、許村、西張村、東張村。

轄莊：杜家莊、屯莊

通過以上的統計，在定州塔題名碑記所記述的北宋定州及其周邊共計屬“州”六個，“軍”一個，轄“縣”十六個，轄“鄉”四十一個，轄“坊”六個，轄“里”一個，轄“管”一個，轄“疃”十個，轄“莊”十七個，轄“村”三百三十六個。現存的這些地名體現了北宋定州及周邊區域地理區劃單位形式多樣，主要爲“鄉”級以下基層單位，其中“村”一級自然聚落單位所占的比重最大。從以上統計結果，我們可以看到北宋咸平四年（1001）至至和二年（1055）間定州及其周邊區域的地理區劃的基本情況。

二、定州及其周邊基層地域區劃編排特點

目前學界對宋代縣以下“鄉”“里”之基層區劃問題的研究衆説紛紜。有言爲基層地域區劃者，有言基層行政區劃者[2]。因本文所使用史料主要以定州開元寺塔内捐施人題名碑記爲核心資料，鄉村

1 ［宋］韓琦撰，李之亮、徐正英箋注：《安陽集編年箋注》，成都：巴蜀書社，2000 年，第 1730 頁。

2 主要成果有：包偉民：《宋代鄉制再議》，《文史》，2012 年第 4 輯；鄭世剛：《宋代的鄉和管》，載鄧廣銘等主編：《中日宋史研討會中方論文選編》，河北大學出版社，1991 年；王棣：《宋代鄉里兩級制度質疑》，《歷史研究》，1999 年第 4 期；夏維中：《宋代鄉村基層組織衍變的基本趨勢》，《歷史研究》，2003 年第 4 期；梁建國：《宋代鄉村區劃研究》，河南大學碩士學位論文，2004 年第 3 期；譚景玉：《宋代鄉村組織研究》，山東大學出版社，2010 年等。

更多的是表明捐施人所居住之地，反映的是地域上的概念。

題名碑記記載了定州城内的坊有六區。“坊”在唐時就已作爲市鎮基層政權組織而存在。“兩京（京師長安、東都洛陽）和各州、縣的城内居民，都按坊組織管理。每坊設坊正一人掌管坊門鑰匙，維護治安。”[1]宋時的坊不僅繼承了前代的作用，其形態還發生了變化。魯西奇通過對宋買地券的研究，發現買地券中，亡人生前居住城市者，券文記其生前居住地或籍屬，多稱爲某某坊居住，充分説明“坊”既是城市的基層地域單元，也是最基層的社會管理單元。[2]王曾瑜從城市角度出發，認爲宋時雖打破了前代坊和市的嚴格區分,仍將坊作爲基層行政單位。[3]從開元寺捐施人題名碑記所載來看，“坊”不僅設於州治所，也設於縣治所。如定州城區至少設有五坊：信利坊、鮮虞坊、高陽坊 、仁教坊、寧國坊、招賢坊。其中“信利坊、鮮虞坊、高陽坊”三坊不僅開元寺塔内有刻石記載，而且在《北行日録》中也有保留，我們通過《北行日録》在南宋時期乾道五年（1169）的記述，仍可以清晰的看到定州城區内坊的概貌：坊在城區内部，較爲集中，各坊均有住宅、商業區等設施。可見，宋時定州城區内的坊亦有基層行政單元以及基層管理單元的雙重地位。北宋時期甚至連縣級政區之下亦有坊，如唐縣城設“唐縣坊”，安肅縣城設“安肅坊”等。

有關宋代基層地域區劃的編排形式，譚景玉在其著述中通過對現存宋代地方志史料的歸納總結，認爲：宋代的基層區劃編排形式

1　張厚安、白益華：《中國農村基層建制的歷史演變》，成都：四川人民出版社，1992年，第39—40頁。

2　魯西奇：《買地券所見宋元時期的城鄉區劃與組織》，《中國社會經濟史研究》，2013年第1期，第24頁。

3　王曾瑜：《宋代社會結構》，周積明、宋德金：《中國社會史論（下）》，武漢：湖北教育出版社，2005年，第268頁。

十分複雜，主要有鄉—里、鄉—村（邨）、鄉—社三大類，並結合宋代現存地方志史料，附之宋代鄉村區劃一覽表。[1] 就定州塔題名碑記石刻資料所反映的北宋基層區劃來看，主要有鄉、村、莊、疃，其中少量出現“管”與“里”。通過對定州塔捐施人題名碑記涉及的鄉、里、村、莊、疃的分類排比，可以看出北宋真宗、仁宗兩朝時期定州及周邊地域的基層鄉村編排特點。

1. 鄉—里

從開元寺捐施人題名碑記資料來看，僅有一條關於“里”的記載，即“祁州深澤縣長樂鄉静練里大邢管”。筆者查閲宋代相關史料發現，與定州及周邊區域“里”的相關史料唯見元符二年（1099）的《宋故敕賜定州助教常君墓志銘》有“以其年九月壬寅葬於鮮虞鄉宣德里”[2] 的記載，定州塔内捐施人題名碑記中涉及“鄉”四十二個，“里”只有一個。這與目前學界的觀點基本一致，説明在北宋中期的定州區域，“里”已基本退出鄉村社會生活與賦役、治安管理的範疇，即便是作爲地理單元也已經很少了，其逐漸被鄉村所代替。

2. 鄉—里—管

開元寺捐施人題名碑記的刊刻時間在咸平四年（1001）至至和二年（1055），僅有一條關於“管”的記載，即“祁州深澤縣長樂鄉静練里大邢管”[3]，此處州、縣、鄉、里、管，地域單位排列清晰，“管”排列在“里”之下[4]。目前學界關於宋代設“管”問題有多種看法，大多依據北宋開寶七年（974）所頒布的“廢鄉，分爲管”的詔令。

1 譚景玉：《宋代鄉村組織研究》，濟南：山東大學出版社，2010 年，第 57 頁。

2 吴磬軍：《宋常祐墓誌銘淺説》，《文物春秋》，2005 年第 4 期，第 55 頁。

3 定州塔四層《永定軍博野縣萬人邑衆等修塔題名碑記》第 38 行。

4 據談鑰《嘉泰吴興志》記載，德清縣也有永和鄉武源里永和管。詳見[宋]談鑰撰：《嘉泰吴興志》卷三《德清縣》，《宋元方志叢刊》第 5 册，北京：中華書局，2006 年，第 4693 頁。

但從定州塔内捐施人題名碑記資料來看，“鄉”出現的頻率遠遠超過“里”和“管”，可見在北方地區“鄉”並未被廢除。“管”位於“里”之下。朱奎澤在利用南宋方志資料，認爲“管”級建制或與“里”類似，處於“鄉”之下；或不與“里”並列，而是處於“里”之下[1]。“管”在“鄉”之下，這種情況早在北宋早期已作爲地域單位而存在，楊廷美所撰《王守恩墓志》稱王守恩“維大宋建隆元年（960）春二月十四日甲申，遷葬於河南縣紫宅鄉宣武管宋村”[2]。《賈言墓志》中載：“開寶五年（972）歸葬在屯留縣西北余吾鄉中村管賈莊村東南一里。”[3]這里的“管”不僅作爲地域存在，而且作爲“鄉”之下的行政單位存在。從上述所引墓志資料來看，很有可能，“管”位於“里”之下或“分鄉設爲管”，這也從側面印證了包偉民“從鄉里制演變爲鄉管制”的觀點[4]。

3. 里—疃

在定州開元寺捐施人題名碑記資料中，出現了少部分以“疃”爲單元的鄉村區劃。從字義上解釋，“疃”即“村莊”“屯”之意。題名碑中共出現十五個“疃”，定州有北李疃、保子疃、南疃；新樂縣有杜固疃、解香疃、韓邵疃、希臺疃等。但是在定州塔題名碑記中並未出現“里—疃”的排列方式，在出土的宋代定州墓志資料中，保存有此類排列方式。如元符二年（1099）《宋故敕賜定州助教常君墓志銘》内有：定州安喜縣“鮮虞鄉宣德里閻家疃”[5]。“疃”名稱

1 朱奎澤：《兩宋鄉治體系中“管”的幾個問題》，《甘肅社會科學》，2016年第6期，第90頁。

2 曾棗莊：《宋代傳狀碑志集成》第6册，成都：四川大學出版社，2012年，第2855—2856頁。

3 西安市文物稽查隊：《西安新獲墓誌集萃》，北京：文物出版社，2016年，第273頁。

4 包偉民：《宋代鄉村“管”制再釋》，《中國史研究》，2016年第3期，第103頁。

5 吴磬軍：《宋常祐墓志銘淺析》，《文物春秋》，2005年第4期，第55頁。

的使用一直延續不變，我們從清代的地方志裏依然可以看到這幾個疃[1]，只是個別疃演變爲村。

4. 村—疃

定州塔題名碑記中出現“村—疃”這一排列方式。如：定州塔第二層《新樂縣吴村維那頭周玢等題名碑記》第12行“木村希臺疃維那頭田隱”；同時期的其他石刻文獻資料中，亦有“村—疃”記載，如前文所述元豐元年（1078）《趙明造石香爐題字》有“行唐縣曲河村陽貫疃”[2]。

5. 鄉—村（莊）

“村”是依地緣形成的自然聚落單位。“村”的行政地位，在唐代就得以確立[3]。魯西奇通過對宋時買地券的研究，認爲宋代北方地區的“村”，一直是鄉村社會的基本單元[4]。在開元寺題名碑記資料中，出現最爲頻繁就是“村”，共四百二十一個。如：“唐縣仁樂鄉高和村”“唐縣安樂鄉南京村”“陘邑縣唐邑鄉趙家莊”等，這四百二十一個村中多爲鄉—村（莊）的編排形式。另外，我們通過其他石刻資料，亦可看到“鄉—村（莊）”的這種編排形式：淳化五年（994）“定州望都縣翟城鄉劉藻村”[5]；天禧三年（1019）“定州曲陽縣從化曲陽鄉水斗岩村”[6]“維大宋天禧三年（1019）四月八日

1 如寨南約—念子疃、大寺頭約—堡子疃等，詳見[清]寶林等纂修：《（道光）定州志》卷七《地理・鄉約下》，中國臺北：成文出版社，1969年，第736、753頁。

2 [清]沈濤：《常山貞石志》卷十二，《續修四庫全書》第906册，上海：上海古籍出版社，1996年，第484頁。

3 譚景玉：《宋代鄉村組織研究》，濟南：山東大學出版社，2010年，第42頁。

4 魯西奇：《買地券所見宋元時期的城鄉區劃與組織》，《中國社會經濟史研究》，2013年第1期，第31頁。

5 北宋淳化五年（994）《劉緒施義井欄記》載“望都縣翟城鄉劉藻村”。[清]端方：《匋齋臧石記》卷三十九《劉緒施義井欄記》，《續修四庫全書》第905册，上海：上海古籍出版社，1996年，第739頁。

6 曲陽縣修德寺塔出土《劉德元等造像題記》，原石現藏曲陽縣文物保管所。

定州曲陽縣曲陽鄉北相如村"[1];大定十七年(1177)"深州安平縣博陵鄉郝家村"[2];承安二年(1197)"深州安平縣博陵鄉漫真村"[3];還有"保州保塞縣豐歸鄉東安村"[4]等。可見,在北宋真宗、仁宗兩朝,定州及周邊區域的基層區劃主要以鄉—村(莊)爲主。

從開元寺石刻資料和現存北宋其他史料來看,北宋定州及其周邊區域鄉村區劃的編排形式主要以"鄉—村(莊)"爲主。作爲地域概念中的"鄉"和其行政區劃一樣,是僅次於縣一級的區劃,"里"逐漸淡出人們的視線,"鄉—村"已成爲定州基層社會普遍認可的基本地理單元。

三、定州及其周邊基層地域"村"的變化

宋代"村"的地位,早在唐代就已得以確立。魯西奇通過對宋代買地券的研究,認爲宋代北方地區的"村"一直是鄉村社會的基本單元[5]。從定州開元寺塔捐施人題名碑記的材料來看,有關基層地理區劃的單元中,最頻繁出現的就是"村",共涉及四百二十一個村。宋代鄉、里、疃、村等基層地域區劃具有較大的穩定性,尤其是"村"作爲鄉村社會的基本單元,其穩定性最强。題名碑記中所記載的一些宋代村名也多出現在清代地方志中。爲了理清宋到清時期定州區域村的變化,我們利用清代地方志材料對定州開元寺出現的村名作

1 曲陽縣修德寺塔出土《李守謙等造像題記》,原石現藏曲陽縣文物保管所。

2 趙超:《新編續補歷代高僧傳》,北京:社會科學文獻出版社,2011年,第424頁。

3 安平縣地方志編纂委員會編:《安平縣志》第六編文化《金寧國院壽公和尚碑》,北京:中國社會出版社,1996年,第486頁。

4 [宋]李燾:《續資治通鑑長編》卷四十七,咸平三年五月甲辰,北京:中華書局,2004年,第1018頁。

5 魯西奇:《買地券所見宋元時期的城鄉區劃與組織》,《中國社會經濟史研究》,2013年第1期,第31頁。

一梳理。

通過對開元寺塔題名碑記中涉及的村進行統計，定州直轄村、疃共四十六個，能和清代地方志對應的有二十六個，其中十三個村和清代方志《直隸定州志》[1]完全相同，即程家莊、東張村、八里店、連塚村、唐城村、羅家莊、柴離村、趙村、塞里村、只憧（東）村、西建陽村、南角羊村、邵村；有十三個發生變化的村莊，今列表如下：

開元寺題名碑記所載定州村名	《直隸定州志》所載地名
保子疃	大寺頭約—堡子疃村
南疃	趙莊約—南疃村
度河村	滱河約—大滱河村、小滱河村
西奇連村	奇連約—奇連屯、小奇連村、大奇連村
楊平村	安家莊約—寺陽平村、大陽平村、霍陽平村
拔落剅村	連塚約—東不落岡村、西不落岡村
東唐城村、西唐城村	北不隨約—唐城村
汶村	東朱穀約—西汶村、東汶村
崔求村	東朱穀約—提崔邱村、劉崔邱村
白土村	趙村約—麗白土村、支白土村、郝白土村
張村	東不隨約—大張村、小張村
張猛村	張蒙約—花張蒙村、寺張蒙村、辛李張蒙村
陵頭村	南不隨約—北陵頭村、南陵頭村

開元寺題名碑記中記載無極縣轄村、莊共十六個，能和清代

1 ［清］寶林等纂修：《（道光）定州志》卷六《地理・鄉約上》，中國臺北：成文出版社，1969 年。

地方志對應的有十三個，其中有七個和清代《無極縣續志》[1]記載完全相同，即東牛村、西高村、東門村、北扈村（北虎村）、龍泉固、南蘇村、小吕村、房家莊；有六個發生變化的村莊，今列表如下：

開元寺石刻所載村名	《無極縣續志》所載地名
郝家莊	藁城路—西郝莊、東郝莊
趙户村	南趙户村、北趙户村
東壇下村、西壇下村	正定路—談下村
朱村	正定路—東朱村、南朱村、北朱村
東門村	藁城路—東東門村、西東門村

開元寺題名碑記中記載唐縣轄村、莊共四十九個，能和清代《唐縣志》[2]對應的有二十八個，其中有十三個和清代《唐縣志》記載相同，即李村、陶兵（丘）村、明苻（府）村、岳演村、白合村、南高和村、葛布村、叔閻村、李泉村（祀泉村）、西都亭（西都村）、白塔村、白砂村；有十五個發生變化的村莊，今列表如下：

開元寺石刻所載村名	《唐縣志》所載地名
白堯村	大茂社—小白窯村
誠諫村	西路—城澗村、王城澗村、孫城澗村等
高和村、北高和村	北羅社—宗高和村、馬宋高和村、楊高和村、張馬高和村、婁高和村等
高昌村	高昌社—南高昌村、北高昌村、東高昌村

1 ［清］曹鳳來纂修：《（光緒）無極縣續志》卷一《地理志》，中國臺北：成文出版社，據清光緒十九年刊本影印，1969 年。

2 ［清］陳詠修，張惇德纂：《（光緒）唐縣誌》卷二《輿地》，中國臺北：成文出版社，1969 年。

續表

開元寺石刻所載村名	《唐縣志》所載地名
南京村	高昌社—西南京村，白合社—北南京村
安樂村	南路：西安樂村、東安樂村、北安樂村
陶兵（丘）村	建羊社：北陶邱村、南陶邱村
洪城村	鴻城社—南鴻城村、北鴻城村
迷城村	軍城社—東迷城村、中迷城村、西迷城村
馮村	大茂社—東馮村、西馮村
蹙里村	軍城社—西足里村，留泉社—東足里村
顯口村	唐梅社—東顯口村、張顯口村、劉顯口村、門顯口村
建陽村	留泉社—西建羊村，建羊社—東建羊村
連順村	留泉社—西連頤村、東連頤村
雹水村	北羅社—南雹水村、東雹水村、周雹水村等

開元寺題名碑記中記載望都縣轄村、莊共二十四個，能和清代地方志對應的有十個，其中有六個和《慶都縣志》[1]記載完全相同，即北合村、長旱村、固店村、固縣村（故縣村）、楊丘村、寺家莊；有四個發生變化的村莊，今列表如下：

開元寺石刻所載村名	《慶都縣志》所載地名
東白成村	東白城村、西白城村
黑堡村	東黑堡村、西黑堡村
王家屯村	南王家疃、北王家疃
西堤村	大西堤村、小西堤村

1 ［清］李天璣等纂修：《（康熙）慶都縣志》卷一《邨堡》，中國臺北：成文出版社，1969 年。

開元寺題名碑記中記載新樂縣轄村、疃共二十三個，能和清代地方志對應的有二十二個，其中有十七個和清代《新樂縣志》[1]記載完全相同，即累頭村、宋村、赤候村（赤堠村）、車固村、吴村、東曹村、木村、孔村、崗頭村（堽頭村）、田村、曹村、俠神村（協神村）、北蘇村、杜固村、韓村、張家莊、開福莊（開扶莊）；有五個發生變化的村莊，今列表如下：

開元寺石刻所載村名	《新樂縣志》所載地名
大岳村	木村社—南大岳村、北大岳村
平香村	平鄉社
五樓村	在城社—東五樓村、西五樓村
解香疃	平鄉社—解鄉村
韓邵疃	孔村社—韓村

開元寺題名碑記中記載北平縣轄村十三個，因北平縣之地在清朝時爲完縣之地，因而北平縣轄村能和民國地方志對應的有十個，其中有六個和《完縣新志》[2]記載完全相同，即堯城村、新興村、屯頭村、北城村、蘇頭村、子城村；有四個發生變化的村莊，今列表如下：

開元寺石刻所載村名	《完縣新志》所載地名
顯楊村	城北社—西顯陽村、東顯陽村
巷北村	五侯社—南巷北村、北巷北村
浦上村	蒲上社
安全村	南安全、北安全

1 ［清］雷鶴鳴等修，趙文濂纂：《（光緒）新樂縣志》卷一《城池》，中國臺北：成文出版社，1968年。

2 ［民國］彭作楨等纂修：《（民國）完縣新志》卷一《疆域第一上》，中國臺北：成文出版社，1968年。

從以上定州及其周邊所屬的無極、唐縣、望都、新樂、北平五縣及定州直轄村、莊、疃共計一百七十一個，其中能和清代方志一一對應的有一百〇六個村，占開元寺塔題名碑記全部村莊的61%；在這一百〇六個村中有變化的共有四十六個，約占全部村莊的43%。

開元寺題名碑記中記載祁州蒲陰縣轄村、莊、疃共十八個，有八個村和清代《安國縣新志稿》[1]記載完全相同，即楊翟村（羊翟村）、西趙村（西照村）、演村（閆村）、北葛保村（北各堡村）、南葛保村（南各堡村）、淤村、劉霜村（流霜村）、海師村（海市村）。

開元寺題名碑記中記載祁州深澤縣轄村十七個，有九個和清代《深澤縣志》[2]所載村完全相同，即馬累村（馬壘村）、賈村、吕村、七級村、衛村（魏村）、苦水村、中陽村（中央村）、水東村（水湅村）、南王村（南旺村）。

從以上祁州所屬的蒲陰、深澤二縣共三十五村，其中能和清代方志對應的有十七個村，占開元寺塔題名碑記全部村莊的48.5%。

開元寺題名碑記中所載保州保塞縣轄村、莊二十八個，能和民國地方志對應的有十四個村，其中十二個和民國《清苑縣志》[3]所載村名完全相同，即馬家莊、東臨水村、中臨水村、西臨水村、魏村、賈村、小冉村（小染村）、中冉村、大冉村、白城村、苑村、荊村；有兩個發生變化的村莊，今列表如下：

---

1 ［清］宋蔭桐纂修：《（光緒）安國縣新志稿》卷一《輿圖》，中國臺北：成文出版社，1969年。

2 ［清］王肇晉修輯：《（咸豐）深澤縣志》卷三《建置志》，中國臺北：成文出版社，1976年。

3 ［民國］金良驥等修，姚壽昌等纂：《（民國）清苑縣志》卷一《地理》，中國臺北：成文出版社，1968年。

開元寺石刻所載村名	《清苑縣志》所載地名
竹澤村	大祝澤村、小祝澤村
七里店	王七里店、耳七里店、苑七里店、邵七里店等

我們在統計定州及其周邊地域村落，發現有幾個村可以作爲縣與縣之間的分界，如：賈村。

開元寺石刻資料有載“保塞縣賈村”，據清代《慶都縣志》載望都縣下轄“賈村鄉”，自唐代起，望都縣與清苑縣就爲臨縣，且查今日地圖，望都縣境内的賈村鄉與清苑縣爲臨界，可知北宋時期保塞賈村是保塞縣與望都縣的分界點。

趙家莊，開元寺石刻資料有載“陘邑縣趙家莊”，清代《定縣志》載定縣第四區下轄“趙家莊”。現在定州下轄有“邢邑鎮”，然“趙家莊”爲“李親顧鎮”下轄地。從地圖上看，“邢邑鎮”與“李親顧鎮”相鄰，且“邢邑鎮”與“趙家莊”亦相鄰，可推知趙家莊爲北宋陘邑縣與定州縣界。

李村，開元寺石刻資料有載“唐縣克神鄉李村”，而在清代《定州志》中“李村”爲定州潘村約轄村。從地圖上看該村位於唐縣和定州城區的交界處，在北宋時其爲唐縣轄村，至遲到清代時成爲定州轄村。除此以外，還有“唐縣唐城鄉丁村”“望都縣翟城鄉屬村留早村”等等也能反映出州縣管轄村落的變化以及縣界的情況。

根據北宋時期定州區域内作爲地域單位的“村”的劃分特點的歸納，我們發現，北宋定州區域所轄諸村，在千年時間里大部分村名保持相對穩定，一部分村莊出現了變化：有的村落消失，有的分化擴大，有的升爲鎮、社，反映了北宋定州及其周邊區域鄉村基層地域區劃的變化，其主要特點如下：

1. 從名稱上看，諸轄村基本沿用了北宋時的名稱，部分村名出現了同音異字、字形相近或者字音相近的現象，蓋爲古語語音變遷和民間不同寫法所致，亦或史料傳寫時的誤記等原因。

2. 從諸轄村所領的範圍來看，多呈擴大的趨勢。定州塔内所記載的村一般爲自然聚落，並非行政村。同期出土的史料中，“村”如果爲行政村的話，後面往往帶有表地域的同名詞，如“將相鄉石婁村崇勳里”[1]“金川鄉太平村大川里”[2]“慈溪縣石臺鄉光德村太平里”[3]“洛陽縣平洛鄉百樂村崇德里”[4]“潞城縣蓋井鄉禪窟村弘信里”[5]“河南縣平樂鄉朱陽村杜澤里”[6],這里的“里”便成爲專指某一特定區劃的地理名稱，[7]“里”之上的“村”應爲行政村。定州塔内所載的村一般表示地域概念，應爲自然聚落。這種自然聚落的“村”隨着歷史的變遷，人口的增長，其地界勢必會不斷增大，既有將原先單一的轄村貫以“東”“西”“南”“北”等方位詞，也有相鄰兩村在擴大過程中逐漸合併，表現爲一村的擴大和另一村的消失。有的村落改變原來自然聚落的“村”，升之爲“社”“鎮”等高一級的行政單位。

3. 從邊界轄村的縣界劃分來看，發生界線移動的情況並不多見，

1 北京圖書館金石組：《北京圖書館藏中國歷代石刻拓本彙編》第 39 册《蘇文思墓誌銘》，鄭州：中州古籍出版社，1989 年，第 53 頁。

2 章國慶:《寧波歷代碑碣墓誌彙編》《宋故國軍（任）墓誌銘》，上海：上海古籍出版社，2012 年，第 73—74 頁。

3 章國慶：《寧波歷代碑碣墓誌彙編》《宋故郭君秘校（渾）墓誌銘》，上海：上海古籍出版社，2012 年，第 85—86 頁。

4 北京圖書館金石組：《北京圖書館藏中國歷代石刻拓本彙編》第 37 册《李廷珪妻張氏墓誌》，鄭州：中州古籍出版社，1989 年，第 183 頁。

5 趙力光：《西安碑林博物館新藏墓誌彙編》（下）《牛進墓誌》，北京：綫裝書局，2007 年，第 982—984 頁。

6 中原石刻藝術館:《河南碑志敘録（二）》，鄭州：河南美術出版社，1997 年，第 256 頁。

7 包偉民：《中國近古時期“里”制的演變》，《中國社會科學》，2015 年第 1 期，第 190 頁。

並且仍有部分轄村在近一千年的時間里没有任何變化。可見在基層地理單元的變遷中，作爲最低一級的“村”級政區單位，具有較强的穩定性和牢固性，是歷代基層地理單元中最普遍、最基本的行政單位。定州區域的基層地理單元的轄區範圍以及基本單位變化均不大，仍是以“鄉”“村”作爲基本的劃分單位。

定州開元寺塔内所存的題名碑記記述了北宋真宗、仁宗兩朝北方基層地域區劃的實際狀況，其所記載的坊、鄉、里、管、村、莊、疃，不僅對部分縣下所屬鄉名進行了部分復原，而且對各鄉所轄的部分村、莊、疃進行了復原。由於北宋時期北方地方志多不存，北宋時期北方基層社會史料十分缺乏，這批資料真實的反映了北方地區鄉村民衆對地域認同的普遍狀況，彌足珍貴。其鄉村主要編排形式有：鄉—里、鄉—里—管、里—疃 、村—疃、鄉—村（莊）。其村莊多爲自然聚落，“里”和“管”已作爲地域名稱單位保存下來，“村”數千年來基本保持相對的穩定，部分村落發生了消失、擴大或由自然聚落上升爲基層地理單位。

定州塔修塔題名碑記録文及注釋

定州塔第二層修塔題名碑記録文及注釋

鑲嵌在定州塔第二層的修塔題名碑記共計八方：《新樂縣吴村維那頭周玢等題名碑記》《當寺上生閣百法院助緣糺首僧道瑩等修塔題名碑記》《定州開元寺李德澤等僧俗修塔題名碑記》《東頭供奉官閤門祗候知乾寧軍事田思明等修塔題名碑記》《鎮定高陽關三路都部署王顯、王超等修塔題名碑記》《開元寺上生院演法大師門人修塔題名碑記》《散員指揮使李榮、僕射賈進等修塔題名碑記》《望都縣善化鄉胡方村都維那王欽嗣等題名碑記》。

第一方：《新樂縣吴村維那頭周玢等題名碑記》録文及注釋

【題解】

此碑鑲嵌於定州塔第二層，原碑無題目。碑高七十九厘米、寬八十八厘米；左上角有一高十七厘米、寬十五厘米、斜長二十四厘米的三角形殘損。碑文共四十一行，行七至三十九字不等。此碑捐施人主要爲定州新樂縣、鎮州行唐縣鄉村民衆，涉及鄉村名稱三十餘個。

【録文】

1 新樂縣吴村[1]維那頭[2]周玢、曹旻、趙均、紉端、史從、張旻、

巨贇、吴璘、吴興、史用、史貞、曹遂、封美、劉隱、
2 史昇、吕綰、賈榮、賈信、張乂、周素、孟嗣、吴贇、劉江、周翰、
楊宗、周乂。杜四疃[3]李超、趙璘、李霸、殷恕、杜翰、張睿、
3 張興、吕嗣、張日新。識芝村[4]維那頭段遠、甄延愛、朱乂、朱榮、
康殷、康乂、朱嗣、李榮、康真、
4 靳言、馬召、耿貴、王斌、康恕、靳贇、李興、劉嗣、劉紅嗣、
劉殷、趙友、翟璘、翟榮、田倫、翟謙、翟榮、郝貴、甄友、宋晏、
5 翟左、李乂、趙友、郭贇、高信、高容、張進、郭辛、康旻、張晏、
劉進、鄭鐸、張興、李從、翟嗣、耿金、郭贇、劉千、劉贇。
6 清化鄉大岳村[5]維那頭衛旻、崔吉、崔昇、崔斌、崔旻、崔進、
解乂[6]、劉贇、劉祚、劉潤、王美、裴元、衛謝、王榮、
7 賈嗣、安貞、李榮、王榮、安晏、安璘、劉美、劉訓、劉興、楊超、
鄭乂、李顯、史暉、賈嗣、安乂、吴德、吴芝、吴景贇、王岩、
王美、王玢、
8 張金、李緒、李贇、李千、李貴、李乂、李欽、李鄉、劉翰、李美、
李晏、吴慶、李榮、劉化、王則、成翰、劉元、劉璘、劉均、劉宗、
張遵、
9 張咢、李均、王斌、劉温、張元、吕嗣、王贇、王鐸、王敏、王倫、
王榮、張用友。木村[7]維那頭安璘、楊清、安節、曹璘、
10 張岩、武晏、胡威、董恭、趙晏、武嗣、張咢、安榮、胡斌、董蜜、
安岊、王贇、曹氏。孔村[8]維那頭張晶、僧志堅、張旻、
11 扈昌、杜乂、眭贇、劉全、張寧、扈埕、扈隱、張演、張遇、扈貴、
王隱、張美、張訓、張悦。景雲鄉赤侯村[9]維那[10]甄思方、
12 張柞、張欽、張貴、張贇、翰昌、劉贇、甄俊、甄芝、甄柞瓊、
甄贇、甄緒、甄宗、甄璉。木村希臺疃[11]維那頭田隱、
13 康嗣、僧普訓、劉榮、新隱、武訓、趙謙、田琛、孫顯、成乂、

陳金、趙吉、周榮、田贇、劉演、馬顒、吴貞、田進、韓澄、劉嗣、劉岩、胡贇、韓贇、

14 劉璘、劉澄、劉倫、梁澄、何珪、楊柞。屈李村[12]張謙、女邑劉氏、趙氏、王澄。安旻。崗頭村[13]維那頭閻美、閻則、

15 劉榮、閻玉、劉金、安翰、安贇、安斌、楊元、安玄、安恕、安玉、張翰、董演、董容、馬嗣、梁隱、齊海、董恭、董蜜、趙玉、女邑劉氏、張氏。

16 清化仁德鄉平香村[14]維那頭李超、副維那頭[15]郭倫、李贇、郭榮、楊鐸、王榮、王澄、徐榮、甄訓、郭玢、郭遇、邵榮、郭興、楊璘、

17 陸美、張素、龐岩、韓貞、李訓、李翰、李恕、李嗣、孟進。田村[16]邑人賈讓、賈謙、賈遵、張興、劉贇、張福、

18 張贇、劉贇、張美、楊均、趙璉、張旻、甄榮、趙蜜、邵□。曹村[17]邑人楊悦、楊勍、楊政、楊節、胡泌、在□邑人陳博士[18]、

19 王緒。杜固疃[19]維那頭杜遇、楊興、鄭贇、杜超、杜贇、杜美、許斌、杜訓、杜晏、張嗣、劉義、

20 杜福、史義、鄭均、史祚、鄭恕、杜玉。解香疃[20]邑人張嗣、張千、張受、王玉、劉美、王贇、王斌、齊興、王嗣。

21 開元仁德鄉宋村[21]邑人賈一、賈禮、賈均、賈藉、楊斌、康晏、曹贇、陸康贇、宣威、張隱、王訓、張均、張遵、張容、張辛、

22 張鄉、張璘、張美。韓邵疃[22]邑人杜遵、蘇璘、孫貴、杜岩、吕嗣、韓昇、張習。開元鄉五樓村[23]邑人房嗣、

23 王斌、王贇、韓興、趙嗣、許榮、楊晏、許贇、張義、崔隱、張榮、崔爽。張家莊[24]徐翰、邑人楊信、胡密。

24 鎮府行唐縣[25]坊市户[26]維那頭劉弼、王贇、康演、陳從、葛興、劉旻、翟俊、張習、劉則、袁戀、吴贇、王顯、時宗、王氏、張希、劉郎、張斌、趙用、男美、劉謙、

25 王遵。曲河村[27]維那麴珎、麴旻、麴信、僧延璲、李美、王遇、龐葯、楊美、周辛、麴岩、劉金、女邑郭氏、張氏、韓氏、劉氏、武氏、蘇氏、王贇、李福。

26 井底村[28]維那劉興、劉謙、劉元、劉信、劉宗、黑兒、八兒、九兒、賽兒、女邑王氏、李氏、張氏、楊氏、

27 田氏、陳氏、孫女恰要、繟花、仙花、一女、劉乂、趙謙、趙仙、王均、趙玉、李金、李斌、趙辛、趙太。楊觀村[29]維那趙瓊、趙超、趙斌、趙謙、趙岩、

28 趙旻、趙素、女邑王氏、劉氏。楊同村[30]邑人張榮、秘福、劉密、韓友、賈岩、張演、劉立、劉興、李煦、張凝。市南莊[31]戎榮。東賈村[32]高榮。

29 韆鸇村[33]維那戎慶、劉謙、戎乂、苑殷、張瓊、賈乂、郭超、孫斌、張旻、王旻、李信、李金、梅岩、李俊、張贇、劉密、劉通、閆省、靳斌、郭殷、郭遇、王偉、張緒、

30 王澄、張進、齊遇、羅贇。榆底村[34]邑人温乂、王岩、程美。只楊村[35]邑人韓隱、安遇、安友、米乂、米嗣、米訓、乎嗣、趙均、張遇、賈咢、鋭超。賈樂村[36]維那紀贇。

31 南周村[37]周扃、張晏、張岩、蘇元、邑人李殷、男李超、李旻、女邑張李氏、張訓、周氏。安鄉村[38]邑人李嗣、李進、張悦、鄭美、馮玉、董恕

32 戔。趙村[39]維那頭趙岩、楊超、趙贇、薄遵。開福莊[40]維那李化、田超、曹隱、韓言、盧榮、鄭悦、楊緒、郎金、楊氏、周祚。俠神村[41]維那頭楊煦、楊旭、郗旻。

33 北蘇村[42]維那頭蘇守裔、妻盧氏、男全竤、次男和僧、守澄、小男全翼、王斌、蘇榮、蘇贇、成遇、成副、蘇金、蘇習、石玉、蘇煦、蘇閆、

34 張演、田清、田寬、田遵、張節、蘇隱、蘇瞻、甄訓、甄建、孟進、韓進、田寬、周興、王金、楊玢、蘇友、王琛、劉乂、劉玢、蘇榮、蘇元、蘇隱、蘇璉、

35 王威、馬蜜、賈玢、崔贇、胡召、蘇翰。郭故村[43]維郍頭劉彦崇、劉浛、劉用、劉澄、劉斌、劉玉、劉清、趙咢、趙晏、董贇、

36 李榮、張贇、董演、楊清、楊趙恕、楊旻、崔俊、王遇、傅演、閆玢、王訓、何玢、郭德、宣旻、史贇、賈敏、女邑彭氏、崔氏、張氏、翰訓。

37 新樂縣坊市户張光美、妻董氏、楊元、母劉氏、賈讓、賈俊、王緒。

38 都押司[44]楊恩、録事[45]王則、甄則、韓興。

39 强壯指揮使[46]史乂。

40 牛受村[47]楊則、李吉、孟能、楊素、劉旻、楊密。

41 在州王勛施錢二十貫文。

【注釋】

[1] 新樂縣吴村：定州所屬縣村。新樂縣，北宋時歸河北路定州管轄。《太平寰宇記》載："本春秋鮮虞國。漢爲新市縣之地。隋開皇十六年（596）置新樂縣，屬定州，取新樂故城爲名也。新樂者，漢成帝時中山孝王母馮昭儀隨王就國，王爲建宫于樂里，在西鄉，呼爲西樂城，時人語訛，呼'西'爲'新'，故爲新樂。"[1]今爲河北省石家莊市新樂市。吴村，光緒十一年（1885）《新樂縣志》有載，明代屬於新樂縣平鄉社轄村，清代

1 [宋]樂史撰，王文楚等點校：《太平寰宇記》卷六十二《河北道十一・定州》，北京：中華書局，2007年，第1275頁。

改爲小吴村，屬新樂縣第二牌亢字號。[1]今存，屬於新樂市杜固鎮轄村。

[2] 維𨙻頭：𨙻，古同“那”本指佛教寺院中的僧官。五代以後，爲民間佛教社邑的首領之一，負責管理邑社的各項事務，一般由崇敬三寶的人擔任。因佛教社邑爲民間自發成立，其佛教社邑首領稱呼較爲隨意，在有的佛教社邑中職官體系爲“維那頭”“維那”“副維那”;有的佛教社邑中稱爲“維那頭”“維那”。佛教社邑不同，對社邑職官體系的稱呼不同，但其所對應職序是一致的，需要根據不同情況來判斷。定州塔第三層《檀下村維𨙻劉習等修塔題名碑記》刻有“檀下村女邑維𨙻頭田氏、劉氏”，可知“維𨙻頭”在有的邑中可以有多個，並且女邑中也設有維𨙻頭。

[3] 杜四疃：應爲“杜寺疃”，定州新樂縣屬村。光緒十一年（1885）《新樂縣志》有載，作“杜寺村”，明代屬於新樂縣平鄉社轄村，清代屬於新樂縣第三牌氐字號。[2]今存，屬於河北省石家莊市新樂市杜固鎮轄村。

[4] 識芝村：疑即爲赤支村。定州新樂縣屬村。光緒十一年（1885）《新樂縣志》有載，作“赤支村”，明代屬於新樂縣在城社轄村，清代屬於新樂縣第八牌斗字號。[3]今存，屬於河北省石家莊市新樂市承安鎮轄村。因爲碑文記載信息少，無法確定識芝村是否爲赤支村。

1 [清]雷鶴鳴等修，趙文濂纂：《（光緒）新樂縣志》卷一《城池》，中國臺北：成文出版社，1968年，第68、69頁。

2 [清]雷鶴鳴等修，趙文濂纂：《（光緒）新樂縣志》卷一《城池》，中國臺北：成文出版社，1968年，第68、69頁。

3 [清]雷鶴鳴等修，趙文濂纂：《（光緒）新樂縣志》卷一《城池》，中國臺北：成文出版社，1968年，第67、70頁。

[5] 清化鄉大岳村：定州新樂縣屬村。清化鄉，光緒十一年（1885）《新樂縣志》有載[1]。《太平寰宇記》載：新樂縣"舊八鄉，今五鄉"[2]，但具體鄉名不詳，今可補其一鄉。大岳村，《新樂縣志》載有南、北大岳二村，明代爲新樂縣木村社轄村，清代屬於第五牌心字號。[3]今存，屬於河北省石家莊市新樂市大岳鎮轄村。

[6] 解乂：人名。原碑文中"乂"在"解"右側。

[7] 木村：定州新樂縣屬村。光緒十一年（1885）《新樂縣志》載有"木村社"，清代木村屬新樂縣第十牌女字號。[4]今存，屬於河北省石家莊市新樂市木村鄉轄村。

[8] 孔村：定州新樂縣屬村。光緒十一年（1885）《新樂縣志》載有"孔村社"，清代孔村屬新樂縣第二十七牌翼字號。[5]今存，屬於河北省石家莊市新樂市東王鎮轄村。

[9] 景雲鄉赤侯村：定州新樂縣屬鄉村之一。景雲鄉，今已不存，《太平寰宇記》載：新樂縣"舊八鄉，今五鄉"[6]，但具體鄉名不詳，今可補其一鄉。赤侯村，光緒十一年（1885）《新樂縣志》有載，作"赤堠村"，明代屬於新樂縣孔村社轄村，清代屬於

1 [清]雷鶴鳴等修，趙文濂纂：《（光緒）新樂縣志》卷一《城池》，中國臺北：成文出版社，1968年，第66頁。

2 [宋]樂史撰，王文楚等點校：《太平寰宇記》卷六十二《河北道十一定州》，北京：中華書局，2007年，第1275頁。

3 [清]雷鶴鳴等修，趙文濂纂：《（光緒）新樂縣志》卷一《城池》，中國臺北：成文出版社，1968年，第67、70頁。

4 [清]雷鶴鳴等修，趙文濂纂：《（光緒）新樂縣志》卷一《城池》，中國臺北：成文出版社，1968年，第67、70頁。

5 [清]雷鶴鳴等修，趙文濂纂：《（光緒）新樂縣志》卷一《城池》，中國臺北：成文出版社，1968年，第67、71頁。

6 [宋]樂史撰，王文楚等點校：《太平寰宇記》卷六十二《河北道十一定州》，北京：中華書局，2007年，第1275頁。

新樂縣第二十三牌鬼字號。[1]今存，屬於河北省石家莊市新樂市邯邰鎮轄村。

[10] 維那：又作“維那”，“維”即綱維，意爲統攝，管理。“那”爲梵語 Karma-dana，漢梵並用，合稱“維那”。維那是佛教中最早設置的僧職之一，早期爲僧人專職。作爲僧官體系的維那在東晉、十六國時期已經出現。其職責主要是輔助沙門管理僧徒名籍、印牒等，並執掌戒律的執行和檢查。[2]維那的職責在《百丈清規》中有詳細規定：“綱維衆僧，曲盡調攝。堂僧掛搭，辨度牒真僞。衆有争競、遺失，爲辨析和會。戒臘資次、床曆圖帳，凡僧事内外，無不掌之。”[3]南北朝時期，“維那”也在比丘尼中設置。五代以後，俗人也可入佛教社邑擔任維那。許瀚在《維那考》中指出：“北朝、唐、宋諸石刻稱都維那、維那者不盡僧人，大都里中豪右倡率鄉愚、修造祠廟者爲之……因之建寺、建塔、造像、造橋總領其事者，亦爲維那，即今所謂領袖者耳。有都維那、有維那，蓋維那次於都維那，而白石神君碑陰又有都維那頭、維那頭之別，又似各有首領，非以都維那領維那也。諸碑又有邑都維那、大都維那，大都維那主建義，都維那之稱，蓋隨事立號，不必有定制也。”[4]北宋時期，佛教社邑中的首領“維那”已經不是僧官而是某個社邑的小首領，和其他社邑首領共同組織管理社邑日常事務。

---

1 [清]雷鶴鳴等修，趙文濂纂：《（光緒）新樂縣志》卷一《城池》，中國臺北：成文出版社，1968 年，第 67、71 頁。

2 郝春文：《東晉南北朝佛社首領考略》，《北京師院學院學報（社會科學版）》，1991 年第 3 期，第 51 頁。

3 [元]德輝主編，李繼武校點：《中國禪宗典籍叢刊》之《敕修百丈清規》，鄭州：中州古籍出版社，2011 年，第 103 頁。

4 [清]許瀚撰：《攀古小廬雜著》卷十，《續修四庫全書》第 1160 册，上海：上海古籍出版社，1995 年，第 780 頁。

[11] 木村希臺疃：定州新樂縣屬村。從碑文的排列順序來看，木村是行政村，其下還有疃一級自然聚落。

[12] 屈李村：應爲定州新樂縣屬村。具體不詳，待考。

[13] 崗頭村：定州新樂縣屬村。光緒十一年（1885）《新樂縣志》有載，作“堽頭村”，明代屬於新樂縣東莊社轄村，清代屬新樂縣第二十一牌鬻字號。[1]今存，屬於河北省石家莊市新樂市長壽街道轄村。

[14] 清化仁德鄉平香村：定州新樂縣所屬鄉村。清化仁德鄉，應爲清化鄉和仁德鄉，宋《太平寰宇記》載：新樂縣“舊八鄉，今五鄉”[2]，但具體鄉名不詳，今可補其二。平香村，光緒十一年（1885）《新樂縣志》載有“平鄉社”[3]。

[15] 副維那頭：佛教社邑首領之一。佛教社邑首領稱呼爲維那頭、副維那頭，處於佛教社邑的第二層級。詳見本方題名碑記注釋第二條“維那頭”。

[16] 田村：定州新樂縣屬村。光緒十一年（1885）《新樂縣志》有載，明代屬於新樂縣在城社轄村，清代稱爲“田村鋪”，屬於第三牌氏字號。[4]《河北省村鎮辭典》考：田村又稱十里鋪[5]。今存，屬於河北省石家莊市新樂市承安鎮轄村。

---

1 ［清］雷鶴鳴等修，趙文濂纂：《（光緒）新樂縣志》卷一《城池》，中國臺北：成文出版社，1968年，第68、71頁。

2 ［宋］樂史撰，王文楚等點校：《太平寰宇記》卷六十二《河北道十一定州》，北京：中華書局，2007年，第1275頁。

3 ［清］雷鶴鳴等修，趙文濂纂：《（光緒）新樂縣志》卷一《城池》，中國臺北：成文出版社，1968年，第68頁。

4 ［清］雷鶴鳴等修，趙文濂纂：《（光緒）新樂縣志》卷一《城池》，中國臺北：成文出版社，1968年，第66、69頁。

5 《河北省村鎮辭典》編委會編：《河北省村鎮辭典》，北京：紅旗出版社，1999年，第475頁。

[17] 曹村：定州新樂縣屬村。光緒十一年（1885）《新樂縣志》有載，分化爲東曹村、西曹村，分别屬於新樂縣在成社和中同社轄村，清代分别屬於第一牌角字號和第十一牌虚字號。[1] 今存，分别屬於河北省石家莊市新樂縣杜固鎮和木村鄉轄村。

[18] 博士：此處博士並非北宋職官體系，很可能指收徒傳藝的民間工匠。[2]

[19] 杜固疃：定州新樂縣屬村。《古今圖書集成・職方典》載："杜姑村，在新樂東十五里，宋太母生於此，今有遺址，故名其村。"[3] 光緒十一年（1885）《新樂縣志》中亦有記載，明代屬於新樂縣平鄉社轄村，清代屬新樂縣第二牌亢字號[4]。今存，爲河北省石家莊市新樂縣杜固鎮轄村。

[20] 解香疃：定州新樂縣屬村。光緒十一年（1885）《新樂縣志》有載，作"解鄉村"，明代屬於新樂縣平鄉社轄村[5]。今爲"解香村"，屬於河北省石家莊市新樂縣杜固鎮轄村。

[21] 開元仁德鄉宋村：定州新樂縣所屬鄉村。開元仁德鄉，應爲開元鄉和仁德鄉，《太平寰宇記》載：新樂縣"舊八鄉，今五鄉"[6]，但具體鄉名不詳，今可補其二。光緒十一年（1885）《新樂縣志》

---

1 [清]雷鶴鳴等修，趙文濂纂：《（光緒）新樂縣志》卷一《城池》，中國臺北：成文出版社，1968年，第66—67、69—70頁。

2 徐曉卉：《宋代以前"博士"流變考釋》，《絲綢之路民族古文字與文化學術討論會文集》，西安：三秦出版社，2007年，第886—891頁。

3 [清]陳夢雷等編：《古今圖書集成》第一百〇四卷《真定府部彙考十二》，中華書局影印本，1934年，第71册，第38頁。

4 [清]雷鶴鳴等修，趙文濂纂：《（光緒）新樂縣志》卷一《城池》，中國臺北：成文出版社，1968年，第68—69頁。

5 [清]雷鶴鳴等修，趙文濂纂：《（光緒）新樂縣志》卷一《城池》，中國臺北：成文出版社，1968年，第68頁。

6 [宋]樂史撰，王文楚等點校：《太平寰宇記》卷六十二《河北道十一定州》，北京：中華書局，2007年，第1275頁。

記録了該村，明代屬於新樂縣平鄉社，清代屬於新樂縣第一牌角字號。[1] 今存，屬於河北省石家莊市新樂縣杜固鎮轄村。

[22] 韓邵疃：疑爲韓部。定州新樂縣屬村。光緒十一年（1885）《新樂縣志》載，明代作"韓臺村"，屬於新樂縣孔村社轄村；清代作"邯村"，屬於新樂縣第二十五牌星字號。[2]《新樂縣地名資料彙編》考，韓部即爲邯部[3]。今爲"邯部"，是河北省石家莊市新樂縣邯部鎮駐地。

[23] 五樓村：定州新樂縣屬村。五樓村，光緒十一年（1885）《新樂縣志》有載，已分化爲"東五樓村""西五樓村"二村，明代屬於新樂縣在城社轄村，清代屬第一牌角字號。[4] 今擴充爲東五樓、西五樓、北五樓，均屬河北省石家莊市新樂縣承安鎮轄村。

[24] 張家莊：定州新樂縣屬村。光緒十一年（1885）《新樂縣志》有載，作"張家莊"，明代屬於新樂縣名村社轄村；清代屬新樂縣第十八牌昂字號[5]。今存，屬於河北省石家莊市新樂縣馬頭鋪鎮轄村。

[25] 鎮府行唐縣：鎮府即爲鎮州，北宋時歸河北路管轄，治所在真定縣，古爲冀州之地，秦代歸鉅鹿郡管轄，漢初屬恒山郡，後

1 ［清］雷鶴鳴等修，趙文濂纂：《（光緒）新樂縣志》卷一《城池》，中國臺北：成文出版社，1968 年，第 68—69 頁。

2 ［清］雷鶴鳴等修，趙文濂纂：《（光緒）新樂縣志》卷一《城池》，中國臺北：成文出版社，1968 年，第 67、71 頁。

3 河北省新樂縣地名辦公室編：《新樂縣地名資料彙編》，新樂縣印刷廠印刷，1983 年，第 150 頁。

4 ［清］雷鶴鳴等修，趙文濂纂：《（光緒）新樂縣志》卷一《城池》，中國臺北：成文出版社，1968 年，第 66、69 頁。

5 ［清］雷鶴鳴等修，趙文濂纂：《（光緒）新樂縣志》卷一《城池》，中國臺北：成文出版社，1968 年，第 67、71 頁。

改爲常山郡，後周時在此置恒州，唐興元元年（784）升爲都督府，元和十五年（820）爲避穆宗諱，改爲鎮州，宋代沿之。領真定、槀城、石邑、獲鹿、井陘、平山、靈壽、行唐、九門、元氏等。[1] 轄境大概爲今河北省石家莊、行唐、正定、藁城等地。行唐縣，《太平寰宇記》載："本趙南行唐邑，《史記》云：趙惠文王八年，'城南行唐'。秦爲真定地。漢初割真定地置爲縣，因舊名，後漢因之，屬常山郡。後魏去'南'字，爲行唐縣，太和初移置夫人城，孝昌四年復行唐縣于舊城，即今理是也。唐長壽二年改爲章武縣。神龍初仍舊爲行唐縣。至大曆三年于此置泜州，以界内泜水爲名，割恒州靈壽、定州恒陽二縣以隸焉；至九年廢泜州，縣復還舊。梁開平二年改爲彰武縣，後唐同光初復舊。晉改爲永昌縣，漢復舊名。"[2] 今爲河北省石家莊市屬縣。

[26] 坊市户：又稱坊郭户，一般指所有府、州、縣城及鎮的人户。最早見於唐元和四年（809），"五月敕，釐革諸道州府應徵留使留州錢物……如坊郭户配見錢須多，鄉村户配見錢須少。"[3] 五代至北宋沿襲，《宋會要輯稿》載："天禧三年（1019）十二月，命都官員外郎苗稹與知河南府薛田同均定本府坊郭居民等。"[4] 宋代坊郭户被正式單獨定等，列入版籍。《宋代坊郭户等的劃分》認爲："宋朝將全國的居民分爲鄉村户和坊郭户，即農村民户和城市民户，分别定等列籍——鄉村主户五等，坊郭主户

1 ［宋］樂史撰，王文楚等點校：《太平寰宇記》卷六十一《河北道十・鎮州》，北京：中華書局，2007年，第1248頁。

2 ［宋］樂史撰，王文楚等點校：《太平寰宇記》卷六十一《河北道十・鎮州》，北京：中華書局，2007年，第1255頁。

3 ［宋］王溥：《唐會要》卷五十八《户部尚書》，北京：中華書局，1985年，第1011頁。

4 ［清］徐松輯，劉琳等校點：《宋會要輯稿》食貨六九之七九，上海：上海古籍出版社，2014年，第13册，第8094頁。

十等。”[1]

[27] 曲河村：鎮州行唐縣屬村。清乾隆九年（1744）《行唐縣新志》有載，已分化爲西曲河、北曲河、南曲河三村，分屬於行唐縣故郡社、賈木社轄村。[2]

[28] 井底村：鎮州行唐縣屬村。清乾隆九年（1744）《行唐縣新志》有載，屬於行唐縣上房社。[3] 今已分化爲東井底村、西井底村，均屬於河北省石家莊市行唐縣上方鄉轄村。

[29] 楊觀村：鎮州行唐縣屬村。清乾隆九年（1744）《行唐縣新志》有載，已分化爲南羊觀、北羊觀、西羊觀、中羊觀四村，分別屬於行唐縣羊同社和中羊社轄村。[4]

[30] 楊同村：鎮州行唐縣屬村。清乾隆九年（1744）《行唐縣新志》有載，已分化爲西羊同、北羊同、南羊同三村，屬於行唐縣羊同社。[5] 今三村均存，爲河北省石家莊市行唐縣龍州鎮轄村。

[31] 市南莊：應爲鎮州行唐縣屬村。具體不詳，待考。

[32] 東賈村：應爲鎮州行唐縣屬村。具體不詳，待考

[33] 𪘏䴥村：應爲𪘏䴥村，鎮州行唐縣屬村。定州塔第七層《望都縣黑保村陳榮等修塔題名碑記》第 30 行刻有“行唐縣𪘏䴥村”。清乾隆九年（1744）《行唐縣新志》有載，作“𪘏䴥村”，屬於

1　王雲海、張德宗：《宋代坊郭户等的劃分》，《史學月刊》，1985 年第 6 期，第 33 頁。
2　[清] 吴高增纂修：《（乾隆）行唐縣新志》卷二《地理志》，《中國地方志集成 · 河北府縣志》第 4 輯，上海：上海書店，2006 年，第 358 頁。
3　[清] 吴高增纂修：《（乾隆）行唐縣新志》卷二《地理志》，《中國地方志集成 · 河北府縣志》第 4 輯，上海：上海書店，2006 年，第 359 頁。
4　[清] 吴高增纂修：《（乾隆）行唐縣新志》卷二《地理志》，《中國地方志集成 · 河北府縣志》第 4 輯，上海：上海書店，2006 年，第 358 頁。
5　[清] 吴高增纂修：《（乾隆）行唐縣新志》卷二《地理志》，《中國地方志集成 · 河北府縣志》第 4 輯，上海：上海書店，2006 年，第 358 頁。

行唐縣余底社轄村。[1]今改分爲東差取村、西差取村、南差取村和北差取村四村，均屬於河北省石家莊市行唐縣獨羊崗鄉。

[34] 榆底村：定州新樂縣和鎮州行唐縣皆載有此村。光緒十一年（1885）《新樂縣志》卷一有載，作“淤底村”，明代屬於新樂縣孔村社轄村；清代屬於新樂縣第二十四牌柳字號[2]。今存，爲“漁砥村”，爲河北省石家莊市新樂縣邯邰鎮轄村。在清乾隆三十七年（1772）《行唐縣新志》也記録該村，作“余底村”，屬於行唐縣余底社轄村。[3]今存，爲河北省石家莊市行唐縣獨羊崗鄉轄村。因碑文提供信息少，無法判斷其屬哪個縣，但從碑文前後所載村落位置判斷，爲行唐縣的餘底村可能性大一些。

[35] 只楊村：鎮州行唐縣屬村。清乾隆九年（1744）《行唐縣新志》有載，作“滋羊村”，屬於行唐縣城寨社轄村。[4]今已分化爲上滋洋村、下滋洋村，分别屬於河北省石家莊市行唐縣上碑鎮和城寨鄉轄村。

[36] 賈樂村：疑爲賈素村。鎮州行唐縣屬村。清乾隆九年（1744）《行唐縣新志》有載，已分化爲“南賈素村”“北賈素村”二村，分别屬於行唐縣賈莊社和河合社轄村。[5]今均存，分别屬於河北省石家莊市行唐縣龍州鎮和獨羊崗鄉轄村。

---

1 ［清］吴高增纂修：《（乾隆）行唐縣新志》，《中國地方志集成·河北府縣志》第4輯，上海：上海書店，2006年，第357頁。

2 ［清］雷鶴鳴等修，趙文濂纂：《（光緒）新樂縣志》卷一《城池》，中國臺北：成文出版社，1968年，第67、71頁。

3 ［清］吴高增纂修：《（乾隆）行唐縣新志》卷二《地理志》，《中國地方志集成·河北府縣志》第4輯，上海：上海書店，2006年，第357頁。

4 ［清］吴高增纂修：《（乾隆）行唐縣新志》卷二《地理志》，《中國地方志集成·河北府縣志》第4輯，上海：上海書店，2006年，第359頁。

5 ［清］吴高增纂修：《（乾隆）行唐縣新志》卷二《地理志》，《中國地方志集成·河北府縣志》第4輯，上海：上海書店，2006年，第357—358頁。

[37] 南周村：鎮州行唐縣屬村。清乾隆九年（1744）《行唐縣新志》有載，屬於行唐縣永寧社轄村。[1]

[38] 安鄉村：鎮州行唐縣屬村。清乾隆九年（1744）《行唐縣新志》有載，屬於行唐縣張茂社轄村。[2] 今分爲西安香村、東安香村，爲河北省石家莊市行唐縣安香鎮轄村。

[39] 趙村：應爲定州新樂縣屬村。具體不詳，待考。

[40] 開福莊：定州新樂縣屬村。光緒十一年（1885）《新樂縣志》有載，作“開扶莊”，明代屬於新樂縣平鄉社轄村[3]。

[41] 俠神村：應爲“協神村”，從碑文前後村落所屬縣來看，北宋時俠神村應爲定州新樂縣屬村。光緒十一年（1885）《新樂縣志》記載了“協臣村”“協神村”，二村應爲同一村，明代爲東田社轄村，清代屬於新樂縣第十四牌壁字號。[4] 清乾隆九年（1744）《行唐縣新志》卷二《地理志》亦記載有“協神村”，屬張茂社轄村。[5] 今存南協神村和北協神村，分別屬於河北省石家莊市新樂縣協神鄉和行唐縣安香鄉轄村。

[42] 北蘇村：從碑文前後村落所屬縣來看，北宋時北蘇村應爲定州新樂縣屬村，後劃歸無極縣。清光緒十九年（1893）《無極縣

1 ［清］吳高增纂修：《（乾隆）行唐縣新志》卷二《地理志》，《中國地方志集成·河北府縣志》第4輯，上海：上海書店，2006年，第357頁。

2 ［清］吳高增纂修：《（乾隆）行唐縣新志》卷二《地理志》，《中國地方志集成·河北府縣志》第4輯，上海：上海書店，2006年，第360頁。

3 ［清］雷鶴鳴等修，趙文濂纂：《（光緒）新樂縣志》卷一《城池》，中國臺北：成文出版社，1968年，第68頁。

4 ［清］雷鶴鳴等修，趙文濂纂：《（光緒）新樂縣志》卷一《城池》，中國臺北：成文出版社，1968年，第68、70頁。

5 ［清］吳高增纂修：《（乾隆）行唐縣新志》，《中國地方志集成·河北府縣志》第4輯，上海：上海書店，2006年，第360頁。

續志》有載，屬無極縣正定路轄村。[1]。民國二十五年（1936）《無極縣志》載："北蘇村，城西，三十里"。[2]今存，屬於河北省石家莊市無極縣北蘇鎮轄村。

[43] 郭故村：應爲定州新樂縣屬村。具體不詳，待考。

[44] 都押司：押司，又稱押司官，屬吏職，北宋時置於部分中央官署及州、縣，負責掌管案牘等各種事務的吏員。在宋代押司官同孔目官、勾押官一並被稱爲"職級"。"國初置自都孔目官至糧料押司官凡十階，謂之職級。"[3]在中央一級的胥吏中，押司官是侍奉機構的文書吏，隸於東西上閤門司，主要出現在三司和禁衛侍奉機構。在地方上，押司官爲州府或縣的吏人，負責收發、簽押、保管諸案文書，同時也負責催徵賦税。[4]置於諸州的押司，往往掌管某一方面的事務，如管理糧料，稱爲糧料押司官，其地位低於孔目，高於手分。置於縣的則與録司合稱"押録"，爲縣的高級吏人，此處所説的押司應爲乾寧縣屬押司。都押司，應該比押司高一級。

[45] 録事：常和押司一起，稱押録、典押，屬吏職，均爲縣級之屬官。北宋前期普遍設置於各州縣。陳振認爲：當坊郭户衙前被廢罷後，押司、録事成爲衙前重役的主要承擔者。[5]押司、録事是縣役，從民户通曉吏事者中招募，不足時由民户差派，是縣吏中的重要職員。州、府差派押司、録事承擔衙前役，史

1 ［清］曹鳳來纂修：《（光緒）無極縣續志》卷一《地理志》，中國臺北：成文出版社，1969年，第45頁。

2 ［民國］耿之光、王桂照修，王重民纂：《（民國）無極縣志》卷一《疆域志》，中國臺北：成文出版社，1976年，第52頁。

3 ［宋］陳耆卿：《嘉定赤城志》卷十七《吏役門·州役人》，《宋元方志叢刊》第7册，北京：中華書局，1990年，第7416頁。

4 苗書梅：《宋代縣級公吏制度初論》，《文史哲》，2003年第1期，第125頁。

5 陳振：《宋史》，上海：上海人民出版社，2003年，第369頁。

稱“押録衙前”。

[46] 强壯指揮使：此處指新樂縣鄉兵强壯軍長官。强壯，“鄉兵者，選自户籍，或土民應募，在所團結訓練，以爲防守之兵也。”[1] 河北强壯番號的設置始自五代[2]，以“二十五人爲團，置押官；四團爲都，置正副都頭各一人；五都爲指揮，置指揮使。”[3]

[47] 牛受村：應爲定州新樂縣屬村。疑爲牛家村。清光緒十九年（1893）《無極縣續志》載有“牛家莊”，屬無極縣新樂路轄村。[4] 今仍爲牛家莊村，屬於河北省石家莊市無極縣郭莊鎮轄村。因爲碑文記載信息少，無法確定牛受村是否爲牛家莊村。

第二方：《當寺上生閣百法院助緣糺首僧道瑩等修塔題名碑記》録文及注釋

【題解】

此碑鑲嵌於定州塔第二層，原碑無題目。碑高六十七厘米，碑寬一三〇厘米。碑刻四周陰刻卷草紋，碑文共五十七行。碑文共由七個部分組成。第一部分碑文起始從左邊第一行至第十二行，共十二行，字體較大，行十六至三十六字不等；捐施人主要爲驍武左第六指揮女眷。第二部分碑文起始從左邊第十三行至第十五行，共

1 [元]脱脱：《宋史》卷一百九十《志第一百四十三·兵四》，北京：中華書局，1985年，第4705頁。

2 [宋]李燾：《續資治通鑑長編》卷四十七，咸平三年十二月壬申，北京：中華書局，2004年，第1036頁。

3 [元]馬端臨：《文獻通考》卷一百五十六《兵考八·郡國兵》，北京：中華書局，2011年，第4655頁。

4 [清]曹鳳來纂修：《（光緒）無極縣續志》卷一《地理志》，中國臺北：成文出版社，1969年，第47頁。

三行，字體較小，行四十一至五十七字不等；捐施人主要爲雲翼左第六指揮、應天府龍騎指揮軍職人員及其家眷。第三部分碑文起始從左邊第十六行至第五十八行，共四十四行，行三字至三十七字不等；捐施人主要爲祁州、乾寧軍、保州、定州等附近縣鄉村的普通民衆。第四部分碑文位於第三部分第三十六、三十七、三十八行下部，共三行，行二至十字不等；捐施人主要爲楊翟村民衆。第五部分碑文位於第三部分第三十一、三十二行下部，共二行，行七字至十七字不等；捐施人主要爲新祁州民衆。第六部分碑文位於第三部分第四十三、四十四、四十五行下部，共三行，行四十五字至四十七字不等；捐施人主要爲祁州普通民衆。

從碑文各部分的刊刻位置來看，此碑文六個部分刊刻順序可能依次爲：第一部分、第三部分、第二部分、第五部分、第四部分、第六部分，後面幾個部分的刊刻應在前面刊刻文字的縫隙中。相關著録見賈敏峰《從文物資料看北宋前期定州的佛教邑社》[1]一文。

【録文】

第一部分：

1 當寺[1]上生閣[2]、百法院[3]助緣糺首[4]僧道瑩。

2 驍武左第六指揮[5]女邑都維那頭[6]女弟子馬氏。

3 指揮使縣君[7]王氏，副指揮使[8]小娘子潘氏。

4 第一都女邑邑人李氏、邑人康氏、邑人聶氏、邑人吕氏、石氏。

5 第二都女邑邑人□氏、邑人趙氏、邑人劉氏、邑人王氏、邑人趙氏、邑人蔡氏、邑人燕氏、

1 賈敏峰：《從文物資料看北宋前期定州的佛教邑社》，《文物春秋》，2015年第6期，第37—44頁。

6 邑人左氏、邑人劉氏、邑人李氏、邑人王氏、邑人任氏、邑人劉氏。第三都嚴氏。第四都韓氏。

7 第三都女邑邑人楊氏、邑人陳氏、邑人馬氏、邑人馮氏、邑人胡氏、邑人劉氏、邑人嚴氏、邑人張氏。

8 第四都女邑邑人牛氏、邑人許氏、邑人劉氏、邑人劉氏、邑人劉氏、邑人丁氏、邑人班氏、邑人楊氏、

9 邑人牛氏、邑人王氏、邑人劉氏、邑人張氏、邑人房氏、邑人李氏、邑人張氏、邑人李氏、邑人何氏、

10 邑人張氏、邑人李氏、邑人趙氏、邑人劉氏、邑人韓氏、邑人楊氏、邑人馬氏、邑人皇氏、邑人張氏。

11 第五都女邑邑人許氏、邑人□氏、邑人梁氏、邑人張氏、邑人田氏、邑人張氏、邑人闞氏、劉氏、

12 邑人張氏、邑人張氏、張氏、趙氏。第四都王氏。

第二部分：

1 雲翼左六指揮使[9]竇興、縣君齊氏、男繼宣、繼昇、新婦程氏、新婦趙氏、孫楊五、孫女六孃子、深姐、榮姐、定姐、宜子。

2 應天府龍騎指揮[10]正都頭[11]馬榮、都頭皇明，二人維那李榮、趙謙，二人十將[12]辛昌、泰順，二人節級[13]郭順、李榮、王柔、駱密、李饒、趙密、韋秀、郭昌、李辛、高乂、

3 郭饒、徐荼、載順、劉遠、袁福、任遂、宗謙、姚乂、宗順、楊璠、李真、范柔、白進、王乂、張密、康遇、甯興、李遂、梁饒、竇進、趙全、馮順。

第三部分：

1 雲翼第四指揮使張斌、縣君蘇氏、男貴哥、女憐、子喜、孫男郭留。

2 新祁州紇化到千人邑[14]維那頭念《法華經》西趙村[15]田旻、侯遇、侯玉、田珇、田岩。

3 乾寧軍都勾押官[16]齊凝。保州白團鄉馬家莊[17]□知謙。

4 演村[18]維那頭張温、趙顒、張潛、張玄、玉、王密、王演、宋斌、田榮、竇苛珪、劉保、王榮、馬榮、

5 玉、張緒、張大。

6 東趙村[19]趙德、劉緒、趙贇、劉勗。

7 北葛保村[20]邑人張德元、李信、崔超、崔貴、王瓊、張安、崔旻、崔寬、張寬、崔訓、崔恕、張金、張顯、

8 王士、李謙、張興、崔肚、崔元。

9 南葛保村[21]邑人崔万進、郝翰、王均。

10 北河頭村[22]張思榮、妻田氏、張温、張仙、張贇、崔從、張謙、李瓊、董金、崔竇、崔興。

11 于村[23]邑人張岩、吕章、于恕、于超、穆緒、杜翰、張凝、劉密。

12 西齊村[24]邑人李璨、李旻、齊翰、齊興。

13 南顔村[25]邑人李昆、劉澄、張□。

15 北劉村[26]邑人尉珪、高周、馬訓、張友、韓顒、張温、楊遵、韓榮、尉立、韓恕、張旻、韓遇、劉興、楊翰、張岩、

16 劉素、馬贇、楊珪、尉晏、尉政、尉江。

17 楊翟村[27]邑人張遂、翟美、翟翰、楊□、薛謙、薛均、李遵、馬進、王殷、苛慶。

18 永定軍讀上村[28]邑人李貞、李翰、楊超。

19 榆底村[29]邑人李加旻。

20 東福樂[30]邑人劉洪嗣、劉奉鵠。

21 東百長村[31]邑人。

22 新祁州馬過村[32]邑人馬韋、張晏、張隱。

23 安固村[33]邑人馬巒。

24 七翁村[34]邑人王万。

25 劉霜村[35]邑人王晏。

26 新祁州海師村[36]邑人崔□、崔暉、崔珪、崔璘、張珪、王暉、張貴、康温、王德、李贇、齊均。

27 永定軍南祝村[37]邑人楊祝、洪霸、王均、楊文。

28 北祝村[38]邑人祝□、祝貴、李乂、柳岩、祝密。

29 許村[39]郭美、許贇。

30 西張村[40]劉感。

31 東張村[41]李覽、孫遵。

32 驍武左第六指揮使弟子楊超、縣君雷氏、男継昇、新婦朱氏、孫女喜娘子、孫女小喜娘子。

33 曲陽縣[42]押司録事[43]宋贇，前押司録事田訓。西邸村[44]塞都賈温，蘇家峪[45]塞都甄宗。相如村[46]前

34 教練使[47]李謙、兄李筠、弟李岩、李貞、李璘。陽村[48]邸隱。劉營村[49]許翰。保内村[50]賀巽、諸侯張嗣。

35 驍武第六副指揮使侯贇、母王氏、弟佛留、妻宋氏、男八哥、次男九哥、女榮姐、女貴姐。

36 安喜縣堯城鄉大城村[51]梁甫、母劉氏、妻何氏、弟梁貴、男牛兒、喜兒。

37 碾子疃[52]高贇、趙睿、鄭璘、田翰、馬榮、亐斌、亐興、李榮、史興、康馬七、李万留。霍村[53]霍遂、崔旻、

38 劉蟾、李均、張超。北李疃[54]趙習。保子疃[55]張威、劉遇、吕貴、李斌、張玉、張威。游村[56]呼福、王旻、王玉、張斌。

39 石家疃[57]邑人李超、劉福、張恕、康超、李信。劉家疃[58]邑人張握、王遇、王遵、名緒、解謙、解榮、李進、郭靖、

40 劉嶷、劉金、亐貞、王均、劉進、張祚、賈貴。史家疃[59]崔美、孫贇、孫璘、孫温、劉貴、崔隱、孫緒、張榮。敬村[60]
41 劉遵、石密、張遇、高節。南公成村[61]賈贇、賈希、賈緒。盐皷村[62]藏榮、蓋唐、賈珪、藏元、馬贍。
42 安家疃[63]李福、李演、曹進、張旻、王乂、石廣、亐郎、賈嗣。平楽村[64]劉化、李一。磨羅村[65]韓均、王斌、趙弼、王珪、
43 王遇、曹贇。車固村[66]李翰。累頭村[67]吕睿，母侯氏。碾子疃女邑高氏、王氏、楊氏、陳氏、石氏、李郎婦。
44 南京雄威第三指揮第二都王訓。

第四部分：

1 楊翟村王庭翰、母翟氏、妻劉氏、男福榮。
2 張洪賞、洪千、男重慶、重興、重晏。
3 重旺

第五部分：

1 新祁州大德鄉西河頭村[68]邑人維那頭呼寬。
2 當村施工人劉美。

第六部分：

1 新祁州蒲陰縣山楊鄉[69]楊翟村施主王隱、母翟氏、妻劉氏。造塼人弟王翰、妻劉氏、外承阿姊王氏、外承姊妹王氏、男福榮、
2 新婦侯氏、男福貞、新婦□氏、男福旻、新婦張氏、男福顯、新婦崔氏、男福進、男四兒、男德兒、孫子伴兒、孫子重兒、孫子小哥、
3 孫子宜兒、孫子小宜、孫子陳兒、孫女花姐、孫女小花姐、孫

女女兒、孫女敬連、外承女侯郎婦、外承女張郎婦、外承女楊郎婦。

【注釋】

[1] 當寺："當寺"指本寺即定州開元寺。宋代多用"當寺"來代指"本寺"。

[2] 上生閣：開元寺下屬院落之一，其應取自《觀勒菩薩上生兜率天經》中"上生"一詞，表明定州的民間信仰中信奉有彌勒菩薩。定州塔內北宋題名碑記共記載了當時開元寺下屬的上生閣、百法院、上生院、修塔院四個院落。唐宋時期，一些歷史悠久、規模較大、實力雄厚的寺院，其名下出現的某些"院"，"院"是某一所寺院建築群中爲供奉某種特定物件或具有某種特定功能的院落。李森在《青州龍興寺院落考證》一文中指出："衆所周知，中國古代名刹大多由若院落組成。"[1]表明開元寺在當時較爲繁榮。

[3] 百法院：開元寺下屬院落之一，其應取自《大乘百法明門論》中"百法"一詞。該書由唐玄奘翻譯，是唯識宗的代表著作，這或許反映了當時開元寺內存在唯識宗的信仰。

[4] 助緣糺首：糺首，佛教社邑首領之一，一般指在民間事務中的組織者、召集人。胡英澤認爲："這些'糾首'就是承頭糾集人，是組織大家解決鄉村事務的首領。"[2]一般指民間籌辦修建寺廟、雕造經像所謂"功德事"的負責人。"糾首"作爲佛邑的領袖，一般具有一定的社會地位與經濟基礎。他們"糾首"

1 李森：《青州龍興寺院落考證》，《中國文化研究》，2008 年第 4 期，第 128 頁。

2 胡英澤：《水井碑刻裏的近代山西鄉村社會》，《山西大學學報（哲學社會科學版）》，2004 年第 2 期，第 44 頁。

的身份會隨着具體事務的完成而結束。助緣糺首，可能指修善塔寺而佈施人員的財物組織者及首領，僧俗均可擔任。《三晉石刻大全・晉中市壽陽縣卷》中有“助緣糾首：王德玘助銀五錢。”[1]的記載，此碑文中助緣糺首由僧人道瑩出任。

[5] 驍武左第六指揮：驍武，隸屬侍衛馬軍司。原爲後周所置，“建隆二年（961）十一月改左右雄捷、驍武軍爲驍捷。”[2]“淳化四年（993），揀閲其材，與雲騎、武騎等立，得自置馬，分左、右廂。指揮二十。北京七，真定三，定六，相、懷、洺、邢各一。”[3]至熙寧五年（1072），驍武“定州六併爲四”。[4]根據刊刻於康定二年（1041）定州《静志寺僧希素造心經幢》題名碑記所載“驍武第二、驍武左第一”[5]和對定州塔題名碑記的所載驍武的統計，發現驍武在定州至少有八個指揮，分别爲左廂第一、二、三、四、五、六指揮，右廂第一、五指揮。另外依據定州塔第四層《開元寺上生院演法大師門人修塔題名碑記》第 2、10、21、31 行所載“定州就糧驍武左第三指揮”“定州就糧驍武左第四指揮”“定州就糧驍武右廂第五指揮”“定州就糧驍武左第一指揮”來看，定州驍武爲就糧軍性質。

[6] 都維那頭：佛教社邑首領之一。位於佛教社邑首領的第一層級，高於副維那頭等。詳見定州塔第二層《新樂縣吴村維那頭周玢等題名碑記》關於“維那頭”的注釋。

1 劉澤民編：《三晉石刻大全・晉中市壽陽縣卷》，太原：三晉出版社，2010 年，第 281 頁。

2 ［宋］王應麟：《玉海》卷一百三十九《兵制》，揚州：廣陵書社，2003 年，第 2588 頁。

3 ［元］脱脱：《宋史》卷一百八十七《志第一百四十・兵一》，北京：中華書局，1985 年，第 4591 頁。

4 ［元］脱脱：《宋史》卷一百八十八《志第一百四十一・兵二》，北京：中華書局，1985 年，第 4616 頁。

5 ［清］陸繼輝：《八瓊室金石補正續編》卷四十一，《續修四庫全書》第 900 册，上海：上海古籍出版社，2002 年，第 306 頁。

[7] 縣君：爲北宋政府封賜官員女眷的名號。宋徽宗時定命婦封號，改縣君爲室人、安人、孺人，復改室人爲宜人。

[8] 副指揮使：宋代軍隊單位指揮一級的副統兵官。

[9] 雲翼左六指揮使：雲翼，宋真宗時設置的禁軍番號，隸屬侍衛馬軍司。“咸平三年(1000),詔定州等處本城廳子、無敵、忠鋭、定塞指揮，已並升充禁軍馬軍雲翼指揮，依逐州軍就糧，令侍衛馬軍司管轄。”[1] 軍隊番號的具體設置爲：“定州揀中廳子第一充雲翼第一，第二充雲翼第二；相州廳子第一充雲翼第三，第二充雲翼第四；保州無敵第一充雲翼第五，第二充雲翼第六，忠鋭充雲翼第七；威勇軍無敵第一充雲翼第八，第二充雲翼第九，忠鋭充雲翼第十；静戎軍無敵充雲翼第十一；寧邊軍無敵充雲翼第十二；北平塞無敵充雲翼第十三；深州無敵充雲翼第十四。”[2]《宋史》載：“雲翼舊指揮三十三，景祐以後（1038），增置二十三，分左、右廂，總五十六。真定、雄、瀛、深、趙、永寧各三，定、冀各六，保五，滄、北平、永静、順安、保定各二，莫、邢、霸各一，廣信、安肅各四。”[3] 河北雲翼共有五十六指揮，其中定州設六個指揮，爲就糧軍性質。而根據刊刻於康定二年（1041）定州《静志寺僧希素等造心經幢》題名碑記所載“雲翼第一指揮使李元……雲翼第一指揮使吴興、副指揮使劉清”[4] 和對定州塔三十一方題名碑記的統計，發現雲翼

1 [元]脱脱：《宋史》卷一百八十七《志第一百四十・兵一》，北京：中華書局，1985年，第4572頁。

2 [元]脱脱：《宋史》卷一百八十七《志第一百四十・兵一》，北京：中華書局1985年，第4572頁。

3 [元]脱脱：《宋史》卷一百八十七《志第一百四十・兵一》，北京：中華書局，1985年，第4592頁。

4 [清]陸繼輝：《八瓊室金石補正續編》卷四十一，《續修四庫全書》第900册，上海：上海古籍出版社，2002年，第306頁。

在定州至少有十一個指揮，分别爲左廂第一、二、三、四、五、六、九指揮，右廂第一、二十二指揮，不分左、右廂的指揮有第八、十三指揮。

[10] 應天府龍騎指揮：應天府，北宋時期南京稱謂，北宋時屬京東路，“應天府，河南郡，歸德軍節度。本唐宋州。至道中，爲京東路。景德三年（1006），升爲應天府。大中祥符七年（1014），建爲南京。”[1] 今爲河南商丘。龍騎，宋太祖時所設禁兵番號，隸屬殿前司步軍。原有十二指揮，真宗大中祥符二年（1009）五月減爲八指揮。仁宗時又分爲二十指揮“舊指揮八，康定中，取配隸充軍者增置爲指揮二十，分三軍。京師四，尉氏、雍丘、咸平、鄭各二，南京、陳、蔡、河陽、潁、單、四波各一。”[2] 北宋時龍騎在南京共設有一指揮。定州塔第三層《雲翼左第六指揮邑衆修塔碑記》第16行載“應天府駐泊龍騎第六指揮副指揮使鹿超”，説明此軍隊番號爲應天府龍騎第六指揮，此時在定州更戍，爲駐泊性質，由駐泊都部署等管理。

[11] 都頭：原爲唐代都知兵馬使的别稱。入宋，都頭爲侍衛親軍步軍都一級的統兵官，又稱“百夫長”。“百人爲都，置正副都頭二人。”[3]

[12] 十將：軍職名，北宋時期的低級武職名，禁軍、廂軍均有設置，爲“都”以下的基層職官，在副都頭和副兵馬使之下，有左右十將。此處散員指揮的十將趙美在社邑中任邑長，是北宋軍人

1 ［元］脱脱：《宋史》卷八十五《志第三十八・地理一》，北京：中華書局，1985年，第2110頁。

2 ［元］脱脱：《宋史》卷一百八十七《志第一百四十・兵志一》，北京：中華書局，1985年，第4589頁。

3 ［宋］李燾：《續資治通鑑長編》卷四十七，咸平三年十二月壬申，北京：中華書局，2004年，第1036頁。

參與佛教結社的直接反映。

[13] 節級：唐置，北宋時爲都以下的低級軍職。王曾瑜認爲：節級是宋代禁兵低級軍職的泛稱，包括“都”一級軍隊編制所屬的軍頭、十將、將虞候、承局、押官等[1]。從定州塔題名碑記資料來看，節級有可能是基層軍事職官體系中低級職官的統稱。

[14] 新祁州糺化到千人邑：祁州，北宋時歸河北路管轄。唐昭宗景福二年（893）定州節度使王處存設置，最初治所在無極縣。僅轄縣二：無極、深澤。北宋端拱二年（989）遷祁州治鼓城縣（今晉縣西鼓城村），因“祁州城池不當要害，素不修完，將來戎人奔衝，已議更不固守”[2]，故於景德元年（1004）“令修築蒲陰城爲祁州，去舊州百里許，將議遷焉。”[3] 史稱此遷移後的祁州爲新祁州[4]。糺化，一般指組織、召集民間事務，這裏指組織、召集民衆修建寺廟、雕造經像。千人邑，民間佛家邑社，由佛教信衆集結組合而成，人數衆寡不一，“千”不是確指，爲泛稱，成員一般稱邑衆，或邑人，需要承擔佛教造像、造塔的捐施義務。

[15] 西趙村：應爲祁州蒲陰縣屬村。清光緒三十二年（1906）《安國縣新志稿》有載，作“西照村”，屬於安國縣佛落鄉轄村。[5] 今仍爲西照村，屬於河北省保定市安國縣北段村鄉轄村。

---

1 王曾瑜：《宋朝軍制初探》（增訂本），北京：中華書局，2011 年，第 330 頁。

2 [清]徐松輯，劉琳等校點：《宋會要輯稿》方域八之一七，上海：上海古籍出版社，2014 年，第 15 册，第 9433 頁。

3 [清]徐松輯，劉琳等校點：《宋會要輯稿》方域八之一七，上海：上海古籍出版社，2014 年，第 15 册，第 9433 頁。

4 參見李孝聰《公元十——十二世紀華北平原北部亞區交通與城市地理的研究》，載《歷史地理》第九輯，上海：上海人民出版社，1990 年，第 252 頁。

5 [清]宋蔭桐纂修：《（光緒）安國縣新志稿》卷一《輿圖》，中國臺北：成文出版社，1969 年，第 30 頁。

[16] 乾寧軍都勾押官：乾寧軍，在河北路，唐末置，五代幽雲十六州被割據後成爲契丹屬地，升爲寧州。“周世宗顯德六年（959）收復關南，卻爲乾寧軍，仍置乾寧縣。”[1] 後廢置。入宋後，“太平興國七年（982）以滄州永安縣置軍。”[2] 大觀二年（1108）升爲清州。北宋時歸河北路管轄，領乾寧縣。今爲河北省滄州市青縣。都勾押官爲州級的胥吏，比一般勾押官地位要高。

[17] 保州白團鄉馬家莊：保州，北宋時歸河北路管轄，屬軍事州性質，古爲冀州之地，漢爲涿鹿郡，晉爲範陽國地，後魏爲高陽地，唐爲“莫州清苑縣。其地漢爲樂鄉，漢高祖封樂毅後樂巨叔於此。”[3] 五代“石晉初割屬契丹，番戎立爲泰州。至少主開運元年（944）克復泰州；二年（945）以滿城縣路當衝要，宜立郡庭，用威戎虜，其泰州宜移理于滿城，其舊泰州復爲清苑縣。滿城所置泰州尋廢。”[4] 宋“建隆初，置保塞軍。太平興國六年（981），建爲州。”[5] 仍割清苑縣屬，并更名爲保塞縣。[6] 今爲河北省保定市及清苑縣。白團鄉，北宋時爲保塞縣屬鄉之一，《太平寰宇記》記載保塞縣下轄“十一鄉”[7]，但具體鄉名不詳，今可補其一鄉。

1 ［宋］樂史撰，王文楚等點校：《太平寰宇記》卷六十八《河北道十七》，北京：中華書局，2007年，第1379頁。

2 ［宋］王存撰，王文楚、魏嵩山點校：《元豐九域志》卷二《河北路》，北京：中華書局，1984年，第74頁。

3 ［元］馬端臨：《文獻通考》卷三百十六《輿地考二》，北京：中華書局，2011年，第8575頁。

4 ［宋］樂史撰，王文楚等點校：《太平寰宇記》卷六十八《河北道十七》，北京：中華書局，2007年，第1375頁。

5 ［元］脱脱：《宋史》卷八十六《志第三十九·地理二》，北京：中華書局，1985年，第2129頁。

6 ［宋］樂史撰，王文楚等點校：《太平寰宇記》卷六十八《河北道十七》，北京：中華書局，2007年，第1375頁。

7 ［宋］樂史撰，王文楚等點校：《太平寰宇記》卷六十八《河北道十七》，北京：中華書局，2007年，第1376頁。

馬家莊，民國二十三年（1934）《清苑縣志》記録該村，仍爲馬家莊，屬於清苑縣第三區。[1] 今不存。

[18] 演村：碑刻此處“演”爲下一行，但從刊刻者的本意來看，此處應刊刻爲演村，其下方是捐施人，刊刻得非常隨意。推測爲閆村，祁州蒲陰縣屬村。清光緒三十二年（1906）《安國縣新志稿》有載，作“閆村”，屬於安國縣佛落鄉轄村。[2] 今仍存，屬於河北省保定市安國市藥都街道轄村。

[19] 東趙村：應爲祁州蒲陰縣屬村。清光緒三十二年（1906）《安國縣新志稿》中無東趙村記載，只有中照村、西照村記載，這兩村均屬安國縣佛落鄉轄村。[3] 今已不存。

[20] 北葛保村：祁州蒲陰縣屬鄉村。清光緒三十二年（1906）《安國縣新志稿》有載，作“北各堡”，屬於安國縣佛落鄉轄村。[4] 今存，爲北各卜村，屬於河北省保定市安國市藥都街道管轄。

[21] 南葛保村：祁州蒲陰縣屬村。清光緒三十二年（1906）《安國縣新志稿》有載，作“南各堡”，屬於安國縣佛落鄉轄村。[5] 今南各堡村不存，只有北各卜、西各卜、東各卜，屬於河北省保定市安國市藥都街道管轄。

[22] 北河頭村：祁州蒲陰縣屬村。清光緒三十二年（1906）《安國

1 ［民國］金良驥等修，姚壽昌等纂：《（民國）清苑縣志》卷一《地理》，中國臺北：成文出版社，1968年，第44—46頁。

2 ［清］宋蔭桐纂修：《（光緒）安國縣新志稿》卷一《輿圖》，中國臺北：成文出版社，1969年，第31頁。

3 ［清］宋蔭桐纂修：《（光緒）安國縣新志稿》卷一《輿圖》，中國臺北：成文出版社，1969年，第30頁。

4 ［清］宋蔭桐纂修：《（光緒）安國縣新志稿》卷一《輿圖》，中國臺北：成文出版社，1969年，第31頁。

5 ［清］宋蔭桐纂修：《（光緒）安國縣新志稿》卷一《輿圖》，中國臺北：成文出版社，1969年，第31頁。

縣新志稿》有載，作“北河”，屬於安國縣佛落鄉轄村。[1] 今存，屬河北省保定市安國市藥都街道管轄。

[23] 于村：祁州蒲陰縣屬村。清光緒三十二年（1906）《安國縣新志稿》有載，作“淤村”，屬於安國縣佛落鄉轄村。[2] 今仍存，爲河北省保定市安國市淤村鄉駐地。

[24] 西齊村：祁州蒲陰縣屬村。清光緒三十二年（1906）《安國縣新志稿》有載，作“齊村”，屬於安國縣佛落鄉轄村。[3] 今仍爲“齊村”，屬於河北省保定市安國市藥都街道。

[25] 南顔村：祁州蒲陰縣屬村。清乾隆三十一年（1766）《博野縣志》有載，作“北顔社”。[4] 今存北彦村，屬於河北省保定市博野縣北楊鎮轄村。推測可能由彦村分化爲南、北彦村，至遲至清代時，北彦村已經不存在了。

[26] 北劉村：祁州蒲陰縣屬村。清光緒三十二年（1906）《安國縣新志稿》有載，作南、北劉（流）羅，屬於安國縣山羊鄉轄村。[5] 今存南、北流羅村，屬於河北省保定市安國市西城鎮轄村，是否爲碑刻中所說的“北劉村”，待考。

[27] 楊翟村：祁州蒲陰縣山楊鄉屬村。本方題名碑記第六部分第1行刻有“新祁州蒲陰縣山楊鄉楊翟村”。清光緒三十二年

1 [清]宋蔭桐纂修：《（光緒）安國縣新志稿》卷一《輿圖》，中國臺北：成文出版社，1969年，第31頁。

2 [清]宋蔭桐纂修：《（光緒）安國縣新志稿》卷一《輿圖》，中國臺北：成文出版社，1969年，第31頁。

3 [清]宋蔭桐纂修：《（光緒）安國縣新志稿》卷一《輿圖》，中國臺北：成文出版社，1969年，第31頁。

4 [清]吴鏊修，尹啟銓等纂：《（乾隆）博野縣志》卷一《疆域》，《中國地方志集成·河北府縣志輯》第35輯，上海：上海書店，2006年，第213頁。

5 [清]宋蔭桐纂修：《（光緒）安國縣新志稿》卷一《輿圖》，中國臺北：成文出版社，1969年，第27頁。

（1906）《安國縣新志稿》卷有載，作“羊翟村”，屬於安國縣佛落鄉轄村。[1]今爲楊翟村，屬於河北省保定市安國市鄭章鎮屬村。

[28] 永定軍讀上村：永定軍，同下州，“雍熙四年，以定州博野縣建寧邊軍。景德元年，改永寧軍”[2]，此爲《宋史》所載。然《元豐九域志》載“景德元年（1004）改永定，天聖七年（1029）改永寧”[3]爲“避真宗陵名也”[4]。治所在博野縣(今河北蠡縣)，宣和七年（1125）廢，旋復置。金天德三年（1151）改爲蠡州。從碑刻所載爲“永定軍”來看，《宋史》所載“景德元年（1004）改永寧軍”的記述錯誤，此題名碑記可佐證《元豐九域志》所載永寧軍的設置時間。讀上村，博野縣屬村，具體不詳，待考。

[29] 榆底村：定州塔第二層《新樂縣吴村維那頭周玢等題名碑記》第30行有亦刻有“榆底村”，但根據該碑文所載村落的位置判斷，此處的“榆底村”應爲永定軍博野縣管轄的“于堤村”。今存，爲河北省保定市博野縣城東鄉轄村。

[30] 東福樂：應爲永定軍博野縣屬村，具體不詳，待考。

[31] 東百長村：根據碑文前後信息判斷，北宋時東百長村應爲永定軍博野縣屬村。清光緒三十二年（1906）《安國縣新志稿》載

1 ［清］宋藢桐纂修：《（光緒）安國縣新志稿》卷一《輿圖》，中國臺北：成文出版社，1969年，第30頁。

2 ［元］脱脱：《宋史》卷八十六《志第三十九・地理二》，北京：中華書局，1985年，第2130頁。

3 ［宋］王存撰，王文楚、魏嵩山點校：《元豐九域志》卷二《河北路・西路》，北京：中華書局，1984年，第87頁。

4 ［宋］李燾：《續資治通鑑長編》卷一百八，仁宗天聖七年九月辛未，北京：中華書局，2004年，第2522頁。

有“東伯章”，屬於安國縣佛落鄉轄村。[1]今爲東伯章村，屬於河北省保定市博野縣城東鄉轄村。

[32] 馬過村：疑爲馬固村。祁州蒲陰縣屬村。清光緒三十二年（1906）《安國縣新志稿》有載，作“馬固村”，屬於安國縣山羊鄉轄村。[2]今爲馬固村，屬於河北省保定市安國市西城鎮轄村。

[33] 安固村：祁州蒲陰縣屬村。清光緒三十二年（1906）《安國縣新志稿》有記載有“安國城”，屬於安國縣山羊鄉轄村。[3]

[34] 七翁村：祁州蒲陰縣屬村。清光緒三十二年（1906）《安國縣新志稿》有載，已分化爲“北七公村”“南七公村”二村，均屬於安國縣山羊鄉轄村。[4]今均存，屬於河北省保定市安國市祁州路街道管轄。

[35] 劉霜村：祁州蒲陰縣屬村。清光緒三十二年（1906）《安國縣新志稿》有載，作“流霜村”，屬於安國縣山羊鄉轄村。[5]今存，屬於河北省保定市安國市祁州路街道管轄。

[36] 海師村：祁州蒲陰縣屬村。清光緒三十二年（1906）《安國縣新志稿》有載，作“海市村”，屬於安國縣親賢鄉轄村。[6]今存，

1 ［清］宋蔭桐纂修：《（光緒）安國縣新志稿》卷一《輿圖》，中國臺北：成文出版社，1969年，第31頁。

2 ［清］宋蔭桐纂修：《（光緒）安國縣新志稿》卷一《輿圖》，中國臺北：成文出版社，1969年，第27頁。

3 ［清］宋蔭桐纂修：《（光緒）安國縣新志稿》卷一《輿圖》，中國臺北：成文出版社，1969年，第27頁。

4 ［清］宋蔭桐纂修：《（光緒）安國縣新志稿》卷一《輿圖》，中國臺北：成文出版社，1969年，第26頁。

5 ［清］宋蔭桐纂修：《（光緒）安國縣新志稿》卷一《輿圖》，中國臺北：成文出版社，1969年，第27頁。

6 ［清］宋蔭桐纂修：《（光緒）安國縣新志稿》卷一《輿圖》，中國臺北：成文出版社，1969年，第29頁。

屬於河北省保定市安國市鄭章鎮海市村。

[37] 南祝村：永定軍博野縣屬村。清乾隆三十一年（1766）《博野縣志》有載，屬博野縣北祝社轄村。[1]今存，屬於河北省保定市博野縣北楊村鄉屬村。

[38] 北祝村：永定軍博野縣屬村。清乾隆三十一年（1766）《博野縣志》載有“北祝社”，是博野縣北祝社駐地。[2]今存，屬於河北省保定市博野縣小店鎮轄村。

[39] 許村：永定軍博野縣屬村。清乾隆三十一年（1766）《博野縣志》記録該村，“在城集，在三關……東許村……西許村。”[3]至遲至清代時許村已經分化爲東、西二村。今均存，屬於河北省保定市博野縣城東鄉轄村。

[40] 西張村：根據碑文前後信息判斷，其應爲永定軍博野縣屬村。清乾隆三十一年（1766）《博野縣志》有載，作“西章”，屬博野縣北顔社轄村[4]。今存，已分化爲大西章村、小西章村二村，屬於河北省保定市博野縣城東鄉轄村。

[41] 東張村：根據碑文前後信息判斷，其應爲永定軍博野縣屬村。清乾隆三十一年（1766）《博野縣志》有載，作“東章”，屬於北顔社轄村[5]。今存，屬於河北省保定市博野縣北楊村鄉轄村。

---

1 [清]吴鏊修，尹啟銓等纂：《（乾隆）博野縣志》卷一《疆域》，《中國地方志集成·河北府縣志輯》第35輯，上海：上海書店，2006年，第213頁。

2 [清]吴鏊修，尹啟銓等纂：《（乾隆）博野縣志》卷一《疆域》，《中國地方志集成·河北府縣志輯》第35輯，上海：上海書店，2006年，第213頁。

3 [清]吴鏊修，尹啟銓等纂：《（乾隆）博野縣志》卷一《疆域》，《中國地方志集成·河北府縣志輯》第35輯，上海：上海書店，2006年，第213頁。

4 [清]吴鏊修，尹啟銓等纂：《（乾隆）博野縣志》卷一《疆域》，《中國地方志集成·河北府縣志輯》第35輯，上海：上海書店，2006年，第213頁。

5 [清]吴鏊修，尹啟銓等纂：《（乾隆）博野縣志》卷一《疆域》，《中國地方志集成·河北府縣志輯》第35輯，上海：上海書店，2006年，第213頁。

[42] 曲陽縣：定州屬縣。《太平寰宇記》載："本漢上曲陽縣也，屬常山郡。後漢屬中山國。高齊天保七年（556）除'上'字，但爲曲陽縣，屬中山郡。隋開皇六年（586）改曲陽爲石邑縣；其年移石邑于井陘縣，屬恒州；七年（587）于此置恒陽縣，隸定州，在恒山之陽爲名。"[1] 唐屬定州，元和十五年改爲曲陽。[2] 北宋爲上縣，屬河北路定州管轄。今爲河北省保定市曲陽縣。

[43] 押司録事：爲押司、録事的合稱，有時簡稱爲"押録"，爲縣級負責掌管案牘等各種事務的吏人，負責收發、簽押、保管諸案文書，同時也負責催徵賦税。[3] 北宋時期普遍設置於各州縣，是縣吏中的重要職員。押司、録事是縣役，從民户通曉吏事者中招募，不足時由民户差派。州、府差派押司、録事承擔衙前役，史稱"押録衙前"。

[44] 西邸村：定州曲陽縣屬村。清光緒三十年（1904）《重修曲陽縣志》有載，屬於曲陽縣平樂社轄村。[4] 今存，屬於河北省保定市曲陽縣邸村鎮轄村。

[45] 蘇家峪：定州曲陽縣屬村。清光緒三十年（1904）《重修曲陽縣志》有載，已分化爲"南蘇家峪""北蘇家峪"二村，均屬於曲陽縣龍泉社轄村。[5] 今均存，屬於河北省保定市曲陽縣莊窠鄉轄村。

---

1 ［宋］樂史撰，王文楚等點校：《太平寰宇記》卷六十二《河北道十一・定州》，北京：中華書局，2007 年，第 1276 頁。

2 ［宋］歐陽忞撰，李勇先、王小紅校注：《輿地廣記》卷十一《河北西路上》，成都：四川大學出版社，2003 年，第 288 頁。

3 苗書梅：《宋代縣級公吏制度初論》，《文史哲》，2003 年第 1 期，第 125 頁。

4 ［清］周斯億等修，董濤纂：《（光緒）重修曲陽縣志》卷一《輿地圖説二》，《中國地方志集成・河北府縣志輯》第 39 輯，上海：上海書店，2006 年，第 281 頁。

5 ［清］周斯億等修，董濤纂：《（光緒）重修曲陽縣志》卷一《輿地圖説二》，《中國地方志集成・河北府縣志輯》第 39 輯，上海：上海書店，2006 年，第 311 頁。

[46] 相如村：定州曲陽縣屬村。現藏曲陽縣文物保管所的修德寺塔出土造像題記也記載了該村，“維大宋天禧三年（1019）四月八日定州曲陽縣曲陽鄉北相如村”[1]。清光緒三十年（1904）《重修曲陽縣志》載“相如村在縣西沙河之東，今分爲東、西兩村”，[2]屬於曲陽縣西邸社。今均存，屬於河北省保定市曲陽縣産德鄉轄村。

[47] 教練使：唐大中六年（852）置，是唐末五代節度使府衙廣泛出現的武職僚佐。北宋承襲五代舊制，隨使教練使雖保留武將的職稱，但不參與軍事，只是有軍職招牌的吏[3]，並成爲衙前的一種，位於左右都押衙之下，分爲都教練使、左右教練使、守缺教練使。“自都知兵馬使至第六名教練使，凡十三階。”[4]可見，此官職不高，主要職能是在軍中加强教習。教練使是唐末五代節度使的屬官，北宋時期爲諸州軍府中之胥史，屬衙前吏人，分左、右教練，具體執掌不清。

[48] 陽村：應爲“羊村”，定州曲陽縣屬村。定州塔第三層《曲陽縣歸善鄉西諸侯村糺首維鄁石厚昌等題名石刻》第 33 行刻有“楊村”，二者應爲同一個村。清光緒三十年（1904）《重修曲陽縣志》載：“北陽村在縣南五里，今分爲五俗訛爲羊村，舊志有羊村社。”[5]至遲到清代時已分化爲安羊、王羊、靳羊、馬羊、

---

1 曲陽縣修德寺塔出土《李守謙等造像題記》，原石藏曲陽縣文物保管所。

2 ［清］周斯億等修，董濤纂：《（光緒）重修曲陽縣志》，《中國地方志集成・河北府縣志輯》第 39 輯，上海：上海書店，2006 年，第 291、421 頁。

3 唐剛卯：《衙前考論》，《宋史論集》，鄭州：中州書畫社，1983 年，第 127 頁。

4 ［宋］陳耆卿：《嘉定赤城志》卷十七《吏役門・州役人》，《宋元方志叢刊》第 7 册，北京：中華書局，1990 年，第 7415 頁。

5 ［清］周斯億等修，董濤纂：《（光緒）重修曲陽縣志》卷六《山川古跡考》，《中國地方志集成・河北府縣志輯》第 39 輯，上海：上海書店，2006 年，第 420 頁。

趙羊五村，屬於曲陽縣羊村社轄村。[1] 今均存，屬於河北省保定市曲陽縣路莊子鄉轄村。

[49] 劉營村：定州曲陽縣屬村。清光緒三十年（1904）《重修曲陽縣志》有載，作“留營莊”，屬於曲陽縣平樂社轄村。[2] 今存，屬於河北省保定市曲陽縣燕趙鎮轄村。

[50] 保内村：定州曲陽縣屬村。清光緒三十年（1904）《重修曲陽縣志》有載，作“堡内社”，下轄牛堡内村、張堡内村、劉堡内村等。[3] 今張堡内村已不存，只有牛堡内村、劉堡内村，屬於河北省保定市曲陽縣文德鎮轄村。

[51] 安喜縣堯城鄉大城村：定州所屬縣鄉村。安喜縣，“古中山鮮虞地，《史記》云：‘鮮虞，白狄之種最大國。’在漢爲盧奴縣，屬中山國。按縣界有黑水故池，深而不流，俗謂黑水曰盧，不流曰奴，因爲邑名。《蜀志》‘先主嘗爲安喜尉’，即此邑也。後燕慕容垂都中山時，因改盧奴縣爲弗違縣，屬中山郡。後魏平燕，改弗違復爲盧奴縣。高齊文宣帝改盧奴復爲安喜縣。隋文帝改安喜爲鮮虞縣。唐武德四年復爲安喜縣。”[4] 宋歸河北路定州管轄，今在定州市境内。堯城鄉，安喜縣轄鄉之一，《太平寰宇記》載，安喜縣，“舊十八鄉，今十鄉”[5]，但無具體鄉名，

---

1 ［清］周斯億等修，董濤纂：《（光緒）重修曲陽縣志》卷一《輿地圖説第二》，《中國地方志集成·河北府縣志輯》第39輯，上海：上海書店，2006年，第286頁。

2 ［清］周斯億等修，董濤纂：《（光緒）重修曲陽縣志》卷一《輿地圖説第二》，《中國地方志集成·河北府縣志輯》第39輯，上海：上海書店，2006年，第283頁。

3 ［清］周斯億等修，董濤纂：《（光緒）重修曲陽縣志》卷一《輿地圖説第二》，《中國地方志集成·河北府縣志輯》第39輯，上海：上海書店，2006年，第286頁。

4 ［宋］樂史撰，王文楚等點校：《太平寰宇記》卷六十二《河北道十一·定州》，北京：中華書局，2007年，第1270頁。

5 ［宋］樂史撰，王文楚等點校：《太平寰宇記》卷六十二《河北道十一·定州》，北京：中華書局，2007年，第1270頁。

今可補其一鄉。大城村，應爲大陳村，清道光二十九年（1849）《定州志》有載，作“大陳村”，屬於定州安家莊約轄村。[1]今存，河北省定州市楊家莊鄉轄村。

[52] 碾子疃：定州安喜縣久貞鄉屬村。定州開元寺塔二層《望都縣善化鄉胡方村都維那王欽嗣等題名石刻》第39行刻有“安喜縣久貞鄉碾子疃糺首維那頭王彥海”。清道光二十九年（1849）《定州志》有載，作“念子疃”，屬於定州寨南約轄村。[2]今已分化爲作東念自疃、西念自疃二村，均屬於河北省定州市開元鎮轄村。

[53] 霍村：可能爲鎮州行唐縣屬村。清乾隆九年（1744）《行唐縣新志》有載，作“霍村”，屬行唐縣永寧社轄村。[3]今仍爲“霍村”，屬於河北省石家莊市行唐縣只里鄉轄村。

[54] 北李疃：定州屬村。具體不詳，待考。

[55] 保子疃：定州屬村。清道光二十九年（1849）《定州志》有載，作“堡子疃村”，屬於定州大寺頭約轄村。[4]今爲大堡自町社區，屬於河北省定州市長安路街道轄村。

[56] 游村：定州塔第二層《望都縣善化鄉胡方村都維那王欽嗣等題名石刻》第47行刻有“遊村”，從兩塊碑文前後所載信息來看，應該是同一個村。具體不詳，待考。

[57] 石家疃：應爲定州屬村。光緒十一年（1885）《新樂縣志》載

---

1 ［清］寶林等纂修：《（道光）定州志》卷六《地理・鄉約上》，中國臺北：成文出版社，1969年，第600頁。

2 ［清］寶林等纂修：《（道光）定州志》卷六《地理・鄉約上》，中國臺北：成文出版社，1969年，第736頁。

3 ［清］吴高增纂修：《（乾隆）行唐縣新志》卷二《地理志》，《中國地方志集成・河北府縣志》第4輯，上海：上海書店，2006年，第357頁。

4 ［清］寶林等纂修：《（道光）定州志》卷七《地理・鄉約下》，中國臺北：成文出版社，1969年，第753頁。

有“石家莊”，明代屬新樂縣柴里莊轄村。[1] 因碑文記載信息少，二者是否爲同一個村，還有待考證。

[58] 劉家疃：應爲定州屬村。清道光二十九年（1849）《定州志》有載，作“劉家莊”，屬於定州西不隨約轄村。[2] 因碑文記載信息少，二者是否爲同一個村，還有待考證。

[59] 史家疃：具體不詳，待考。

[60] 敬村：定州塔第二層《望都縣善化鄉胡方村都維那王欽嗣等題名石刻》第 50 行刻有“敬統村”，從兩塊碑文前後所載信息來看，應該是同一個村。具體不詳，待考。

[61] 南公成村：具體不詳，待考。

[62] 鹽皷村：定州塔《在州都押衙耿素等修塔題名碑記》第 19 行刻有“鹽豉村”，二者應爲同一個村。具體不詳，待考。

[63] 安家疃：具體不詳，待考。

[64] 平楽村：定州曲陽縣屬村。清光緒三十年（1904）《重修曲陽縣志》卷一《輿地圖説第二》載有“平樂社”，卷六《山川古蹟考》載：“平樂村在縣東南接新樂縣界，今爲平樂社，分東、北、中三村。”[3] 今爲中平樂、北平樂、南平樂三村，屬於河北省保定市曲陽縣燕趙鎮轄村。

[65] 磨羅村：定州曲陽縣屬村。清光緒三十年（1904）《重修曲陽縣志》卷六《山川古蹟考》載：“摩羅村在縣東南交定州界，

1 ［清］雷鶴鳴等修，趙文濂纂：《（光緒）新樂縣志》卷一《城池》，中國臺北：成文出版社，1968 年，第 69 頁。

2 ［清］寶林等纂修：《（道光）定州志》卷七《地理・鄉約下》，中國臺北：成文出版社，1969 年，第 775 頁。

3 ［清］周斯億等修，董濤纂：《（光緒）重修曲陽縣志》，《中國地方志集成・河北府縣志輯》第 39 輯，上海：上海書店，2006 年，第 281—282、422 頁。

今作磨羅，分東、西二村。”二村均爲曲陽縣積慶社轄村。[1]今擴充爲東麼羅二、東麼羅三、西麼羅三村，屬於河北省保定市曲陽縣燕趙鎮轄村。

[66] 車固村：定州新樂縣屬村。光緒十一年（1885）《新樂縣志》有載，明代屬新樂縣木村社轄村，清代屬於新樂縣第七牌箕字號。[2]今存，屬於河北省石家莊市新樂市正莫鎮轄村。

[67] 累頭村：定州新樂縣清化鄉屬村。定州塔第七層《使院都孔目官薛均等修塔題名碑記》第三部分第1行刻有“新樂縣清化鄉累頭村”。定州光緒十一年（1885）《新樂縣志》有載，作“壘頭村”，屬平鄉社轄村。[3]今已分化爲北累頭村、南累頭村、累頭屯村三村，屬於河北省石家莊新樂縣杜固鎮轄村。

[68] 大德鄉西河頭村：祁州蒲陰縣屬村。大德鄉，蒲陰縣轄鄉之一。《太平寰宇記》載：蒲陰縣“舊十鄉，今八鄉”[4]，但無具體鄉名，今可補其一鄉。西河頭村，清光緒三十二年（1906）《安國縣新志稿》記録該村爲西河村，屬於安國縣親賢鄉。[5]今存，爲河北省保定市安國市祁州路街道管轄。

[69] 蒲陰縣山楊鄉：祁州所屬縣鄉。蒲陰縣，春秋時曲陽城地，漢安國縣之地，“隋開皇六年（586）自鄢城移安國縣于鄭德堡，

---

1 ［清］周斯億等修，董濤纂：《（光緒）重修曲陽縣志》，《中國地方志集成・河北府縣志輯》第39輯，上海：上海書店，2006年，第276、421頁。

2 ［清］雷鶴鳴等修，趙文濂等纂：《（光緒）新樂縣志》卷一《城池》，中國臺北：成文出版社，1968年，第67、70頁。

3 ［清］雷鶴鳴等修，趙文濂等纂：《（光緒）新樂縣志》卷一《城池》，中國臺北：成文出版社，1968年，第68頁。

4 ［宋］樂史撰，王文楚等點校：《太平寰宇記》卷六十二《河北道十一》，北京：中華書局，2007年，第1271頁。

5 ［清］宋蔭桐纂修：《（光緒）安國縣新志稿》卷一《輿圖》，中國臺北：成文出版社，1969年，第29頁。

屬定州，今縣是也，其年仍改安國縣爲義豐縣。唐神功元年（697）改爲立節縣，神龍初復爲豐義縣。”[1] 宋太平興國初改曰蒲陰縣，歸河北路祁州管轄。今爲河北省保定市安國市。山楊鄉，今不存，《太平寰宇記》載，蒲陰縣“舊十鄉，今八鄉”[2]，但具體鄉名不詳，今可補其一鄉。

第三方：《定州開元寺李德澤等僧俗修塔題名碑記》録文及注釋

【題解】

此碑鑲嵌於定州塔第二層，高九十一厘米、寬九十五厘米。刊刻於咸平四年（1001）七月十八日，是定州塔内刊刻時間最早的碑刻，原碑無題目，陸繼輝在《八瓊室金石補正續編》中著録爲《定州開元寺僧俗修塔記並題名》，並言“該碑高二尺七寸五分、廣二尺九寸，經十行，記七行，行各三十四五六字。題名十七行，行字不一，字均徑七分，正書。”[3] 著録有修建定州塔的時間、源起，並録有發起建造定州塔的僧俗捐施者七十七人題名。葉昌熾在《五百經幢館碑目初稿》著録爲：“《佛説金剛壽命修塔陀羅尼經》，咸平四年歲次辛丑七月庚午朔，十八日丁亥丙時，釋省勤文，正書，

1　[宋]樂史撰，王文楚等點校：《太平寰宇記》卷六十二《河北道十一》，北京：中華書局，2007年，第1271頁。

2　[宋]樂史撰，王文楚等點校：《太平寰宇記》卷六十二《河北道十一》，北京：中華書局，2007年，第1271頁。

3　[清]陸繼輝：《八瓊室金石補正續編》卷四十二，《續修四庫全書》第900册，上海：上海古籍出版社，2002年，第335頁。

定州。”[1]

【録文】

1《佛説金剛壽命修塔陀羅尼經》

2 善男子，今爲汝説修造佛塔陀羅尼法，即説咒曰：

3 唵（引一）薩婆怛他揭多（二）末羅毗輸達尼（上三）健陀鞞黎鉢郍伐囇（四）鉢喇底僧塞迦囉（五）怛他

4 揭多馱都達囇（六）達囉達囉（七）珊達囉珊達囉（八）薩怛他揭多阿地瑟恥帝莎訶。

5 若有比丘、比丘尼、優婆塞、優婆夷，若自造塔，若教人造，若修故塔，若作小塔，或以泥作，或用磚石，

6 應先咒滿一千八遍，然後造作。其塔分量或如爪甲[1]，或長一肘[2]，乃至由旬[3]，以其咒力及志心，故於泥等塔

7 中出妙香氣。所謂牛頭旃檀[4]、赤白旃檀[5]、龍腦、麝香、鬱金香等，及天香氣自作，教人皆得成就，廣大

8 善根，福德之聚。若有飛鳥、蚊、虻、蠅等至塔影中，當得授記於阿耨多羅三藐三菩提而不退

9 轉。若遥見此塔，或聞鈴鐸聲，或聞其名，彼人所有五無間業[6]一切罪障皆得消滅，常爲一切諸佛

10 護念，得於如來清浄之道，是名修塔陀羅尼法。《佛説金剛壽命修塔陀羅尼經》。

11 定州開元寺[7]僧俗修塔邑衆都維郍[8]李德澤等記。中山寄釋省勤[9]述。

12 稽首歸命窣堵波[10]乃能仁[11]之廟貌也，南無依投陀羅尼寔調

1 [清]葉昌熾撰，任曉煒箋注：《五百經幢館碑目初稿》，收入《美術史與觀念史》，南京：南京師範大學出版社，2009年，第257頁。

御之秘密也，斯乃標顯

13 遺骨，運感遥悲，紹龍王之殷基，嗣恕伽[12]之隆敬，始興八方，鎮利四洲，出奇祉以無垠，化信根而

14 焉限。今有當州[13]邑衆、都維那李德澤等，慕端直之操，急進善之心，蓋割家皃，樹崇

15 寶塔。外發鬱柔之語，説苦言辛；内化堅勁之情，捐金捨玉。雖未圓於巨利，訪

16 時哲以同崇。今已召邑人共契長年之盛業[14]，將成有助，旌慶無休，磨琰書功，

17 玉剌緬邈而記之。時大宋咸平四年歲次辛丑七月庚午朔十八日丁亥丙時建。

18 奉聖旨西天取經迴賜紫都功德主[15]沙門令能[16]、副功德主沙門法沂、副功德主僧淳慶、

19 都維那泰寧軍隨使知客[17]李德澤、副維那[18]安思軫、副維那安思均、維那李祚、

20 副維那鎮安軍隨使押衙[19]張光裔、維那泰寧軍隨使勾押官[20]鄭居義、邑人李德、

21 維那路延福、維那張延興、維那王匡嗣、維那史惠安、維那王君海、

22 維那趙處熙、維那李澄、維那李貴、邑人劉演、邑人王用、邑人劉閏、

23 邑人前司理判官[21]李夢周、邑人李守琪、邑人賈繼祚、邑人高延超、邑人劉宗、

24 邑人使院[22]勾押官點檢州司公事[23]李璘、邑人李旻、邑人張守一、邑人李能、邑人李興、

25 邑人馮旻、邑人邵昇、邑人史從真、邑人石文玉、邑人袁敏、邑人蕭瓊、

26 邑人曹思恩、邑人宿□、邑人王斌、邑人張忠、邑人李唐進、邑人劉贊、邑人史洪謙、

27 邑人甄行爽、邑人甄行貴、邑人高貴榮、邑人張知信、邑人張再興、邑人李唐暉、

28 邑人崔令斌、邑人趙廷温、邑人耿遇、邑人劉光祚、邑人王萬金、

29 邑人李讓、邑人張嘉文、邑人泰寧軍隨使教練使[24]任晏、

30 仙林寺[25]僧智嵩、邑人曹□、邑人張□、邑人王廷威、邑人劉從、邑人王隱、

31 邑人前府州子城使[26]田麗澤、邑人鄧進昭、鄧守贊、邑人孫謙、

32 邑人前節度孔目官[27]高嵒。維郝曲陽酒務劉真。前攝横海軍節度巡官[28]王昭信、

33 邑人前攝祁州司馬[29]李廷誨、左教練使勾當中軍務[30]士元、

34 邑人醫學博士[31]李士廉、鄉貢三傳[32]李仁崇、王謙。

【注釋】

[1] 爪甲：爪甲即指甲，此處指塔的重量，像指甲一樣輕。

[2] 長一肘：佛教長度單位，梵語爲 hasta。一般有舒肘量和拳肘量兩種。舒張手指，從肘之本端至中指末端之長度，稱爲舒肘量；從肘之本端至握拳之末的長度，稱爲拳肘量。一肘所表示之長短諸經表述不一。《大唐西域記・印度總述》載："分一肘爲二十四指。"[1] 宋代僧人釋法雲在《翻譯名義集》中言："一肘，人一尺八寸，佛三尺六寸。"[2]

1 [唐]玄奘、辯機撰，季羡林等校注：《大唐西域記校注》卷二《三國・印度總述》，北京：中華書局，2000年，第166頁。

2 [宋]趙汝適撰，楊博文校釋：《諸蕃志校釋》卷上《志國・遏根陀國》，北京：中華書局，2000年，第124頁。

[3] 由旬：古印度里數名，佛教用語，梵語爲 yojana。其長短諸經表述不一。《維摩經》將由旬分爲大、中、小三種，"小由旬是四十里，中由旬是六十里，大由旬是八十里。"[1]

[4] 牛頭旃檀：旃檀指旃檀香樹，旃檀木中最具香氣者，梵文爲 Gosirsa-candana。以其産地之山狀若牛頭，故稱。

[5] 赤白旃檀：印度香木名，分赤白兩種，梵語爲 Candana。

[6] 五無間葉："葉"應爲"業"。五無間業指殺母、殺父、殺阿羅漢、破和合僧、出佛身血等五逆罪。此五種罪業能招感無間地獄之苦果，故又稱五無間業。

[7] 定州開元寺：北宋時定州屬河北道，後歸河北路管轄，具有重要軍事地位。"天下十八道，惟河北最重。河北三十六州軍，就其中又析大名府、定州、真定府、高陽關爲四路，惟定州最要。定爲一路治所，實天下要重之最。"[2] 定州開元寺的淵源可追溯到北魏太和十六年（492）所建的七帝寺。其寺塔前出土的七寶瓶有銘文記載："太和十六年，道人僧暈爲七帝建三丈八彌勒象二菩薩。"[3] 北周建德六年（577），因武帝滅佛，七帝寺毁壞嚴重。隋文帝楊堅繼位後大力提倡佛教，七帝寺在開皇初年被重新修復。開皇十六年（596），七帝寺更名爲正解寺[4]。唐開元二十六年（738），"敕每州各以郭下定形勝觀寺，改以

---

1 宣化法師：《〈妙法蓮華經〉淺釋》卷一，北京：宗教文化出版社，2009 年，第 149 頁。

2 曾棗莊、劉琳主編：《全宋文》卷六〇八《定州閱古堂序》，上海：上海辭書出版社、合肥：安徽教育出版社，2006 年，第 29 册，第 30 頁。

3 [清] 葉昌熾撰：《語石語石異同評（考古學專刊丙種第四號）》，北京：中華書局，1994 年，第 317 頁。

4 趙生泉：《〈正解寺殘碑〉綴補》，《文物春秋》，2003 年第 4 期，第 57—62、78 頁；馮賀軍：《〈重修七帝寺院碑記〉釋解》，《故宫博物院院刊》，2005 年第 2 期，第 62—75 頁。

開元爲額”[1]，後因唐武宗會昌滅佛的影響，開元寺又遭破壞。至宋又重建開元寺。北宋咸平四年（1001）修建開元寺塔，歷時五十餘年修成。北宋時期的開元寺規模宏大，有上生院、上生閣、百法院等院落。

[8] 都維郍：又做“都維那”，早期佛教寺院三綱之一。“寺有上座、寺主、都維那，是爲三綱。”[2]一般管衆僧庶務，主掌僧衆威儀、進退、綱紀。南北朝時期都維郍爲中央僧官之一，後逐漸演變爲地方邑社首領。五代時期民間社邑中已多有“都維那”一職，一般由俗人充當，至此，“都維那”已成爲民間佛教邑社的重要統領。此碑刻中泰寧軍遣使知客李德澤出任“都維那”，本碑中“都維”排名最前，後列“副維那安思均、維那李□”等人。“都維那”僅有“李德澤”一人，而“副維那，維那”有多人，在《檀下村維郍劉習等修塔題名碑記》中有“都維那承局吕召洪、維那承局任贇、次維那李煦充”的記載。在民間佛教社邑中，“都維那”的地位一般較高。

[9] 釋省勤：人名，待考。

[10] 窣堵波：梵文 Stupa 的音譯，亦譯“窣都婆”“偷婆”“塔婆”“素覩波”“藪偷婆”“私鍮簸”，意譯“方墳”“圓塚”“大聚”“靈廟”“高顯處”“功德聚”等，古代佛教特有的建築類型之一。梵文前亦可加“Buddha”，音譯“佛陀窣堵波”，意譯爲“浮圖”，即佛塔。《大唐西域記》載“窣堵波，即舊所謂浮圖也。”[3]一般指供奉安置舍利、經文和各種佛教法器的處所。

---

1 [宋]王溥：《唐會要》卷五十《雜記》，北京：中華書局，1985年，第879頁。

2 [唐]長孫無忌等撰，岳純之點校：《唐律疏議》卷六《名例·凡一十三條》，上海：上海古籍出版社，2013年，第117頁。

3 [唐]玄奘、辯機撰，季羨林等校注：《大唐西域記校注》卷一《三十四國·呾蜜國》，北京：中華書局，2000年，第104頁。

[11] 能仁：梵語 Sakyamuni 的意譯，即釋迦牟尼，爲有能力與仁義的智者。

[12] 恕伽：指阿育王。

[13] 當州：指本州，此處指定州。

[14] 盛葉：應爲“盛業”。

[15] 都功德主：功德主即供養佛、法、僧三寶的施主、檀越養，簡言之爲寺院整體或者部分佛像、寺院設施等贊助財物的人，被稱爲功德主或供養人。

[16] 令能：從此人的封號“奉聖旨西天取經迴賜紫都功德主沙門”來判斷，應爲“會能”，非“令能”。定州開元寺塔的修建是因爲宋真宗咸平年間爲保存開元寺僧會能從天竺所得佛經、舍利子，下令而建的。清道光二十九年（1849）《定州志》載：“開元寺僧會能，嘗往西竺取經，得舍利子，宋真宗咸平四年（1001）詔建塔。會能董其役，伐材於嘉山，至仁宗至和二年（1055）始成。”[1] 該題名碑記第 17 行載“大宋咸平四年歲次辛丑七月庚午朔十八日丁亥丙時建”，與方志記載一致，故此處應爲“會能”。

[17] 泰寧軍隨使知客：泰寧軍，唐設，治所在兖州。《輿地廣記》載：“天寶元年曰魯郡，後升泰寧軍節度。周降防禦。皇朝建隆元年（960）復泰寧軍，大中祥符元年（1008）升都督府。”[2] 隨使，唐代方鎮使府的文職僚佐，乃節度使心腹。宋成爲州縣衙門的小吏。知客，五代時屬客司管理，地位和聲望頗高。嚴耕望認爲：

1 ［清］寶林等纂修：《（道光）定州志》卷五《地理・古蹟》，中國臺北：成文出版社，1969 年，第 524 頁。

2 ［宋］歐陽忞撰，李勇先、王小紅校注：《輿地廣記》，成都：四川大學出版社，2003 年，第 134 頁。

"知客、作坊、財富、倉儲親要職任，皆以押衙兼充。"[1]知客在五代時爲節度使府的要職。宋代，知客依然隸屬於客司，雖有左右知客之分，但已成爲地位低下的胥吏。宋真宗大中祥符八年（1015）將知客定爲二等衙使。"開封府言：'定衙吏爲三等：左、右都押衙爲第一等，以五年出職；客司左右知客、押衙爲第二等，六年。'"[2]其主要職能除爲"官府提供迎來送往招待役使外，還被差往外地迎送官員、負責州城廂内的司法緝捕等各種雜差使。"[3]

[18] 副維那：民間佛教社邑首領之一，輔助都維那或維那管理日常佛教社邑事務。

[19] 鎮安軍隨使押衙：鎮安軍，五代置，治所在陳州。隨使押衙爲衙前吏人。《太平寰宇記》載："開運二年（945）升爲鎮安軍。漢天福十二年（947）降爲刺史州。周廣順元年（951）又升爲防禦州，二年（952）復爲鎮安軍節度使。皇朝因之。元領縣六。今五：宛丘，項城，商水，南頓，西華。一縣割出：太康。"[4]隨使，唐方鎮使府的文職僚佐，宋代爲州縣衙門小吏，屬定衙使的第二類。《資治通鑑》天寶六載"押牙畢思深"條胡三省注："押牙者，盡管節度使牙内之事。"[5]嚴耕望先生認爲："知客、作坊、

1 嚴耕望：《唐代方鎮使府僚佐考》，《唐史研究叢稿》，香港：香港新亞研究所，1969年，第233頁。

2 ［清］徐松輯，劉琳等校點：《宋會要輯稿》職官四八之九五，上海：上海古籍出版社，2014年，第7册，第4373頁。

3 苗書梅：《宋代州級公吏制度研究》，《河南大學學報（社會科學版）》，2004年第6期，第103頁。

4 ［宋］樂史撰，王文楚等點校：《太平寰宇記》卷十《河南道十・陳州》，北京：中華書局，2007年，第183頁。

5 ［宋］司馬光編撰，［元］胡三省音注：《資治通鑑》卷二百一十六《唐紀三十二》，天寶六載十二月己巳，北京：中華書局，1956年，第6887頁。

財富、倉儲親要職任，皆以押衙兼充。”[1] 北宋依然沿用了唐末五代節度使府中押衙的稱謂，押衙轉入地方行政機構，變成了地方胥吏，成爲一種役吏名目。主要管理及押運官物，管理州郡的各種物資倉庫和官府日常支用所出自的公使庫。“民役之重者，自里正歲滿爲牙前，主典府庫，或輦運官物。”[2]

[20] 隨使勾押官：隨使，宋代地方衙門的文職小吏，屬衙前。勾押官，最早出現於唐中後期，最晚不遲於唐文宗時期，五代、北宋沿用。五代時期的州級制度基本沿襲唐制，大致可分五個級別：節度、觀察、團練、防禦和刺史。勾押官即爲其中設置的幕職官，並常常與孔目官一同出現，應該是從事財政文籍帳簿的核驗。北宋初期，勾押官在中央和地方均有設置。在中央機構中，設置於宣徽院、三班院、三衙、群牧司和侍衛親軍馬步軍等機構；地方州院、使院中也設有勾押官，“府院置孔目、勾押司、開拆官、行首、雜事、前行，其餘州府使院置都孔目官、都勾押官各一人，又節度、觀察有孔目、勾押、勾覆、押司官、前後行之名。”[3] 此外在最基本的縣級管理機構中也有設置，定州塔第四層《在州使院邑衆等修塔題名碑記》刻有：“糧草案勾押官、商税案勾押官、户口案勾押官、差科案勾押官”。勾押官，雖帶“官”字，而實際上却是吏人。“外則如句押官、孔目官、散從官之類，寔古之胥徒也，乃謂之官。”[4] 職能大致爲承辦文書、財政工作。

1　嚴耕望：《唐代方鎮使府僚佐考》，《唐史研究叢稿》，香港：新亞研究所，1969 年，第 233 頁。

2　[宋] 李燾：《續資治通鑑長編》卷一百十四，景祐元年正月庚午，北京：中華書局，2004 年，第 2659 頁。

3　[清] 徐松輯，劉琳等校點：《宋會要輯稿》職官四七之二，上海：上海古籍出版社，2014 年，第 7 册，第 4265 頁。

4　[清] 徐松輯，劉琳等校點：《宋會要輯稿》職官五六之四一，上海：上海古籍出版社，2014 年，第 8 册，第 4549 頁。

[21] 司理判官：宋朝州級司法官職名稱。太平興國四年（979）設置。開寶六年（973）七月，宋太祖“改馬步院爲司寇院，以新及第進士、《九經》《五經》及選人資序相當者爲司寇參軍。”[1] 太平興國四年（979）十二月，宋太宗對司寇院及其屬官進行改革。將司寇院改爲司理院，設置司理判官一名，選諸州通曉法律牙校充任。司理院“令於選部中選歷任清白、能折獄辨訟者爲之，秩滿，免選赴集。又置判官一員，委諸州於牙校中擇有幹局曉法律高貲者爲之。”[2] 雍熙三年（986）“是月，始用士人爲司理判官。”[3]

[22] 使院：使院源於唐代的節度使制度，胡三省在《資治通鑑》注釋時釋爲：“使院，節度使司官屬治事之所。”[4] 唐末，使院主要是由節度使統領，幕職官參與治州，與録事參軍所領的州院並存。這種情況到五代時發生了變化，録事參軍地位提高、職能擴大，相應地，唐時高級幕職官演變爲州級的僚佐官。幕職官職能的變化意味着他們所在的使院地位的下降。入宋以後，由於節度使制度的瓦解和中央集權的集中，使院由原來節度使屬官演變爲衙前吏人的官舍，由各州幕府判官或推官掌領之。使院徹底失去了軍事職能，從而演變成州的文書管理機構，多由判官監領。[5] 使院中所設官職主要有節度判官、推官、觀察判官、

1 ［宋］李燾：《續資治通鑑長編》卷十四，開寶六年秋七月壬子，北京：中華書局，2004 年，第 305 頁。

2 ［元］馬端臨：《文獻通考》卷一百六十六《刑考五》，北京：中華書局，2011 年，第 4977 頁。

3 ［宋］李燾：《續資治通鑑長編》卷二十七，雍熙三年三月丁亥，北京：中華書局，2004 年，第 610 頁。

4 ［宋］司馬光編撰，［元］胡三省音注：《資治通鑑》卷二百五十七《唐紀七十三》，僖宗光啓三年夏四月丁巳，北京：中華書局，1956 年，第 8352 頁。

5 賈玉英：《唐宋時期州僚佐體制變遷初探》，《中州學刊》，2012 年第 6 期，第 153—157 頁。

節度掌書記、觀察支使等幕職官，同時還有許多吏人和役人。北宋末年“使院”改爲“簽庭”。[1]

[23] 勾押官點檢州司公事：《宋會要輯稿》記載：（天聖）六年（1028）七月，開封府言：“在府使院十一案，每日行遣錢穀、稅賦及刑獄諸般文書不少，欲乞添置守闕勾押官壹名，已後爲額，與都孔目官同共繫書，點檢諸司公事。”[2]可見，點檢諸司公事可由勾押官和都孔目官來承擔。

[24] 隨使教練使：宋代衙前職名，屬吏職，爲北宋胥吏。唐代屬軍職，多由衙校充當，稱將吏衙前。宋初沿置，不屬軍職，隨使教練使爲衙前吏人，用爲公人遷轉之階，掌管官物，負責輦運，常主持場務、倉庫、館驛、河渡、綱運等。

[25] 仙林寺：可能在定州城内。定州淨衆院出土《創修淨衆院記碑》載：“近聞在城仙林寺有前住持講經沙門演上人，俗郡琅琊，生於上穀……”[3]可見仙林寺應在定州城内，具體位置待考。

[26] 子城使：宋代衙前職名，屬吏職，爲北宋胥吏。《兩朝國史志》載：“衙前置都知兵馬使、左右都押衙、都教練使、押左右教練使、散教練使、押衙軍將，又有中軍、子城、鼓角、宴設、作院、山河等使，或不備置。”[4]唐五代時是節度使府衙廣泛出現的武職僚佐名稱。宋襲五代舊制，子城使雖是軍職，但不參

1　苗書梅：《宋代的“使院”、“州院”試析》，《宋代文化研究》第17輯，成都：四川大學出版社，2009年，第171—185頁。

2　[清]徐松輯，劉琳等校點：《宋會要輯稿》職官四八之九六，上海：上海古籍出版社，2014年，第7册，第4374頁。

3　[日]出光美術館：《地下宮殿の遺寶—中國河北省定州北宋塔基出土文物展》，東京：東京印書館，1997年，第36頁；賈敏峰：《河北省定州市〈創修淨衆院記〉碑文整理》，《世界宗教研究》，2017年第4期，第182—184頁。

4　[清]徐松輯，劉琳等校點：《宋會要輯稿》職官四七之一，上海：上海古籍出版社，2014年，第7册，第4265頁。

與軍事活動，只是有軍職招牌的吏。“教練使、子城使之類，從字面上看，也應屬軍職衙校之列，然而前引《萍洲可談》則謂之‘衙皂’，即衙吏。開封府亦將都押衙等統稱‘衙吏’。”[1]

[27] 孔目官:吏名，唐“開元五年置”[2]，集賢殿書院始設，主掌皇帝詔書的起草和文書檔案的整理，之後被普遍廣泛地設於中央和地方藩鎮中。唐後期出現了名目繁多的孔目官，職掌範圍愈加複雜,孔目官群體越來越大[3]。孔目官已逐步演變爲藩鎮中的重要官員，官職不大，但地位十分重要。入宋後，孔目官地位降低，名稱中雖帶“官”字，實際已經成爲“吏人”。定州塔題名碑記中所載孔目官主要爲在州使院中所設，名目繁多。主要有“都孔目官、孔目官、知勾孔目官、節度孔目官、觀察孔目官、支計孔目官”等。孔目官種類不同，其具體職能也不同。都孔目官,爲孔目官群體中級別最高的。宋代節度州和觀察州設有孔目、勾押、勾覆、押司官、前後行等。定州屬節度州，節度孔目官、觀察孔目官即爲其中所設之吏人。其他在都孔目官之下的各類孔目官，從其名稱可大致推斷其職能。支計孔目官可能爲管理賬籍財賦的吏員。總其孔目官之職能，司馬光在《資治通鑑》中載:“孔目吏，今州部皆有之，謂之孔目官，亦謂之都吏，言一孔一目無不總也。”[4] 可知孔目官乃“綜理衆事”，掌管各州縣賦税、户籍、文書等事務，成爲州人吏之首。具體而言：第一，

1　王曾瑜:《宋衙前雜論（一）》,《北京師院學報（社會科學版）》，1986年第3期，第80頁。

2　[唐]李林甫等撰，陳仲夫點校:《唐六典》中書省集賢院史館匭使卷九《中書侍郎·集賢殿書院》，北京：中華書局，1992年，第280頁。

3　趙丹:《唐、五代藩鎮孔目官研究》，黑龍江大學碩士學位論文，2011年，第16頁。

4　[宋]司馬光編撰，[元]胡三省音注:《資治通鑑》卷二百三十二《唐紀四十八》，建中四年十一月辛丑，北京：中華書局，1956年，第7475頁。

具有處理文書的職能。孔目官與勾押官都有對各類文書“同共繫書”和“點檢諸公事”的職能，且文書類型很豐富，包含錢穀、税賦、刑獄等諸多種類;第二，管理吏人。孔目官雖爲吏人，但實爲吏人之首，對其他小吏有選用管理之責;第三，掌管錢財。

[28] 攝横海軍節度巡官：攝，權攝官。横海軍爲節度州，治滄州，今河北滄縣[1]。節度巡官爲節度使、觀察使、團練使、防禦使屬官，位居判官、推官之次。

[29] 攝祁州司馬：攝，權攝官。司馬，散官名。宋代十等散官之第七等。正九品。其官銜系所除州名。如“劉平既敗，乃授宇青州司馬”[2]。隋、唐前期爲文職僚佐，由文人任職並參與管理軍務。宋代雖依然沿用司馬這一職官，但其地位和職權却較低，成爲品級較低的州縣官。碑文中的“前攝祁州司馬”，司馬爲低級品官，但冠以”攝“字，便成“號爲出職，未有得爲品官者”。[3]“至都知兵馬使，三年滿出職，如願在班行，即押赴闕；如不願者，與攝長史、司馬。”[4]“如選懦、不習書劄及老疾不任差使者，却送逐處，與攝長史、司馬。”[5]實際只是無實際職權的散官正九品寄禄官。

[30] 左教練使勾當中軍務：應爲右教練使管理軍中事務。

1 [宋]王存撰，王文楚、魏嵩山點校：《元豐九域志》卷二《河北路・東路》，北京：中華書局，1984年，第64頁。

2 [宋]李燾：《續資治通鑑長編》卷一百三十三，慶曆元年九月戊午，北京：中華書局，2004年，第3175頁。

3 [清]徐松輯，劉琳等校點：《宋會要輯稿》職官四八之一百，上海：上海古籍出版社，2014年，第7册，第4376頁。

4 [清]徐松輯，劉琳等校點：《宋會要輯稿》職官四八之九七，上海：上海古籍出版社，2014年，第7册，第4374頁。

5 [清]徐松輯，劉琳等校點：《宋會要輯稿》職官四八之九六，上海：上海古籍出版社，2014年，第7册，第4373頁。

[31] 醫學博士：碑文“博”作“愽”。屬於博士官之一種，屬於低級官吏。醫學博士最初設於開元元年（713），按照州的等級不同，從九品到八品不等。如《唐六典》中記載：“醫學博士一人，從八品下；助教一人；學生十五人。”[1]《玉海·學校篇》中對醫學博士的來源、職能做了詳細解釋：“唐制，太醫局醫博士一人，掌療民疾習本草、甲乙脈經，分而爲業。貞觀三年置醫藥博士及學生。開元元年，改醫藥博士爲醫學博士，諸州置助教。”[2]宋代承襲唐制。范仲淹的《上仁宗乞選醫師教授生徒》中有言：“臣觀《周禮》，有醫師掌醫之政令，歲終考其醫事，以制其禄。是先王以醫事爲大，著于典册。我祖宗朝置天下醫學博士，亦其意也。”[3]

[32] 鄉貢三傳：“鄉貢”爲經過州縣考試而推薦給中央的生源；“三傳”是科舉制度下的一個考試科目，主要考查考生對《左氏春秋傳》《春秋穀梁傳》《春秋公羊傳》的背誦理解，目的在於爲政府選拔出通曉儒家經典的人才。因此“鄉貢三傳”就是指不屬於學館的學生而報考三傳科的應試者。“三傳”，中國古代科舉取士的制度中，生源一般有兩種，一是生徒，一是鄉貢。“由學館者曰生徒，由州縣者曰鄉貢。”[4]即不經過學館而經過州縣考試，及第後再送往尚書省的應試者稱作“鄉貢”。據《舊唐書》記載：大中十年（856）“三月，中書門下奏：‘據禮部貢院見置科目，開元禮、三禮、三傳、三史、學究、道舉、明算、童子等九科’”。[5]

1 ［唐］李林甫等撰，陳仲夫點校：《唐六典》三府督護州縣官吏卷三十《京兆·河南》，北京：中華書局，1992年，第743頁。

2 ［宋］王應麟：《玉海》卷一百十二《學校》，揚州：廣陵書社，2003年，第2069頁。

3 ［宋］趙汝愚：《宋朝諸臣奏議》，上海：上海古籍出版社，1999年，第914頁。

4 ［宋］歐陽修：《新唐書》卷三十四《選舉志上》，北京：中華書局，1975年，第1159頁。

5 ［後晉］劉昫等撰：《舊唐書》卷十八《宣宗本紀》，北京：中華書局，1975年，第634頁。

可知唐朝開始，“三傳”成爲科舉取士的常科之一。宋承前制，也設立三傳科。《續資治通鑑長編》載：“（開寶六年（973）春三月）乙亥，上御講武殿親閲之，得進士二十六人，士廉預焉，五經四人，開元禮七人，三禮三十八人，三傳二十六人，三史三人，學究十八人，明法五人，皆賜及第。又賜準錢二十萬，以張宴會。”[1] 直到晚清時期廢除科舉取士，三傳科才退出歷史舞臺。

第四方：《東頭供奉官閤門祗候知乾寧軍事田思明等修塔題名碑記》録文及注釋

【題解】

此碑鑲嵌於定州塔第二層，高七十二厘米，寬六十六厘米。原碑無題目。碑文二十六行，行七至三十六字不等。捐施人主要爲大城縣、乾寧縣各機構吏人，涉及的佛教社邑類型有：朝堂邑、普賢邑、涅槃邑、税前邑，還涉及定州城内按照行業所結成的佛教社邑：鍛行、油行及各寺院捐施人。此碑對研究北宋時期基層職官制度具有參考價值。有關此碑目前的研究主要有賈敏峰《從文物資料看北宋前期定州的佛教邑社》[2] 一文。

【録文】

1 東頭供奉官閤門祗候知乾寧軍事田思明[1]。

1 [宋]李燾:《續資治通鑑長編》卷十四，開寶六年三月辛酉，北京：中華書局，2004年，第297—298頁。

2 賈敏峰：《從文物資料看北宋前期定州的佛教邑社》，《文物春秋》2015年6期，第37—44頁。

2 右班殿直知霸州大城縣事兵馬監押兼監鹽酒商税常晸，將仕郎守司法參軍劉保衡[2]。

3 内品監税鹽務孟保忠[3]，將仕郎守司理參軍高保乂[4]，登仕郎守乾寧縣令[5]張柄，靳揑。

4 内侍省勾當事内品監乾寧軍商税吴□，將仕郎守乾寧縣主簿騰文[6]，右教練使許召，子城使魏遠，

5 鹽税司徒張演、韓睿、劉璉、任准、張九思，酒務許召、劉濟、朱美、田守一、劉思進，三傳李日新、

6 盧希嶼、張延玉、寇順、李惟清、張慶、高璘、李節用、王汭、谷睿、亐贇、田加乂、田緒、尹希清、

7 翟則、于習、朱嗣、劉思進、李日新、盧希緒、張延玉、寇順，押司張緒，録事袁珪、印史、崔德、張贇，

8 前行[7]孫節、前行梁興、衛暹、朱勍，鎮將傳周、寇贇。廂虞候[8]李玉、趙贇，通引官[9]臧澄、李顒、王均

9 張暹、王緒、董寧、張演、韓睿、劉璉、任准、劉濟、朱美，前行李矩、前行楊璉、前行常緒。

10 振武指揮使[10]侯扆，員寮[11]劉謙、員寮田道、員寮王福，押司官杜璘，

11 左都押衙[12]王超、右都押衙李均，左教練使劉恕，知客王璘，通引行首[13]王則，衙前[14]傳周，學究[15]任雋，

12 子城使李眷、子城使劉文、子城使丁友，孔目官王演，勾押官傳玉、勾押官柳文，行首劇志言，押官[16]齊凝，

13 經邑首[17]王祚，普賢邑[18]蔡則，涅槃邑[19]首李榮、邑首劉演、邑首楊顯、邑首牛斌，土地邑[20]高欽，

14 税錢邑[21]岳美、税錢邑張謙，朝堂邑[22]苑嗣，鍛行邑[23]劉遇，油行[24]張胤、邑首楊慶。節級王恕、張進、

15 王興、劉榮，税務王□、趙能、石鷹、龐五戒。乾寧軍乾明寺[25]尼妙真、智悟、瓊德、法清、頭陀[26]妙真。

16 北關男弟子王辛、母王氏、弟王顯、新婦龐氏、張氏、袁氏、女要女、男文遂、曹友、侄男文通、王哥、

17 賽哥、四哥、馬留、六哥、潤兒、孫宜叔、滿堂。

18 虎翼都虞候[27]張謙。

19 前深州武强縣尉[28]張式。父昢，坊市張用。無極縣趙户村[29]趙密。

20 僧正[30]瓊真，副正[31]法顒，判官[32]惠軍，謹上《法花》《上生經》希杲，講經沙門[33]福密、表白沙門[34]文朗、僧道進、

21 僧惠明、僧福臻、表白沙門覺正、僧清素，講《法花》《上生經》沙門法靄。

22 洺州施主[35]俗弟子李賓合家，孫子元吉、次孫元溦、重孫鄭黑、重孫謝留、孫合姐、滿姐、

23 新婦劉氏、新婦宋氏、新婦霍氏、女子田氏。

24 霸州大城縣宣善寺[36]主講《法花經》沙門惠超。

25 鮮虞坊[37]女邑郭氏等、何氏、蔣氏、時四姨、李氏三姐、李三姐、張氏、七哥、王氏。

26 莫州客[38]劉義達等、李斌、妻王氏、男德元、和忠、男文遂、宋瑨、郝璨、王元。

【注釋】

[1] 田思明：史書無載，待考。田思明所任東頭供奉官爲階官名、閤門祇候職官名，知乾寧軍事爲差遣。東頭供奉官，武階名，八品。唐置，宋沿置，一般由武將擔任，分東、西頭供奉官。供奉官最主要的職役就是每日赴垂拱殿起居，充當皇帝的侍臣，供奉殿廷，以備驅使。閤門祇候爲宋初的閤門職事官，從八品，

武臣外任許帶行。知乾寧軍事爲田思明的實際執掌。宋代隸屬於府州的“軍”相當於縣，但地位又高於縣，長官爲軍使。宋初爲了加强中央集權，在地方長官的任用上，開始逐步採用差遣制，以京朝官知地方事，稱爲守臣。因“知某府軍府事”“知某州軍州事”“知某縣事”相應地簡稱爲“知府”“知州”“知縣”。而作爲地方行政單位的軍，其長官作爲守臣亦稱“知某軍事”，簡稱“知軍”。[1] 本碑中“知乾寧軍事”爲州級軍的長官。

[2] 劉保衡：史書無載，待考。右班殿直，武臣階官名。知霸州大城縣事、兵馬監押均爲劉保衡的差遣官，監鹽酒商税參軍爲其所兼任職務，也屬於差遣，將仕郎爲階官。左右班殿直爲武階名，屬三班小使臣階列，元豐時期爲正九品。知霸州大城縣事爲劉保衡的實際執掌。宋代從乾德元年（963）開始以京朝官知某縣事，之後成爲定制，品秩視該朝官“本官階”或“寄禄官階”。兵馬監押，差遣官。北宋的兵馬監押經常由地方的知縣兼任。“國朝以來，置總管、鈐轄、都監押爲將帥之官，凡州、縣有兵馬者，其長吏未嘗不兼同管轄。蓋知州即一州之將，知縣即一縣之將故也。”[2] 李昌憲先生認爲至北宋真宗朝，在路、州、縣三級已確立了由都部署至都監、監押組成的新的地方統兵體制。[3] 兵馬監押掌管一縣兵馬，主要負責兵馬的屯駐、兵甲、訓練等事。兵馬監押武臣由三班使差充，文臣由京官、知縣、知監、知鎮兼任，内侍官亦差充。兵馬監押轉官爲兵馬都監。資品低稱爲

1　龔延明：《宋代官制詞典》，北京：中華書局，1997 年，第 537 頁。

2　[宋]李燾：《續資治通鑑長編》卷三百五十五，元豐八年四月庚寅，北京：中華書局，2004 年，第 8499 頁。

3　李昌憲：《試論宋代地方統兵體制的形成及其歷史意義》，《史學月刊》1996 年第 2 期，第 31 頁。

監押，高稱都監。[1]也就是説就任的武官如果資歷不足就不稱兵馬都監而稱兵馬監押。此碑中兵馬監押由大城縣知縣來兼任。監鹽酒商税參軍爲宋代監當官。宋代很多監當官多由地方知縣兼任，“監當官，又稱監官，是宋代地方上掌管茶、鹽、酒税專賣事務、商税徵收以及倉庫管理等事務官員的統稱。”[2]是一種在地方徵收鹽酒商税等物資徵税的事務官，多由選人、使臣差充，也有京朝官責降爲監當官者。前加“兼”聯繫本碑則本職爲兵馬監押，“監鹽酒商税參軍”爲其兼職。將仕郎，文散官官名。宋代爲從九品下。司法參軍，全稱爲司法參軍事，是地方司法官。唐代各州設司法參軍，掌管鞫獄斷刑、緝捕盜賊，教化百姓。“司法參軍掌律、令、格、式，鞫獄定刑，督捕盜賊，糾逖姦非之事，以究其情僞，而制其文法。赦從重而罰從輕，使人知所避而遷善遠罪。”[3]據州地位不同，司法參軍的品級和設置人數也不同。上州二人，秩從七品下；中州一人，秩正八品下；下州一人，秩從八品下。[4]宋初基本上每州設置一員，開寶三年（970）：“諸州凡二萬户者，依舊設曹官三員；户不滿二萬，止置録事參軍、司法參軍各一員，司法兼司户；不滿萬，止置司法、司户各一員，司户兼録事參軍；不滿五千，止置司户一員，兼司法及録事參軍事。”[5]宋太宗在至道二年（996）四月規定：“諸州司法參軍有不明律令者，宜令本路轉運司於管

1　龔延明：《宋代官制詞典》，北京：中華書局，1997年，第451頁。

2　韓世婧：《宋代監當官及相關問題研究》，西北大學碩士學位論文，2015年，第32頁。

3　[唐]李林甫等撰，陳仲夫點校：《唐六典》卷三十《三府督護州縣官吏》，北京：中華書局，1992年，第749頁。

4　[宋]歐陽修：《新唐書》卷四十九《百官志》，北京：中華書局，1975年，第1317—1318頁。

5　[宋]李燾:《續資治通鑑長編》卷十一，開寶三年秋七月壬子，北京：中華書局，2004年，第247頁。

内判、司、簿、尉選通明格法者，兩換之。”[1] 司法參軍的職權與唐代相比大大縮小。司法參軍的鞫獄權被取代了，督盜賊之職則分給了巡檢等武臣，司法參軍所剩的主要司法職能是在録事、司理參軍等審理案件後檢出適應的法律條文，以供長官判決時照用。[2] 碑文中在劉保衡所任“司法參軍”之前有一個“守”，守某官有兩義，一爲試任某職，一指以較低官階署理較高官階之職。將仕郎與司法參軍品級相當，應爲將仕郎階官試任乾寧軍司法參軍。

[3] 内品監税鹽務孟保忠：史書無載，待考。内品監税鹽務，監當局名。先後隸三司、都提舉市易司、太府寺。

[4] 將仕郎守司理參軍高保乂：史書無載，待考。其所任職官將仕郎守司理參軍：將仕郎爲階官，從九品下。司理參軍，簡稱“司理”階官。宋太祖開寶六年（973），於諸州府置司寇參軍，專掌訟獄勘鞫公事。太宗太平興國四年（979），改司寇院爲司理院，司寇參軍亦改稱司理參軍。“司理參軍是宋代州級屬官中的專職司法官，主要負責初審本州刑事案件和掌管司理院羈押囚犯的工作”[3]。此處將仕郎與司理參軍品級相當，應爲將仕郎階官試任乾寧軍司理參軍。

[5] 登仕郎守乾寧縣令：登仕郎爲階官，正九品下。乾寧軍領一縣：乾寧縣。乾寧縣爲乾寧軍治所，“乾寧縣，四鄉，舊名永安縣，與軍同置在城下”[4]，今爲河北省滄州市青縣。此處的乾寧縣令

1 [宋]錢若水修，范學輝校注：《宋太宗皇帝實録校注》卷七十七，至道二年四月，北京：中華書局，2012 年，第 696 頁。

2 張鋒：《宋代司法參軍制度研究》，河南大學碩士學位論文，2014 年，第 31 頁。

3 程彩利：《宋代司理參軍制度研究》，河南大學碩士學位論文，2009 年，第 6 頁。

4 [宋]樂史撰，王文楚等點校：《太平寰宇記》卷六十八《河北道十七・乾寧軍》，北京：中華書局，2007 年，第 1380 頁。

應爲試銜知縣，稱知縣令。掌勸課農桑、平決獄訟、宣佈法令及户口、賦税、錢穀、賑濟、給納等事，如有戍兵駐縣的，總掌一縣兵民之政。

[6] 騰文：史書無載，待考。騰文應爲將仕郎階官試任乾寧縣主簿。主簿，縣佐官，北宋開寶三年（970）對於縣級官員設置有了具體的規定："縣千户以上，依舊置令、尉、主簿，凡三員；户不滿千，止置令、尉各一員，縣令兼主簿事；不滿四百，止置主簿、縣尉，以主簿兼知縣事；不滿二百，止置主簿，兼縣尉事。"[1] 宋代主簿的特點：一是縣主簿在特殊情況下會兼任令、丞、尉職，並在此期間擔負其職責，如評決獄訟，抓捕盜賊等；二是宋代縣主簿經常被監司、郡守以符檄委派差出，差出時的職能爲視察水利工程，催促賦税等。[2]

[7] 前行：宋代衙前職名，屬吏職，有前、後行之分。"國初置自都孔目官至糧料、押司官凡十階，謂之職級。其次曰前行、曰後行、又其次曰貼司。"[3] 中央上，前行主要在三衙設置。地方上，於各州府中普遍設置。"府院置孔目、勾押司、開拆官、行首、雜事、前行，其餘州府使院置都孔目官、都勾押官各一人，又節度、觀察有孔目、勾押、勾覆、押司官、前後行之名。"[4] 定州塔題名碑記中涉及諸多縣級案及各司中所設前行情況。

---

1 ［宋］李燾：《續資治通鑑長編》卷十一，開寶三年秋七月壬子，北京：中華書局，2004 年，第 247 頁。

2 張夢然：《宋代縣主簿研究》，山東大學碩士學位論文，2012 年，第 19—25 頁。

3 ［宋］陳耆卿：《嘉定赤城志》卷十七《吏役門・州役人》，《宋元方志叢刊》第 7 册，北京：中華書局，1990 年，第 7416 頁。

4 ［清］徐松輯，劉琳等校點：《宋會要輯稿》職官四七之二，上海：上海古籍出版社，2014 年，第 7 册，第 4265 頁。

[8] 廂虞候：廂虞候，掌左右廂之兵。[1]

[9] 通引官：一般指宋代衙前吏人，又叫承引官，屬吏職，隸屬於通引司。屬衙前的第三等。通引司置行首、副行首、通引官，屬於衙前的第三等。通引官雖然帶有“官”字，但實際却是小吏。王曾瑜認爲其爲“軍職招牌的吏”[2]。題名碑記中此處似乎不是政府行政機構中的通引官，而是與其他軍事職名一同出現，其可能爲軍隊之中的吏。

[10] 振武指揮使：宋代振武軍的長官。振武，宋真宗咸平五年（1002）增設的就糧禁軍番號，隸屬於侍衛步軍司。振武始設於陝西沿邊地區，由地方軍升爲禁軍。康定初（1040），由於宋夏戰争，北宋政府爲增强兵力，在河北路增設振武就糧禁兵。“欲益募土兵爲就糧。於是增置陝西蕃落、保捷、定功，河北雲翼、有馬勁勇，陝西、河北振武……”[3]慶曆後，振武在定州共設兩個指揮。定州塔第二層《散員指揮使李榮、僕射賈進等修塔題名碑記》第3行刻有“振武第二指揮”和第四層《定州開元寺演法大師門人等修塔題名碑記》第33行刻有“振武左第六指揮”，這兩個指揮分别爲第二、第六指揮。

[11] 員寮：原爲唐藩鎮使府的廳頭，分“左右員寮”。入宋後，員寮成爲“都”一級的低級軍職，員寮不是每“都”普遍設置的。王曾瑜認爲：員寮和都頭、副都頭的地位相等，只有相應的待

1 [宋]司馬光編撰，[元]胡三省音注：《資治通鑑》卷二百四十《唐紀五十六》，元和十二年丁丑，北京：中華書局，1956年，第7735頁。

2 王曾瑜：《宋衙前雜論（一）》，《北京師院學報（社會科學版）》，1986年第3期，第81頁。

3 [元]脱脱：《宋史》卷一百八十七《志第一百四十・兵一》，北京：中華書局，1985年，第4574頁。

遇，而無實職。[1] 員寮不僅在禁軍有，而且還在鄉兵中也有設置。

[12] 左都押衙：州郡吏人，押衙與押牙同。原爲唐代押牙旗武職，有稱左、右都押衙或都押衙者。北宋初沿置，設於州郡中，有左、右押衙、都押衙等名目。

[13] 通引行首：爲通引官行首，刊刻於咸平四年四月十八日的《第二百七十九號藥師琉璃光佛龕造像記》内有“通引官行首王承秀”“通引行首王承秀”[2]，這條史料可以確定，“通引行首”就是“通引官行首”。行首，宋代衙前吏職名。“通引司置行首、副行首、通引官。”[3] 一般爲衙前第三等吏職。曾鞏曾言：“按國初承舊，以供奉官、左右班殿直爲三班，立都知行首領之。又有殿前承旨班院，別立行首領之。”[4]

[14] 衙前：州府役吏總稱。始設於唐，爲衙門中低級吏人的統稱。五代時，衙前職能發生變化，“衙前在五代藩鎮體制下，原爲節度使之類司令部（使院）武官群之統稱，其中不同名目的武官負責各種具體事務。”[5] 入宋後，雖各類武官名目被保留下來，統稱爲衙前，但是有各種不同級别。“衙前置都知兵馬使、左右都押衙，押都教練使、（押）左右教練使、散教練使、押衙軍將，又有中軍、子城、鼓角、宴設、作院、山河等使，或不備置。又客司置知客、副知客、軍將，又通引司置行首、副行

1 王曾瑜：《點滴編》，保定：河北大學出版社，2010 年，第 394 頁。

2 重慶大足石刻藝術博物館、重慶市社會科學院大足石刻藝術研究所編：《大足石刻銘文録》，重慶：重慶出版社，1999，第 21 頁。

3 ［清］徐松輯，劉琳等校點：《宋會要輯稿》職官四七之二，上海：上海古籍出版社，2014 年，第 7 册，第 4265 頁。

4 ［宋］曾鞏撰，陳杏珍、晁繼周點校：《曾鞏集》卷三十一《劄子・再議經費劄子》，北京：中華書局，1984 年，第 456 頁。

5 王曾瑜：《宋衙前雜論（一）》，《北京師院學報（社會科學版）》，1986 年第 3 期，第 76 頁。

首、通引官。”[1]由此可知北宋“衙前”主要指爲一般州府所普遍設置的自“都知兵馬使”以下各類小吏的統稱。衙前的公吏承擔的某一具體公務，有一定役的成分在内，其職責爲主持管押官物、主典府庫或輦運官物。

[15] 學究：學究科是“學究一經科”的簡稱，是以考試《周易》《尚書》《毛詩》中之一經或兩經取士的貢舉科目。此科始置於唐宣宗大中十年（856），五月中書門下奏：“據禮部貢院見置科目内，開元禮、三禮、三傳，三史、學究、道舉、法、算、童子等九科，近年取人頗濫。曾無實藝可採，徒添入仕之門。”[2]後周世宗顯德二年（955）五月，尚書禮部侍郎、知貢舉竇建德上言：“其學究，請併《周易》、《尚書》爲一科，各對墨義三十道；《毛詩》依舊爲一科，亦對墨義六十道。及第後，並減爲七選集。”[3]宋初承五代之制，以《毛詩》爲一科，《周易》《尚書》並爲一科。此後，學究的考試科目、方式屢有變化，直到仁宗朝才確定不變。宋朝學究科大概一直分爲《尚書》《周易》學究與《毛詩》學究兩科。熙寧四年（1071）二月，王安石改革科舉，學究科也與其他諸科一樣，經熙寧六年（1073）科場之後，逐漸隨著舊應學究科舉人的銷盡而消亡。[4]

[16] 押官：宋代低級軍職。隸屬都一級統兵官。即由馬兵的軍使、副兵馬使或步兵之都頭、副都頭管轄，其位於承局之後，長行

1 ［清］徐松輯，劉琳等校點：《宋會要輯稿》職官四七之二，上海：上海古籍出版社，2014年，第7册，第4265頁。

2 ［宋］王溥：《唐會要》卷七十七《科目雜録》，北京：中華書局，1985年，第1401—1402頁。

3 ［元］脱脱：《宋史》卷二百六十三《列傳第二十二》，北京：中華書局，1985年，第9093頁。

4 張希清等：《中國科舉制度通史·宋代卷》，上海：上海人民出版社，2015年，第56—58頁。

之前。

[17] 經邑首：可能爲讀佛經而結成的佛教社邑。邑首應爲帶領大家讀經的主要首領。如刊刻於太平興國三年的寶雲寺碑有“昨于景德二年，有邑首郭善緒、王善貥等百餘人”[1]的記載，遼清寧七年（1061）刊刻於燕京歸義寺天王殿的石碑上亦有“邑首、邑長、邑正、押司官、印官、副正、副録、知歷錢物，名號不一，又數十人。”[2]的記載。在本碑中有“涅盤邑首李榮、邑首劉演、邑首楊顯、邑首牛斌”，可知一邑之中，邑首可爲一人亦可爲多人同領。

[18] 普賢邑：指信仰、供奉普賢菩薩或集資爲普賢菩薩造像而結成的民間佛教邑社，至遲在大唐開元年間已經有了普賢邑的記載。《太平廣記》載：“開元初，同州界有數百家，爲東西普賢邑社，造普賢菩薩像，而每日設齋。”[3]定州静志寺塔基地宫題記中有“開元寺普賢邑”[4]，開元寺塔内題名碑刻中有“普賢邑蔡則”，北宋定州佛教民間信奉普賢菩薩，並在佛事活動中有建有普賢邑這樣的專門邑社。

[19] 涅槃邑：碑文“槃”作“盤”。涅盤邑應爲以研習大成佛教《涅槃經》而得名的佛邑結社。“涅槃”爲梵語 nirvana 的音譯，指佛教修習所要達到的最高境界，一般指擺脱生死輪回而證得的一種精神境界。該宗派在隋朝以前較爲繁盛，天台宗産生後開

1　曾棗莊、劉琳:《全宋文》卷三二五《上黨縣潛龍山寶雲寺碑》, 上海: 上海辭書出版社、合肥：安徽教育出版社，2006 年，第 16 册，第 80 頁。

2　[清]李有棠撰，崔文印、孟默聞點校：《遼史紀事本末》，北京：中華書局，2015，第 155 頁。

3　[宋]李昉等編：《太平廣記》卷一百一十五《報應十四・普賢社》，北京：中華書局，1961 年，第 800 頁。

4　[日]出光美術館:《地下宮殿の遺寶——中國河北省定州北宋塔基出土文物展》, 東京: 東京印書館，1997 年，第 39 頁。

始衰落。開元寺塔題名碑記中有“涅槃邑”，説明北宋時期定州區域民間佛教信仰中有信奉大乘佛教涅槃宗者。

[20] 土地邑：可能是指供奉信仰土地神所結成民間佛教社邑。在佛教世俗化過程中，逐漸出現了信奉土地神的民間信仰。本碑刻中有“土地邑高鈐”，反映了在北宋時期定州的民間信仰狀況。

[21] 税錢邑：可能爲從事徵收賦税行業的邑衆所結成的社邑，反映了北宋定州出現以行業爲主的佛教社邑組織。

[22] 朝堂邑：可能爲打掃、整理佛寺朝堂人員所結成社邑。可見，北宋時期定州的民間佛教社邑組織在佛教活動中是有一定分工的。

[23] 鍛行邑：可能爲在定州的經營與冶鐵、鍛造有關的行業所結成的佛教社邑，此社邑帶有典型的行業結社特點，反映了手工業在北宋定州的情況。

[24] 油行：可能爲油類製造、銷售相關行業而結成的佛教民間邑社，具有行業結社性質。

[25] 乾明寺：從碑文看，應爲尼寺，其位置可能在高邑縣城區。民國二十二年（1933）《高邑縣志》有載：“乾明寺，在縣治西南隅，建於唐時，明嘉靖、清順治間先後重修，舊志云宏敞清幽，爲一邑勝地。”[1] 因碑文記載信息少，不確定是否爲同一寺廟。

[26] 頭陀：亦作頭陁、杜多、杜荼、投多、偷多、塵吼多。梵語爲 dhūta，意爲苦行，指佛教僧侶的一種修行方式，通常稱爲頭陀行、頭陀事或頭陀功德。修頭陀行的人的稱爲‘頭陀行者’，一般指行腳苦行的頭陀僧人。

[27] 虎翼都虞候：虎翼，宋太宗時增設的禁軍番號，因殿前司步軍

1 [民國]李佩恩修，宋文華纂：《(民國)高邑縣志》，中國臺北：成文出版社，1968 年，第 43 頁。

和侍衛步軍司均設置此番號，故無法判斷其屬殿前司還是侍衛步軍司。都虞候，原爲唐代中後期藩鎮使府的武職僚佐，爲節度使的心腹將官，掌軍法，位於都指揮使、副都指揮使之下，常以刺史以上官員充任。主要“職在刺奸，威屬整旅，齊軍令之進退，明師律之否臧。”[1]五代時都虞候爲侍衛親軍馬步軍、殿前司的高級統兵官，後晉天福元年（936）增設侍衛親軍馬步軍都虞候一職，後周廣順二年（952）新置殿前都指揮使和殿前都虞候兩職，以統領殿前諸班。宋朝沿置，掌管軍隊訓練、更戍、名籍等。殿前司、侍衛馬軍司、侍衛步軍司以及每軍各置一人。“祖宗以來，制軍有意，凡領在京殿前馬步軍司所統諸指揮，置都使虞候分領之。”[2]題名碑記只出現一次“虎翼都虞候張謙”，可見在碑記中的都虞候爲軍一級編制的統兵官。

[28] 武强縣尉：武强縣，屬深州，《太平寰宇記》載：武强縣“舊四十鄉，今六鄉”[3]。今爲河北省衡水市武强縣。縣尉，縣佐官名稱，宋代“每縣復置縣尉一員，在主簿之下，俸禄與主簿同。凡盜賊、鬬訟，先委鎮將者，詔縣令及尉復領其事。自萬户至千户，各置弓手有差。”[4]在設置之初，其職能主要是維護地方治安，緝拿盜賊。隨着時間的推移，縣尉職能不斷擴大，包括緝私、水務、防火、廟祭等許多職能都由縣尉管轄。[5]

[29] 無極縣趙户村：定州屬縣村。無極縣，漢時爲毋極縣，屬中山

1 李希泌主編，毛華軒等編:《唐大詔令集補編（上）》，上海：上海古籍出版社，2003年，第612頁。

2 ［宋］王明清撰，王松清點校:《揮麈録》，上海：上海古籍出版社，2012年，第189頁。

3 ［宋］樂史撰，王文楚等點校：《太平寰宇記》卷六十三《河北道十二·深州》，北京：中華書局，2007年，第1293頁。

4 ［宋］李燾：《續資治通鑑長編》卷三，太祖建隆三年十二月癸巳，北京：中華書局，2004年，第76頁。

5 張月峰：《宋代縣尉制度研究》，山東大學碩士學位論文，2013年，第21頁。

國。隋開皇三年（583）直屬定州，唐“武德四年（621），屬廉州。貞觀元年（627），屬定州。萬歲通天二年（697），改‘毋’字爲‘無’。”[1]景福二年（893），“于此置祁州，從定州節度使王處存之請也，仍割無極、深澤二縣以屬焉。”[2]宋景德元年（1004），以祁州無極縣屬定州。今爲河北省石家莊市無極縣。趙户村，民國二十五年《無極縣志》有載，分化爲南趙户村、北趙户村，位於城東北[3]。今存，爲趙户村，屬於河北省石家莊無極縣大陳鎮轄村。

[30] 僧正：又稱僧主，爲州設僧官之一，《大宋僧史略》卷中云：“所言僧正者何？正，政也，自正正人，克敷政令，故云也。蓋以比丘無法，如馬無轡勒，牛無貫繩，漸染俗風，將乖雅則，故設有德望者，以法而繩之，令歸於正，故曰僧正也。”[4]唐宋後多爲地方各州地位最高的僧官，“今天下每州置一員，擇德行才能者充之，不然則闕矣。”[5]宋代諸州軍置僧正，掌管本州、軍僧尼籍與寺廟[6]。“各州僧正司掌本州僧教事。僧正一員。”[7]僧正副手爲副僧正，僧判則是地位次於副僧正的僧官。北宋元照所

1 ［後晉］劉昫等：《舊唐書》卷三十九《志第十九·地理二》，北京：中華書局，1975年，第1512頁。

2 ［宋］樂史撰，王文楚等點校：《太平寰宇記》卷六十《河北道九·祁州》，北京：中華書局，2007年，第1237頁。

3 ［民國］耿之光、王桂照修，王重民纂：《（民國）無極縣志》卷一《疆域志》，中國臺北：成文出版社，1968年，第51頁。

4 ［宋］贊寧：《大宋僧史略》，《大正藏》第54册，中國臺北：佛陀教育基金會，1990年，第242頁下。

5 ［宋］贊寧：《大宋僧史略》，《大正藏》第54册，中國臺北：佛陀教育基金會，1990年，第242頁下。

6 ［清］徐松輯，劉琳等校點：《宋會要輯稿》道釋一之一一，上海：上海古籍出版社，2014年，第16册，第9978頁。

7 ［宋］葛寅亮，《金陵梵刹志（上）》，南京：南京出版社，2011年，第56頁。

撰《芝園集》上卷《温州都僧正持正大師行業記》云：“郡倅唐公（穀）舉師爲僧判，次遷副僧正。郡守張公（濟）性嚴，少交遊，待師獨厚，又是遷都僧正。”[1] 本題名碑中記載了定州僧正瓊貞、副正法顒、判官惠軍。

[31] 副正：指副僧正，爲州設僧官，位居僧正之下。

[32] 判官：指僧判，爲州設僧官，位居僧正、副僧正之下。

[33] 講經沙門：講説經、律、論等佛教經典的僧人。

[34] 表白沙門：在做道場或打醮等法事過程中，宣念祭意的僧人。

[35] 洺州施主：洺州，古爲冀州地域，春秋戰國時爲趙晉之地，秦爲邯鄲郡地，漢高帝時分置廣平國，周武帝建德六年於郡置洺州，以水爲名。隋大業三年罷州爲武安郡，唐武德元年又改爲洺州，領永年、洺水、平恩、清漳四縣。[2] 北宋時，歸屬河北路，下轄六縣，即永年，平恩，雞澤，曲周，臨洺，肥鄉。今爲河北省邯鄲永年縣。洺州施主指家爲洺州，參與定州塔捐施的施主。

[36] 霸州大城縣宣善寺：霸州，北宋時歸屬河北路。《太平寰宇記》載：“本上谷郡地，星分箕尾。幽州之古益津關，晉天福初陷虜庭。周顯德六年收復，因置霸州并永清縣，仍割莫州之文安、瀛州之大城二縣隸焉。”[3] 下轄永清、文安、大城三縣。今爲河北省廊坊市霸州市。大城縣，“本漢東平舒縣，屬渤海郡，後漢屬河間國，晉于此置章武國，後魏爲章武郡，北齊廢郡，爲平舒縣，隋開皇十六年於長蘆縣置景州，平舒縣屬焉。大業末，劉黑闥

1 趙超主編，《新編續補歷代高僧傳》，北京：社會科學文獻出版社，2011 年，第 317 頁。

2 ［宋］樂史撰，王文楚等點校：《太平寰宇記》卷五十八《河北道七・洺州》，北京：中華書局，2007 年，第 1190 頁—1191 頁。

3 ［宋］樂史撰，王文楚等點校：《太平寰宇記》卷六十七《河北道十六・霸州》，北京：中華書局，2007 年，第 1365 頁。

兵亂河朔，侵吞郡縣，唐武德四年賊平，縣屬景州。貞觀元年州廢，歸瀛州。平舒者，以人性寬舒爲縣名。周顯德六年割隸霸州，今改名大城縣。"[1] 今屬於河北省廊坊市管轄。宣善寺，從碑文判斷，應在大城縣内，然相關史料未見記載。據碑文内寺主講《法花經》判斷，宣善寺有可能爲信仰天台宗的佛教流派。

[37] 鮮虞坊：應爲定州城區所轄坊之一。南宋樓鑰《北行日録》載："唐改定州。城門曰'昭化'。甕城三里甚壯，城濠有流水。過信利、鮮虞、高陽三坊，坊各有小樓，又有明月樓。"[2]

[38] 莫州客：莫州，北宋時屬河北路。《太平寰宇記》載："漢鄚縣，後魏孝昌三年（527）移理阿陵城。周武帝宣政元年（578）復還今理。唐景雲二年（711）於縣置鄚州，割瀛州之鄚、任丘、文安、清苑，幽州之歸義等五縣屬焉；其年，歸義復還幽州。開元十三年（725）以'鄚'字類'鄭'，改爲'莫'字。天寶元年（742）改爲文安郡，乾元元年（758）復爲莫州。"[3] 五代時，"晉初，陷契丹。周世宗復取之，以文安屬霸州，後又廢。"[4] 北宋熙寧六年（1073），"省長豐縣爲鎮，又省莫縣入任丘。元祐二年（1087），復莫縣，尋又罷爲鎮……縣一：任丘。"[5] 今

1 ［宋］樂史撰，王文楚等點校：《太平寰宇記》卷六十七《河北道十六・霸州》，北京：中華書局，2007 年，第 1368 頁。

2 曾棗莊、劉琳主編：《全宋文》卷五九七三《北行日録（中）》，上海：上海辭書出版社、合肥：安徽教育出版社，2006 年，第 265 册，第 91 頁。

3 ［宋］樂史撰，王文楚等點校：《太平寰宇記》卷六十六《河北道十五・莫州》，北京：中華書局，2007 年，第 1346 頁。

4 ［元］馬端臨：《文獻通考》卷三百十六《輿地二》，北京：中華書局，2011 年，第 8573 頁。

5 ［元］脱脱：《宋史》卷八十六《志第三十九・地理二》，北京：中華書局，1985 年，第 2124 頁。

爲河北省邢臺市任丘縣。莫州客指家爲洺州，來參與定州塔捐施的施主。

第五方：《鎮定高陽關三路都部署王顯、王超等修塔題名碑記》録文及注釋

【題解】

此碑鑲嵌於定州塔第二層，原碑無題目。碑高九十三厘米，寬一一六厘米，碑文有七個部分組成。第一部分碑文起始從左邊第一行至第九行，共九行，行十六至四十四字不等，捐施人主要定州軍政要員，如王顯、王超等。第二部分碑文起始從左邊第十行至第十八行，共九行，行二十至三十五字不等。捐施人主要爲定州地方要員，如李允則、賈宗等。第三部分碑文起始從左邊第十九行至第二十三行，共五行，行十一至四十五字不等，捐施人主要爲其他州官員及其家眷。第四部分，碑文只有一行，位於原碑第二十四行，十五字，捐施人爲安肅軍駐泊都監韓令。第五部分碑文起始從左邊第二十五行至第二十七行，共三行，行十五至十六字不等，捐施人主要是神衛駐軍在定州的軍職人員。第六部分碑文起始從左邊第二十八行至第三十五行，共八行，行十九至三十九字不等，捐施人主要安肅軍及安肅、曲陽縣主簿及其家眷。第七部分碑文位於碑文第二十四行至二十六行碑文下部空隙處，共五行，行十四至十八字不等，捐施人主要定州各類吏人。

此捐施人題名碑記爲定州塔内現存級别最高、涉及歷史人物最多的一方題名碑記，共記述了一〇二人的所任職官情況，經考證，此碑刊刻時間應在景德三年（1006）。

【録文】

第一部分:

1 山南東道節度使、開府儀同三司、檢校太師、同中書門下平章事、鎮定高陽關三路都部署兼河北都轉運使王顯[1]。

2 侍衛親軍馬步軍都虞候、天平軍節度使、

3 開府儀同三司、檢校太尉、鎮定高陽關三路都部署王超[2]。

4 寧國軍節度觀察留後、特進、檢校太傅、知定州軍州事、駙馬都尉吴元扆[3]。

5 深州團練使、定州駐泊行營馬步軍副都部署楊嗣[4]。

6 樞密都承旨、四方館使、鎮定高陽關三路行營馬步軍都鈐轄兼定州兵馬鈐轄韓訓[5]。

7 西京作坊使、内侍省内侍左班副都知、同勾當群牧司公事、鎮定高陽關三路排陣都鈐轄兼定州兵馬鈐轄閻翰[6]。

8 崇儀使、順州團練使、鎮定高陽關三路行營同押策先鋒蔚、

9 内殿崇班、銀青光禄大夫、檢校工部尚書兼御史大夫、騎都尉岑保正[7]。

第二部分:

1 引進使、高州團練使、知雄州充兵馬部署、管内勸農使、河北屯田使、沿[8]邊安撫使李允則[9]。

2 崇儀使、河北沿邊安撫副使兼管勾屯田堤道、提點諸軍寨権[10]場事賈宗[11]。

3 承直郎、守國子博士、通判雄州軍州兼管内勸農事屯田司判管、騎都尉、賜緋魚帶張岳[12]。

4 右侍禁、雄州兵馬監押兼在城巡檢劉仁範[13]。將仕郎、守雄州

歸信容城縣主簿邵傅[14]。
5 右班殿直、知雄州歸信容城縣事蔡靖恭[15]。三司大將、雄州隨行指使俞慶[16]。
6 右班殿直、雄州屯田司指使李嶼[17]。三司軍將、雄州屯田勾押官張安[18]。
7 三班奉職、雄州監甲仗庫樂正[19]。屯田司前行張昭慶[20]。
8 内殿崇班、閤門祗候、銀青光禄大夫、檢校太子賓客兼御史大夫、騎都尉、北平寨主張德鈞[21]。
9 並弟散員指揮第四都軍使[22]德遵[23]。散員指揮第一都副兵馬使[24]楊俊。

第三部分：

1 故尚食使、金紫光禄大夫、檢校工部尚書、使持節澄州諸軍事、澄州刺史、充益州屯駐泊兵馬鈐鍺兼在城巡檢兼
2 提舉益、利州路兵甲賊盗公事兼御史大夫、上柱國、平原縣開國子、食邑五百户孟元依[25]，
3 妻馮翊縣軍[26]王氏，知客劉氏，
4 男右班殿直、永定軍兵馬監押兼在城巡檢孟朝宗[27]，女平昌郡孟氏，新婦太原郡王氏，孫女異姐，
5 孫男三班奉職孟承序[28]，孫女堯姐，孫遲哥。

第四部分：

1 侍禁、閤門祗候、安肅軍駐泊都監韓令[29]。

第五部分：

1 神衛右廂都指揮使、潘州團練使陳榮[30]。

2 神衛左第二軍都指揮使、演州刺史王贇[31]。

3 神衛右第二軍都指揮使、播州刺史王超。

第六部分：

1 前觀察推官給事郎、試大理評事刁克己[32]、妻蘇氏。

2 安肅軍右都押衙特授銀青光禄大夫檢校太子賓客兼監察御史武騎尉牛琪[33]所施馬一匹[34]，計

3 七十貫文。同施人妻龐氏，鄉貢明法男勢隆，習明法[35]蕃男勢昌、男勢永、姪男勢元、勢旺、勢玢。

4 同施馬人兄牛承恕、嫂郝氏，妹韓郎婦、籥郎婦、孫郎婦，女張郎婦，新婦邊氏、新婦商氏、花藻，

5 趙和女，姪女小迎、細女、蠶女、六姐，孫男利戩、利亨、利貞，孫女鞠花、重楊。

6 安肅軍第一户[36]許遂、張元、郝榮，秀才周頻、孫榮、陳隱、張政、張鐸、王恕、張二郎、許睿、王謙、王俊、盧遇、商辛、

7 宋演。指揮使郝澄。指揮使張凝。都押衙李美。都勾押官[37]馬佐、勾押官董新、開拆官田素。

8 安肅縣主簿[38]兼令尉張嶽。曲陽縣主簿權安肅軍司理[39]劉簡。安肅軍無敵副指揮使[40]周蒟。

第七部分：

1 節度孔目官鄭勛。觀察孔目官周旻。

2 知印勾押官[41]李旻。開拆孔目官李璘。

3 觀察勾押官袁琪。開拆勾押官楊永。

4 書表勾押官田成。使院勾押官楊化源。

5 使院勾押官吴節，勾押官張進明，勾押官韓幌。

【注釋】

[1] 王顯：王顯是題名碑記中職位最高的人物，《宋史》有傳。《王顯傳》載："顯字德明，開封人。初爲殿前司小吏，太宗居藩，嘗給事左右。性謹介，不好狎，未嘗踐市肆。即位，補殿直，稍遷供奉官。……（咸平）二年（999），彬卒，復拜樞密使。郊祀，加檢校太師。"咸平四年（1001）五月詔"以定州駐泊都總管、山南東道節度使、同平章事王顯兼河北諸州水陸計度都轉運使"[1]。咸平四年（1001）七月"以山南東道節度使、同平章事王顯爲鎮定高陽關三路都總管。"[2]《長編》載：咸平四年（1001）七月己卯，"邊臣言契丹謀入寇，以山南東道節度使、同平章事王顯爲鎮、定、高陽關三路都部署。"[3]《宋會要》《續資治通鑑長編》所載王顯的官職與題名碑記的記載一致。

[2] 王超：《宋史》有《王超傳》："王超，趙州人。弱冠長七尺餘。太宗尹京，召置麾下。及即位，以隸御龍直。淳化二年，累遷至河西軍節度使、殿前都虞候。真宗嗣位，以翊戴功，加檢校太傅、領天平軍節度。咸平二年（999）秋……以超爲侍衛馬步軍都虞候、鎮州行營都部署，又帥鎮、定、高陽關三路……宰相言超材堪將帥，遂以超帥定州路行營，王繼忠副之。尋加鎮、定、高陽關三路都部署，密遣中使賜以御弓矢，許便宜從

1 ［清］徐松輯，劉琳等校點：《宋會要輯稿》食貨四九之一〇，上海：上海古籍出版社，2014 年，第 12 册，第 7098 頁。

2 ［清］徐松輯，劉琳等校點：《宋會要輯稿》兵八之九，上海：上海古籍出版社，2014 年，第 14 册，第 8759 頁。

3 ［宋］李燾：《續資治通鑑長編》卷四十九，咸平四年七月己卯，北京：中華書局，1995 年，第 1066 頁。

事。加開府儀同三司、檢校太尉。”[1] 澶淵之盟後,王超被罷帥。

[3] 吴元扆:宋將吴廷祚子,《宋史》列傳第十六“吴廷祚”後有附傳:“元扆字君華。太平興國八年,選尚太宗第四女蔡國公主,授左衛將軍、駙馬都尉。……(咸平三年)遷寧國軍留後、知定州。時王超、王繼忠領兵踰唐河,與遼人戰,元扆度其必敗,乃急發州兵護河橋。既而超輩果敗,遼人乘之,至橋,見陣兵甚盛,遂引去。”“景德元年(1004)代歸。”[2] 可知吴元扆任職定州時間,和王顯、王超任三路正副都部署是同一年。碑記所載信息與文獻記載一致。

[4] 楊嗣:北宋名將楊信弟,《宋史・列傳》第十九“楊信”之後附有“楊嗣”傳:“建隆初,以信薦爲殿直……嗣與延昭久居北邊,俱以善戰聞,時謂之‘二楊’。”咸平六年(1003)“出爲鎮、定、高陽關三路後陣鈐轄,移定州副都部署。”[3]《宋史・張凝傳》載:“(張凝)景德初,遷本州防禦使,代楊嗣爲定州路行營副部署。”[4]《長編》載:“先是,契丹入寇保州,緣邊都巡檢使、深州團練使楊嗣,莫州團練使楊延朗率兵禦之,部伍不整,爲敵所襲,士馬多失亡。”[5] 可知該時期楊嗣的階官、差遣與文獻記載一致。

---

1 [元]脱脱:《宋史》卷二百七十八《列傳第三十七》,北京:中華書局,1985年,第9464—9465頁。

2 [元]脱脱:《宋史》卷二百五十七《列傳第十六》,北京:中華書局,1985年,第8950—8951頁。

3 [元]脱脱:《宋史》卷二百六十《列傳第十九》,北京:中華書局,1985年,第9017頁。

4 [元]脱脱:《宋史》卷二百七十九《列傳第三十八》,北京:中華書局,1985年,第9480頁。

5 [宋]李燾:《續資治通鑑長編》卷五十二,咸平五年五月丙辰,北京:中華書局,2004年,第1134頁。

[5] 韓訓：疑爲韓崇訓。北宋重要將領，開國功臣、禁軍殿前都指揮使、彰德軍節度使韓重贇之子,《宋史·列傳》第九内“韓重贇”之後附有“韓崇訓”。《宋史》載：咸平六年（1003），“授四方館使、樞密都承旨。又命爲鎮、定、高陽馬步軍都鈐轄，屯定州”[1]。《長編》記載：景德三年（1006）二月，“樞密都承旨四方館使韓崇訓、東上閤門使馬知節並簽署樞密院事，崇訓爲檢校太傅，知節檢校太保。”[2] 則其職官又與碑刻記載一致。正史無韓崇訓任定州兵馬鈐轄一職，此題名碑記資料可補正史資料之缺。

[6] 閻翰：《宋史·宦者列傳》：“閻承翰，真定人。周顯德中爲内侍。入宋事太祖，以謹愿稱。”[3]“真宗即位，改西京作坊使、内侍左班副都知。”[4]“（咸平）五年，入内都知韓守英爲鎮、定、高陽關三路排陣都鈐轄，上以其素無執守，議别擇人，因謂宰相曰：‘承翰雖無武勇，然涖事勤恪。’乃令代守英。”[5]“内侍省”是宦官管理機構，分左右班，統領者爲都知、副都知。閻承翰以宦官身份統軍，是以内侍省副都知的身份擔任同勾當群牧司公事，因爲資格略低，爲副都知，所以其頭銜是“同勾當公事”。可見其代替韓守英爲鎮、定、高陽關三路排陣都鈐轄。《宋史·宦者列傳》中還提到閻承翰於景德二年（1005）“加領廉州刺史，

1 ［元］脱脱：《宋史》卷二百五十《列傳第九》，北京：中華書局，1985 年，第 8825 頁。

2 ［宋］李燾：《續資治通鑑長編》卷六十二，景德三年二月己亥，北京：中華書局，2004 年，第 1390 頁。

3 ［元］脱脱：《宋史》卷四百六十六《列傳第二百二十五·宦者一》，北京：中華書局，1985 年，第 13610 頁。

4 ［元］脱脱：《宋史》卷四百六十六《列傳第二百二十五·宦者一》，北京：中華書局，1985 年，第 13610 頁。

5 ［元］脱脱：《宋史》卷四百六十六《列傳第二百二十五·宦者一》，北京：中華書局，1985 年，第 13610—13611 頁。

勾當群牧司”[1],碑刻中提到閻承翰任“同勾當群牧司公事”一職,應該爲“勾當群牧司”之前任職。

[7] 岑保正:《宋史》無傳,有關史料記載岑保正早期活動較少,其主要活動於真宗朝。《宋會要輯稿》載:“(咸平)四年七月,以山南東道節度使、同平章事王顯爲鎮定高陽關三路都總管,侍衛馬步軍都虞候、天平軍節度使王超爲副都總管……如京副使高素爲押先鋒,内殿崇班岑保正同之。”[2] 可見咸平四年(1001)七月岑保正以内殿崇班的身份任爲鎮、定、高陽關三路押策先鋒。碑刻中所涉及的“崇儀使、順州團練使、銀青光禄大夫、檢校工部尚書兼御史大夫、騎都尉”等職、銜不見正史記載,可補正史之缺。

[8] 沿:碑文原作“㳂”。

[9] 李允則:《宋史》有傳[3]。碑文載李允則曾擔任“河北沿邊安撫使”一職。河北沿邊安撫使,設置於景德三年(1006)四月,“乙酉,置河北緣邊安撫使、副使、都監於雄州,命雄州團練使何承矩、西上閤門使李允則、榷易副使楊保用爲之,並兼提點諸州軍榷場。”[4] 景德三年(1006)“丙寅,即命允則知雄州,兼安撫使,改授承矩齊州團練使,便道之任。”[5]《宋史·李允則傳》

1 [元]脱脱:《宋史》卷四百六十六《列傳第二百二十五·宦者一》,北京:中華書局,1985年,第13611頁。

2 [清]徐松輯,劉琳等校點:《宋會要輯稿》兵八之九,上海:上海古籍出版社,2014年,第14册,第8759—8760頁。

3 [元]脱脱:《宋史》卷三百二十四《列傳第八十三》,北京:中華書局,1985年,第10478—10482頁。

4 [宋]李燾:《續資治通鑑長編》卷六十二,景德三年夏四月乙酉,北京:中華書局,2004年,第1394頁。

5 [宋]李燾:《續資治通鑑長編》卷六十四,景德三年九月乙丑,北京:中華書局,2004年,第1427頁。

也有同樣記載。另據《續資治通鑑長編》載，大中祥符九年（1016）三月，“乙卯，以四方館使、獎州刺史李允則爲引進使，領敘州團練使，依前知雄州兼本州部署。允則久在邊城，勤於其職，至是赴闕，復增秩遣之。既而允則言契丹國主名緒，境上書牒往來，嫌名非便，遂改高州。”[1]可見碑刻所記官職與《李允則傳》所載資料基本相符。碑文中記載李允則任“河北屯田使”。“河北屯田使”是“河北屯田司”的行政長官，宋初即於河北路設屯田司。史料記載，淳化四年（993），“（三月）壬子，以何承矩爲制置河北緣邊屯田使，内供奉官閤承翰、殿直段從古同掌其事，以黄懋爲大理寺丞，充判官。發諸州鎮兵萬八千人給其役，凡雄莫霸州、平戎破虜順安軍興堰六百里，置斗門，引淀水灌溉。”[2]該通碑刻中李允則的職銜有“引進使、高州團練使、知雄州、充兵馬部署、營内勸農使、河北屯田使、沿邊安撫使”，其中“充兵馬部署、營内勸農使、河北屯田使”，均不見正史記載，可補正史之缺。

[10] 榷：碑文原作“摧”。

[11] 賈宗：《宋史》無傳，其主要活動於真宗朝，曾領高州刺史。其任“河北沿邊安撫副使”的史料見《宋會要輯稿·食貨四》：大中祥符五年（1012）“七月六日，河北緣邊安撫副使賈宗言《緣邊開塞塘泊水勢修疊堤道深淺月日定式圖》，請乞付緣邊州軍收管，仍下屯田司提舉遵守。”[3]崇儀使爲武官官階，爲

1 ［宋］李燾：《續資治通鑑長編》卷八十六，大中祥符九年三月乙卯，北京：中華書局，2004年，第1977頁。

2 ［宋］李燾：《續資治通鑑長編》卷三十四，淳化四年三月壬子，北京：中華書局，2004年，第747頁。

3 ［清］徐松輯，劉琳等校點：《宋會要輯稿》食貨四之二，上海：上海古籍出版社，2014年，第10册，第6031頁。

諸司使正使,《續資治通鑑長編》記載了在大中祥符九年(1016)十月“以崇儀使賈宗領平州刺史”[1]的事實。賈宗主要差遣“兼管勾屯田堤道提點諸軍寨榷場事”不見正史記載，可補正史之缺。

[12] 張岳：史書無載，待考。張嶽任職的“承直郎”爲文散官，其差遣爲雄州通判。

[13] 劉仁範：其所任職爲“兵馬監押兼在城巡檢”，劉仁範應爲任職雄州的武職人員。《涑水記聞》記載，宋真宗在與遼人簽訂澶淵之盟之前，最初是派一位叫劉仁範的人去和談，但劉以病辭，才改派曹利用。[2]因二人所處年代一致，並且該碑刻記載的劉仁範擔任邊職，很有可能爲同一人。

[14] 邵傅：史書無載，待考。從“將仕郎”來看，邵傅應爲文散官。

[15] 蔡靖恭：史書無載，待考。從“右班殿直”來看，蔡靖恭應爲武散官。邵倩、蔡靖恭二人職務均兼任歸信、容城二縣的行政職務，歸信、容城在北宋時期爲兩屬地。《元豐九域志》載：雄州，防禦。治歸信、容城二縣。容城縣，建隆四年（963），以唐省全忠縣地置。三鄉。歸信縣，太平興國元年（976）改歸義縣爲歸信。四鄉，八寨。[3]北宋時期，歸信、容城爲兩屬地，北宋擁有對雄州兩屬地的行政管轄權以及徵派差供役之權，遼國則擁有徵收租稅和徵派差役的權力。[4]由於雄州地狹人少，

1 ［宋］李燾：《續資治通鑑長編》卷八十八，大中祥符九年冬十月丙子，北京：中華書局，2004年，第2021頁。

2 ［宋］司馬光撰，鄧廣銘、張希清點校：《涑水記聞》卷六，北京：中華書局，1989年，第115頁。

3 ［宋］王存撰，王文楚、魏嵩山點校：《元豐九域志》卷二《河北路·西路》，北京：中華書局，1984年，第69—70頁。

4 陶玉坤：《也論遼宋間的兩屬地》，《宋史研究論叢》第6輯，保定：河北大學出版社，2005年，第160頁。

下屬的歸信、容城二縣“主客户四千四十”[1]，由於人口的稀少，故其行政體系只有一套[2]，碑文所載的“守雄州歸信、容城縣主簿邵傅，知雄州歸信、容城縣事蔡靖恭”，兩縣主簿和縣事均設置一人，也證明了這一點。其最高行政長官“令本路轉運使舉武臣有才勇及曉兩地民情者爲之”[3]。

[16] 俞慶：史書無載，待考。三司大將，銜職名，是掌管軍隊糧料、官府俸禄的供給押運。《續資治通鑑長編》載“國初承舊制，用三司大將領糧料之職”[4]，“宋初仍舊制，以三司大將軍爲都糧料使。自開寶六年（973），以著作佐郎陸光範充，改用京官自此始。”[5]

[17] 李嶼：史書無載，待考。從“右班殿直”來看，李嶼應爲武散官。“雄州屯田司”爲景德二年（1005）緣邊各州所設屯田司之一，“定保雄莫霸州、順安平戎信安軍長吏，並兼制置屯田事，舊兼使者仍舊。”[6]其各州行政長官兼任各州屯田司事務。

[18] 張安：史書無載，待考。“三司軍將”：銜職名，隸屬三司，其“供差押綱運、主官物等役使。”[7]《宋會要輯稿· 食貨四十六》記

1 ［宋］樂史撰，王文楚等點校：《太平寰宇記》卷六十七《河北道十六 · 雄州》，北京：中華書局，2007 年，第 1364 頁。

2 李昌憲：《北宋河北雄州的兩屬地》，《南京大學學報（哲學 · 人文 · 社會科學）》，1993 年第 3 期，第 116 頁。

3 ［宋］李燾：《續資治通鑑長編》卷一百六十八，皇祐二年二月壬申，北京：中華書局，2004 年，第 4033 頁。

4 ［宋］李燾：《續資治通鑑長編》卷十四，開寶六年二月辛丑，北京：中華書局，2004 年，第 297 頁。

5 ［元］馬端臨：《文獻通考》卷六十《職官考十四》，北京：中華書局，2011 年，第 1816 頁。

6 ［宋］李燾：《續資治通鑑長編》卷五十九，景德二年正月丙辰，北京：中華書局，2004 年，第 1310 頁。

7 龔延明：《宋代官職大辭典》，北京：中華書局，1997 年，第 129 頁。

載："晥口都鹽倉，自來差殿侍、三司軍將押綱到彼下卸，本州只差里正、軍將交納。"宋代對三司大將、三司軍將的任職條件也有具體要求："諸州軍衙前軍將、承引官、客司並衙職員，如願充三司軍將、大將者，自來不曾犯徒刑，家業及二百千已上，諳會書筭之人，由發赴省。元係職員，即與三司大將。係承引官、客司並軍將，並與三司軍將。"[1] 張安爲雄州屯田司的吏人。

[19] 樂正，人名，史書無載，待考。從"三班奉職"來看，應屬小使臣。

[20] 張昭慶：史書無載，待考。沿邊州級屯田司設置於景德二年（1005）正月，景德二年之前，在河北路，只有雄州知州兼雄州屯田司行政長官。應爲北宋河北屯田具有軍事防禦職能，故宋真宗時期河北沿邊諸州軍長官均兼屯田使或制置本州屯田事，如雄州屯田司指使李嶼、雄州屯田勾押官張安和屯田司前行張昭慶。可知雄州屯田司内設有"指使、堤道、勾押官、判官、前行"等官吏。

[21] 張德鈞：史書無載，待考。内殿崇班爲武官官階，政和改制後爲修武郎，爲大使臣系列。閤門祇候爲内殿供奉官，掌侍衛與宣贊，武臣外任允許帶行，此處是榮譽職務。銀青光禄大夫爲文散官從三品。北平寨主乃是實際差遣，寨是小於"縣"的軍事行政單位，主事者爲"寨主"或"知寨"。北平寨隸屬定州，"慶曆二年，以北平砦建軍。四年復隸州，即北平縣治置軍使，隸州。"[2]

[22] 軍使：北宋軍職名，爲禁軍馬軍都一級統兵官，其副職爲副兵

1 ［清］徐松輯，劉琳等校點：《宋會要輯稿》職官五之四〇，上海：上海古籍出版社，2014年，第5册，第3140—3141頁。

2 ［元］脱脱：《宋史》卷八十六《志第三十九・地理志二》，北京：中華書局，1985年，第2127頁。

馬使。禁軍馬軍都一級“每都有軍使、副兵馬使”[1]。

[23] 德遵：張德鈞之弟，史書無載，待考。

[24] 副兵馬使：北宋軍職名，在軍使之下，爲禁軍馬軍都一級副統兵官。禁軍馬軍都一級“每都有軍使、副兵馬使”。[2]

[25] 孟元依：史書無載，待考。“故”言明在碑刻刊刻時此人已經去世。尚食使，宋代多作爲榮譽頭銜給予在外的武將。宋人高承《事物紀原》載：“秦置尚食，歷代爲奉御，屬殿中省。今有尚食奉御是也。唐別置尚食使，故《五代會要》梁諸司使有尚食使也。”[3] 金紫光禄大夫，文散官，正三品。檢校工部尚書，加官。使持節澄州諸軍事、澄州刺史，授予的節度使名稱。澄州，唐初置南方州，後幾經改廢，宋，“領縣三，治嶺方。”[4] 今屬廣西省上林縣。“兗州屯駐、駐泊兵馬鈐轄兼在城巡檢，提舉益、利州路兵甲賊盜公事”爲實際差遣，鈐轄爲負責一地軍事的軍職名，巡檢負責治安。此人任職益州[5]（今成都），但同時負責利州[6]（今四川廣元市）路的治安。

[26] 馮翊縣軍：馮翊，即馮翊縣。北宋時歸陝西路同州管轄。今爲

1 [元]馬端臨：《文獻通考》卷五十八《職官考十二・殿前司》，北京：中華書局，2011年，第1738頁。

2 [元]馬端臨：《文獻通考》卷五十八《職官考十二・殿前司》，北京：中華書局，2011年，第1738頁。

3 [宋]高承撰、[明]李果訂，金圓、許沛藻點校：《事物紀原》，北京：中華書局，1989年，第297、298頁。

4 [宋]王象之撰，李勇先校點:《輿地紀勝》卷一百十五，成都: 四川大學出版社，2005年，第3735頁。

5 益州“元領縣十：成都、華陽、郫縣、新都、温江、新繁、雙流、犀浦、廣都、靈池。”詳見：[宋]樂史撰，王文楚點校：《太平寰宇記》卷七十二《劍南西道一・益州》，北京：中華書局，2007年，第1461頁。

6 利州“元領縣六。今四：綿穀、葭萌、平蜀，昭化。一縣廢：景穀。入平蜀縣。一縣割出：嘉川，入集州。”詳見：[宋]樂史撰，王文楚點校：《太平寰宇記》卷一百三十五《山南西道三・利州》，北京：中華書局，2007年，第2647頁。

陝西省關中平原東部。“縣軍”應爲“縣君”，指北宋政府封賜官員女眷的名號。

[27] 孟朝宗：史書無載，待考。“右班殿直”武階，三班小使臣階列。

[28] 孟承序：史書無載，待考。“三班奉職”，武階名，三班院使臣。爲宋初入品武階的最低一階。

[29] 韓令：史書無載，待考。“侍禁”，爲左右侍禁的通稱，武階名，三班小使臣。“閤門祇候”，職事官名，閤職名，從八品，大使臣。安肅軍，“太平興國六年（981），建爲静戎軍，析易州遂城三鄉置静戎縣隸焉。景德元年（1004）併縣，改安肅軍。宣和七年（1125），廢軍爲安肅縣。知縣事仍兼軍使，尋依舊。”[1]下轄一縣：安肅縣。北宋時隸屬河北路。轄境相當今徐水縣東部。“駐泊都監”，都監爲級別次於部署與鈐轄的地方軍事職官，章如愚《群書考索》言：“其出戍邊或諸州更戍者，曰屯駐；非戍諸州而隸總管者，曰駐泊。”[2]總管，就是部署，後避宋英宗的諱，改名。

[30] 陳榮：史書無載，待考。“神衛右廂都指揮使”，“神衛”爲宋太宗於太平興國二年（977）所設的禁軍番號之一，原名爲“虎捷”[3]，隸侍衛步軍司，神衛軍隸屬侍衛步軍司，共有三十一指揮，駐紮在京師。“神衛”分左右廂，每廂有三軍，每軍五指揮，一軍又各有指揮使一員、都虞候副之。因宋代實行插花式的更戍法，將開封路的“神衛”移駐到河北路的定州。北宋規

1 [元]脱脱：《宋史》卷八十六《志三十九 · 地理二》，北京：中華書局，1985 年，第 2130 頁。

2 [宋]章如愚：《群書考索續集》卷四十七，《文淵閣四庫全書》第 938 册，中國臺北：商務印書館，1983 年，第 553 頁。

3 [元]脱脱：《宋史》卷一百八十七《志第一百四十 · 兵志一》，北京：中華書局，1985 年，第 4571 頁。

定，除殿前司的捧日和天武兩軍外，“自龍衛而下，皆番戍諸路，有事即以征討。”[1] 由此可知，“神衛”出現在定州乃是北宋更戍法的具體體現。“神衛”駐定州應爲臨時駐泊，《續資治通鑑長編》載：“丁酉，韓琦言：‘慶州駐泊神衛軍，昨隨劉平救延州，戰没者纔十一二。本軍右廂都指揮使劉興皆與衆皆遁歸，比令分屯邠、寧。緣係近上禁軍，不能力戰，以致陷覆主將。’”[2] “潘州團練使”與下列“播州刺史”“演州刺史”爲遥郡名號，顯示出不同於一般軍官的身份與地位。

[31] 王贇：史書無載，待考。神衛左右廂各三軍，“軍”的長官爲“軍都指揮使”。

[32] 刁克己：史書無載，待考。“觀察推官”爲低級文官“選人”的寄禄官四等七階之第一等（兩使職官）第一階。崇寧年間改爲文林郎。“給事郎”爲文散官官階，正八品上。“試大理評事”爲試銜之一種，也是一種加官，爲選人以及科舉初及第者的加官，非正式任命，仍需參加“守選”，等待朝廷正式任命，實際上爲預備官。

[33] 牛琪：史書無載，待考。“右都押衙”，爲五代節度使的牙官，到宋代成爲胥吏的一種，雖然地位不高，但職銜依然帶有前代的痕跡，如帶文散官、檢校官和憲職、勳官等。如牛琪，其頭銜爲“特授銀青光禄大夫、檢校太子賓客兼監察御史、武騎尉”。“武騎尉”，勳級名，爲北宋勳官的最末一轉，從七品上。

[34] 匹：原碑文“匹”作“疋”。

---

1 ［宋］馬端臨：《文獻通考》卷一百五十二《兵考四》，北京：中華書局，2011 年，第 4555 頁。

2 ［宋］李燾：《續資治通鑑長編》卷一百二十七，康定元年六月丁酉，北京：中華書局，2004 年，第 3018 頁。

[35] 習明法：明法，應爲明法科，爲唐宋科舉取仕的科目名稱。明法科的考試内容，主要是律令，兼考經書。

[36] 第一户：第一户應是第一等户的簡稱。北宋依照居民資産劃分户等。鄉村户分爲五等，城郭户劃分爲十等。宋初沿襲五代，將百姓按田産亦分爲五等。如建隆二年（961），“是春，詔申明周顯德三年之令，課民種植，每縣定民籍爲五等。”[1]但州縣一級的等級劃分標準却不固定。《宋會要》記載：“天下郡縣所定板籍，隨其風俗，或以税錢貫伯，或以地之頃畝，或以家之積錢，或占田之受種，立爲五等。就其五等而言，頗有不均。蓋有以税錢一貫，或占田一頃，或積錢一千貫，或受種一十碩，爲第一等；而税錢至於十貫者，占田至於十頃，積錢至於萬貫，受種至於百碩，亦爲第一等。”[2]認爲天下郡縣劃分第一等户的標準爲繳納税錢一貫或有田地一頃或家財一千貫或受種一十碩。王曾瑜先生在《嘉靖惠安縣志》記載的北宋初年鄉村五等户的産錢，换算成地畝後都按最好的一等地計算，則二四四畝以上爲第一等户。漆俠先生則認爲占田四百畝以上的爲一等户。[3]

[37] 都勾押官：胥吏，比一般勾押官地位稍高。

[38] 主簿：縣佐官，掌本縣官物出納，注銷簿書等。

[39] 司理：司理爲司理參軍事的簡稱。安肅軍同下州，其司理司從九品。

---

1 [宋]李燾:《續資治通鑑長編》卷二，建隆二年閏三月丙戌，北京：中華書局，2004年，第43頁。

2 [清]徐松輯，劉琳等校點：《宋會要輯稿》食貨十三之二四，上海：上海古籍出版社，2014年，第11册，第6256—6257頁。

3 漆俠：《中國經濟通史·宋代經濟卷（上）》，北京：經濟日報出版社，1999年，第566頁。

[40] 安肅軍無敵：駐扎在安肅軍的厢兵番號。無敵，“河北沿邊厢兵”[1]，隸屬侍衛馬司。在安肅共設一指揮，“無敵，保、安肅、廣信軍、北平砦”，[2] 慶曆年間升爲禁軍，其編制與禁軍同。

[41] 知印勾押官：吏名，爲掌管印章之吏。

第六方：《開元寺上生院演法大師門人修塔題名碑記》録文及注釋

【題解】

此碑鑲嵌於定州塔第二層，原碑無題目。碑高九十七厘米，寬一一九厘米；在十七至二十一行的上方有一個高四厘米、寬十三厘米的半橢圓形的殘損。原碑四十九行，行四至四十九字不等。記述了僧人道稠帶領衆人修建定州塔第二層時的捐施人名單，主要捐施人爲定州就糧禁軍，包括有驍武、雲翼等番號的軍職人員。其刊刻時間在 1055 年左右。

【録文】

1 開元寺上生院[1]演法大師[2]門人修塔功德主僧道稠，今召集到檀郍信士[3]等去第二級内紏千人之邑，謹具開坐列名於後：

2 定州就糧[4]驍武左第三指揮邑長[5]張至誠、邑正[6]張祚、邑録[7]劉榮，

3 副兵馬使張貴、副兵馬使靳興、副兵馬使王興、副兵馬使安賛，

1 [元]脱脱：《宋史》卷一百八十七《志第一百四十・兵一》，北京：中華書局，1985 年，第 4593 頁。

2 [元]脱脱：《宋史》卷一百八十九《志第一百四十二・兵三》，北京：中華書局，1985 年，第 4649 頁。

十將苑讓、十將馬斌，節級、長行[8]等劉威、張貞、魏贇、

4 孫謙、孫興、王斌、王欽、田榮、史翰、馮斌、王榮、吕隱、韓斌、楊立、李晏、段斌、王斌、孟榮、李美、張求、史榮、張真、麴祚、史貞、劉翰、

5 邢巒、唐興、路俊、何榮、史岩、張贇、馬恕、趙萬、張真、許超、張興、田斌、劉貞、劉美、楊玉、楊興、武嗣、柳筠、石斌、賈進、齊興、

6 張興、張斌、郝謙、劉演、崔緒、崔進、麴榮、李斌、王巒、賀祚、張興、李祚、李旻、張信、小王晏、李贇、李貴、王謙、孫贇、宋斌、李超、

7 楊榮、孟忠、張遇、房斌、許興、田斌、劉斌、田俊、陳福、張榮、房巒、甄晏、李斌、李翰、程榮、王旻、劉榮、劉興、郝榮、李璡、王璘、

8 李隱、王岩、張千、田節、大劉榮、李瓊、太金、張千、延貞、賈斌、王進、張照、劉興、劉勳、范晏、王順、杜訓、宋進、翟美、劉晏、

9 王榮、劉緒、程興、王斌，十將劉斌、蕭美、李謙、十將王祚、劉斌、張斌、杜均、王卿、趙玉。

10 定州就糧驍武左第四指揮邑長副兵馬使王榮，邑正劉訓、次正張緒、邑録齊岫，

11 軍使劉演，副兵馬使趙贇、副兵馬使成貴，十將張琲、十將侯興、十將王美、十將趙璘，節級、長行等

12 靖美、牛信、王岩、張贇、張謙、甄訓、劉信、張金、殷訓、龐貴、張顯、宋玢、蔡顯、侯均、張榮、房濬、宋訓、張嗣、何祚、劉翰、

13 鄧濬、崔訓、郎斌、李貞、董贇、周贇、傅友、許贇、趙祚、安贇、趙榮、張嗣、李竧、武斌、劉斌、趙睿、魏海、邢謙、楊翰、劉謙、

王岩、

14 劉旻、李贊、郝澄、馬斌、李興、崔榮、陳翰、王興、張金、張全、劉晏、趙謙、劉超、康均、朱祚、陳旻、劉旻、蘇璘、趙吉、齊翰、

15 張乂、張斌、燕賞、朱金、李旻、陶澄、張斌、柳玉、曹晏、崔進、史福、郭金、路訓、李美、李斌、張贇、康訓、尹海、田進、

16 郎璘、劉興、李瓊、郭緒、趙美、韓贊、李潛、安均、何美、甄訓、李榮、張則、趙瓊、王貞、魏璉、龐超、李旻、高遵、張遵、武興、

17 □貞、楊則、王贊。

18 驍武第六指揮副兵馬使梁忠，糺首維那頭龐美、杜元舉、邸禄、李遇、劉斌、張美、崔太、閆榮、

19 □訓、魏進、楊習、王均、楊貴、何榮、韓膳、趙緒、王美、焦均、杜斌、王興、韓旻、皇乂、張斌、任晏、楊美、孟恕、

20 □榮、楊贊、呼贊、劉晏、張乂、裴斌、賈斌、李斌、張興、邵明、王斌、孫元、高貴、王榮、趙昇、王興、郝興、高璘、張旻。

21 定州就糧驍武右廂第五指揮邑眾等糺首蘇旻、彭照、王恕，維那李用、維那馬嗣、維那許緒、維那劉⿰立身、維那程沂。

22 副指揮使董祚，軍使鄭吉、軍使宋霸，副兵馬使王遂、副兵馬使劉斌、副兵馬使李斌、副兵馬使智斌、副馬使楊演，

23 十將張進、成超、張興，節級蓋旻、小李興、田斌、劉斌、孫興、劉榮、許斌、衛演、石贇、劉興、許嗣、張贇，長行劉立、劉貴、高贇、吕旻、

24 李恕、王璘、張贇、邢岩、李玉、張岩、張忠、田千、劉翰、王斌、郝進、李榮、蘇用、暢斌、遠顯、張斌、李贇、昌密、趙榮、董超、丁贊、賈玉、高遇、

25 王榮、安旻、杜美、馮千、李贊、張凝、王遂、史斌、習旻、魏演、李斌、成斌、楊榮、小趙斌、劉珪、高謙、劉貞、李遇、大趙斌、

劉斌、安嗣、王乂、

26 李賨、陳則、楊言、田璘、朱斌、王遵、丁緒、崔榮、陳寬、楊嗣、王福、李榮、韓祚、田翰、彭昇、齊嗣、王贇、祝岩、王顒、張旻、李海、傅翰、

27 劉贇、嚴乂、蘇遇、張遂、形友、王貴、李翰、張昊、程恕、□凝、楊晏、王順、王斌、小王斌、邸貴、孔化、王賨、張興、程旻、王澄、劉謙、馬超、

28 劉暉、李榮、蘇吉、殿侍[9]昊八兒、邸興、張斌、王贇、李興、王興。

29 雲翼左第六指揮第一都副兵馬使王謙，第三都兵馬使劉瓊，第五都兵馬使王興，十將劉保、十將韓隱，節級劉榮、賈贇、

30 節級趙岩、李倫、楊贇、郎遂、崔旻、趙嗣、張均、李謙、楊榮、馬美、任晏、楊榮、節級許旻，十將田逐，節級劉欽、節級李榮、節級王煦、劉乂。

31 定州就糧驍武左第一指揮邑衆等紀首軍頭[10]王贇、劉緒、王隱、王鄰、張乂、王均、張贇、王贇、父王斌，十將牛吉、十將槐祚、嚴兒、劉文，

32 二人軍使劉美、董超，三人副兵馬使鄭遂、曹謙、李贇，五人十將許珪、郭贇、王秀、張興、王贇，一人殿侍何金，九人節級

33 張貞、劉榮、楊弼、王珣、舟從、張明、張緒、張乂、葛咢，四人曹司劉政、趙旻、形順、吕瑩，長行三十人杜貞、劉斌、

34 張祚、彭翰、郎倫、吴謙、劉榮、馬金、李睿、吴貴、衛均、李賨、郭旻、周緒、王貞、王斌、張遂、楊晏、臧乂、韓斌、趙訓、

35 祖嗣、馮斌、周興、成嗣、宋興、安榮、張昇、韓榮、王超、劉美、馬琮、牛祚、吴謙、王合哥、昭哥、杜美、馬美、劉斌、張昇、高遵、程凝。

36 雲翼第四指揮十將孟遠，十將李俊，節級張超、節級賈榮，長行王斌、何謙、小李謙、李興、馮均、賈順、小張訓、徐乂、史興、

37 李興、張榮、張興、張乂。招收第二指揮[11]孟祚、劉氏、陳留、福女。

38 雲翼左第五指揮副指使梁美，軍使李瓊、軍使樊興，員寮劉潛、員寮周榮、高訓、宋興、馮斌、孫旻、和榮、康旻、李晏、張興、

39 鄭斌、樊貞、王琛、王辛、盧信、宋晏、杜忠、方訓、張興、董斌、段仙、李嗣、秘榮、劉金、韓興、王榮、王旻、張信、李澄、張興、劉美、劉澄、

40 王岩、劉辛、王暉、郭璘、王斌、崔榮、魏美、張昇、王謙、傅悦、陶貞、甄密、楊謙、任德、趙旻、武斌、王斌。

41 雲翼左第三指揮邑人李訓、王均、時俊，指揮司[12]程玉、楊則、邵斌、王興、秘遂、崔榮、邵緒、王凝、甄晏、李訓、杜睿、王榮、馬貴、李旻、

42 石斌、王遂、吕美、王均、王斌、劉澄、侯嗣、王翰、賈斌、馮密、王緒，

43 副兵馬使李興、鄭贇、劉貴。

44 雲翼左第四指揮維那頭郎榮，邑衆等石睿、石辛、郭興、謝遇、謝遇、龐進、形贇、李美、崔順、楊政、李則、李榮、

45 劉乂、賈睿、田緒、侯贇、張榮、趙金、韓興、李福、史斌、張榮、張能、張乂、史興、馬均、王均、馮斌、賈祚、紀岩、形真、史斌

46 楊斌、秘悦、劉進、田巒、李斌、楊謙、張興、穆斌、史朗、楊訓、王璘、劉俊、邵嗣、王謙、劉素、崔緒、元訓、趙睿、張斌、尹璉、燕欽、田萬，

47 殿侍李俊、殿侍楊澄、安斌、趙榮、李祚、湯旻、劉緒、劉榮、

李斌、賈□、成斌、張均、安斌、李嗣、張石、皇斌、張遵、吕斌、鄧旻、魏貴、李峭、

48 蔡謙、石榮、胡煦、張訓、孫晏、趙興、張氏、楊乂、張謙、張遠、張均、馬忠、孫興、史興、李斌、李進、孫贇、陶興、韓悦、劉斌、王晏、趙斌、羅女哥、任美、

49 劉澄、周玫。

【注釋】

[1] 上生院：開元寺所屬“院”之一。唐宋時期，一些歷史悠久、規模較大、實力雄厚的寺院其名下出現某些“院”，一般指某一所寺院建築群中供奉某種特定物件或具有某種特定功能的“院落”。定州開元寺的前身可追溯到北魏太和十六年（492）興建的七帝寺，後毁於北周武帝滅佛時期。隋開皇十六年（596）更名爲正解寺。北宋重建，到宋真宗咸平四年（1001）建塔前，開元寺有上生院、上生閣、百法院等院式。定州開元寺是一座的多院式組合寺院。

[2] 演法大師：佛教師號，爲宋代僧官體系中的結銜 。《宋會要輯稿》載：“（大中祥符六年（1013））四月，詔定州開元寺講經論、修塔功德主演法大師賜紫希古，每年承天節特與度行者一人。”[1] 從此題名碑記來看，道間爲演法大師門徒。

[3] 檀郍信士：“檀那”即施主，嚮佛、僧徒、寺院施捨財物的人。“信士”指信奉佛教的在家男子，漢代稱“義士”，泛指出資佈施者，宋避太宗趙光義諱，改稱“信士”。後專稱信仰佛教而出資佈施的人。

1 [清]徐松輯，劉琳等校點：《宋會要輯稿》道釋一之二一，上海：上海古籍出版社，2014年，第16册，第9984頁。

[4] 就糧：即就糧禁軍，原爲中央禁軍出屯京師之外地區的名目之一，屬於經濟性的移屯。王曾瑜認爲："隨着時間的推移，很多府、州、軍也陸續設置常駐禁兵，這些禁兵不再回駐開封，實際上成了地方軍。地方禁兵的出現和增加，逐漸使'就糧'一詞的含義發生變化，爲了區别於開封的中央禁兵，往往稱這些禁兵爲就糧禁兵。使用'就糧禁兵'一詞表明，地方禁兵最早是以就糧的名義設置的。"[1]就糧目的是到糧食充足的地方駐扎，減輕糧食所造成的經濟負擔。北宋時期定州設置有大量就糧禁軍。

[5] 邑長：民間佛教社邑首領之一，由於民間佛教社邑組織的隨意性，佛教社邑首領名稱多有不同，其實際功能相似。郝春文認爲："邑長源於北魏的鄰長、里長、黨長等三長。這個名稱在佛社中出現較晚，多流行於西魏、北周轄區……邑長在佛社中的地位與邑中正等差不多，經常是許多首領中的一個。"[2]

[6] 邑正：又名邑政，爲民間佛教社邑首領之一。郝春文認爲：佛教社邑中的"'邑正（政）'當是'邑中正'的簡稱。"[3]其來源於魏晉職官中負責官吏選拔的中正官，"一般來説，邑中正或邑正在佛社中的地位不高，多數情況下他們只是佛社内數十個首領中的一個，且不是主要首領……但在有的佛社中也可由邑中正或邑正擔任主要首領。"[4]在本題名碑記中邑正在次正、邑録之前，但在有的題名碑記中邑正在邑長、邑録之後，如：《散

1　王曾瑜：《宋朝軍制初探（增訂本）》，北京：中華書局，2011 年，第 70—71 頁。

2　郝春文：《東晉南北朝佛社首領考略》，《北京師院學院學報（社會科學版）》，1991 年 3 期，第 55 頁。

3　郝春文：《東晉南北朝佛社首領考略》，《北京師院學院學報（社會科學版）》，1991 年 3 期，第 54 頁。

4　郝春文：《東晉南北朝佛社首領考略》，《北京師院學院學報（社會科學版）》，1991 年 3 期，第 54 頁。

員指揮使李榮、僕射賈進等修塔題名碑記》第6行："散員指揮邑長十將趙美，邑録趙金、邑政孫旻。"因民間佛教社邑的鬆散及隨意性，在一些臨時性的佛教社邑中，邑正、邑録職位的高低無定式。

[7] 邑録：邑録爲民間佛教社邑首領之一，一般在邑長之下。在定州塔題名碑記中，有的社邑内同時有多個邑正（政）、邑録，有時邑正（政）在前，有時邑録在前。因爲民間佛教社邑的鬆散及隨意性，在一些臨時性的佛教社邑中，邑正、邑録職位的高低無定式，一般會根據在邑内所起作用，其地位會産生變化，或高於邑正（政）或低於邑正（政）。

[8] 長行：原爲唐代藩鎮使府的僚佐親兵之類，入宋後，長行爲"都"以下的基層兵士，王曾瑜認爲長行就是普通軍兵。[1]

[9] 殿侍：唐代即設此官，入宋後，即爲無品武階名，通常設於禁軍都之下，一般一都只設一人，爲低級無品級的軍銜。

[10] 軍頭：原爲唐置武官。北宋時期軍頭成爲軍頭司的職官或軍隊中都一級的低級軍職。此題名碑記中出現的軍頭即爲都一級軍職，一般位列於馬兵之副兵馬使及步兵之副都頭之下。軍頭的設置不普遍，有的軍中不設軍頭。

[11] 招收第二指揮：招收，宋仁宗康定初（1040）增設的禁兵番號，隸屬侍衛步軍司，是由地方軍升爲禁軍。仁宗慶曆二年（1042）九月"乙巳，詔：'河東本城兵士係教閲者，並升爲禁軍。其招收一十七指揮，列無敵之下，保州威邊之上。内定州并軍城寨四指揮以隸定州路。'"[2]《宋史》載："慶曆初，升禁軍，爲

1 王曾瑜：《宋代軍制初探（增訂本）》，北京：中華書局，2011年，第330頁。

2 ［宋］李燾：《續資治通鑑長編》卷一百三十七，仁宗慶曆二年九月乙巳，北京：中華書局，2004年，第3290頁。

指揮十七。保四，霸、信安各三，定、軍城砦各二，廣信、安肅、順安各一。”[1] 招收在定州共設有兩個指揮。除本方題名碑記所載“招收第二指揮”，定州塔第三層《散員指揮使賈進等題名碑記》第 13 行還刻有“招收第一指揮”。定塔題名碑記與正史記載相符。

[12] 指揮司：從上下文來看，指揮司應爲軍隊中都一級的某種機構，可能爲負責軍隊作戰、操練等事項的機構。

第七方：《散員指揮使李榮、僕射賈進等修塔題名碑記》録文及注釋

【題解】

此碑鑲嵌於定州塔第二層，高九十九厘米，寬一二一厘米。在此碑左上方有長爲二十九、二十六厘米的兩道殘損，以及右下方有高十厘米、寬九厘米的一處殘損。原碑四十六行，行十一至五十三字不等。捐施人主要爲駐扎在定州的散員、忠猛、驍武、雲翼、振武、武衛等指揮内各級軍職人員。其刊刻時間大致在宋仁宗 1040—1055 年之間。

【録文】

1 散員指揮使[1]李榮、僕射[2]賈進。

2 忠猛[3]指揮使朱文、僕射譚貴。驍武第三指揮使劉顯、僕射高斌。驍武第四指揮使蔣訓、僕射王忠。

---

1 [元]脱脱：《宋史》卷一百八十七《志第一百四十・兵一》，北京：中華書局，1985 年，第 4598 頁。

3 驍武第五指揮使蘇贇、僕射牛敏。振武第二指揮使劉榮、僕射劉榮。雲翼第六指揮使張斌、僕射韓榮。

4 雲翼第五指揮使康榮、僕射恕[4]。武衛第一指揮[5]使薛霸、僕射陳興。武衛第四指揮使刁福、僕射王袖。

5 武衛第一指揮正都頭張榮、蔚翰、韓瑩、劉辛、裴慶、潘明、孟榮、王斌、王忠、王乂、李乂、王斌、翟蘇榮、李斌、宋金、劉玉、李贇、張演、男九得、李乂、

6 趙超。散員指揮邑長十將趙美，邑録趙金、邑政孫旻、杜遵、李旻、劉巒、王興、劉均、李千、李榮、史信、

7 高謙、孫進、劉美、段巒、張旻、王榮、李旻、田旻、張寧、高密、岳興、李謙、苑政、王岩、吴進、謝素。

8 定州就糧驍武左廂第二指揮邑衆等糺首何榮、劉美、王贇、梁榮、馮斌，指揮使李逵。軍使曹美、軍使丁珪，副兵馬使解遠、

9 副兵馬使韓瓊，軍頭李昇，十將趙美、甄贇，副指揮使男李遂，節級李海、張緒、杜榮、張榮、王旻、劉德、馮友、王興，長行

10 王密、張均、李興、曹竔、趙超、鄭謙、方謙、陳德、蘇興、王則、艾信、劉弼、孫晏、劉清、鄒嗣、延晏、盧嗣、楊能、楊貞、王緒、薛祚、張節、王琪、

11 劉晏、秦訓、郭斌、王興、劉興、賈興、劉万、張晏、靳希、楚璉、張演、形訓、李興、王進、張贇、臧倫、徐翰、劉旻、王嗣、關進、王巒、石美、

12 王榮、韓旻、張祚、宋霸、楊晏、武岩、武顒、王美、孫榮、楊贇、韓美、趙海、常榮、王乂、張晏、王連、張咢、李斌保、劉均、賈遠，

13 副指揮使王元，副兵馬使李斌、田貞、解榮、劉嗣、侯遵，十將許能、劉翰、張榮、李乂、李謙、石緒、劉均、李興。

14 定州就糧忠猛指揮邑衆等糺首王榮、劉召。五都軍使張謙，指揮使男李勍，殿侍李旻，十將許超、十將王興，長行

15 張均、李贊、劉美、高均、魏演、魏緒、劉旻、劉贇、李贊、韓詞、劉恕、賈斌、李斌、張訓、張玉、賈超、劉興、任王、張密、小劉恕、孫翰、

16 邸美、馬斌、楊斌、皇祚、劉政、趙恕、張贊、楊旻、楊臻、王興、周德、王贊、張進、鄧斌、韓興、王翰、李旻、小李旻、李遵、劉榮、小張榮、

17 吕全、馮乂、康全、張則、劉晏、王訓、趙岩、石榮、劉斌、安柞、魏咢、張信、張全、任信、房榮、崔熿、孔斌、石倫、馬謙。

18 振武第二指揮第一都維那頭張翌，二人十將劉用、王興、李遵、田忌、蘇恕、龐靖、劉贊、劉興、王贍、郝談、王璉、張璘、張演、許和、

19 魏巒、劉斌、靳超、馬均、劉均、郭斌、孫遵。第二都趙巒、薛均、翟旻、張則、張緒、宋斌、岳斌、齊緒、王煦、李斌、馬遵、朱翰、張緒、

20 穆岩、康乂、崔羡、王友、劉貞、劉斌。第三都孫貴、張政、李達、王信、宋乂、郭興、張巒、馬才、李榮、米金、王玉、張斌、陳謙、張旺、夏忠、

21 楊贍、賈立。第四都石嗣、張玉、陳斌、趙遂、張貞、王贊、馬榮、康万、魏忠、陳緒、張澄、劉翰、張瓊、齊珪、王旻、張贇、安滿、白興、

22 馮嗣、米勳、崔斌、程密、石榮。第五都張清、方斌、盧榮、高美、褚興、魏演、蘭昇、李保、龐榮、董進、張贇、紀澄、劉嗣、郭倫、

23 薄斌、臧緒、趙化、王巒、初謙、高興、高斌、王翰、許謙、吕榮、李晏、李欽、宋元、芨贊，

24 尚書[6]王江、尚書劉宗、尚書盍、尚書李祚。

25 雲翼左第三指揮使蔣環、男德清、孫男六哥，軍使皇贇，副兵使李榮、副兵馬使韓副，十將張晏、十將趙贇、陶美、張訓、潘忠、李斌。

26 定州就糧武衛第二指揮紇首維郍頭袁信、張一、閻政。第三都員寮常贇，殿侍李継勳。第二都副都頭[7]徐進。第一都

27 軍頭紀斌、梁隱、張琛、劉凝、田翰、秦美、封廣、李興、孫信、繆興、李則、李乂。第二都張顯、宋賓、李讓、霍信、張密、班貞、

28 李興、元允、王旻、鞏緒、史金、李嗣。第三都十將王祚、劉凝、武潛、劉信、成乂、郝榮、宋美、王榮、張謙、劉隱、鄭福、劉訓、

29 楊乂、何興、郭謙、郝允、倫興、孫贇、□顯、馬能、尚斌、夏贇。第四都張進、杜均、宋昇、趙忠、馬斌、王昇、蔡榮、韓進、徐興，

30 節級李訓、向千、戴榮、杜謙、王斌、宋亮、甄堅、沈皿、劉明、康超、蘇儀、秦悔、趙拯、潘從、崔素、丁遇、彭謙，

31 員寮康超、員寮王進、員寮王忠。副都頭彭進、副都頭紀斌。

32 雲翼左第二指揮張瑜，十將劉興、劉超、胡睿，軍使劉興、軍使劉興、軍使劉勳，副兵馬使王則、高辛、異福、王貞、

33 楊贇，十將王興、十將康祚、史倫、十將張謙、張璘、王遂、劉均、劉興、王貞、馬榮、皇興、魏斌、安斌、張興、劉謙、張琪、劉興、

34 十將田則、王訓、韓興、十將郭趙興、馬斌、周榮、李斌、趙遂、王順、崔斌、和均、霍岩、趙逐，員寮皇贇、劉澄、紀榮、劉珪。

35 雲翼左第三指揮軍使王訓，軍使李興，兵馬使[8]王贇、兵馬使呂訓，十將李斌、張興、劉謙、呂道、張嗣、李貞、梁訓、劉贇、房貴、張榮、張全、田羨、王睿、

36 □岩、牛斌、趙興、成訓、田祚、宋興、李□、崔榮、楊榮、嚴訓、石海、劉斌、劉榮、王贇、董興、石訓、韓嗣、翟美、崔嗣、魏欽、

王睿。

37 武衛第四指揮糺首史琛，員寮張誨，都頭黎榮，都頭班巒，十將尚進、李福、崔乂、姜霸、張榮、曹益、龐旻、曾演、潭讓、王悦、尹訓、張【下缺】,

38 都頭朱鋭、晁璡、李琪、劉凝、劉讓、□榮、趙緒、張凝、何榮、邢緒、鞏遂、劉乂、郝戬、韓福、耿乂、趙昇、李榮、徐進。

39 武衛第一指揮白旻、李興、□□、朱旻、王乂、李贊、路旻、潭美、張旻、陳萬、李晏、王興、李讓、王興、劉弼、牛斌、宋進、王翰、李朗、安遵、張□□、

40 劉斌、張嗣、劉【中缺】楊信、王緒、楊榮、郭斌、房興、李贇、張斌、曹玫、鄭遂、成均、王晏、陶斌、孫贇、王訓、李璘、趙順、石万、趙欽、楊斌。

41 雲翼第五指揮使【中缺】瓊,軍使樊興,兵馬使劉潛、兵馬使周榮、高訓、宋興、和榮、康旻、李晏、孫旻、張興、董斌、段仙、李嗣、秘榮、

42 劉全、張訓、劉美、張□、□□、張興、劉晏、王旻、劉澄、王岩、劉辛、王暉、郝澄、王斌、崔榮、衛美、張昇、王謙、傅悦、陶貞、楊謙、任德、趙旻、武斌、王斌

43 樊貞、李斌、劉敏、張旻、□□、馬進、趙榮、齊金、馮興、陳斌、皇斌、李緒、藺斌、張□、張贊、李旻、李遵、賈斌、張進、張璡、張潮。

44 武衛第三指揮糺首□□、段緒、馮贇、張進、王興、湯榮、王訓、劉美、董進、張超、張訓、孟謙、趙玉、靖贇、盧昇、張寬、路政、樂凝、李贇、劉□、李□、

45 苑瞻、賀忠、崔用、徐翼、楊緒、賈政、翟緒、張興、翟忠、光忠、李玉、趙謙、張信、谷澄、馬倫。

46 武衛第五指揮副都頭嗣均、吴乂、李昇、赫忠、趙福、崔順、李訓、楊煦、孫忠、段秀、□能、郭顯。

【注釋】

[1] 散員指揮使：散員，宋真宗咸平五年（1002）設置的禁軍番號，隸屬侍衛馬軍司。“咸平五年置。指揮一。定州。”[1]《續資治通鑑長編》載：景德二年（1005）“定州部署言：‘昨遣散員指揮使趙信帥所部襲寇，至水谷寨。’”[2]北宋時期，定州曾設散員一指揮。指揮使，軍職名，爲宋代軍事單位指揮一級的長官，每指揮通常設置一人。

[2] 僕射：此處僕射設於指揮使之下，在步、騎兵中均設置，每指揮一般設置一人。此處僕射當爲檢校官，是“檢校僕射”的省稱，爲給予軍職人員的加官，是一種榮譽官銜，地位一般不高。

[3] 忠猛：宋真宗咸平二年（999）增置的就糧禁軍番號，隸屬侍衛馬軍司。《宋史・兵志》載：“忠猛，咸平一年置。指揮一。定州。”[3]後於熙寧五年（1072）被廢[4]。忠猛在定州只設有一個指揮，這與正史記載相符。本方題名碑記第14行刻有“定州就糧忠猛指揮”，可見定州忠猛指揮爲就糧軍性質，這可補正史記載不足。

[4] 恕：此處人名只有一字，可能在刊刻時有遺漏。

1 [元]脱脱:《宋史》卷一百八十七《志第一百四十・兵一》，北京：中華書局，1985年，第4590頁。

2 [宋]李燾:《續資治通鑑長編》卷五十九，景德二年正月丁巳，北京：中華書局，2004年，第1310頁。

3 [元]脱脱:《宋史》卷一百八十七《志第一百四十・兵一》，北京：中華書局，1985年，第4590頁。

4 [元]脱脱:《宋史》卷一百八十八《志第一百四十一・兵二》，北京：中華書局，1985年，第4615頁。

[5] 武衛第一指揮：武衛，宋太宗時設立的就糧禁軍番號，隸屬於侍衛步軍司。宋仁宗康定初，因宋夏戰爭，在河北增置武衛。"故議者欲益募土兵爲就糧。於是增置陝西蕃落、保捷、定功，河北雲翼、有馬勁勇，陝西、河北振武，河北、京東武衛……"[1] 正史只記載了康定初在河北設置武衛就糧軍，但具體不載駐軍數量，定州塔碑名碑記内記載了武衛在定州設有第一、二、三、四、五，共五個指揮，可補正史記載過簡之不足。

[6] 尚書：此處尚書即爲"檢校尚書"之省稱，設置在軍隊都以下的一種榮譽頭銜，無實際執掌，其地位不如"檢校僕射"。

[7] 副都頭：宋代軍職名，步軍都一級副統兵官。

[8] 兵馬使：此處應指副兵馬使。

第八方：《望都縣善化鄉胡方村都維郍王欽嗣等題名碑記》録文及注釋

【題解】

此碑鑲嵌於定州塔第二層，原碑無題目。碑高八十厘米，寬一四六厘米。碑文五十六行，行十至四十四字不等。捐施人主要爲定州望都縣附近鄉村佛教社邑民衆。

【録文】

1 定州塔下望都縣善化鄉胡方村[1] 都維郍王欽嗣、弟欽翰、欽晏、男演。副維郍住新樂縣城内劉審希、男

1 [元]脱脱:《宋史》卷一百八十七《志第一百四十・兵一》，北京：中華書局，1985年，第4574頁。

2 光峻、光弼、光訓，副維那住胡方村、安珪、男安旻。邑政西王吕村[2]傅貞男。胡方村邑政王千、龐贊、張隱、龐翰、

3 張副、邊贊、任祚、馬斌、張贊、劉旻、張斌、王旻、張贇、尹斌、趙斌、蘇翰、翟斌、魏贇、王緒。在城[3]邑政程岩、馬睿、宋璘、

4 胡訓、張能、王榮、魏欽、張旻、鞏超、劉興、史均、袁遵、耿李榮、趙美、劉榮、邵昇、李煦、高千、李祚、王贊、李美、劉興、路化、

5 安懿，西王吕村邑政齊均、席祚、席榮、張祚、王翼、張廣、董斌、王貞、張友、張謙、李貴、周緒、范進、孫欽、田超、周斌、陳瓊、席贊、

6 王凝、范隱、傅緒、任遵、崔岩、胡暉、周貴、王貴、席岩。西奇連村[4]邑政蕭贇、張寬、劉興、劉進、尚保、尚巳。西士[5]邑政陳榮、

7 趙贇、左贊、張旻、齊興、龐寬、張翰、張遠。中邑村[6]政曹均、郎緒、馮遠、郎倫、楊唐、高進、張斌、曹斌、趙超、劉祚

8 連塚、曹遵。東邑村[7]政許隱、齊贊、李謙、張興、丁貞、丁玉、張榮、張思榮、張乂、鄭祚、張貞、丁祚、郝敏、齊威、鄭贊、齊旻、丁正。

9 東王吕村[8]邑政師隱、馮贇、安翰、安乂、董祚、馮嗣、陳祚、馮訓、馮榮、邵贇、馮均、師瓊、安遠、孟興。北同方[9]邑

10 政李斌、張均、蘇欽、劉一、李通、房遂、王謙、李贊、崔訓、佫嗣、田晏、劉斌、房均、劉乂、曹竘、田万、田唐、劉興、劉榮、王瓊，

11 南同方[10]邑政皇岩、李貴、孫演、楊倫、皇美、皇隱、崔欽、崔祚、楊翰、楊超、李遇。東張村[11]邑政楊千、楊章、孫貴、安贇、李清、

12 安斌、張興、楊贊、安晏、盧贊、安素、崔晏、張峻、張遵、安玉、赤侯驛[12]韓祚、劉祚、田倫。寺家莊[13]邑政徐美、

13 張威、安榮、韓進、田珪、嚴恕、吕欒、劉斌。西王樓村[14]王旻、侯榮、劉璘、孫威、劉謙。八里店[15]執暉。暮家莊[16]王旻。連塚村[17]

14 邑政梁遇、侯超、侯貴、盧辛、曹斌、曹超。唐城村[18]祝暉、張斌、張榮。唐河店[19]彭鐸、王謙、王密、張祚。西李崗村[20]

15 李訓、何嗣。東三樓[21]孔祚、王超。東南閤村[22]邑政劉瓊、曹晏、劉美、李斌。中邑楊贇。度河村[23]李榮。王家莊[24]韓進。

16 楊平村[25]暮宗西、王吕、席乂、張贇、劉都料、齊興、周興。友高村[26]張旻、李殷、趙榮、李進、劉咢、孟遠、龐斌。

17 仁教坊[27]郝德元、王榮、定和、王訓、李美。牢城[28]婁進。唐城鄉西張村[29]邑政王化及、丁超、樊乂、樊乂、李匡嗣、李遠美、

18 樊翰、丁乂、樊緒、李從、高訓。

19 西三樓村[30]都維那葛祚、邑衆等副維那劉遵、張旻、楊榮、侯榮、孫超、孫謙、孫信、孫乂、劉練、唐訓、釋贇、劉崇、釋貞、李咢、

20 釋清、安贍、劉美、釋晏、劉祚、安訓、張晏。拔落訵村[31]邑正張通、張吉、薛訓、張榮、周祚、張均、劉興、趙斌、趙弼、宋貴、

21 宋貞、龐超、龐興、王顒、龐晏、田美、田嗣、吕斌、龐旻、馬鐸、齊贇、成斌。羅家村[32]宋謙、孫斌、孫興、楊榮、陶興、吴友。

22 友高村楊贇、劉昇、李卿、劉玉、李信、張志、李翰、楊倫。北葛村[33]張訓、安岊、王祚、揚榮、崔翰、崔俊、安超、安璘、張□、

23 安金、張海、楊揮、趙乂、周岩、劉貴。赤侯驛吕美、韓恕、韓留、高興、劉嗣、李訓、田遇、王福。東唐城村[34]張緒、張進、

24 齊貴、宋斌、陳乂、張興、張均、吴祚。老劉堝村[35]成玉、田稱、

李翰。三家店[36]王明、馬榮、趙玢、劉玢。西唐城村[37]張恕、李謙、李□

25 李進、劉胤、李玫、皇友、仇贇、張旻、傅謙。陶兵村[38]盧岩、王德、劉斌、李榮、韓遵、王乂、張均、吴祚、張晏、趙岩、韓金、劉斌、

26 東章村[39]楊辛、張美、張璘、張裔、張榮、張德、劉明、安遂、劉益、李翰、成顯、王宗、李貴、沈翰、邸祚、邸翰、李殷、

27 曹贊、張旻，袁遇、姚貴、張清、賈均

28 維那頭西南葛村[40]成琳、成榮、男成顯、維那李均、邑長李斌、邑録王斌、邑正孫祚、邸副、李玢、成美、栗裔、

29 王澄、祝巳、栗遵、趙貴、盧均、楊恕、郎嗣、李斌、賈遇、高嗣、高美、董謙、李殷、張旻、趙忠、趙輪、劉旻、張榮、李興、

30 馬明、楊文、田遵、孫嗣。東三樓村邑正李贇、李超、皇贊、安岩、皇嗣、李乂、皇貞、王進、張文、張祚、趙興、趙榮、

31 韓旻、李謙、李興、李殷、李榮、趙玉、張翰、成旻、李榮、杜榮。東南村[41]邑正曹興、劉嗣、曹清、王容、劉召、陳輪、

32 趙斌、曹岩、王興、劉晏、劉祚、魏貴、魏嗣、趙旻、劉乂、劉緒、劉祚、劉德、劉訓、劉珪、康辛、趙習、劉福、劉威、

33 劉岩、董旻、石晏、王玢、張俊、張乂、張北。葛村[42]邑正邢斌、亏進、李貴、李太、孫岩、宋斌、安均、張旻、劉謙、張贊、齊睿、

34 王遵、王旻、吕德、吴超、郝超、李斌。麴家莊[43]邑正宋晏、劉翰、劉召、張温、張贇、劉遇、劉興。固店村[44]維那頭張唐、

35 甄昇、劉珪、邸道、劉贊、李榮、甄梅、張恕、劉謙、張密、張贇、張清、張緒、趙美、趙嗣、楊貞、劉岩、

36 邸興、王贊、田遇、梅璘、李貞、李旻。東南合村[45]王晏、張巒、楊倫、劉加榮、張超、王遵、劉贊、

37 張文太、楊殷、李贊、趙睿、趙殷、李萬、李遠、趙貞、張緒、王恕、劉晏、楊遇、謝信、劉翰、張美、劉岩、高贇、

38 康辛、王榮、劉成。東白城村[46]李欽、郭則、郭六公、田辛、崔唐、劉晏、王乂。

39 安喜縣久貞鄉[47]碾子疃糺首維那頭王彦海、副維那許遂、張翰、邑正趙翰、賈榮、

40 弟賈均、劉威、李思榮、趙贇、鹿榮、梅煦、張瓊翰、鄭權、齊榮、李進、李興、龐興、

41 賈岩、張贍、李贊、高榮、王均、李榮、趙榮、張晏、張斌、安俊、易演、賈玉、賈旻、許乂、李謙、

42 劉超、陳贇。霍村維那頭杜鐸，副維那王興、弟王清、霍隱、男霍斌、王謙、劉恕、

43 安貴、李均、崔元、崔正、崔遇、崔江、霍仙、弟霍超、仲欽。中疃[48]邑副維那鄭弁、潘瓊、

44 高興、李隱、張緒、翟謙、魏殷、鄭緒、張謙。北李疃邑人副維那趙澄、趙榮、趙旻、趙鐸、

45 崔進、趙贇、李隱、楊進、吴榮、李遇。保子疃邑正韓進、劉謙、韓嗣、邢斌、邢訓、

46 吕貞、邢化、劉贇、劉興、韓遇、邢嗣、張謙、張暉、孫貴、張羨、吕友、吕演、吕隱、劉緒、張唐、

47 劉祚、王岩、張乂、吕清、吕謙、張超、郭元、范美、魏珪、陶金、劉斌。遊村[49]邑長賈進、邑正王咢、

48 楊進、邑録賈勛、劉素、李友、高倫、劉訓、楊榮、張温、張旻、李乂、劉深、曹恕、賈遠、李翰。

49 教練使劉元，石家疃邑人劉卿、李進、劉倫、李晏，安家疃邑長王岩、邑録徐一、張威、許超、

50 段斌、張志、段殷、馬嗣、曹威、李萬、李友、張殷、張膳。敬統村[50]邑正傅珪、李乂、姪李節、石化、

51 李興、王倫、王遵、鄭謙、曹晏、高菩、薛留、王美。翟村[51]邑人曹贇、李澄、賈榮、劉均、甄貴、

52 馮貞、楊美、許訓、王祚、韓均、陸晏、劉榮。曲陽縣平樂村邑人劉信、劉均、劉杲、劉謙、劉贇、李超、劉謙、

53 劉遇、李貞、杜佐、劉俊、劉直。

54 諸家邑[52]人等崔隱、甄祚、男郭六、張福贇、賈暉、男哥賈萼、王遇、石玢、馬遇、郭延暉、王均、吕睿。

55 安樂坊[53]袁興、張鐸、李遠。望都縣老留堝村杜審遇、蘇謙、田瓊、杜璘、田習、蘇榮、李遇。

56 雲翼左五副指揮使韓榮、妻白氏、男德誠、姪男望伯、女娑姐、新婦張氏、孫男。

【注釋】

[1] 望都縣善化鄉胡方村：定州所屬縣鄉村。望都縣，宋《太平寰宇記》載："本漢舊縣，屬中山國。堯始受封於此，故張晏注云：'堯山在北，堯母慶都山在南，登堯山見都山，故以望都爲名。'今邑有堯祠并後漢光武祠，甚靈。高齊省。隋開皇六年又置。"[1] 今歸河北省保定市管轄。善化鄉，《太平寰宇記》載：望都縣"舊十三鄉，今四鄉"[2]，但具體鄉名不詳，今可補其一鄉。胡方村，清道光二十九年（1849）《定州志》載有"胡房村"，屬定州胡

1 [宋]樂史撰，王文楚等點校：《太平寰宇記》卷六十二《河北道十一·定州》，北京：中華書局，2007年，第1274頁。

2 [宋]樂史撰，王文楚等點校：《太平寰宇記》卷六十二《河北道十一·定州》，北京：中華書局，2007年，第1274頁。

房約轄村[1]。今存，爲胡房村，屬於河北省定州市留早鎮轄村。

[2] 西王吕村：根據碑文前後記載的村落位置判斷，其在北宋時應爲定州望都縣屬村。民國二十三年（1934）《定縣志》載有“西王吕”“東王吕”，屬於定縣第六區轄村。[2] 今仍爲西王吕村，屬於河北省定州市清風店鎮轄村。

[3] 在城：應爲在城社。定州望都縣下轄社之一。清康熙十七年（1678）《慶都縣志》卷一載有“在城”[3]，爲望都縣城區。

[4] 西奇連村：定州屬村。清道光二十九年（1849）《定州志》有載，作“奇連屯”“小奇連村”，均屬於奇連約轄村。[4] 今均存，屬於河北省定州市西城區街道轄村。因碑文提供的信息較少，不能確定是哪一個村。

[5] 西士：應爲西市邑村。定州屬村。清道光二十九年（1849）《定州志》有載，作“西市邑村”，屬於定州北不隨約轄村。[5] 今存，屬於河北省定州市清風店鎮轄村。

[6] 中邑村：應爲定州屬村。具體不詳，待考。

[7] 東邑村：應爲東市邑村。定州屬村。清道光二十九年（1849）《定州志》有載，作“東市邑村”，屬於定州建陽約轄村[6]。今存，

---

1 [清] 寶林等纂修：《（道光）定州志》卷七《地理·鄉約下》，中國臺北：成文出版社，1969 年，第 818 頁。

2 [民國] 賈恩紱纂修：《（民國）定縣志》卷四《政典志·建置篇下》，中國臺北：成文出版社，1969 年，第 316—317 頁。

3 [清] 李天璣等纂修：《（康熙）慶都縣志》卷一《村堡》，中國臺北：成文出版社，1969 年，第 72 頁。

4 [清] 寶林等纂修：《（道光）定州志》卷七《地理·鄉約下》，中國臺北：成文出版社，1969 年，第 778 頁。

5 [清] 寶林等纂修：《（道光）定州志》卷七《地理·鄉約下》，中國臺北：成文出版社，1969 年，第 829 頁。

6 [清] 寶林等纂修：《（道光）定州志》卷六《地理·鄉約上》，中國臺北：成文出版社，1969 年，第 561 頁。

屬於河北省定州市清風店鎮轄村。

[8] 東王吕村：定州望都縣屬村。詳見本方題名碑記注釋第二條“西王吕村”。今仍存東王吕村，屬於河北省定州市清風店鎮轄村。

[9] 北同方：應爲北同房，定州望都縣屬村。定州塔第三層《曲陽縣歸善鄉西諸侯村糺首維那石厚昌等題名碑記》第44行刻有“北同房”。與本題名碑記第11行所刻的“南同方”應該相距不遠。清道光二十九年（1849）《定州志》載有東、南、西仝房三村，以及南、北仝房屯二村。[1]從方志記載來看，至遲至清代時北仝房村應該已經不存。今北仝房屯也已不存。

[10] 南同方：應爲南同房，因該村與“望都縣善化鄉胡方村”相鄰，故其在北宋時應爲定州望都縣屬村。定州塔第三層《曲陽縣歸善鄉西諸侯村糺首維那石厚昌等題名碑記》第44行刻有“南同房”。清道光二十九年（1849）《定州志》載有“南仝房村”“南仝房屯”，屬於定州胡房約和北不隨約轄村。[2]南同房村今存，屬於河北省定州市留早鎮轄村。從《定州志》所載南仝房村、南仝房屯的位置來看，二村應相距不遠。因碑文記載信息少，無法確定具體爲哪一個村或者是否由其中一個村分化而來。

[11] 東張村：可能爲定州唐縣唐城鄉屬村。唐代出土《唐張鋒墓志銘》載：“合祔於唐縣唐城鄉東張村古原之禮也”[3]，東張村爲唐縣唐城鄉屬村。定州塔第三層《唐縣城諫村糺首維那頭劉希遵等修塔題名碑記》第32行刻有“東張村”。在本方題名碑記第

1 ［清］寶林等纂修：《（道光）定州志》卷七《地理·鄉約下》，中國臺北：成文出版社，1969年，第818—819、824、828頁。

2 ［清］寶林等纂修：《（道光）定州志》卷七《地理·鄉約下》，中國臺北：成文出版社，1969年，第819、824頁。

3 周紹良主編：《唐代墓志編（下）》大中026，上海：上海古籍出版社，1992年，第2271頁。

17行刻有"唐城鄉西張村"，二者應相距不遠。

[12] 赤侯驛：應爲定州屬驛站。《宋史》載："敵遣别騎寇赤堠驛，崇訓分兵擒戮之。"[1]

[13] 寺家莊：定州望都縣屬村。清康熙十七年（1678）《慶都縣志》有載[2]，民國曾屬於第五區轄村[3]。今爲寺莊村，屬於河北省保定市望都縣寺莊鎮轄村。

[14] 西王樓村：應爲西三路村。因該村與"望都縣善化鄉胡方村"相鄰，故其在北宋時應爲定州望都縣屬村。清道光二十九年（1849）《定州志》有載，作"西三路村"，屬於定州連塚約轄村。[4] 今存，屬於河北省定州市清風店鎮轄村。

[15] 八里店：定州屬村。清道光二十九年（1849）《定州志》有載，屬於定州東不隨約轄村。[5] 今存，屬於河北省定州市楊家莊鄉轄村。

[16] 暮家莊：應爲定州屬村，具體不詳，待考。

[17] 連塚村：定州屬村。清道光二十九年（1849）《定州志》有載，屬於定州連塚約轄村。[6] 今存，爲連仲村，屬於河北省定州市清風店鎮轄村。

---

1 [元]脱脱：《宋史》卷二百五十《列傳第九·韓崇訓》，北京：中華書局，1985年，第8825頁。

2 [清]李天璣等纂修：《（康熙）慶都縣志》卷一《村堡》，中國臺北：成文出版社，1969年，第73頁。

3 [民國]王德乾等纂修：《（民國）望都縣志》卷三《建置志》，中國臺北：成文出版社，1968年，第107頁。

4 [清]寶琳等纂修：《（道光）定州志》卷七《地理·鄉約下》，中國臺北：成文出版社，1969年，第814頁。

5 [清]寶琳等纂修：《（道光）定州志》卷六《地理·鄉約上》，中國臺北：成文出版社，1969年，第616頁。

6 [清]寶林等纂修：《（道光）定州志》卷七《地理·鄉約下》，中國臺北：成文出版社，1969年，第812頁。

[18] 唐城村：定州屬村。清道光二十九年（1849）《定州志》有載，屬定州北不隨約。[1]今存，屬於河北省定州市北城區轄村。《古今圖書集成·職方典》載："唐城，在定州城北一十里，堯自唐侯而升爲天子，此即其故都也。"[2]今唐城村東仍有古城遺址。

[19] 唐河店：應爲定州屬村。清光緒四年（1878）《唐縣志》記載有"唐河西"，屬於定州唐縣大茂社轄村。[3]今爲唐河西村，屬於河北省保定市唐縣黄石口鄉轄村。因爲碑文記載信息少，不確定是否爲同一個村。

[20] 西李崗村：應爲定州屬村。具體不詳，待考。

[21] 東三樓：應爲東三路村。因該村與"望都縣善化鄉胡方村"相鄰，故其在北宋時應爲定州望都縣屬村。清道光二十九年（1849）《定州志》有載，作"東三路村"，屬於定州清風店約轄村[4]。今存，屬於河北省定州市清風店鎮轄村。

[22] 東南閤村：與本方第36行的"東南合村"應爲一個村。因"東南閤村"與"望都縣善化鄉胡方村"相鄰，故該村在北宋時應爲定州望都縣屬村。清道光二十九年（1849）《定州志》有載，作"東南合村"，屬於定州胡房約轄村。[5]今存，屬於河北省定州市留早鎮轄村。

---

1 ［清］寶林等纂修：《（道光）定州志》卷七《地理·鄉約下》，中國臺北：成文出版社，1969年，第829頁。

2 ［清］陳夢雷等編：《古今圖書集成》第一百四十卷《真定府部彙考十二》，中華書局影印本，1934年，第71册，第37頁。

3 ［清］陳詠修，張惇德纂：《（光緒）唐縣志》卷二《輿地》，中國臺北：成文出版社，1969年，第245頁。

4 ［清］寶琳等纂修：《（道光）定州志》卷七《地理·鄉約下》，中國臺北：成文出版社，1969年，第807頁。

5 ［清］寶林等纂修：《（道光）定州志》卷七《地理·鄉約下》，中國臺北：成文出版社，1969年，第819頁。

[23] 度河村：應爲滱河村。定州屬村。清道光二十九年（1849）《定州志》有載，已分化爲作“大滱河村”“小滱河村”二村，均屬於定州滱河約轄村。[1] 今改爲大渡河村、小渡河村，均屬於河北省定州市大鹿莊鄉轄村。

[24] 王家莊：因該村與“望都縣善化鄉胡方村”相鄰，故其在北宋時應爲定州望都縣屬村。清道光二十九年（1849）《定州志》載有“王家莊”，爲定州柴籬約轄村。[2] 今存，屬於河北省定州市高蓬鎮轄村。

[25] 楊平村：定州屬村。清道光二十九年（1849）《定州志》有載，已分化爲作“寺陽平村”“大陽平村”“霍陽平村”三村，均屬於定州安家莊約轄村[3]。今爲大羊平村、寺羊平村、霍羊平村，屬於河北省定州市楊家莊鄉轄村。

[26] 友高村：應爲定州屬村。不詳，待考。

[27] 仁教坊：應爲定州所轄坊之一，具體待考。

[28] 牢城：應爲在定州的監獄。《續資治通鑒長編》載：“有盗主財者，五貫以上，杖脊、黥面、配牢城。”[4]

[29] 唐城鄉西張村：定州唐縣所屬鄉村。唐城鄉，定州塔三層《雲翼左第五指揮使劉超等修塔題名碑記》第 26 行刻有“唐縣唐城鄉扳上村”，故其爲唐縣下轄鄉之一。《太平寰宇記》載，唐

---

1 ［清］寶林等纂修：《（道光）定州志》卷六《地理·鄉約上》，中國臺北：成文出版社，1969 年，第 554 頁。

2 ［清］寶林等纂修：《（道光）定州志》卷六《地理·鄉約上》，中國臺北：成文出版社，1969 年，第 605 頁。

3 ［清］寶林等纂修：《（道光）定州志》卷六《地理·鄉約上》，中國臺北：成文出版社，1969 年，第 599 頁。

4 ［宋］李燾：《續資治通鑑長編》卷五十四，咸平六年夏四月庚午，北京：中華書局，2004 年，第 1189 頁。

縣"舊十八鄉,今十鄉"[1],但無具體鄉名,今可補其一鄉。出土《唐張鋒墓志銘》記載了唐縣唐城鄉東張村，西張村應距此不遠[2]。定州塔第三層《唐縣城諫村糺首維那頭劉希遵等修塔題名碑記》第 30 行亦刻有“西張村”。

[30] 西三樓村：可能爲西三路村。詳見本方注釋第十四條“西王樓村”。

[31] 拔落剄村：疑爲不落岡村。定州屬村。清道光二十九年(1849)《定州志》卷七有載，已分化爲“東不落岡村”“西不落岡村”二村，屬於定州清風店約轄村。[3] 今不詳，待考。

[32] 羅家村：應爲定州屬村。《在州都押衙耿素等修塔題名碑記》第 7 行刻有“羅家莊”。因碑文記載信息少，不確定二者是否爲同一村。

[33] 北葛村：疑爲北合村。定州望都縣轄村。清康熙十七年(1678)《慶都縣志》有載，作“北合”。[4] 今存，爲河北省保定市望都縣固店鎮轄村。因碑文提供的信息較少，不能確定是否爲北葛村。

[34] 東唐城村：定州屬村。清道光二十九年(1849)《定州志》有載，應該由東唐城村和西唐城村合併爲“唐城村”，屬於定州北不

1 [宋]樂史撰，王文楚等點校：《太平寰宇記》卷六十二《河北道十一・定州》，北京：中華書局，2007 年，第 1271 頁。

2 周紹良主編：《唐代墓志編（下）》大中 026，上海：上海古籍出版社，1992 年，第 2270、2271 頁。

3 [清]寶林等纂修：《（道光）定州志》卷七《地理・鄉約下》，中國臺北：成文出版社，1969 年，第 807 頁。

4 [清]李天璣等纂修：《（康熙）慶都縣志》卷一《村堡》，中國臺北：成文出版社，1969 年，第 73 頁。

隨約轄村。[1] 今存,仍爲唐城村,屬於河北省定州市北城區轄村。

[35] 老劉堝村:應與本方題名碑記第 55 行的"望都縣老留堝村"爲同一村。其爲定州望都縣屬村。

[36] 三家店:民國二十五年(1936)《涿縣志》有載,作"三家店""北三家店",屬於涿縣第四區轄村。[2] 今存,爲北三家店、南三家店,屬於河北省保定市涿州市林家屯鎮轄村。因碑文提供的信息較少,不能確定是否是一個村,待考。

[37] 西唐城村:同本方注釋第三十四條"東唐城村"。

[38] 陶兵村:應爲陶丘村,定州唐縣屬村。定州塔《唐縣城諫村糺首維郱頭劉希遵等修塔題名碑記》第 38 行刻有"陶丘村",二者爲同一個村。清光緒四年(1878)《唐縣志》有載,已分化爲"北陶邱村""南陶邱村"二村[3],今均存,屬於河北省定州市龐村鎮轄村。

[39] 東章村:應爲定州屬村。根據碑文前後村名所載的位置來看,東章村可能爲今定州所轄的東丈村。

[40] 西南葛村:疑爲西南合村。因"西南葛村"與"望都縣善化鄉胡方村"相鄰,故該村在北宋時應爲定州望都縣屬村。清道光二十九年(1849)《定州志》有載,作"西南合村",屬於定州胡房約轄村。[4] 今存,屬於河北省定州市留早鎮轄村。

[41] 東南村:可能爲東南合村。詳見本方注釋第四十五條"東南合村"。

1 [清]寶林等纂修:《(道光)定州志》卷七《地理·鄉約下》,中國臺北:成文出版社,1969 年,第 829 頁。

2 [民國]宋大章等修,周存培纂:《(民國)涿縣志》第四編《黨政組織》,中國臺北:成文出版社,1968 年,第 274 頁。

3 [清]陳詠修,張惇德纂:《(光緒)唐縣志》卷二《輿地》,中國臺北:成文出版社,1969 年,第 189 頁。

4 [清]寶林等纂修:《(道光)定州志》卷七《地理·鄉約下》,中國臺北:成文出版社,1969 年,第 820 頁。

[42] 葛村：應爲定州屬村，具體不詳，待考。

[43] 麴家莊：應爲定州屬村，具體不詳，待考。

[44] 固店村：定州望都縣屬村。清康熙十七年（1678）《慶都縣志》有載，作“固店”[1]，民國屬於望都縣轄村。[2] 今存，屬於河北省保定市望都縣固店鎮轄村。

[45] 東南合村：定州望都縣屬村。

[46] 東白城村：定州望都縣屬村。定州塔第三層《雲翼左第五指揮使劉超等修塔題名碑記》第19行刻有“東白成村”。清康熙十七年（1678）《慶都縣志》有載，作“東、西白城”二村。[3] 今仍爲東白城村，屬於河北省保定市望都縣黑堡鄉轄村。

[47] 久貞鄉：定州安喜縣所屬鄉村。久貞鄉，《太平寰宇記》載，安喜縣“舊十八鄉，今十鄉。”[4] 但不知其鄉名，今可補其一。

[48] 中疃：應爲鎮州行唐縣屬村。清乾隆九年（1744）《行唐縣新志》有載，作“中疃村”，屬於行唐縣城寨社。[5]

[49] 遊村：定州塔第二層《當寺上生閣百法院助緣糺首僧道瑩等修塔題名碑記》第三部分第38行刻有“游村”從兩塊碑文前後所載信息來看，應該是同一個村。

[50] 敬統村：定州塔第二層《當寺上生閣百法院助緣糺首僧道瑩等

---

1 ［清］李天璣等纂修：《（康熙）慶都縣志》卷一《村堡》，中國臺北：成文出版社，1969年，第73頁。

2 ［民國］王德乾纂修：《（民國）望都縣志》卷三《建置志》，中國臺北：成文出版社，1968年，第106頁。

3 ［清］李天璣等纂修：《（康熙）慶都縣志》卷一《村堡》，中國臺北：成文出版社，1969年，第73頁。

4 ［宋］樂史撰，王文楚等點校：《太平寰宇記》卷六十二《河北道十一・定州》，北京：中華書局，2007年，第1270頁。

5 ［清］吴高增纂修：《（乾隆）行唐縣新志》，《中國地方志集成・河北府縣志》第4輯，上海：上海書店，2006年，第359頁。

修塔題名碑記》第三部分第 40 行刻有“敬村”，從兩塊碑文前後所載信息來看，應該是同一個村。具體不詳，待考。

[51] 翟村：疑爲翟城村。定州屬村。清道光二十九年（1849）《定州志》有載，作“翟城村”，屬於定州龎村約轄村。[1] 今存，屬於河北省定州市東亭鎮轄村。

[52] 諸家邑：推測爲朱家峪村，定州曲陽縣屬村。清光緒三十年（1904）《重修曲陽縣志》記載有“朱家峪”，屬於曲陽縣壇南社轄村。[2] 今存，屬於河北省保定市曲陽縣靈山鎮轄村。

[53] 安樂坊：推測爲定州城區所設坊之一。在第三層《曲陽縣歸善鄉西諸侯村糺首維郝石厚昌等題名碑記》14 行也刻有“安樂坊”。

1 ［清］寶林等纂修：《（道光）定州志》卷六《地理・鄉約上》，中國臺北：成文出版社，1969 年，第 576 頁。

2 ［清］周斯億等修，董濤纂：《（光緒）重修曲陽縣志》卷一《輿地圖説第二》，《中國地方志集成・河北府縣志輯》第 39 輯，上海：上海書店，2006 年，第 301 頁。

定州塔第三層修塔題名碑記録文及注釋

鑲嵌在定州塔第三層的修塔題名碑記共計十一方:《散員指揮使賈進等題名碑記》《深州安平縣糺首維那頭等修塔題名碑記》《唐縣城諫村糺首維那頭劉希遵等修塔題名碑記》《修塔院主僧淳清等題名碑記》《陘邑縣趙家莊維那頭强壯指揮使馬潛等修塔題名碑記》《無極縣西高村維那頭將仕郎攝祁州助教李中一等修塔題名碑記》《定州信利坊邑長張贇修塔題名碑記 》《曲陽縣㷊善鄉西諸侯村糺首維那石厚昌等題名碑記》《雲翼左第六指揮邑衆修塔碑記》《雲翼左第五指揮使劉超等修塔題名碑記》《檀下村維那劉習等修塔題名碑記》。

第一方:《散員指揮使賈進等題名碑記》録文及注釋

【題解】

此碑鑲嵌於定州塔第三層外塔體北門東側墻壁,原碑無題目。碑高五十五厘米,寬八十一厘米,碑文三十四行,行四至三十三字不等。此碑捐施人主要爲駐扎在定州的散員、驍武、龍騎、雲翼等各個番號軍職人員。根據本方碑文和三層的《雲翼左第六指揮邑衆修塔碑記》中均出現了“散員指揮使賈進”這一信息來判斷,本方碑文的刊刻時間應與《雲翼左第六指揮邑衆修塔碑記》刊刻時間相差不多，大致在至和二年（1055）前後。

【録文】

1 散員指揮使賈進，副指揮使車訓。第一都員寮亐贇，節級李旻，節級郭睿、

2 蔡青、邵友、張斌、段巒、張元、劉美、陳巒、劉祚、張副、宋明、趙美、郎能、郭榮、齊密、

3 劉贍。第二都苑正，節級孫進、楊化、劉俊、謝素、孫乂、王倫、大張巒、張珪、李巒、李乂、

4 小張巒。第三都節級郭贇，節級王貴，節級張諫，節級解均、兵興、吴進、李謙、

5 閆俊、李文、高密、王均、趙友、李緒、鄧謙、劉斌、孫進、魏欽、楊璘、趙金、男合子、

6 劉晏。第四都張青、孫翰、畢從、張贇、李均、宋遵、史信、張璨、石弁、李榮、小李旻、

7 劉均、王興、劉巒、杜遵、王謙。第五都將虞候高謙、李千、小李千、蔡乂、梁恕、馮巒、

8 王榮、劉斌、許友、張寧。節級張晏、杜隱、孫岩、鄭顯、滑遇、張旻、張顯，十將王璒。

9 驍武左第六指揮第一都維郍頭張美、皇乂，十將劉斌、十將劉旻，節級成乂、

10 節級王進、節級賈贇、王遇、崔太、閆榮、楊貴、王均、劉寬、劉美、霍顯、張旻、史遵、

11 王德、李遇、杜斌、胡信、何榮、龐美、周謙、陳顯、劉斌、薩斌、靳貴、趙贇、郭濬、

12 史緒、王斌、梁旻、劉倫、裴榮、樊翰、王興、温祚、朱均、王金。

13 招收第一指揮維郍頭趙恕、妻楊氏，軍使杜訓、妻李氏，軍使王鐸、妻賈氏，

14 軍頭劉海、妻范氏，十將郭謙，承局[1]李贇、妻賈氏，押官劉翰，指揮司李煦、妻

15 嚴氏、貴興、妻王氏、孫敏、妻陰氏、宋進、妻楊氏、趙進、許美、康隱、邢嗣。

16 咸平縣龍騎第一指揮[2]第二都李順。

17 驍武左第六指揮使楊超、縣君雷氏、男繼昇、新婦朱氏、孫女喜娘子、孫男攀

18 兒、姨子福。

19 雲翼左第五指（揮）維郍頭李嗣，十將趙興、十將高興，節級王琛、龐遠、杜忠、劉晏、程緒、郎元、

20 劉演、節級魏美、王贇、任德、王辛、宋晏、郭演、高訓、大王謙、劉榮、高榮、劉澄、康信、劉演。節級

21 李晏、節級趙岩、秘玉、邸璉、馮斌、節級樊貞、盧信、節級張興、田嗣、劉貴、節級楮信、

22 王翟、舟贇、韓貞、小王謙、高興、節級張昇、王斌、宋翰、張信、郭璘、劉昇、侯貞、杜貴、石興、

23 孟欽，十將□□、李興。

24 雲翼左第四指揮使張斌、縣君蘇氏、男貴哥、女憐、子喜、孫男、郭留，軍使李興、

25 軍使楊勳，副兵馬使杜贇，十將羅榮、郭興、節級張超、劉俊、史斌、賈睿、楊梅、趙金

26 石辛、龐進、李福、周澄、郎榮、小李謙、季榮、劉則、張忠、王謙、閆興、史興、張乂、馬均、張訓、劉乂。

27 雲翼第三指揮節級劉睿、妻肅氏、裴乂、李遂榮、李遂良。

28 驍武左第一指揮使李達、縣君[3]劉氏，長男德遂、次男德瞻、小男德遵。

29 南京雄威第三指揮[4]王訓、郎旻。

30 雲翼左第四指揮軍使楊勲，副兵馬使杜贇，十將羅榮、郭興、張超、劉俊、

31 史斌、賈睿、李福、楊梅、趙金、石辛、小李謙、趙榮、劉則、史興、張乂、馬均、

32 □訓、閻興、郎榮、張忠、王謙、龐進、周澄、劉乂、郎旻、劉信、崔緒、馬進。

33 菜市街[5]邑長張演，邑録彭進、李訓、劉俊、宋睿、耿荚、張遵、王瓊、王美、賈榮、曹贇

34 于則，軍使王嵒、男王□、李福、男謝課、安琛、趙榮、康緒、劉信、康緒、安琛。

【注釋】

[1] 承局：又作“成局”“丞句”“承句”“丞局”等。唐爲低級軍職，在軍隊中“主雜供差料”[1]。宋時爲軍隊“都”以下的基層軍職[2]，禁軍、廂軍中均有設置，有左右之分。

[2] 咸平縣龍騎第一指揮：咸平縣，《元豐九域志》載：“咸平五年升通許鎮爲咸平縣”[3]，屬於東京開封府下轄縣之一。今爲通許

1 [唐]李筌：《太白陰經》卷三，[清]紀昀編纂：《文淵閣四庫全書》第726册，中國臺北：商務印書館，1983年，第182頁。

2 [元]脱脱：《宋史》卷一百八十九《志第一百四十二·兵三》，北京：中華書局，1985年，第4646頁。

3 [宋]王存撰，王文楚、魏嵩山點校：《元豐九域志》卷一《四京·東京》，北京：中華書局，1984年，第2頁。

縣，歸河南省開封市管轄。據《宋史》載，龍騎共二十指揮，分三軍，“京師四，尉氏、雍丘、咸平、鄭各二，南京、陳、蔡、河陽、潁、單、四波各一。”[1] 龍騎在咸平縣設有一指揮。

[3] 縣君：此處“君”字脱文，根據碑文前後内容判斷爲縣君，是北宋政府封賜官員女眷的名號。

[4] 南京雄威第三指揮：南京，《宋史》載：“應天府，河南郡，歸德軍節度。本唐宋州。至道中，爲京東路。景德三年（1006），升爲應天府。大中祥符七年（1014），建爲南京”[2]。今爲河南商丘。雄威，隸屬殿前司步軍。宋太祖太平興國二年（977）改雄威爲雄勇，宋太宗雍熙四年（987）又改爲神勇。[3] 並“選神勇兵退入第二等立爲神威，後改今名。指揮十。考城、襄邑、陳留各一，南京四，陳二。”[4] 重設雄威，在南京共有四個指揮。可見雄威未在定州設置，而從定州塔題名碑記看，當時南京雄威第三指揮曾到定州更戍。

[5] 菜市街：應爲定州城區内街坊。具體不詳，待考。

1　[元]脱脱:《宋史》卷一百八十七《志第一百四十·兵志一》, 北京: 中華書局, 1985年, 第4589頁。

2　[元]脱脱:《宋史》卷八十五《志第三十八·地理一》, 北京: 中華書局, 1985年, 第2110頁。

3　[元]脱脱:《宋史》卷一百八十七《志第一百四十·兵志一》, 北京: 中華書局, 1985年, 第4588頁。

4　[元]脱脱:《宋史》卷一百八十七《志第一百四十·兵志一》, 北京: 中華書局, 1985年, 第4589頁。

第二方：《深州安平縣糺首維那頭等修塔題名碑記》録文及注釋

【題解】

此碑鑲嵌於定州塔第三層，原碑無題目。碑刻高五十九厘米、寬七十一厘米，嵌於三層内塔體下踏道口處東側墻壁，碑文三十三行，行八至五十字不等。此碑捐施人主要爲深州安平縣、祁州深澤縣各鄉村民衆。

【録文】

1 深州安平縣[1]糺首維那頭蘇庭嗣、邑人王守忠、邑人謝興、崔思榮、

2 賈萬興、崔義誠、崔則，邑人楊從、邢光美、張璘、胡斌、楊倫、張榮兒、張思

3 遇、解璘、習乂、李澄、齊贇、白超、僧皎辯、張興、李挐、張訓、王興、王從、韓潛、韓□、

4 廷嗣、牛延素、張圭、劉直、康光乂、李萬進、李滿、明專、何興、閆榮、孫□、賈斌、李

5 忠進、王太、宗翰、改冀、郭美、許延興、邑人僧洪美、楊寬，妻王氏、弟楊乂、楊□。

6 糺首維那頭天王院[2]主尼惠進、尼惠超，女弟子邑人殷氏、紀氏、趙氏、

7 程氏、劉氏、王氏、張氏、劉氏、張氏、楊氏、張氏、劉氏、張氏。

8 南六[3]趙成。賈村[4]崔光晏、崔光嗣、

9 賓記、劉緒、安化、康寧、李延吉、辛恕、王大酌、司興、男燕京。

10 深澤縣吕村[5]維那頭張岩，副維那劉元、成一、王隱、劉興、張興、李翰、李榮、甄德、王超、王緒、甄進、改超、紀金、李嗣、張超、甄金、

11 王金、馬金、侯嗣、劉岩、王斌、王訓、甄興、王榮、王美、劉乂、高超、游密、甄萬、封榮、王進、王遵、馬萬、劉均、郭忠、李金、甄斌、李章。

12 西六[6]邑人劉隱、劉宴、穆興、劉煦、齊榮。東六[7]邑人劉沂、劉演、劉睿、楊間、劉顒、劉乂、朱友。南六邑人李進、葛榮、葛興、趙隱、葛恕、葛旻、葛美。

13 七級村[8]維那頭劉進、宋鐸、閻瓊、張威、王斌、信超、王友、王滔、張嗣、張岩、張謙、賈文、龐緒、甄欽、

14 張寬、曹美、程海、田遠，女邑等張氏、劉氏、尹氏、張氏、王氏、賈氏、張氏、賈氏、高氏、田氏、

15 趙氏、成氏、楊氏、趙氏。

16 姜人村[9]維那曹儒、王千、馬遂。

17 深澤縣吕村維那頭張岩，副維那劉元、劉均、程忠一、甄斌、滸密、改超、張康隱、李翰、王進、侯嗣、

18 白嗣、封榮、李胤、李榮、劉乂、劉興、嚴榮、劉信、劉遵、劉密、劉翰、劉緒、劉從、王熿、王嗣、馬罕、甄德、

19 甄興、王超、張千。衛村[10]維那頭王超、王濳、李忠、劉謙、成金、

20 張乂、高美、高巒、高金、張翰、劉萬、何榮、崔貞、賈興、齊乂、劉金、張謙、張均、張貞、王萬、王正、劉氏、陳氏、高演、

21 陳千、劉祚、陳訓、崔元、崔金、僧佺一。苦水村[11]維那頭宋公遇、王超、宋從一、馬訓、楊萬、宋美、宋超、張贇、劉氏、宋氏、

李氏。

22 中陽[12]張温、李遇、王榮。長史[13]王召、孫乂、馬氏、王氏、李氏。馬家莊[14]馬絢、馬贍、

23 高正、吴翼。水東[15]張乂、申周、妻劉氏、王氏、張氏、蘇氏、劉氏、馮氏。劉屯村[16]張氏、

24 王山口、宋榮、劉金、郝恕、郭氏、劉氏、張寬、王氏、宋氏、李氏、王氏、劉氏、王氏、馮氏、宋氏、馬氏、田氏。

25 程家莊[17]維那頭張遇、孫玘、李贇、張興、張澄、董正、張德、趙遇、李翰、王仙、耿珪、劉超、侯斌、馮欽、馮衙推。

26 七級村宋鐸、張威、張斌、侯超、王友、甄欽、楊氏、張氏、劉氏、尹氏、張氏、王氏、賈氏、張氏、高氏、趙田氏、趙氏、成氏、張全、張元、張昇、張倫、張□。

27 劉屯村維那頭張金、王嗣、劉贇、成進、成乂、劉正、劉遇、劉金、苑殷、蘇玉、張昭、彭友、劉岩、劉巒、解氏、

28 劉進、張璘、楊訓、馮翰、宋萬、劉萬、楊昭、楊晏、張緒、張斌、李岩、王金、劉福、劉殷、張會、張羨、張演、張玭、

29 方遠，維那頭張誢、張素、紀欽、趙祚、紀福、彭演、張金、宋一、紀贇、賈超、趙福、燕忠、張尚書、

30 紀卿、張昇、張寬、張進、張德、張恕、張再昇、張卿、張遇、紀嵩。角頭村[18]維那賈進、

31 男再興、劉榮、崔友、劉正、崔榮。趙家莊[19]維那頭趙謙、周萬、蘇欽、陳遇、成璘、

32 賈進、李殷、張金、蘇旻。秀武濁頭村[20]維那張旻、劉翰、張召、張元、王密、李嗣、

33 姜超、張祚、孟超、張岩、郝唐、張晏。

【注釋】

[1] 深州安平縣：深州，宋代歸屬河北路。《太平寰宇記》載：深州“元領縣五。今六：陸澤，饒陽，安平，武强，下博，樂壽。”[1] 今爲河北省衡水市。安平縣，爲望縣，《太平寰宇記》載：“本漢舊縣，屬涿郡，《漢書》曰：‘高帝六年封鄂千秋爲安平侯。’後屬博陵郡。今城北面有臺，俗謂之神女樓。自晉及高齊博陵郡並理此。隋開皇十六年又於此置深州，大業三年省州，以縣還涿郡。唐武德四年又置深州，以縣屬深州，州廢，割屬定州。至先天元年又置州，縣仍屬焉。”[2] 今爲河北省衡水市安平縣。

[2] 天王院：定州開元寺所屬院落之一。中國古代較大的寺院基本都由若院落組成，屬於多院式組合寺廟，定州開元寺亦然，題名碑記中所載開元寺有上生院、百法院，因此“天王院”應爲定州開元寺的一個院落。

[3] 南六：應爲南六村，祁州深澤縣屬村。

[4] 賈村：祁州深澤縣屬村。清咸豐十一年（1861）《深澤縣志》有載，屬深澤縣西鄉轄村。[3] 今存，屬於河北省石家莊市深澤縣留村鄉轄村。

[5] 深澤縣吕村：祁州所屬縣村。深澤縣，宋代歸屬祁州，《太平寰宇記》載：“漢南深澤縣也，以涿郡有深澤縣，故此加‘南’以别之，以界内水澤深廣名之，屬中山國。高齊省。隋開皇六年分安平縣於滹沱河北重置，屬定州。唐朝因之，至景福二年

1　[宋]樂史撰，王文楚等點校：《太平寰宇記》卷六十三《河北道十二·深州》，北京：中華書局，2007年，第1291頁。

2　[宋]樂史撰，王文楚等點校：《太平寰宇記》卷六十三《河北道十二·深州》，北京：中華書局，2007年，第1293頁。

3　[清]王肇晉修輯：《（咸豐）深澤縣志》卷三《建置志》，中國臺北：成文出版社，1976年，第82頁。

隸祁州。”[1] 吕村，清咸豐十一年（1861）《深澤縣志》有載，屬深澤縣西鄉轄村。[2] 今存，屬於河北省石家莊市深澤縣趙八鎮轄村。

[6] 西六：應爲西六村，祁州深澤縣屬村。

[7] 東六：應爲東六村，祁州深澤縣屬村。

[8] 七級村：根據題名碑記前後村落所在位置判斷，其在北宋時應爲祁州深澤縣屬村，後劃爲定州管轄。清道光二十九年（1849）《定州志》載有“七級村”，屬於定州子位約轄村。[3] 今存，屬於河北省定州市子位鎮轄村。

[9] 姜人村：應爲祁州深澤縣屬村。不詳，待考。

[10] 衛村：疑爲魏村。祁州深澤縣屬村。清咸豐十一年（1861）《深澤縣志》有載，作“魏村”，屬於深澤縣南鄉轄村。[4] 今存，屬於河北省石家莊市深澤縣橋頭鄉轄村。

[11] 苦水村：祁州深澤縣屬村。清咸豐十一年（1861）《深澤縣志》有載，屬深澤縣東鄉轄村。[5] 今存，屬於河北省石家莊市深澤縣鐵杆鎮轄村。

[12] 中陽：祁州深澤縣屬村，清咸豐十一年（1861）《深澤縣志》

---

1 ［宋］樂史撰，王文楚等點校：《太平寰宇記》卷六十《河北道九・祁州》，北京：中華書局，2007 年，第 1239 頁。

2 ［清］王肇晉修輯：《（咸豐）深澤縣志》卷三《建置志》，中國臺北：成文出版社，1976 年，第 81 頁。

3 ［清］寶林等纂修：《（道光）定州志》卷六《地理・鄉約上》，中國臺北：成文出版社，1969 年，第 712 頁。

4 ［清］王肇晉修輯：《（咸豐）深澤縣志》卷三《建置志》，中國臺北：成文出版社，1976 年，第 81 頁。

5 ［清］王肇晉修輯：《（咸豐）深澤縣志》卷三《建置志》，中國臺北：成文出版社，1976 年，第 80 頁。

有載，作“中央”，屬深澤縣東鄉轄村。[1] 今仍爲中央村，屬於河北省石家莊市深澤縣鐵杆鎮轄村。

[13] 長史：祁州屬村。清乾隆二十一年（1756）《祁州志》有載，已分化爲“東長史”“西長史”二村，均屬於祁州親賢鄉轄村。[2] 今爲東長仕村、西長仕村，屬於河北省保定市安國市祁州路街道轄村。

[14] 馬家莊：祁州屬村。清乾隆二十一年（1756）《祁州志》有載，屬於祁州佛落鄉轄村。[3] 今改爲馬莊村，屬於河北省保定市安國市石佛鎮轄村。

[15] 水東：應爲水涷村。祁州深澤縣屬村。清咸豐十一年（1861）《深澤縣志》有載，作“水涷”，屬深澤縣南鄉轄村。[4] 今存，仍爲水涷村，屬於河北省石家莊市深澤縣橋頭鄉轄村。

[16] 劉屯村：祁州深澤縣屬村。弘治七年（1494）《保定郡志》有載，作“劉屯村”，“龍泉寺在郡治西南一百三十八里，屬深澤縣，在石橋社劉屯村”[5]，屬於祁州深澤縣石橋社轄村。清咸豐十一年（1861）《深澤縣志》有載，已分化爲“南留屯”“北留屯”二村，屬於深澤縣西鄉轄村。[6] 今改分爲東南留、西南留、

---

1 ［清］王肇晉修輯：《（咸豐）深澤縣志》卷三《建置志》，中國臺北：成文出版社，1976年，第80頁。

2 ［清］王楷等修，張萬銓等纂：《（乾隆）祁州志》卷一《輿地》，中國臺北：成文出版社，1976年，第83頁。

3 ［清］王楷等修，張萬銓等纂：《（乾隆）祁州志》卷一《輿地》，中國臺北：成文出版社，1976年，第85頁。

4 ［清］王肇晉修輯：《（咸豐）深澤縣志》卷三《建置志》，中國臺北：成文出版社，1976年，第81頁。

5 ［明］章律修，張才纂，徐珪重編：《（弘治）保定郡志》卷二十一《寺觀》，《天一閣藏明代方志選刊》第4册，上海：上海古籍書店，1981年，第722頁。

6 ［清］王肇晉修輯：《（咸豐）深澤縣志》卷三《建置志》，中國臺北：成文出版社，1976年，第81頁。

東北留和西北留四村，均屬於河北省石家莊市深澤縣留村鄉轄村。

[17] 程家莊：定州屬村。清道光二十九年（1849）《定州志》有載，屬定州東不隨約轄村。[1] 今爲程家莊村，屬於河北省定州市南城區街道轄村。

[18] 角頭村：關於角頭村的史料，《無極縣志》《深澤縣志》均有記載。光緒十九年（1893）《無極縣續志》記載有"角頭村"，屬於定州晉州路轄村[2]。今存，屬於河北省石家莊市無極縣無極鎮轄村。清咸豐十一年（1861）《深澤縣志》有載，已分化爲"中角頭""西角頭""大角頭"三村，均屬於深澤縣南鄉轄村。[3] 今改爲西橋頭村、中橋頭村、大橋頭村，屬於河北省石家莊市深澤縣橋頭鄉轄村。因碑文所載信息少，不能準確判斷其地理位置，但從碑文前後所記捐施人大部分來自深澤縣來看，初步判斷角頭村爲祁州深澤縣屬村可能性更大。

[19] 趙家莊：根據定州塔第四層《永定軍博野縣萬人邑衆等修塔題名碑記》第 31 行記載"陘邑縣唐邑鄉趙家莊"，可知趙家莊爲定州陘邑縣唐邑鄉轄村之一。清道光二十九年（1849）《定州志》有載，屬於定州梁村約轄村。[4] 今爲趙家莊村，屬於河北省定州市李親顧鎮轄村。

[20] 秀武濁頭村：祁州深澤縣所屬鄉村。秀武，弘治七年（1494）

1 [清]寶林等纂修：《（道光）定州志》卷六《地理・鄉約上》，中國臺北：成文出版社，1969 年，第 612 頁。

2 [清]曹鳳來纂修：《（光緒）無極縣續志》卷一《地理志》，中國臺北：成文出版社，1969 年，第 48 頁。

3 [清]王肇晉修輯：《（咸豐）深澤縣志》卷三《建置志》，中國臺北：成文出版社，1976 年，第 81 頁。

4 [清]寶林等纂修：《（道光）定州志》卷六《地理・鄉約上》，中國臺北：成文出版社，1969 年，第 680 頁。

《保定郡志》載："興東寺在郡治西南一百四十里，屬深澤縣，在秀武社濁頭村。"[1] 在北宋時其應爲秀武鄉，深澤縣所轄鄉之一，《太平寰宇記》載，深澤縣"舊一十鄉，今四鄉"[2]，但不知其鄉名，今可補其一。至遲至清代時秀武社變爲秀武村，屬於西鄉管轄；而濁頭村分化爲"北濯頭""南濯頭"二村，屬於深澤縣南鄉轄村。[3] 今爲秀武村、南卓頭村、北卓頭村，屬於河北省石家莊市深澤縣橋頭鄉轄村。

第三方：《唐縣城諫村糺首維那頭劉希遵等修塔題名碑記》録文及注釋

【題解】

此碑鑲嵌於定州塔第三層，原碑無題目。碑刻高五十七厘米，寬八十七厘米，碑文四十行，行十九至三十三字不等。此碑記捐施人主要爲定州附近，包括唐縣在内的普通鄉村邑衆。

【録文】

1 唐縣城諫村[1]糺首維那頭劉希、遵户，泊水村[2]維那史金、史新、史賓、史贇、史榮、

2 楊翰、劉隱、劉榮、劉祚、張珪、李榮、馬隱、馬嗣、邸仙、劉辛、

1 [明]章律修，張才纂，徐珪重編：《（弘治）保定郡志》卷二十一，《天一閣藏明代方志選刊》第4册，上海：上海古籍書店，1981年，第722頁。

2 [宋]樂史撰，王文楚等點校：《太平寰宇記》卷六十《河北道九・祁州》，北京：中華書局，2007年，第1239頁。

3 [清]王肇晉修輯：《（咸豐）深澤縣志》卷三《建置志》，中國臺北：成文出版社，1976年，第81頁。

張太、張翰、劉金、牛嗣、劉慶、

3 劉緒、劉貴、張遠、劉超、賈殷、妻孟氏。□□岸指揮使劉清、劉志、封贇、張旻、劉友、張美、馬訓、

4 馬珪、安璘、張祚、李進、張嗣、劉咄、齊玉、牛弁、蔡翰、張旻、田翰、宋殷、賈素、劉祚。

5 大悲村[3]維那王興、王進、劉顯、李珪、劉贇、劉顯、傅美、龕保、劉贇、王貴、張立。維那

6 郝殷、張均、張千、張訓、張謙、張美、張羨、陳興、高顯、高旻、高贍、王贇，維那劉千、

7 福榮、王嗣、馬爽、劉貴、賈殷。葛洪村[4]維那司贍、司元、賈元、司緒、曹及、曹贇司、

8 小婆、司贇、甄贇、甄嗣、張岩、賈温、司小婆。洪城村[5]維那邊緒、史懷秀、范旻、范美、

9 范賢、劉遵、李榮、范緒、吴友、吴榮、祁祚、范咢、范海、劉訓、劉金。蚕舍村[6]維那邸弁、

10 邸玉、邸信。迷城村[7]維那孫超、李進、王習、曹謙、王貞、趙福、龕金、李璘、王訓、

11 孫興、曹岩。明苻村[8]張睿、張均。岳演村[9]邑人張美、王旻、劉謙、劉美、劉隱、

12 劉謙、李訓、馬進、邸謙、楊貞、張友。白葛村[10]邸訓、邸巒、賈宗。北平縣[11]郭村、

13 王贇、王滿、史□、史旻、□仙、田榮。北高和村[12]維那頭韓玢、郭貴、陳貴、郭卞。

14 拔伽村楊允。燕村[13]胡敢、王悦。馮村[14]靳貴、靳裔。南京村[15]楊咢。葛布村[16]劉贇、

15 許緒、劉祚。鼇里村[17]維那竇元。音暗村[18]邑人魏殷、李悦、任翰、

李友、劉佺、邸保、李乂。

16 縣城内邑人吴謙，維那杜寛、王璉、侯瞻。升間村[19]邑人田佺、崔翰、杜榮。

17 雞鳴泉胡氏。南高和村[20]邑人李貴、韓璉、王翰。西河村[21]邑人王美。内南村[22]

18 邑人劉暉。高昌村[23]邑人劉斌、劉翰、劉文興、楊密、王祚、劉斌、高昌、顯口村[24]邑人、

19 董斌。東赤村[25]邑人程斌、張斌、程萬、程璘、楊玉。白堯村[26]秘萬、范閏、趙圭。城諫村

20 邑人張贇、張友、陳氏。明府村[27]王氏。南赤村[28]邑人劉福禋，副維那馬彦遵、邢知鐸、

21 劉榮。蔡廷暉，張温、安珪、魏行爽、安思瓊、張興、胡延超、安仁贇、魏審遇、胡延翰、

22 苑乂、馬彦訓、馬彦珪、蔡加乂、蔡嗣，馬旻、馬珣、安守謙、蔡珣、安用芝。女衆張氏、

23 魏氏、劉氏、胡氏、張氏、杜氏。北高和村女邑郭氏。燕村女邑岳氏、孫氏、傅氏

24 孟氏、劉氏、翟氏、封氏、楊氏、閆氏、馮氏、吕氏、劉氏。叔間村[29]王氏、劉氏、孟氏、

25 劉氏、王氏、董氏、殷氏、張氏、周氏。白合村[30]劉氏。南赤村魏氏、劉氏。

26 南高村[31]張氏。高昌村張縣。南疃[32]女邑王氏、翟氏、曹氏、李氏。李泉村[33]郄氏。

27 白堯村郭氏、王氏、馬氏、李氏、劉氏、范氏、李氏、丁氏、嚴氏、武氏、張氏、劉氏。西陽

28 村[34]李氏。馮村女邑劉氏、李氏。西都亭[35]劉政妻李氏。

29 安樂鄉拔茄村[36]邑人楊允、男直巳、妻侯氏、吴嗣、吴政、吴忠、李榮、李遵、路友、

30 吴元、程榮、米貞、張嗣。西張村邑人丁超、王化及、樊翰、高訓、王德、和清、耿金、

31 王乂、樊遇、樊乂、高祚、和璘、王貞、王昇、樊寧、樊遂、樊金、樊化、李美、李祚、

32 史榮、陶興、杜訓、李晏、李旻、樊恕、樊緒、樊邑、李殷、王贍、王乂、李從、李貴。東張村

33 邑人安晏、安玢、張俊、楊千、安元、張興。龐村[37]邑人劉顯、劉澄、劉貴、段熯、

34 李從、劉贇、劉玢、□□。董村[38]邑人齊玢、王旻、楊殷、張文、張均、張晏、王瑜、

35 張素、張希贇、張澄、張清、崔興、馬貴、宋守瑜。建陽村[39]邑（人）劉顯、崔守一、

36 霍璉、霍化、周信、周乂、崔遇、鄭訓、鄭美、張貴、張貞、周晏、劉辛、劉忠、劉嗣、

37 劉元、劉慶、張美、孟旻、崔演、胡祚。劉千村[40]邑人王斌、趙贇、王榮、王均、

38 程貴、閆興、孟美、孟嗣、王彦。陶丘村[41]邑人楊旻、劉玢、劉興、劉憐、劉進、張□、

39 楊岩、吕贇、吕贊、李元、孟嗣、馬玢、楊宗、楊美、曹倫、孟巒、馬玢。

40 安樂村[42]維那頭張家友、王貞、李進、段超、吴均、王節、張友。

【注釋】

[1] 唐縣城諫村：定州所屬縣村。唐縣，宋代歸屬河北路定州，《太

平寰宇記》載："本堯爲唐侯國于此，至春秋時爲鮮虞邑。漢爲唐邑地，應劭《地理記》云：'中人城西北四十里有左人亭，鮮虞故邑。'按左人亭，即今縣城是，《漢地理志》屬中山國。高齊省入安喜縣。隋開皇十六年重置，屬定州。又《九州要記》：'唐縣本白狄種最爲夷狄大國。'梁開平三年改爲中山縣。後唐同光初復舊。晉改爲博陵縣。漢初復舊。"[1]城諫村，光緒四年（1878）《唐縣志》有載，作"城澗村"，俗名東城澗，屬唐縣城澗社轄村。[2]今爲"四城澗村"，屬於河北省保定市唐縣仁厚鎮轄村。

[2] 洎水村：疑爲雹水村，定州唐縣屬村。光緒四年（1824）《唐縣志》有載，已分化爲"南雹水村""東雹水村""周雹水村""邸雹水村""西雹水村"五村，分别屬定州唐縣北羅社和大洋社轄村。[3]今南雹水村、東雹水村、西雹水村、周雹水村、北雹水村，分别爲河北省保定市唐縣北羅鎮和雹水鄉轄村。

[3] 大悲村：根據碑文前後村落所載位置判斷，其在北宋時應爲定州唐縣屬村。民國二十三年（1934）《完縣新志》有載，已分化爲"北大悲""西大悲""南大悲"，均屬於完縣第五區轄村。[4]今均存，屬於河北保定市順平縣大悲鄉轄村。

[4] 葛洪村：定州唐縣屬村。光緒四年（1878）《唐縣志》載："賜

1 [宋]樂史撰，王文楚等點校：《太平寰宇記》卷六十二《河北道十一·定州》，北京：中華書局，2007年，第1271—1272頁。

2 [清]陳詠修，張惇德纂：《（光緒）唐縣志》卷二《輿地》，中國臺北：成文出版社，1969年，第213頁。

3 [清]陳詠修，張惇德纂：《（光緒）唐縣志》卷二《輿地》，中國臺北：成文出版社，1969年，第224—225頁。

4 [民國]彭作楨等纂修：《（民國）完縣新志》卷一《疆域第一上》，中國臺北：成文出版社，1968年，第84頁。

副榜葛洪村人”[1]。該村今已不存。

[5] 洪城村：定州唐縣屬村。光緒四年（1878）《唐縣志》有載，已分化爲“南鴻城村”“北鴻城村”二村，均屬於唐縣鴻城社轄村。[2]今均存，爲南洪城村、北洪城村，屬於河北省保定市唐縣齊家佐鄉轄村。

[6] 蚕舍村：定州唐縣屬村。光緒四年（1878）《唐縣志》卷十《金賜大明禪院牒》載：“本鄉蠶舍村有佛堂。”[3]該村今已不存。

[7] 迷城村：定州唐縣屬村。定州塔第二層《雲翼左第五指揮使劉超等修塔題名碑記》第10行刻有“迷成村”，二者爲同一個村。光緒四年（1878）《唐縣志》有載，已分化爲“東迷城村”“中迷城村”“西迷城村”三村，均屬於唐縣軍城社轄村。[4]今均存，屬於河北省保定市唐縣迷城鄉轄村。

[8] 明苻村：應爲明伏村，定州唐縣屬村。光緒四年（1878）《唐縣志》有載，作“明伏村”，屬於唐縣白合社轄村。[5]今爲明伏村，屬於河北省保定市唐縣大洋鄉轄村。

[9] 岳演村：定州唐縣屬村。光緒四年（1878）《唐縣志》有載，作“岳煙村”，屬於唐縣白合社轄村。[6]今爲岳煙村，屬於河北

1 ［清］陳詠修，張惇德纂：《（光緒）唐縣志》卷七《選舉》，中國臺北：成文出版社，1969年，第617頁。

2 ［清］陳詠修，張惇德纂：《（光緒）唐縣志》卷二《輿地》，中國臺北：成文出版社，1969年，第243—244頁。

3 ［清］陳詠修，張惇德纂：《（光緒）唐縣志》卷十《藝文》，中國臺北：成文出版社，1969年，第767頁。

4 ［清］陳詠修，張惇德纂：《（光緒）唐縣志》卷二《輿地》，中國臺北：成文出版社，1969年，第248—249頁。

5 ［清］陳詠修，張惇德纂：《（光緒）唐縣志》卷二《輿地》，中國臺北：成文出版社，1969年，第211頁。

6 ［清］陳詠修，張惇德纂：《（光緒）唐縣志》卷二《輿地》，中國臺北：成文出版社，1969年，第196頁。

省保定市唐縣軍城鎮轄村。

[10] 白葛村：疑爲白合村，但在本方第 25 行存在“白合村”（見本方注釋第 30 條），因爲碑文記載信息少，無法確定“白葛村”是否爲“白合村”的誤刻。

[11] 北平縣：北宋時歸屬河北路定州，爲中下縣。《太平寰宇記》載：“本秦曲逆縣之地，屬中山國。……後魏孝昌中于今縣東北二十里北平城置北平郡，割中山國之蒲陰、望都、北平三縣屬之。高齊省北平郡及蒲陰縣，以北平縣屬中山郡。隋開皇三年屬定州。唐萬歲通天二年，契丹攻圍，七旬不下，勑改爲徇忠縣。神龍元年復爲北平縣。後唐長興三年改爲燕平縣。今復爲北平。”[1] 今爲河北省保定市順平縣。

[12] 北高和村：定州唐縣屬村。刊刻於宋宣和四年（1122）的造像題記內有“有音暗村、東奇村、西都汀村、北高和村。”[2] 光緒四年（1878）《唐縣志》中記載有“宗高和村”“馬宋高和村”“楊高和村”“南高和村”“張馬高和村”“婁高和村”，這六村均屬於唐縣北羅社轄村[3]，未見到北高和村的相關記載，而從這六個村的村名來看，北高和村應當是屬於唐縣的轄村之一的。但至晚在清代時，北高和村已經不存在了。

[13] 燕村：因該村臨近唐縣唐城鄉丁村、克神鄉李村，故該村在北宋時應爲定州唐縣屬村。道光二十九年（1849）《定州志》有

---

1 ［宋］樂史撰，王文楚等點校：《太平寰宇記》卷六十二《河北道十一・定州》，北京：中華書局，2007 年，第 1274 頁。

2 ［清］陸繼輝：《八瓊室金石補正續編》卷四十一，《續修四庫全書》第 900 册，上海：上海古籍出版社，2002 年，第 311 頁。

3 ［清］陳詠修，張惇德纂：《（光緒）唐縣志》卷二《輿地》，中國臺北：成文出版社，1969 年，第 215—220 頁。

載：已分化爲南、北燕二村，均屬於定州磚路約轄村。[1] 今均存，屬於河北省定州市磚路鎮轄村。

[14] 馮村：定州唐縣屬村。光緒四年（1878）《唐縣志》有載，已分化爲“東馮村”“西馮村”二村，均屬於唐縣大茂社轄村。[2] 今均存，分别屬於河北省保定市唐縣王京鎮和定州市磚路鎮轄村。

[15] 南京村：定州唐縣安樂鄉屬村。定州塔第三層《檀下村維那劉習等修塔題名碑記》第 37 行刻有“安樂鄉南京村”。光緒四年（1878）《唐縣志》有載，已分化爲“西南京村”“北南京村”二村，分别屬唐縣白合社和高昌社轄村。[3] 今均存，屬於河北省保定市唐縣長古城鎮轄村。

[16] 葛布村：疑爲“葛堡村”之異寫，定州唐縣屬村。光緒四年（1878）《唐縣志》有載，作“葛堡”，屬唐縣醴泉社轄村。[4] 今存，屬於河北省保定市唐縣南店頭鄉轄村。

[17] 蹩里村：疑爲足里村，定州唐縣屬村。光緒四年（1878）《唐縣志》有載，已分化爲“西足里村”“東足里村”二村，分别屬唐縣軍城社和留泉社轄村。[5] 今均存，屬於河北省保定市唐縣長古城鎮轄村。

---

1 ［清］寶林等纂修：《（道光）定州志》卷七《地理・鄉約下》，中國臺北：成文出版社，1969 年，第 798 頁。

2 ［清］陳詠修，張惇德纂：《（光緒）唐縣志》卷二《輿地》，中國臺北：成文出版社，1969 年，第 186—187 頁。

3 ［清］陳詠修，張惇德纂：《（光緒）唐縣志》卷二《輿地》，中國臺北：成文出版社，1969 年，第 190、192 頁。

4 ［清］陳詠修，張惇德纂：《（光緒）唐縣志》卷二《輿地》，中國臺北：成文出版社，1969 年，第 219 頁。

5 ［清］陳詠修，張惇德纂：《（光緒）唐縣志》卷二《輿地》，中國臺北：成文出版社，1969 年，第 186 頁。

[18] 音暗村：應爲定州唐縣屬村。刊刻於宋宣和四年（1122）的造像題記内有“有音暗村、東奇村、西都汀村、北高和村。”[1]此村在明清方志中無載，今不存。

[19] 升閭村：應爲定州唐縣屬村。具體不詳，待考。

[20] 南高和村：定州唐縣屬村。光緒四年（1878）《唐縣志》有載，作“南高和村”，屬唐縣北羅社轄村。[2]今存，屬於河北省保定市唐縣南店頭鄉轄村。

[21] 西河村：清光緒三十二年（1906）《安國縣新志稿》載有“西河村”，屬於安國縣親賢鄉轄村。[3]今存，屬於河北省保定市安國市祁州路街道轄村。因碑文記載信息少，不確定是否爲同一村。但從碑文所載村落大多爲唐縣屬村來看，爲安國縣屬村的可能性較小。

[22] 内南村：可能爲定州唐縣屬村。具體不詳，待考。

[23] 高昌村：定州唐縣東閭鄉屬村。定州塔第二層《檀下村維那劉習等修塔題名碑記》第35行刻有“東閭鄉高昌村”。光緒四年（1878）《唐縣志》有載，已分化爲“南高昌村”“北高昌村”“東高昌村”三村，屬於唐縣高昌社轄村。[4]今均存，屬於河北省保定市唐縣高昌鎮轄村。

[24] 顯口村：定州唐縣屬村。光緒四年（1878）《唐縣志》有載，已分化爲“東顯口村”“張顯口村”“劉顯口村”“門顯口村”

1 ［清］陸繼輝：《八瓊室金石補正續編》卷四十一，《續修四庫全書》第900册，上海：上海古籍出版社，2002年，第311頁。

2 ［清］陳詠修，張惇德纂：《（光緒）唐縣志》卷二《輿地》，中國臺北：成文出版社，1969年，第219頁。

3 ［清］宋蔭桐纂修：《（光緒）安國縣新志稿》卷一《輿圖》，中國臺北：成文出版社，1969年，第29頁。

4 ［清］陳詠修，張惇德纂：《（光緒）唐縣志》卷二《輿地》，中國臺北：成文出版社，1969年，第178—179頁。

四村，均屬唐縣轄村。[1]今存東顯口村、張顯口村、中顯口村、西顯口村，屬於河北省保定市唐縣北店頭鄉轄村。

[25] 東赤村：定州唐縣屬村。在光緒四年（1878）《唐縣志》中記載有西赤莊，俗名西昌，屬於唐縣封莊社轄村。[2]今西赤村屬於河北省保定市唐縣白合鎮轄村。但在縣志中未見東赤村，以及本方碑文第二十行的南赤村，推測最晚到清代，東、南赤二村已不存。

[26] 白堯村：定州唐縣屬村。光緒四年（1878）《唐縣志》有載，作“小白窰村”,屬於唐縣大茂社轄村。[3]今已分化爲大白堯村、西白堯村，分别屬河北省保定市唐縣古城鄉和白沙鄉轄村。

[27] 明府村：應爲明伏村，同本方第八條注釋“明苻村”。

[28] 南赤村：同本方注釋第二十五條“東赤村”。

[29] 叔間村：定州唐縣屬村。光緒四年（1878）《唐縣志》有載，作“淑間村”，俗名守裹，屬於唐縣房莊社轄村。[4]今存，屬於河北省保定市唐縣高昌鎮轄村。

[30] 白合村：定州唐縣屬村。光緒四年（1878）《唐縣志》有載，作“白合村”，屬於唐縣白合社轄村。[5]今存，屬於河北省保定市唐縣白合鎮轄村。

---

1 ［清］陳詠修，張惇德纂：《（光緒）唐縣志》卷二《輿地》，中國臺北：成文出版社，1969 年，第 201—202 頁。

2 ［清］陳詠修，張惇德纂：《（光緒）唐縣志》卷二《輿地》，中國臺北：成文出版社，1969 年，第 209 頁。

3 ［清］陳詠修，張惇德纂：《（光緒）唐縣志》卷二《輿地》，中國臺北：成文出版社，1969 年，第 197 頁。

4 ［清］陳詠修，張惇德纂：《（光緒）唐縣志》卷二《輿地》，中國臺北：成文出版社，1969 年，第 180 頁。

5 ［清］陳詠修，張惇德纂：《（光緒）唐縣志》卷二《輿地》，中國臺北：成文出版社，1969 年，第 240 頁。

[31] 南高村：疑爲南高和村，因爲碑文記載信息少，無法確定是否爲同一個村，具體待考。

[32] 南疃：定州屬村。道光二十九年（1849）《定州志》有載，作“南疃村”，屬於定州趙莊約轄村。[1] 今存，屬於河北省定州市西城鄉轄村。

[33] 李泉村：定州唐縣屬村。清光緒四年（1878）《唐縣志》有載，作“醴泉村”，屬唐縣南路轄村。[2] 今存，仍爲禮泉村，屬於河北省保定市唐縣南店頭鄉轄村。第三層《曲陽縣峊善鄉西諸侯村糺首維郍石厚昌等題名碑記》載有李泉村，《雲翼左第五指揮使劉超等修塔題名碑記》載有里泉村，應爲同一村。

[34] 西陽村：定州唐縣屬村。定州塔第七層《望都縣黑保村陳榮等修塔題名碑記》第 4 行刻有“唐縣西楊村”，不知二者是否爲同一個村。具體不詳，待考。

[35] 西都亭：定州唐縣屬村。刊刻於宋宣和四年（1122）的造像題記内有“有音暗村、東奇村、西都汀村、北高和村。”[3] 西都亭應該就是西都汀村。光緒四年（1878）《唐縣志》有載，作“西都亭”[4]。今存，爲“西都亭”，屬於河北省保定市唐縣都亭鄉轄村。

[36] 安樂鄉拔茄村：定州唐縣所屬鄉村。安樂鄉，今已不存，《太

1 ［清］寶林等纂修：《（道光）定州志》卷六《地理・鄉約上》，中國臺北：成文出版社，1969 年，第 697 頁。

2 ［清］陳詠修，張惇德纂：《（光緒）唐縣志》卷二《輿地》，中國臺北：成文出版社，1969 年，第 197 頁。

3 ［清］陸繼輝：《八瓊室金石補正續編》卷四十一，《續修四庫全書》第 900 册，上海：上海古籍出版社，2002 年，第 311 頁。

4 ［清］陳詠修，張惇德纂：《（光緒）唐縣志》卷一《輿地》，中國臺北：成文出版社，1969 年，第 123 頁。

平寰宇記》載，唐縣“舊十八鄉，今十鄉”[1]，但具體鄉名不詳，今可補一鄉。拔茄村，光緒四年（1878）《唐縣志》有載，屬於唐縣大茂社轄村。[2]今存，屬於河北省保定市唐縣王京鎮轄村。

[37] 龐村：根據碑文前後村落位置判斷，其在北宋時應爲定州唐縣屬村。道光二十九年（1849）《定州志》有載，屬於河北定州龐村約轄村。[3]今爲龐村社區，屬於河北省定州市龐村鎮轄村。

[38] 董村：疑爲董家莊。清乾隆九年（1744）《行唐縣新志》有載，作“董家莊”，屬於行唐縣城寨社轄村。[4]今存，屬於河北省石家莊市行唐縣城寨鄉轄村。因爲碑文記載信息少，無法確定是否爲同一村。

[39] 建陽村：疑爲建羊村。定州唐縣屬村。光緒四年（1878）《唐縣志》有載，已分化爲“西建羊村”“東建羊村”二村，分别屬定州唐縣留泉社和建羊社轄村。[5]今均存，屬於河北省保定市唐縣王京鎮轄村。

[40] 劉千村：應爲定州唐縣屬村。不詳，待考。

[41] 陶丘村：定州唐縣屬村。定州塔第二層《望都縣善化鄉胡方村都維郍王欽嗣等題名碑記》第25行刻有“陶兵村”，二者應該爲同一村。陶丘村今已分爲北陶邱村、南陶邱村，屬於河北省

1 ［宋］樂史撰，王文楚等點校：《太平寰宇記》卷六十二《河北道十一・定州》，北京：中華書局，2007年，第1271頁。

2 ［清］陳詠修，張惇德纂：《（光緒）唐縣志》卷二《輿地》，中國臺北：成文出版社，1969年，第187頁。

3 ［清］寶林等纂修：《（道光）定州志》卷六《地理・鄉約上》，中國臺北：成文出版社，1969年，第576頁。

4 ［清］吳高增纂修：《（乾隆）行唐縣新志》，《中國地方志集成・河北府縣志》第4輯，上海：上海書店，2006年，第359頁。

5 ［清］陳詠修，張惇德纂：《（光緒）唐縣志》卷二《輿地》，中國臺北：成文出版社，1969年，第195頁。

定州市龐村鎮轄村。

[42] 安樂村：定州唐縣屬村。清光緒四年（1878）《唐縣志》有載，已分化爲“西安樂村”“東安樂村”“北安樂村”三村，屬唐縣安蘂社轄村。[1] 今均存，屬於河北省保定唐縣王京鎮轄村。

第四方：《修塔院主僧淳清等題名碑記》錄文及注釋

【題解】

此碑鑲嵌於定州塔第三層，原碑無題目，今依據學界慣例命名。碑高八十厘米，寬八十厘米。此碑刊刻分爲上下兩個部分。上部刊刻碑文三十六行，行四至三十二字不等，此部分捐施人主要爲使院僧官，行唐、無極鄉村民衆及部分鄉兵組織人員。下部碑文由五部分組成。第一部分爲下部從右往左數第二至第十一行，共十行，行六到二十字不等。第二部分爲下部從右往左數第十二至第十八行，共七行，行七到二十五字不等。第三部分爲下部從右往左數第十九至第二十三行，共五行，行五到二十字不等。第四部分爲下部從右往左數第二十四至第三十二行，共九行，行六到二十六字不等。第五部分爲下部右下角，共十行，行十到十五字不等，這一部分刊刻於碑文空隙處，應該爲全碑最後所刊刻。每一部分捐施人不同，主要涉及定州附近的鄉村民眾、定州駐軍中的軍職人員及其他在定州活動的外來人員。

1 ［清］陳詠修，張惇德纂：《（光緒）唐縣志》卷二《輿地》，中國臺北：成文出版社，1969 年，第 187—188 頁。

【録文】

碑刻上部：

1 從初起首徵助本師化緣至修塔院主僧淳清，同糺邑長維那頭五戒齊榮、僧淳濟，
2 安喜縣懷安鄉渠頭村[1]邑人等
3 維那頭王贇、妻邊氏、弟王美、弟王千、男王□、
4 田美、妻張氏、姪田能、母李氏、弟守宗、劉珪、弟
5 劉福、趙美、母田氏、妻王氏。王慶、妻李氏。
6 張遠、母李氏、妻趙氏。崔瓊、男崔文、邢進遇、妻曹氏、
7 男福嗣、趙政、母劉氏、趙緒、郝庭召、妻曹氏、馬凝、
8 弟馬政、劉謙、弟劉旻、母張氏、崔彦，男崔超、王訓、
9 弟王悦、王頌、楊美、弟楊和、王金、妻成氏、王信、武召、
10 周嗣、周萬、王光贊、劉加興、王利用、妻李氏、趙習、母
11 李氏、劉斌、王榮、妻張氏、男和尚奴、李遇、妻郝氏。
12 劉贇、妻曹氏、男劉昇、劉演、妻田氏、王嗣、崔俊、張巒、
13 劉贍、妻郭氏、李五、趙信、張寛、王洪弁、妻趙氏、
14 佛殿村[2]邑人張德、妻魏氏、王唐嗣、母張氏、邢祚、
15 邢遵、王庭遇、王珪、王遵、邢超、張斌、弟張進、田光嗣、
16 王彦興、妻張氏、邢隱、妻王氏、男邢緒、韓貞、母李氏、
17 邢訓、王旻、王延嗣、田氏、張贇。
18 齊家莊[3]邑人齊元、弟懷通、弟旺兒、母賈氏、孫香兒、
19 郭美、郭璉、弟郭正、齊珪、齊廣、郭進、郭友、齊信、齊金、
20 王緒、妻李氏、母張氏、大姐李氏、李榮、妻吴氏、□加榮。
21 妻張氏、高翰、趙友、姪趙訓、郭習、妻段氏、郭知進、
22 齊贇、郭千。

23 大王稱村[4]邑人維那頭王守贇、妻劉氏、弟守贇、妻陳氏、
24 王唐榮、妻扈氏、弟唐霸、陳貞、男陳超、男陳贍、
25 安欽、妻王氏、男安斌、王加遇、王加嗣、邸斌、安昇、王□斌、
26 王思進、妻李氏、仲美、母孟氏、种欽、王趙、劉榮、男仙王隱、
27 楊岩、王素、王延均、王化元、王氏、弟守均、王彥進、种榮、
王祚。
28 王光贇、妻齊氏、郭演、王仙、王遇、王會、王翰、妻秘氏、王貞、
29 劉光乂、王贇、董美、張超、陳嗣、王岩、王俊、王澄、妻丁氏、
30 弟王均、傅贇、妻邸氏、王臻、陳恕、劉嗣、王訓。
31 强壯指揮使王德信、王化元、王裔、王旻、王德元。
32 小王稱村[5]邑人陳齊、种謙、張均、崔周、張竧、張彥謙。
33 李友、張晏、張緒、胡翰、种金、廬興、王贍、張遇、王友、王玢、
34 崔千、張訓、孟温。
35 劉春村[6]劉鐸、題隱、邵遇、范密、王緒、劉金、楊斌、成乂、
36 李澄、李翰、崔美、劉贇、邵千、陳誾、王秀、盧顯。

碑刻下部：

第一部分

1 杜固村[7]邑人邢鐸、男邢玢、趙贇、杜睿、張榮、李珪、賈翰、
2 薛温、崔美、薛緒、史緒、薛遠、薛保、吕贍。
3 行唐縣甘泉鄉西桃村[8]封斌。
4 汶村[9]田嗣、劉萬友。
5 崔求村[10]劉□召。
6 高城縣大孫村[11]董威、亡僧道敏。
7 南赤村維那頭劉因、馬尊、安美、馬貴、劉祚、
8 張訓、張保、邢玉、張忠進、邢遇、魏旻、魏俊、楊玉，

9 女眾等高氏、胡氏、邸氏、劉氏、胡氏。
10 定州仁教坊右第一廂 [12] 王榮。

第二部分

1 雄州 [13] 隨使楊懷節、
2 劉贍、男掠、男六、母王氏、妻張氏。
3 忻州神虎第七 [14] 維郍頭張晏、王因、葛訓、趙超、形海、王温、牛因、師因、
4 王乂、劉貴、張寬、鄧演、趙璘、煙謹、趙友、趙通、王璘、安譚。
5 東京床子弩第一指揮 [15] 節級許璨、妻阿車。
6 無極縣長豐鄉郝家莊 [16] 郝玉、郝永久、郝貞、郝緒。
7 高唐縣令 [17] 郝勲成，開拆勾押官李睿。

第三部分

1 許州軍鎮神威上第八指揮 [18] 十將周榮、傅榮，節級賈榮，
2 長行胡貴、張進、張斌、李榮、趙政、劉美、王美、黄進、錢榮。
3 許星、何達、滸超、趙遂、孫美、閻賛、蘇興、龔霜、王興、趙吉、
4 張興、宋德、廬興、李明、何慶、
5 維郍頭薩興。

第四部分

1 鎮南 [19] 人楊懷德。
2 冀州客 [20] 楊守倫、孫德元。莫州客李文杲、
3 谷成、妻阿揚、男陳五。
4 副指揮使庚勳，茅福、妻阿張、茅興、妻阿楊、張政、妻阿茅、王興。

5 陳州步武第三都指揮[21]邑人張進、父成、王福、李瞻、邵演、祁榮、王貴、史全、

6 孫用、王則，節級李昌武、田忠、王政、邢福、戴尉、遲政、劉程、李忠、張斌、

7 張進、母李氏、陳氏、張氏、住哥、王季、張花子、王成。

8 龍騎第一指揮邑衆王璨、何順、王贇、王饒、姜齊，都頭賈翰，節級趙德、

9 李塞、雷成、傅贇、王玉、田榮、閆斌。陳州龍騎第三[22]十將侯忠，曹司姜齊。

第五部分

1 相州右德勝[23]節級吴贇。

2 相州□威邊[24]曹司韓贇、妻潘氏。

3 相州宣勇第二曹司[25]齊元，十將李均。

4 趙州右静虜[26]節級劉福，曹司王澄。

5 承天軍勁勇第一曹司[27]張進、李澄。

6 樂平勁勇第一節級[28]劉澄。

7 柴離村[29]張訓、張元、張守榮、張嗣、張清、

8 王□、臧斌、彭友、彭謙、李訓、李霜、

9 李演、李斌、李乂、李貴、李均、李吉、劉江、

10 王萬、王均、祝德、田恕、田元、田遇、張知榮。

【注釋】

[1] 懷安鄉渠頭村：定州安喜縣所屬鄉村。懷安鄉，《太平寰宇記》

載，安喜縣“舊十八鄉，今十鄉”[1]，但不知其鄉名，今可補其一。渠頭村，清道光二十九年（1849）《定州志》有載，已分化爲“東、西渠頭村”二村，屬於定州柴籬約轄村。[2] 今又合併爲渠頭村，屬於河北省定州市東留春鄉轄村。

[2] 佛殿村：因該村與“懷安鄉渠頭村”相鄰，故其在北宋時應爲定州安喜縣屬村。清道光二十九年（1849）《定州志》有載，屬定州柴籬約轄村。[3] 今爲佛店村，屬於河北省定州市東留春鄉轄村。

[3] 齊家莊：因該村位置與渠頭村較近，故其在北宋時應爲定州安喜縣屬村。清道光二十九年（1849）《定州志》有載，屬定州王耨約轄村。[4] 今存，屬於河北省定州市東留春鄉轄村。

[4] 大王稱村：因該村位置與渠頭村較近，故其在北宋時應爲定州安喜縣屬村。清道光二十九年（1849）《定州志》有載，作“大王耨村”，屬定州王耨約轄村。[5] 今仍爲大王耨村，屬於河北省定州市東留春鄉轄村。

[5] 小王稱村：因該村位置與渠頭村較近，故其在北宋時應爲定州安喜縣屬村。清道光二十九年（1849）《定州志》有載，作“小王耨村”，屬定州王耨約轄村。[6] 今改爲西王耨村，屬於河北省

---

1 ［宋］樂史撰，王文楚等點校：《太平寰宇記》卷六十二《河北道十一・定州》，北京：中華書局，2007 年，第 1270 頁。

2 ［清］寶林等纂修：《（道光）定州志》卷六《地理・鄉約上》，中國臺北：成文出版社，1969 年，第 605 頁。

3 ［清］寶林等纂修：《（道光）定州志》卷六《地理・鄉約上》，中國臺北：成文出版社，1969 年，第 604 頁。

4 ［清］寶林等纂修：《（道光）定州志》卷六《地理・鄉約上》，中國臺北：成文出版社，1969 年，第 692 頁。

5 ［清］寶林等纂修：《（道光）定州志》卷六《地理・鄉約上》，中國臺北：成文出版社，1969 年，第 690 頁。

6 ［清］寶林等纂修：《（道光）定州志》卷六《地理・鄉約上》，中國臺北：成文出版社，1969 年，第 691 頁。

定州市東留春鄉轄村。

[6] 劉春村：因該村位置與渠頭村較近，故其在北宋時應爲定州安喜縣屬村。清道光二十九年（1849）《定州志》有載，已分化爲“東留春村”“西留春村”二村，均屬定州王耨約轄村。[1]今均存，屬於東河北省定州市東留春鄉轄村。

[7] 杜固村：可能爲定州新樂縣屬村。鑲嵌在定州塔第二層《新樂縣吴村維那頭周玢等題名碑記》第 19 行刻有“杜固疃”。因碑文信息較少，“杜固村”具體待考。

[8] 行唐縣甘泉鄉西桃村：定州所屬縣鄉村。行唐縣，宋代屬於鎮州，“本趙南行唐邑，《史記》云：趙惠文王八年，‘城南行唐’。秦爲真定地。漢初割真定地置爲縣，因舊名，後漢因之，屬常山郡。後魏去‘南’字，爲行唐縣，太和初移置夫人城，孝昌四年復行唐縣于舊城，即今理是也。唐長壽二年改爲章武縣。神龍初仍舊爲行唐縣。至大曆三年于此置泜州，以界内泜水爲名，割恒州靈壽、定州恒陽二縣以隸焉；至九年廢泜州，縣復還舊。梁開平二年改爲彰武縣，後唐同光初復舊。晉改爲永昌縣，漢復舊名。”[2]今爲河北省石家莊市行唐縣。甘泉鄉，《太平寰宇記》載，行唐縣“舊八鄉”[3]，但不知其鄉名，今可補其一。西桃村，不詳，待考。

[9] 汶村：定州屬村。清道光二十九年（1849）《定州志》有載，

1 [清] 寶林等纂修：《（道光）定州志》卷六《地理・鄉約上》，中國臺北：成文出版社，1969 年，第 691 頁。

2 [宋] 樂史撰，王文楚等點校：《太平寰宇記》卷六十一《河北道十・鎮州》，北京：中華書局，2007 年，第 1255 頁。

3 [宋] 樂史撰，王文楚等點校：《太平寰宇記》卷六十一《河北道十・鎮州》，北京：中華書局，2007 年，第 1255 頁。

已分化爲“西汶村”“東汶村”二村，均屬定州東朱谷約轄村。[1]今均存，屬于河北省定州市南城區街道轄村。

[10] 崔求村：應爲崔邱村，定州屬村。定州塔第十層《在州都押衙耿素等修塔題名碑記》第 6 行刻有“崔丘村”，二者應爲同一村。清道光二十九年（1849）《定州志》有載，已分化爲“提崔邱村”“劉崔邱村”二村，均屬定州東朱谷約轄村。[2]今均存，屬於河北省定州市楊家莊鄉和南城區街道轄村。

[11] 高城縣大孫村：高城縣原爲鹽山縣舊稱，初置於漢，隋開皇十八年（598）改爲鹽山縣。因此此處“高城縣”可能爲“藁城縣”的訛誤。藁城縣，北宋時歸屬鎮州。今爲河北省石家莊市藁城區。大孫村，具體待考。

[12] 定州仁教坊右第一廂：仁教坊位於定州城内，定州樓塔内多方題名碑記均有記載，《静志寺僧希素造心經幢》内也有“仁教坊”的題名[3]。右第一廂，宋代爲了加强城市管理，將城市劃爲若廂，其職能主要進行治安防範[4]，可見定州城内分左右兩區，各區下再設若廂。

[13] 雄州：北宋時歸屬河北路。《太平寰宇記》載，雄州“今理歸義縣。本涿州歸義縣之瓦子濟橋，在涿州南，易州東，當九河之末，舊置瓦橋關，周顯德六年收復三關，以其地控扼幽、薊，

1 ［清］寶林等纂修：《（道光）定州志》卷六《地理·鄉約上》，中國臺北：成文出版社，1969 年，第 620—621 頁。

2 ［清］寶林等纂修：《（道光）定州志》卷六《地理·鄉約上》，中國臺北：成文出版社，1969 年，第 622 頁。

3 ［清］陸繼輝：《八瓊室金石補正續編》卷四十一，《續修四庫全書》第 900 册，上海：上海古籍出版社，2002 年，第 307 頁。

4 楊瑞軍：《略論宋代廂坊制度》，《山西師大學報（社會科學版）》，2006 年第 6 期，第 86—89 頁。

建爲雄州，仍移歸義并易州之容城二縣于城中”[1]。北宋太平興國六年（981），“以雄州新鎮復置，平戎軍改縣爲歸信，至道三年（997）分天下州軍爲十五路，遂屬河北路。”[2]下轄歸信、容城二縣。今爲河北省雄安新區。

[14] 忻州神虎第七：忻州，北宋時屬河東路。神虎：宋真宗時所增設的禁軍番號，隸屬侍衛步軍司。《宋史》載：咸平五年（1002），“選陝西州兵馬立。六年，又料簡河東州兵立，以西路河東兵之。指揮二十六。永興六，鳳翔、河中、忻、晉、威勝各二，太原、秦、延、鄜、華各一，潞州三。”[3]本題名碑記所載的爲忻州神虎第七指揮；定州塔第七層《使院都孔目官薛均等修塔題名碑記》第二部分第 7 行還刻有“忻州神虎第八指揮”。這與正史的記載相符。忻州神虎此時到定州更戍。

[15] 東京床子弩第一指揮：東京，指開封府。床子弩，弩的一種。以大弩置於似床之大木架上，以繩軸絞張之，故也稱絞車弩。有雙弓床弩、三弓床弩，張弩由數人、數十人以至百許人，射程可達五百米以上。弩箭較長，可達一丈二尺，是當時最先進的攻城、野戰的重要兵器。本碑中上下文爲“東京床子弩第一指揮”，“床子弩”可能爲東京禁軍中使用床子弩作爲武器的軍隊番號。正史未載，可補正史不足。

[16] 長豐鄉郝家莊：定州無極縣所屬鄉村。長豐鄉，今不存，《太

1 ［宋］樂史撰，王文楚等點校：《太平寰宇記》卷六十七《河北道十六 · 雄州》，北京：中華書局，2007 年，第 1363 頁。

2 ［明］王齊纂修：《（嘉靖）雄乘》，《天一閣藏明代方志選刊》第 7 册，上海：上海古籍書店，1981 年，第 14 頁。

3 ［元］脱脱：《宋史》卷一百八十七《志第一百四十 · 兵一》，北京：中華書局，1985 年，第 4597 頁。

平寰宇記》載,無極縣“舊十三鄉,今七鄉。”[1]但具體鄉名不詳,今可補其一鄉。郝家莊,《無極縣續志》有載,已分化爲“西郝莊”“東郝莊”二村,均屬於無極縣藁城路轄村。[2]今存,改分爲西郝莊村、西中郝莊村、東郝莊村、東中郝莊村、北郝莊村五村,均屬於河北省石家莊市無極縣郝莊鄉。

[17] 高唐縣令:高唐縣一縣之長官。高唐縣,北宋時屬河北路博州管轄。《太平寰宇記》載:“古高唐城,在縣南五十里。春秋襄公十九年,‘齊夙沙衛奔高唐以叛’。杜注云:‘高唐在祝阿縣西北。’此則古爲齊邑也。《漢地理志》云平原郡有高唐,則漢縣也,即齊威王使肦子治高唐之地。闞駰《十三州記》以爲漢古縣在平原郡南五十里。宋置高唐縣。”[3]今爲山東省聊城市下轄縣之一。

[18] 許州軍鎮神威上第八指揮:許州,北宋時歸屬京西路,其下轄長社、長葛、臨潁、許昌、陽翟、郾城、舞陽七縣[4]。治所爲今河南省許昌市。軍鎮神威爲宋真宗咸平三年(1000)所增設的禁兵番號,隸屬侍衛步軍司。“咸平三年,選京師諸司庫務兵立。上下指揮十三。陳留三,許、鞏各二,雍丘、考城、咸平、河陽、廣濟、白波各一。”[5]碑文所記“許州軍鎮神威上第八指揮”

1 [宋]樂史撰,王文楚等點校:《太平寰宇記》卷六十《河北道九・祁州》,北京:中華書局,2007年,第1237頁。

2 [清]曹鳳來纂修:《(光緒)無極縣續志》卷一《地理志》,中國臺北:成文出版社,1969年,第47頁。

3 [宋]樂史撰,王文楚等點校:《太平寰宇記》卷十九《河南道十九・齊州》,北京:中華書局,2007年,第387頁。

4 [宋]樂史撰,王文楚等點校:《太平寰宇記》卷七《河南道七・許州》,北京:中華書局,2007年,第125頁。

5 [元]脱脱:《宋史》卷一百八十七《志第一百四十・兵一》,北京:中華書局,1985年,第4597頁。

爲許州所設二指揮之一。

[19] 鎮南：應指鎮州南人。

[20] 冀州客：冀州，北宋時歸屬河北路管轄。冀州客人，指家爲冀州，客居定州參與佛事活動的施主。

[21] 陳州步武第三都指揮：陳州，北宋時歸屬京西路，下轄宛丘、項城、商水、南頓、西華五縣[1]。今爲河南省淮陽縣。步武，爲宋太宗雍熙三年（986）所增設的禁兵番號，隸侍衛步軍司。後其由鄉兵升爲禁兵。"本鄉軍選充神勇、宣武，雍熙三年，揀其次等者立。慶曆中，增指揮六。陳。"[2]"陳州步武第三都指揮"應爲陳州六指揮之一，應爲到定州屯駐。

[22] 陳州龍騎第三：龍騎爲宋太祖時所設禁兵番號，隸屬殿前司步軍。原有十二指揮，真宗大中祥符二年(1009)五月減爲八指揮。仁宗時又分爲二十指揮"舊指揮八，康定中，取配隸充軍者增置爲指揮二十，分三軍。京師四，尉氏、雍丘、咸平、鄭各二，南京、陳、蔡、河陽、潁、單、四波各一。"[3]可見，龍騎在陳州設置一指揮，"陳州龍騎第三指揮"應爲這一指揮的番號。

[23] 相州右德勝：相州，北宋時歸屬河北路，下轄安陽、永定、湯陰、臨漳、鄴縣、林慮六縣。轄境大概爲今天河北臨漳縣和河南安陽。德勝，廂軍，隸屬侍衛步軍司。《宋史》載："德勝，相。"[4]

---

1 [宋]樂史撰，王文楚等點校：《太平寰宇記》卷十《河南道十·陳州》，北京：中華書局，2007年，第183頁。

2 [元]脱脱：《宋史》卷一百八十七《志第一百四十·兵一》，北京：中華書局，1985年，第4594頁。

3 [元]脱脱：《宋史》卷一百八十七《志第一百四十·兵一》，北京：中華書局，1985年，第4589頁。

4 [元]脱脱：《宋史》卷一百八十九《志第一百四十二·兵三》，北京：中華書局，1985年，第4660頁。

從本題名碑記記載來看,北宋在相州設有德勝指揮,且分左、右,可補正史記載之不足。

[24] 相州威邊：威邊，宋太祖時所設的軍隊番號，隸屬侍衛馬軍司。《宋史》載："威邊。諸州廂兵，惟保州教戰射，隸巡檢司。慶曆初，升禁軍。指揮二。定、保各一。"[1] 此處所載的相州威邊應爲廂軍。

[25] 相州宣勇第二曹司：相州宣勇第二，即相州宣勇第二指揮。相州宣勇，鄉兵。咸平四年（1001）設，"其年，名河北鄉兵爲忠烈宣勇。"[2] 宣勇番號一直在河北設立[3],相州,北宋時歸屬河北路，故相州宣勇應爲河北路鄉兵。曹司，原爲地方州縣中的吏職機構，但在北宋軍隊機構中設置的曹司，可能是處理軍中文書工作的機構[4]，曹司在禁軍、廂軍、鄉兵中均有設置。

[26] 趙州右静虜：趙州，北宋歸屬於河北路，下轄平棘、寧晉、高邑、柏鄉、臨城、贊皇、隆平七縣。今爲河北省石家莊市趙縣。静虜，廂軍，隸屬侍衛步軍司。正史載静虜原置深州，熙寧後改置趙州[5]。定州塔這批題名碑記的刊刻時間在咸平四年至至和二年（1001—1055），那麼可以確定：在趙州所設右静虜的時間當在熙寧之前，可糾《宋史》記載之誤。

---

1 [元]脱脱:《宋史》卷一百八十七《志第一百四十・兵一》, 北京: 中華書局, 1985年, 第4593頁。

2 [宋]程大昌撰，許逸民校證：《演繁露校證（下）》，北京：中華書局，2018年，第235頁。

3 [清]徐松輯，劉琳等校點：《宋會要輯稿》兵一，上海：上海古籍出版社，2014年，第14册，第8601—8602頁；[宋]李燾：《續資治通鑑長編》卷一百五，天聖五年十月辛未，北京：中華書局，2004年，第2451頁。

4 王曾瑜：《點滴編》第二十六《山西沁縣城内關帝廟宋碑中有關軍制的考釋》，保定：河北大學出版社，2010年，第394—395頁。

5 [元]脱脱:《宋史》卷一百八十九《志第一百四十二・兵三》, 北京: 中華書局, 1985年, 第4669頁。

[27] 承天軍勁勇第一曹司：承天軍勁勇第一，即承天軍勁勇第一指揮。承天軍，北宋屬河北路，隸真定府，級別同於縣[1]，今山西娘子關。承天軍設立於唐代至德二載（757）[2],但承天軍在《宋史・地理志》《太平寰宇記》無載，只有《元豐九域志》中有兩處記載了承天軍的情況，其一，"承天軍，建隆元年以真定府孃子關建爲軍，仍隸真定府。後廢。"[3] 其二，"縣二……中，平定。四鄉。承天軍、東百井二寨。有浮山、澤潑水。"[4]《資治通鑑》載："承天軍在井陘縣孃子關西南太原府廣陽縣界。宋朝太平興國四年，改廣陽爲平定縣，置平定軍。縣有承天軍寨，在太原府南三百五十里。"[5] 可見，承天軍應該北宋太平興國四年（979）改爲承天軍寨，改屬河東路，隸平定軍（同下州）。平定縣隸屬於平定軍，其後文獻中出現的承天軍應爲承天軍寨的簡稱，或稱承天寨。

[28] 樂平勁勇第一節級：樂平，宋代歸屬河東路平定軍。樂平勁勇第一，即樂平勁勇第一指揮。樂平勁勇正史無載，從題名碑記看，樂平勁勇最少一指揮，設於河東路，可補正史之闕。

[29] 柴離村：定州屬村。道光二十九年（1849）《定州志》有載，

1 ［清］顧祖禹撰，賀次君、施和金點校：《讀史方輿紀要》卷七《歷代州域形勢七》，北京：中華書局，2005 年，第 295 頁。

2 賈志剛：《唐代河東承天軍史實尋蹤——以五份碑志資料爲中心》，《人文雜志》2009 年第 6 期，第 124—130 頁。

3 ［宋］王存撰，王文楚、魏嵩山點校：《元豐九域志》卷十《省廢州軍・河北路》，北京：中華書局，1984 年，第 474 頁。

4 ［宋］王存撰，王文楚、魏嵩山點校：《元豐九域志》卷四《河東路》，北京：中華書局，1984 年，第 177 頁。

5 ［宋］司馬光，［元］胡三省音注：《資治通鑑》卷二百八十六《後漢紀一・高祖睿文聖武昭肅孝皇帝上》，北京：中華書局，1956 年，第 9342 頁。

作“柴籬村”，屬定州柴籬約轄村[1]。今爲柴里村，屬於河北省定州市東留春鄉轄村。

第五方：《陘邑縣趙家莊維郍頭强壯指揮使馬潛等修塔題名碑記》録文及注釋

【題解】

此碑鑲嵌於定州塔第三層，原碑無題目，今依據學界慣例命名。碑高六十一厘米，寬七十八厘米。碑文四十一行，行二十五至三十二字不等。此碑捐施人主要涉及參與修建定州塔捐施的陘邑縣趙家莊鄉兵爲首的附近鄉村民衆。

【録文】

1 陘邑縣趙家莊維郍頭强壯指揮使[1]馬潛、馬翰、馬祚、馬素、馬羡、馬嗣、張遇、李榮、

2 張祚、成倫、張進、趙璘、岳政、岳霸、岳信、趙謙、趙巳、趙進、張晏、趙廣、趙嗣、趙瓊、趙羨、趙均、

3 趙斌、趙嗣、趙演、趙斌、曹遵、傳才、張乂、傳才、張貞、張温、王羡、王化基、王超、劉謙、李超、劉興、

4 荆嗣、張瓊、形柔、張温、劉宗、馬琮、賈謙、劉睿、張遵、王嗣、劉敖、張恕、丁遇、張緒、王友、劉興、

5 張祚、王贇、王榮、馬超、劉霸、田宗、丁乂、丁玢、王乂、王旻、東成、張美、閆旻、馬衙推[2]、成從、李進、李美、

1 ［清］寶林等纂修：《（道光）定州志》卷六《地理·鄉約上》，中國臺北：成文出版社，1969年，第604頁。

6 岳乂、岳隱、魏四翁。彭村[3]維那頭傅榮、牛興、彭榮、彭瓊、馬巒、趙翰、馬殷、張旻、趙謙、趙超、彭金、

7 張温、王從、王秀、張超、王密、趙乂、傅乂、馬嗣、張乂、宋晏、馬才、彭勍、張訓、張贇、張晏、成信、傅才、劉乂。

8 木佃村[4]維那頭祝重殷、男祝謙、程萬贇、孫嗣、彭嗣、成贇、馮珪、妻劉氏、郎簡。女衆維那頭楊氏、女五姐、六姐、

9 十姐、新婦彭氏、張氏、孫女大姐、三姐、司謙、魏殷、張氏，副維那成氏、男祝旻、女祝氏、劉氏、成氏、張氏、石氏、張氏、

10 崔氏、劉氏、田氏、張氏、劉氏、成氏、范氏、王氏、成氏、張氏、李氏、張氏、邊氏、劉氏、王氏、楊氏、馬氏、賈氏、韓氏、

11 王氏、張氏、劉氏、孫氏、祝氏、王五姐、王氏、馮氏、孫氏、張氏、張氏、張氏、張岩、司空、母張氏。

12 東坊村[5]維那頭崔江、崔緒、友超、友美、鄧則、鄧進、崔密、鄧密、鄧贇、趙債、封進、楊則、楊千、李欽、李寬、

13 李超、王乂、宋信、李興、李均、李旻、劉貞、宋嗣、李贇、賈翰、崔斌、劉友、劉榮、解氏。

14 牛葦村[6]維那頭宋贇，副維那宋讓、宋德、宋恕、宋翰、李榮、李寬、李密、馮巒、訾斌、李斌、

15 李岩、李貞、李恕、郎熯。西内部村[7]邑人宋岩、亡母周氏、妻李氏。東郎村[8]維那頭郎審章、劉唐、劉興、

16 蘇岩、劉顒、羅化、劉福、劉美、劉超、王遇、李謙、劉斌、劉玉、張璘、趙凝、劉金、李斌、張順、郎榮、郎乂、

17 郎旻、趙岩、趙超、梁岩、成海、宋贇、亐忠、劉演、王恕、李求、郎大姐、劉熯、劉嗣、劉顯、劉唐、成恕、宋氏、郝氏、張氏、劉氏、小花。

18 煙村[9]女衆維那頭謝氏、劉氏、鄭氏、孫氏、張氏、王氏、成氏、

張氏。宋村[10]王氏、王氏、韓氏、王氏、胡氏、劉氏。

19 中郎[11]女邑馬氏、亐氏、馬氏、張氏、李氏、宋氏、孫氏、王氏、楊氏、李氏、馬氏、劉氏、成氏、訾氏、牛氏。西成村[12]維那成進、李嗣、成遂、成超、祖緒、

20 楊超、李晏、成斌、成旻、成海、劉貞、祖嗣、焦進、梅顯、成均、成訓、成贍、劉興、張貞、嚴一、李遵、成遠、成恕、

21 成倫、史超、李文、王祚、李興、成萬、張乂、王安、閆榮、李文、閆旻、馬進、王嗣、王遇、劉嗣、劉訓、李元、成倪。

22 丁村[13]維那頭丁乂、李殷、高貴、韓興、郎遇、李遇、丁貴、郎倫、劉則、劉乂、郎貴、丁隱。寺下[14]趙嗣、郭一、

23 尹珂、張演。東李村[15]維那頭李海金、李習、楊嗣、李翰、李俊、孟進、李翰、李美、李晏、李能、王遇、

24 李訓、李旻、燕翰、燕旻、劉旻、燕謙、劉翰、李緒、成殷、劉吉、燕貞、燕倫、燕贇、燕元、劉旻、呼貞、王嗣、

25 趙美、張超沖、李熯、齊氏、趙氏、楊氏、劉氏、賈召、牛恕、曹金、王訓、安萬、許遂、王翰、呼正、王晏、許乂、魏信、魏熯、

26 宋緒、王安、王嗣、安均、成均、成恕、許進、張興、李欽、孫萬、劉均、劉恕、李順、李金、王興、劉氏、王氏、

27 賈延、母李氏、男小牛。泊頭村[16]維那頭張敏、鄭温、解嗣、劉嗣、馬貞、馬遂、王興、謝貞、謝晏、崔鐸、劉進、

28 甄贇、尚祚、王嗣、張玭、王殷、劉謙、鄭乂、崔殷、王超、王達、周訓、趙贇、甄璘。北内部[17]維那頭杜祚、楊緒、

29 張温、蘇榮、劉興、張玉、劉旻、王乂、張遂、張贇、劉玢、張金、耿倫、王貴、魯温、魯進、張翰、張玢、張貴、

30 張嗣、郝忠、張存、張羨。七級萬人邑維那頭劉進、孫興、劉寶、陳超、李才、吴德、王榮、杜明、崔珪、張斌、

31 柴緒、張温、謝榮、張讓、李岩、張佶、王仙、許祚、張嗣、張榮、賈德、靳嗣、韓乂、王嗣、張暉、馬超、王翰、趙翰、

32 王嗣、王習、劉萬、王興、解超、王翰、劉太、趙贊、成周、趙暉、田萬、侯嗣、滸美、嚴氏、曹氏、陳氏、張氏、

33 李氏、劉氏、楊氏。大陽村[18]李贇、李能、張斌。城里維那頭郎緒、趙贇、秦謙、王清、曹信、王真、

34 張斌、劉訓、趙緒、史化、趙則、衛慶、崔翰、成愚、邑人馬琛、母任氏、妻張氏。蘇村[19]維那頭蘇進，副維那王温、

35 蘇吉、楊訓、王進、高乂、高均、張祚、高岩、蘇榮。南張村[20]張祚、張晏、孫斌、齊乂。王俗村[21]張順、周訓、王訓。

36 大楊村李玢、楊嗣。小楊村[22]靳讓、楊贇、何金、何仙、李均。李上村[23]楊鄉、楊戀、楊宗、李興、楊遇、

37 楊貞、楊訓、李祚、李斌、李榮。東張村[24]劉賓、劉密、石訓、劉琛、劉恕、劉遇、劉榮、劉旻、劉俊、劉貞、

38 劉贊、劉澄、楊金、劉玉、畢寛、王岩。西侯[25]王遂、牛贇。北侯[26]董殷、董訓、董岩、董温、郭金、王萬、賈密。

39 北劉[27]劉謙、牛恕、劉超、子固、李挭、李鐸、蘇興。西子街[28]維那頭張萬、劉殷、劉乂、劉珎、劉斌、邸倫、劉贊、

40 劉訓、梁贊、邸乂、劉友、劉貴、許明、劉欽、劉贊、邸遵、劉興、劉嗣、劉乂。八方[29]維那頭李吉、劉通、

41 王美、王友、劉嗣、劉殷、王翰、王三兒、王澄、蘇斌、劉温、高氏、劉緒、王吉。

【注釋】

[1] 陘邑縣趙家莊維那頭强壯指揮使：陘邑縣，宋代歸屬定州。《太平寰宇記》載："本七國時中山國之苦陘邑，漢苦陘縣也。……

漢屬中山國，後漢章帝改苦陘爲漢昌。魏文帝改曰魏昌。隋文帝仍於其城置隋昌縣，屬定州。唐武德四年改爲唐昌。天寶元年改爲陘邑縣焉。”[1]康定元年（1040），“廢陘邑縣入安喜”[2]。今在河北省無極縣東北。趙家莊，陘邑縣唐邑鄉屬村。强壯，陘邑縣鄉兵。“鄉兵者，選自户籍，或土民應募，在所團結訓練，以爲防守之兵也。”[3]河北强壯番號的設置始自五代[4]，以“二十五人爲團，置押官；四團爲都，置正副都頭各一人；五都爲指揮，置指揮使。”[5]題名碑記所載與正史記載一致。

[2] 馬衙推：可能爲姓馬名衙推，也可能爲姓馬的衙推。衙推，唐爲節度、觀察、團練諸使的下屬官吏。五代、宋時以稱操醫卜星相之業的人。

[3] 彭村：因該村距趙家莊較近，且位於今無極縣東北，故其爲定州陘邑縣屬村，陘邑縣廢除後劃歸無極縣管轄。光緒十九年（1893）《無極縣續志》有載，作“彭村”，屬無極縣深澤路轄村。[6]今存，屬於河北省石家莊市無極縣南流鄉轄村。

[4] 木佃村：因該村距趙家莊較近，且位於今無極縣東北，故其爲定州陘邑縣屬村，陘邑縣廢除後劃歸無極縣管轄。道光二十九

1 ［宋］樂史撰，王文楚等點校：《太平寰宇記》卷六十二《河北道十一·定州》，北京：中華書局，2007年，第1273頁。

2 ［宋］王存撰，王文楚、魏嵩山點校：《元豐九域志》卷二《河北路·西路》，北京：中華書局，1984年，第79頁。

3 ［元］脱脱：《宋史》卷一百九十《志第一百四十三·兵四》，北京：中華書局，1985年，第4705頁。

4 ［宋］李燾：《續資治通鑑長編》卷四十七，咸平三年十二月壬申，北京：中華書局，2004年，第1036頁。

5 ［元］馬端臨：《文獻通考》卷一百五十六《兵考八·郡國兵》，北京：中華書局，2011年，第4655頁。

6 ［清］曹鳳來纂修：《（光緒）無極縣續志》卷一《地理志》，中國臺北：成文出版社，1969年，第49頁。

年（1849）《定州志》載有“木佃村”，屬於定州漊底約轄村。[1] 今存，屬於河北省定州市子位鎮轄村。

[5] 東坊村：定州屬村。定州無極縣有東侯坊村，據光緒十九年（1893）《無極縣續志》有載，作“東侯坊村”，屬無極縣正定路轄村。[2] 今存，屬於河北省石家莊市無極縣東侯坊鄉轄村。因爲碑文記載信息少，具體待考。

[6] 牛葦村：疑爲牛辛莊，定州屬村。光緒十九年（1893）《無極縣續志》有載，作“牛辛莊”，屬無極縣藁城路轄村。[3] 今存，屬於河北省石家莊市無極縣郝莊鄉轄村。因爲碑文記載信息少，具體待考。

[7] 西内部村：應爲西内堡村。陘邑縣廢除前應爲陘邑縣屬村，後歸爲深澤縣管轄。咸豐十一年（1861）《深澤縣志》有載，作“西内堡”，屬於深澤縣北鄉轄村。[4] 今仍爲西内堡村，屬於河北省石家莊市深澤縣留村鄉轄村。

[8] 東郎村：陘邑縣廢除前應爲陘邑縣屬村，後歸爲無極縣管轄。乾隆二十二年《無極縣志》載有“東郎村”，屬於無極縣泗水社轄村。[5] 但在光緒十九年（1893）《無極縣續志》中並未見東郎村的相關記載，只載有西郎村、大中郎村和小中郎村。在民

1 ［清］寳林等纂修：《（道光）定州志》卷六《地理·鄉約上》，中國臺北：成文出版社，1969 年，第 705 頁。

2 ［清］曹鳳來纂修：《（光緒）無極縣續志》卷一《地理志》，中國臺北：成文出版社，1969 年，第 46 頁。

3 ［清］曹鳳來纂修：《（光緒）無極縣續志》卷一《地理志》，中國臺北：成文出版社，1969 年，第 46 頁。

4 ［清］王肇晉修輯：《（咸豐）深澤縣志》卷三《建置志》，中國臺北：成文出版社，1976 年，第 83 頁。

5 ［清］黄可潤：《（乾隆）無極縣志》卷一《社里》，乾隆二十二年刻本，第 16 頁。

國二十五年（1936）《無極縣志》中亦有載有東郎村[1]。現存小東郎村，屬於河北省石家莊市無極縣南流鄉轄村，因爲碑文記載信息少，無法確定是否爲同一村，但從村名來看，推測小東郎村爲東郎村和小中郎村合併而來。

[9] 煙村：定州唐縣有岳煙村。據光緒四年（1824）《唐縣志》有載，作“岳湮村”，屬於唐縣白合社轄村。[2]今存，爲岳煙村，屬於河北省保定市唐縣軍城鎮轄村。具體是否爲一村，還有待考證。

[10] 宋村：定州陘邑縣屬村。光緒十九年（1893）《無極縣續志》有載，已分化爲“東宋村”“西宋村”二村，屬無極縣深澤路轄村。[3]今存，屬於河北省石家莊市無極縣南流鄉轄村。

[11] 中郎：應爲中郎村。定州陘邑縣屬村。光緒十九年（1893）《無極縣續志》有載，已分化爲“大中郎村”“小中郎村”，屬於無極縣深澤路。[4]今爲大中郎村、小東郎村，爲石家莊市無極縣南流鄉轄村。

[12] 西成村：應爲定州陘邑縣屬村。道光二十九年（1849）《定州志》有載，作“西城村”，屬於定州趙莊約轄村。[5]今存，仍爲西城村，屬於河北省定州市西城鄉轄村。

1 ［民國］耿之光、王桂照修，王重民纂：《（民國）無極縣志》卷五《教育志》，中國臺北：成文出版社，1976年，第180頁。

2 ［清］陳詠修，張惇德纂：《（光緒）唐縣志》卷二《輿地》，中國臺北：成文出版社，1969年，第196頁。

3 ［清］曹鳳來纂修：《（光緒）無極縣續志》卷一《地理志》，中國臺北：成文出版社，1969年，第49頁。

4 ［清］曹鳳來纂修：《（光緒）無極縣續志》卷一《地理志》，中國臺北：成文出版社，1969年，第49頁。

5 ［清］寶林等纂修：《（道光）定州志》卷六《地理·鄉約上》，中國臺北：成文出版社，1969年，第698頁。

[13] 丁村：應爲定州陘邑縣屬村。道光二十九年（1849）《定州志》有載，屬於定州西阪約轄村。[1]今已分化爲東、西丁村，屬於河北省定州市子位鎮轄村。

[14] 寺下：應爲寺下村。定州無極縣屬村。光緒十九年（1893）《無極縣續志》有載，屬無極縣正定路轄村。[2]今仍爲寺下村，屬於河北省石家莊市無極縣樓下鄉轄村。

[15] 東李村：疑爲東里村。光緒十一年（1885）《新樂縣志》卷一有載，明代屬於新樂縣平鄉社轄村，清代屬於新樂縣第二十七牌翼字號。[3]今存，屬於河北省石家莊市新樂市東王鎮轄村。因爲碑文記載信息少，無法確定是否爲同一個村。

[16] 泊頭村：定州陘邑縣屬村。光緒十九年（1893）《無極縣續志》有載，作"泊頭村"，屬無極縣深澤路轄村。[4]今存，屬於河北省石家莊市無極縣大陳鎮轄村。

[17] 北内部：應爲北内堡村。定州陘邑縣屬村。道光二十九年（1849）《定州志》有載，作"北内堡村"，屬子位約轄村轄村。[5]今仍爲北内堡村，屬於河北省定州市子位鎮轄村。

[18] 大陽村：應爲定州屬村，具體不詳，待考。

[19] 蘇村：應爲定州陘邑縣屬村。清光緒十九年（1893）《無極縣

1 ［清］寶林等纂修：《（道光）定州志》卷六《地理・鄉約上》，中國臺北：成文出版社，1969年，第784頁。

2 ［清］曹鳳來纂修：《（光緒）無極縣續志》卷一《地理志》，中國臺北：成文出版社，1969年，第45頁。

3 ［清］雷鶴鳴等修，趙文濂纂：《（光緒）新樂縣志》卷一《城池》，中國臺北：成文出版社，1968年，第68、71頁。

4 ［清］曹鳳來纂修：《（光緒）無極縣續志》卷一《地理志》，中國臺北：成文出版社，1969年，第48頁。

5 ［清］寶林等纂修：《（道光）定州志》卷六《地理・鄉約上》，中國臺北：成文出版社，1969年，第711頁。

續志》有載，屬於無極縣定州路轄村。[1] 今存，屬於河北省石家莊市無極縣里城道轄村。

[20] 南張村：應爲定州屬村。清光緒十一年（1885）《新樂縣志》載有“南張村”，清代屬第二十六牌張字號。[2]

[21] 王俗村：應爲王宿村，定州陘邑縣屬村。道光二十九年（1849）《定州志》有載，已分化爲“南王宿村”“北王宿村”二村，屬定州邢邑約轄村。[3] 今仍爲南王宿村、北王宿村，屬於河北省定州市邢邑鎮轄村。

[22] 小楊村：應爲定州屬村。道光二十九年（1849）《定州志》載有“小楊家莊”，屬定州寨南約轄村。[4] 具體不詳，待考。

[23] 李上村：應爲里尚村，定州陘邑縣屬村。光緒十九年（1893）《無極縣續志》有載，作“里尚村”，屬無極縣定州路轄村。[5] 今仍爲里尚村，屬於河北省石家莊市無極縣里城道鄉轄村。

[24] 東張村：應爲定州屬村。清光緒十一年（1885）《新樂縣志》載有“東張村”，清代屬第二十六牌張字號。[6] 光緒十九年（1893）《無極縣續志》載有“張村”，屬無極縣正定路轄村。[7] 根據題

---

1 ［清］曹鳳來纂修：《（光緒）無極縣續志》卷一《地理志》，中國臺北：成文出版社，1969 年，第 50 頁。

2 ［清］雷鶴鳴等修，趙文濂纂：《（光緒）新樂縣志》卷一《城池》，中國臺北：成文出版社，1968 年，第 71 頁。

3 ［清］寶林等纂修：《（道光）定州志》卷六《地理・鄉約上》，中國臺北：成文出版社，1969 年，第 672—673 頁。

4 ［清］寶林等纂修：《（道光）定州志》卷七《地理・鄉約下》，中國臺北：成文出版社，1969 年，第 741 頁。

5 ［清］曹鳳來纂修：《（光緒）無極縣續志》卷一《地理志》，中國臺北：成文出版社，1969 年，第 50 頁。

6 ［清］雷鶴鳴等修，趙文濂纂：《（光緒）新樂縣志》卷一《城池》，中國臺北：成文出版社，1968 年，第 71 頁。

7 ［清］曹鳳來纂修：《（光緒）無極縣續志》卷一《地理志》，中國臺北：成文出版社，1969 年，第 45 頁。

名碑記所載前後村落位置來看，爲新樂縣東張村的可能性較大。

[25] 西侯：應爲西侯村，定州陘邑縣屬村。光緒十九年（1893）《無極縣續志》有載，已分化爲“西西堠村”“東西堠村”二村，均屬無極縣定州路轄村。[1]今爲西西後村、東西後村，屬於河北省石家莊市無極縣里城道鄉轄村。

[26] 北侯：應爲北侯村，定州陘邑縣屬村。光緒十九年（1893）《無極縣續志》有載，作“北堠村”，屬無極縣定州路轄村。[2]今爲北候村，屬於河北省石家莊市無極縣大陳鎮轄村。

[27] 北劉：應爲北劉家莊，定州屬村。

[28] 西子街：不詳，待考。

[29] 八方：應爲八方村，定州陘邑縣屬村。清光緒三十二年（1906）《安國縣新志稿》有載，屬於安國縣親賢鄉轄村。[3]今存，屬於河北省保定市安國市南婁底鄉轄村。

第六方：《無極縣西高村維那頭將仕郎攝祁州助教李中一等修塔題名碑記》録文及注釋

【題解】

此碑鑲嵌於定州塔第三層，原碑無題目，今依據學界慣例命名。碑高六十一厘米、寬七十七厘米。碑文四十一行，行八至三十四字不等。中間部分石皮脱落，文字脱落。此碑捐施人多爲無極、深澤

1 ［清］曹鳳來纂修：《（光緒）無極縣續志》卷一《地理志》，中國臺北：成文出版社，1969年，第50頁。

2 ［清］曹鳳來纂修：《（光緒）無極縣續志》卷一《地理志》，中國臺北：成文出版社，1969年，第50頁。

3 ［清］宋蔭桐纂修：《（光緒）安國縣新志稿》卷一《輿圖》，中國臺北：成文出版社，1969年，第28頁。

兩縣鄉村的普通民衆。

【録文】

1 無極縣西高村[1]維那頭將仕郎攝祁州助教[2]李中一，副維那頭曹福興，僧雲鳳、楊友正、

2 張翊、劉友、成榮、馮賓、張祚、張和、裴嗣、裴進、張晏、劉通、成超、張斌、張演、朱興、宋萬、韓旻、彭允、

3 郭敏、張嗣、張恕、張習、李謙、張贇、李貴、郝方、孫己、王鐸、張任、齊鐸【中缺】張肅、楊恕、張進。

4 東壇下、西壇下[3]兩莊邑衆等:周祚、張熐、李吉、李則、張諫【中缺】李金、梁秘、

5 梁順、梁祚、賈超、梁訓、梁昇、梁貞、李贇。東門村[4]維那【中缺】嗣、李尹、馮□、

6 梅章、王慶、教練梅郁、李順、王超、楊珍、李岩、張瓊、張【中缺】繼、王嗣、王密

7 王萬。南馮村[5]維那頭彭榮,副維那馮著、馮進、馮【中缺】□晏、馬繼、

8 賈化、李遇、馮寛、張興、馮元、劉隱、馮祚、馮廣【中缺】崔顯、馮信。

9 女邑王氏、張氏、孟氏。北扈村[6]維那頭【中缺】二姐、扈興。

10 劉氏、賈氏、扈立、賈珪、張斌、梁翰、梁欽、李從、李信、李訓、張□【中缺】李晏。

11 龍泉固[7]維那頭張勳、吕斌、楊萬、楊贇、李美、張□【中缺】高超。

12 李進、張金、張超、楊方、張美、張璣、張□【中缺】王榮、

13 李萬、張榮、張翰、韓遇、張【中缺】彭恕、彭密、

14 周從、石演、石葶、王竨、李均、米謙、石澄、王旻、【中缺】韓榮、甄威。

15 胡千、胡温、高榮、李隱、韓超、韓寬、張顯、楊【中缺】劉岩、羅祚。

16 羅緒、王翰、張訓、李興、劉翰、牛翰、劉鐸、李【中缺】。

17 劉村[8]維那頭劉隱、劉鐸、董訓、賈温、鄭祚、劉玉【下缺】。

18 朱村[9]維那頭朱彦超，副維那頭朱彦珪、劉超、草忠【中缺】超、甄貴、

19 朱超、賈翰、賈嗣、郝友、馬唐、李進、靳榮、李岩、吕友【中缺】□美、賈恕。

20 陳進、田祚、李進、王贇、范超、梅美、賈洪、李憲、劉嗣、張□【中缺】劉翰、馬温。

21 崔倫、劉威、王保、王謙、王祚、牛宗、牛順、王斌、杜温、王榮、朱□、王緒、朱氏。

22 北柳村[10]維那頭甄暉、甄訓、楊珪、楊乂、楊超、蘇習、蘇贇、蘇睿、蘇信、孫訓、蘇超、

23 甄超、甄璉、蘇祚、蘇秀、楊謙、楊隱、楊嗣、楊因、蘇貴、蘇均、李訓、李進、蘇遇、蘇立、

24 楊貴、蘇璘、蘇鑾。南蘇村[11]維那頭楊岩、李榮、信榮、王超、蘇貴、朱遇、李贇、

25 李斌、蘇謙、紀贇、李晏、楊興、劉温、李欽、劉進、李及、李嗣、李佶、甄佺、甄卿、

26 李訓、高暉、李榮、劉演、李璘、賈詮、李晏、李德、李緒、李温、劉睿、楊遇、劉緒。

27 固縣成村[12]維那頭劉珦、張初、劉旻、劉榮、楊祚、張乂、郭乂、任乂、石周、成祚、成乂、成咸乂、石謙、劉則、

28 程進、張璉、張翰、張能、胡隱、張巳、成贇、崔進、馬璘、劉超、成副、張副、苑茂、楊岩、王恕、張瓊、

29 楊吉、張贇、張萬、張用、劉遇、劉贇、侯乂、侯琛、侯嗣、王美、王嗣、張乂、韓暉、馬恕、賈乂、李嗣、王漸、

30 耿萬、成潛、馬氏、刑氏、馬氏。師子堂[13]維那頭牛受，副維那甄勳、蘇翰、李旻、劉均、牛均、王祚、王隱、信贇、

31 楊贇、成賓、甄明、李熼、劉緒、羅緒、王斌、李密、楊鐸、劉之、羅祚、楊氏、賈氏、楊則、張德、

32 深澤縣萬人邑[14]維那頭僧瓊海、僧道俊、僧奉岳、僧智顒、僧守宗、僧守貞，副維那頭形乂、楊照、楊享、

33 程贇、馮福、賈遠、王晏、嚴斌、高萬。在城齊訓、韓璘、馮昇、張遵、王贇、王元、李緒、劉氏、馮顯、劉萬、

34 劉殷、張會、張羨、張玭、劉倫。大馮、小馮[15]維那頭胡翰、妻張氏、馮進、張巒、

35 王乂、張演、馮岩、郝嗣、馮乂、張友、程翰、程俊、張卿、形進、崔萬、宋翰、劉嗣、張興、張辛、劉金、趙贇、

36 劉旺、宋璘、吕訓、馮宣、倪珍、馮卿、馮福、馮斌、宋美、倪超、焦氏、宋翰、張遵、張隱、劉萬、李嗣、

37 王璘、馬旻、張卿、形旺、劉暉、韓榮、馬乂、焦氏、胡信、李澄、張謙、妻馬氏。

38 北陶村[16]維那頭張超、祝氏、李美、張氏、佛留、寒留、先花、張安、張威、賈氏、劉氏、徐遇、馬竘、

39 張遇、楊寧、母趙氏、新婦崔氏、張敏、張召、焦超、張氏、李氏、王興、楊進、楊進、王興。南陶村[17]嚴榮、

40 劉遵、劉密、劉從、馬罕、劉翰、劉信、王訓、郝岩、郝旻、郝嗣、郝超、劉從、王熼、郝乂、馬氏、孫氏。

41 南王村[18]維郝頭王榮、李景、王贇、楊仙、王榮、王旭、賈超、焦萬、焦嗣、王憲、馬習、馬恕。

【注釋】

[1] 西高村：定州無極縣屬村。光緒十九年（1893）《無極縣續志》有載，屬無極縣正定路轄村。[1] 今存，屬於河北省石家莊市無極縣高頭回族鄉轄村。

[2] 將仕郎攝祁州助教：將仕郎，文散官名，階官，從九品，爲最低等階官。攝，權攝官，有臨時代理之意[2]。助教，北宋散官，在地方州縣設有助教，主管教育本州縣的學生。祁州助教，宋代州級助教爲文散官，從九品。

[3] 東壇下、西壇下：光緒四年（1824）《唐縣志》載有“壇下村”，屬於唐縣壇下社轄村。[3] 光緒十九年（1893）《無極縣續志》載有“談下村”，屬於無極縣正定路轄村。[4] 從碑文前後記載的村落位置判斷，東壇下、西壇下應爲無極縣的談下村。今存談下北街、談下中街、談下南街三村，屬於河北省石家莊市無極縣高頭回族鄉轄村。

[4] 東門村：定州無極縣屬村。光緒十九年（1893）《無極縣續志》有載，已分化爲“東東門村”“西東門村”二村，屬於無

1 [清]曹鳳來纂修：《（光緒）無極縣續志》卷一《地理志》，中國臺北：成文出版社，1969年，第45頁。

2 苗書梅：《論宋代的權攝官》，《河南大學學報（社會科學版）》，1995年第3期，第14—20、106頁。

3 [清]陳詠修，張惇德纂：《（光緒）唐縣志》卷二《輿地》，中國臺北：成文出版社，1969年，第191頁。

4 [清]曹鳳來纂修：《（光緒）無極縣續志》卷一《地理志》，中國臺北：成文出版社，1969年，第45頁。

極縣藁城路轄村。[1]今仍爲東東門村、西東門村，屬於河北省石家莊市無極縣郝莊鄉轄村。

[5] 南馮村：應爲定州無極縣屬村，具體不詳，待考。

[6] 北扈村：應爲北虎村。定州無極縣屬村。光緒十九年（1893）《無極縣續志》載，作“北虎村”，屬於無極縣正定路轄村。[2]今仍爲北虎村，屬於河北省石家莊市無極縣高頭回族鄉轄村。

[7] 龍泉固：定州無極縣屬村。光緒十九年（1893）《無極縣續志》有載，作“龍泉固村”，屬於無極縣深澤路轄村。[3]今存，屬於河北省石家莊市晉州市槐樹鎮轄村。

[8] 劉村：可能爲流村，定州無極縣屬村。光緒十九年（1893）《無極縣續志》載有“流村”“南流村”，屬於無極縣深澤路。[4]今存袁流村、西流村、東流村，屬於河北省石家莊市無極縣七汲鎮轄村。因碑文記載信息少，具體待考。

[9] 朱村：定州無極縣屬村。光緒十九年（1893）《無極縣續志》有載，已分化爲“東朱村”“南朱村”“北朱村”三村，均屬於無極縣正定路轄村。[5]今仍爲東朱村、南朱村、北朱村，屬於河北省石家莊市無極縣東侯坊鄉轄村。

[10] 北柳村：可能爲北流村，定州無極縣屬村。光緒十九年（1893）

1　[清]曹鳳來纂修：《（光緒）無極縣續志》卷一《地理志》，中國臺北：成文出版社，1969年，第46頁。

2　[清]曹鳳來纂修：《（光緒）無極縣續志》卷一《地理志》，中國臺北：成文出版社，1969年，第45頁。

3　[清]曹鳳來纂修：《（光緒）無極縣續志》卷一《地理志》，中國臺北：成文出版社，1969年，第49頁。

4　[清]曹鳳來纂修：《（光緒）無極縣續志》卷一《地理志》，中國臺北：成文出版社，1969年，第49頁。

5　[清]曹鳳來纂修：《（光緒）無極縣續志》卷一《地理志》，中國臺北：成文出版社，1969年，第45頁。

《無極縣續志》載有“流村”“南流村”，屬於無極縣深澤路。[1] 今存袁流村、西流村、東流村，屬於河北省石家莊市無極縣七汲鎮轄村。因碑文記載信息少，具體待考。

[11] 南蘇村：定州無極縣屬村。光緒十九年（1893）《無極縣續志》有載，屬於無極縣正定路轄村。[2] 今存，屬於河北省石家莊市無極縣北蘇鎮轄村。

[12] 固縣成村：應爲固現村和呈現村二村。光緒十九年（1893）《無極縣續志》有載，作“固現村”“呈現村”，均屬於無極縣深澤路轄村。[3] 今均存，屬於河北省石家莊市無極縣南流鄉轄村。

[13] 師子堂：定州塔第四層第四方《雲翼第八指揮副兵使皇祚等修塔題名碑記》第 34 行刻有“無極師子堂”，可知，師子堂在北宋應在無極縣境内。

[14] 萬人邑：佛教社邑組織人數衆多，未必是一萬人，爲約數。

[15] 大馮、小馮：由碑中多人姓馮推測，可能爲大馮村、小馮村。北宋時爲祁州深澤縣屬村。清光緒十二年（1886）《保定府志》有載，作“大馮村”“小馮村”二村，均屬於東鹿縣西路轄村。[4] 今均存，屬於河北省石家莊市辛集市位伯鎮轄村。

[16] 北陶村：不詳，待考。

[17] 南陶村：不詳，待考。

[18] 南王村：應爲南旺村，祁州深澤縣屬村。咸豐十一年（1861）

---

1 [清]曹鳳來纂修：《（光緒）無極縣續志》卷一《地理志》，中國臺北：成文出版社，1969 年，第 49 頁。

2 [清]曹鳳來纂修：《（光緒）無極縣續志》卷一《地理志》，中國臺北：成文出版社，1969 年，第 45 頁。

3 [清]曹鳳來纂修：《（光緒）無極縣續志》卷一《地理志》，中國臺北：成文出版社，1969 年，第 49 頁。

4 [清]李培枯、朱靖旬修，張豫增等纂：《光緒保定府志（一）》卷二十四《户政略》，《中國地方志集成·河北府縣志輯》第 30 輯，上海：上海書店，2006 年，第 419 頁。

《深澤縣志》有載，作“南旺”，屬於深澤縣東鄉轄村。[1] 今存，屬於河北省石家莊市深澤縣鐵杆鎮轄村。

第七方：《定州信利坊邑長張贇修塔題名碑記》録文及注釋

【題解】

此碑鑲嵌於定州塔第三層，刊刻於大中祥符四年（1011）四月二十七日，原碑無題目。碑高四十六厘米，寬六十七厘米。碑文二十七行，行三至二十三字不等。此碑中捐施人多爲居住在定州城内的坊市户。

【録文】

1 定州信利坊[1] 邑長張贇，今與邑衆弟兄三十七人同於

2 開元寺舍利塔上齋心修大悲菩薩[2] 一龕。三事數。伏願，

3 皇帝萬歲，郡主千秋，風調雨順，國泰人安。次維郍[3] 劉守澄、

4 劉興、妻楊氏、男澄、馬超、妻閆氏、郭興、男信、張岩、妻劉氏、趙

5 乂、妻李氏、趙訓、弟素、李福超、李瓊、妻張氏、劉密、弟、晏、阿

6 姊、張弘友、妻梁氏、男方、張斌、紉緒、妻楊氏、張興、妻項氏、邸

7 威、母崔氏、弟貴，王贇、妻安氏、江宗、馬嗣、妻龐氏、連超、

1 [清]王肇晋修輯：《（咸豐）深澤縣志》卷三《建置志》，中國臺北：成文出版社，1976年，第79頁。

妻杜
8 氏、男緒、李嗣、妻阿氏、張斌、妻石氏、弟則、妻楊氏，王翰、
妻珥氏、
9 李福斌、妻郭氏、弟福、妻王氏、張謙、妻阿文、宋乂、弟貞、
妻袁氏、
10 常贇、父美、妻武氏，鄭寛、妻安氏、姪光旻、妻劉氏、周興、
妻李
11 氏、男旻、次男醜漢、胡信、母趙氏、王俊、男八哥、苑倫、
妻梁氏、安
12 超、王祚、妻胡氏、男用辛、劉則、妻張氏、紉訓、紉美、紉興
13 張贇、母魏氏、妻史氏、張斌、父張延嗣、母趙氏、妻浄氏、
14 劉守斌、妻張氏、弟劉守澄、妻魏氏、女三意、女凝兒、女滿
15 堂、男郭留、劉光晏、妻張氏、女公女、男郭留、男劉鄭、
16 男陳哥、
17 男慶哥、王守旻、妻趙氏、伯父昭顯、伯孃趙氏、兄王思均、
妻劉
18 氏、母楊氏、孫兒王繼恩、妻任氏、王留、王七、女罕姐、男繼昇。
19 邑長張贇等今與邑衆虔誠特修 [4]
20 大悲菩薩一龕。所伸意 [5] 者，幸遇明朝聖代，邊境
21 安寧，四方無征戰之勞，滿國有豊年之瑞 [6]，麟趨
22 帝闕，鳳舞明庭。民蘇寰海之中，德布萬里之内。贇
23 等特抽浄財 [7] 以修功德，欲報。施主石玉、進士朱憲書。
24 吾皇聖澤，父母滁恩。今齋沐齊心，特於塔上結緣，磨瑩玉
25 石，鐫名於後。時大中祥符四年歲次辛亥四月甲辰朔二十
26 七日庚午建立。修塔都功德主演法大師、賜紫沙門希古，
27 鐫字人王丞潤、賜紫沙門道隆、賜紫沙門宗。

【注釋】

[1] 信利坊：定州城内坊之一。樓鑰在《北行日録》中也記載了定州城内有信利、鮮虞、高陽三坊[1]。

[2] 大悲菩薩：指觀世音菩薩。諸佛菩薩都有偉大的悲心，觀世音菩薩是慈悲門之主，故稱大悲菩薩。

[3] 次維那：民間佛教社邑首領之一，此社邑中首領爲都維郍、維那、次維那，這三個首領名稱和其他民間佛教社邑首領層級一致，只不過名稱不同罷了，應屬於佛教社邑首領的第三層級。

[4] 修：此處後面刊刻有"宋遇、妻雷氏、男張七"。因爲與前文内容無法連貫，故將此部分内容放入注釋中。

[5] 伸意：致意。

[6] 瑞：此處後面刊刻有"劉緒"，與前文内容無法連貫，故將此部分内容放於注釋中。

[7] 浄財：指來路正當，用於供養佛、法、僧這三寶的錢財。

第八方：《曲陽縣歸善鄉西諸侯村糺首維郍石厚昌等題名碑記》録文及注釋

【題解】

此碑鑲嵌於定州塔第三層。碑高七十七厘米，寬九十二厘米。此碑捐施人主要爲曲陽、望都、唐縣、安喜、饒陽等先鄉村民眾。

1　曾棗莊、劉琳撰：《全宋文》卷五九七三《北行日録（中）》，上海：上海辭書出版社、合肥：安徽教育出版社，2006年，第265册，第91頁。

【録文】

1 曲陽縣歸善鄉西諸侯村[1]糺首維那石厚昌、男石遠、男石嗣、男石旻、男石脩、李祚、尹殷、李習、石濬、李興、李均、魏進、石榮、李贇、李賓、

2 張遇、石遵、荊素、張晏、尹乂、石祚、石乂、張訓、李翰、尹訓、石祚、尹習、尹贇、張玢、李玉、張贇、張晏、張貴、楊咢、王殷、李素、李殷、王化、劉均。

3 東諸侯村[2]維那李倫、張嗣、李興、李澄、李訓、楊斌、甄緒、李絢、李威、賀俊、趙祚、李嗣、李緒、李晏、馬昌、馬斌。保内村維那頭賀遜、賀恕、

4 王濬、邵温、任乂、崔贇、崔玉、牛璘、張貴、張嗣、師嗣、劉美、李榮、郭祚、賀乂、張遠。東郭村[3]郭咢、王貴、郭欽、董謙、郭贇、郭則、郭美。

5 西郭村[4]維那李翰、畢謙、劉贇、劉昌、劉謙、李德。邸村[5]維那劉乂、劉贇、陳霸、郭演、劉晏、田遵、李威、王鐸。楊平村[6]維那石希、

6 石化、王謙、楊晏、楊金、楊信、陶斌、陶美、甄王、崔遇。遠内[7]維那王道威、張進。南楊村[8]維那邸加殷、安昇、安美、邸贇、戎斌、如祚、

7 張謙、張超、安遂、梁乂、鄭岩、何岩、安召、李榮。河流村[9]維那田貞、紀嗣、趙嗣、劉温、楊賓、劉威、田威、田緒、田晏、田贇、崔濳、崔乂、穆清、

8 紀贇、董嗣、劉殷、楊贇、耿贇、李友、谷萬、李珪、崔演、高美、盧則、張嗣。七里莊[10]維那劉乂、劉玉、趙超、崔贇。

9 饒陽縣[11]宋用、妻李氏、男化、新婦傅氏、次男榮、新婦王氏、

男熿、新婦馮氏、男融、新婦齊氏。

10 曲陽縣七里莊村劉慶、妻白氏、嬸母田氏、孫男吴留、趙圭、趙七。闌德村[12]新璘、男鄭七、妻劉氏。

11 安喜縣懷遠鄉于底村[13]維那頭王均、王嗣、王正、房嗣、王超、吕緒、吕欽、劉均、劉信、劉玢、郭謙、高政。

12 白土村[14]邑眾。王慶、史美、劉凝、劉貞、劉榮、劉嗣、陸晏、李緒、李均。翟村邑眾李澄、曹贇、張謙、許仙、甄貴、

13 馮貞、劉睿、劉榮。盧水苻村[15]邑眾翟瓊、奇欽、祖緒、柴緒。趙村[16]邑眾李練、賀緒、張殷、韓遇、房玉、

14 李璉。宣村[17]唐瓊、唐均。西開城[18]張化、賈真。安樂坊雷興、景遵。鮮虞坊許言。

15 韓村[19]劉翰、劉緒。曲陽縣加山鄉高門村[20]邑眾王貴、王祚、王榮、王能、王海、王基、王萬、王遵、安緒、安澄。

16 唐縣唐城鄉丁村[21]邑眾丁祚、崔殷、張訓、侯全友。騎連村[22]邑眾蕭贇、王晏。克神鄉李村[23]邑眾

17 韓貴、張演、趙遵、左斌、左旻、康圭、梁昇、左琛。東大王[24]高岩。寧國坊[25]王斌、臧均、趙榮。

18 望都縣翟城鄉百保村[26]邑長閆超、邑録閆隱、曹興、劉金、白珣、李嵒、李信、李遂、張徵、趙德。

19 南赤侯村[27]邑人女邑張氏、魏氏、劉氏、劉氏、胡氏、張氏、杜氏。北高和村郭氏。燕村岳氏、孫氏、傅氏、孟氏、

20 劉氏、翟氏、封氏、楊氏、閆氏、馮氏、吕氏、劉氏。叔間村王氏、劉氏、劉氏、孟氏、王氏、董氏、殷氏、張氏、周氏。

21 白塔村[28]劉氏。南赤村張氏。縣南女邑人王氏、翟氏、曹氏、李氏。李泉村女邑邸氏。馮村女邑劉氏、李氏。

22 曲陽縣西大王村[29]維那頭尚書崔嗣、妻維那頭女弟子王氏、鄭

郎婦女弟子張氏、崔友、崔均、妻弟子劉氏。

23 望都縣善化鄉北合村[30]張守則、弟張金、女弟子劉氏、崔再遇、弟崔榮、妻女弟子張氏，邑長鄭榮、邑録鄭訓、邑

24 録傅温、邑録鄭文、邑録鄭睿、李文顯、李貴、劉興、劉翰、鄭翰、鄭緒、鄭緒、鄭嗣、李美、楊演、鄭□、鄭則、楊贇、楊貞、

25 崔遵、傅超。祁州蒲陰縣大德鄉北張村[31]韓均、女弟子劉氏。東大王村維那頭高信、李謙、安容、劉斌、

26 史晏。趙求村[32]張倫、劉斌、苑一、尉祚。播村[33]王氏，劉進、楊温、李乂、王斌、劉美、王美、王氏、張氏、韓氏、形氏、張氏。

27 上藕村[34]趙緒。行樹村[35]耿超、潘憐、孫謙、田斌、李榮、張氏、趙顯、張斌、崔金、馬嗣、趙元、李萬、劉守裔、張繼能、安光習。

28 曲陽縣加山鄉三高門村維那閻進、邑長王旻、趙金、王祚、楊卿、張珪、王珪、甄召、趙榮、趙均、齊萬、楊謙、張暉、

29 岳斌。

30 縣内維那頭皇贇、妻張氏、都押田訓、録事宋贇、張暹、王貞、劉潛、張欽、劉信、曹興、紀明、董旻、趙謙、殿子、田倫、尼妙惠、

31 妙智、妙德、齊興、趙翰、皇氏、馬超、李密、張美、郭善、張緒、崔咢、崔榮、妻孟氏、浩榮、王氏、田旻、柴榮、董璘、何氏、許嗣、

32 董謙、董乂、岳演、張演。東王村[36]維那頭高仙、高斌、高贇、趙旻。

33 楊村[37]輔政李重、千戎玢。南相如村[38]魏晏、甄遂、馮斌、張旻、王贇。北砂侯村[39]王全。水浴村[40]楊敢、邵興。

34 縣東村[41]史美、趙顯、趙信、李萬、趙元、崔均。趙丘村[42]王岩。縣北村[43]劉元、劉廣、王贇、楊興、妻杜氏、徐超、妻楊氏、張貴。

35 南砂倈村[44]辛晏、張遇。西邸村劉温、張美、安斌、崔遂、崔寛、張超、王旻、妻張氏、王榮。成家疃[45]鄭鐸。

36 西伏成[46]粟美、粟遵、李崇、袁均。南馬村[47]蘇從、邸謙、妻張氏。南孝墓村[48]維那頭王均、張乂、孫進、史興、王金、王海、李興、

37 孫咢、孫則、劉緒、孫貴、王均、張超、安訓、馬貴、楊璘、張超、楊榮、張榮、王鐸、崔瓊、崔瑜、張旻、楊玢、閻玢、曹訓、張超、韓緒。

38 北馬村[49]劉榮、閻翰、劉嗣、楊訓、劉弼。南楊村維那頭邸隱、妻翟氏、男繼昇、李氏、甄氏、安美、安昇、邸贇、鄭岩、

39 張謙、梁乂、張超、何岩、郭均、王道成、安遂。南馬溺村[50]蘇吉、楊顯、張斌。西伏成袁均、李萬。

40 南馬溺何延昌、何均、何友、何立、何柔、許興、孟万、劉超、曹祚、何興、張閆哥、蘇竧、李進、李千、劉遨。西邸村王旻、劉温、安斌。

41 故府村[51]倈興、張贇、李昇。

42 望都縣翟城鄉留早村[52]徐景洪合家施磚一萬口:妻石氏、男庭海、庭悦、庭斌、庭遵、庭欽、女王郎新婦、新婦杜氏、柳氏、齊氏、

43 劉氏、龐氏、孫男留德、伴哥、忙哥、張哥、杜哥、旺哥、九哥、孫女賽姐、女哥聚池、迎兒、敬憐。

44 維那頭翟嗣、維那頭劉興。南同房[53]維那頭皇岩。北同房[54]維那頭劉守一、維那頭房遂。

45 曲陽縣葛仙鄉蓋杜村[55]村維那頭王希、王榮、解緒、王千、祝璣、李遠、郝超、郝緒、葛顯、葛嗣、葛祚、田千。

【注釋】

[1] 帰善鄉西諸倈村：定州曲陽縣所屬鄉村。帰善鄉，清光緒三十

年（1904）《重修曲陽縣志》載:“歸善鄉在縣東南，舊志北鄉，統曰歸善,疑非此鄉。”[1] 又《太平寰宇記》載,曲陽縣“舊十三鄉，今十鄉”[2]，因不知其鄉名，今可補其一。西諸侯村,《重修曲陽縣志》有載,作“西諸侯”,屬於曲陽縣羊平社轄村。[3] 今存，屬於河北省保定市曲陽縣文德鎮轄村。

[2] 東諸侯村：定州曲陽縣屬村。清光緒三十年（1904）《重修曲陽縣志》有載，屬於曲陽縣平樂社轄村。[4] 今存，屬於河北省保定市曲陽縣文德鎮轄村。

[3] 東郭村：定州曲陽縣屬村。清光緒三十年（1904）《重修曲陽縣志》有載，已分化爲北東郭、南東郭二村，均屬於曲陽縣平樂社轄村。[5] 今均存，屬於河北省保定市曲陽縣邸村鎮轄村。

[4] 西郭村：定州曲陽縣屬村。清光緒三十年（1904）《重修曲陽縣志》有載，屬於曲陽縣羊平社轄村。[6] 今存，屬於河北省保定市曲陽縣羊平鎮轄村。

[5] 邸村：定州曲陽縣屬村。清光緒三十年（1904）《重修曲陽縣志》有載，已分化爲“東邸村”“西邸村”二村，均屬於曲

1 [清]周斯億等修，董濤纂：《（光緒）重修曲陽縣志》卷六《山川古跡考》，《中國地方志集成·河北府縣志輯》第 39 輯，上海：上海書店，2006 年，第 420 頁。

2 [宋]樂史撰，王文楚等點校：《太平寰宇記》卷六十二《河北道十一·定州》，北京：中華書局，2007 年，第 1276 頁。

3 [清]周斯億等修，董濤纂：《（光緒）重修曲陽縣志》卷一《輿地圖説第二》，《中國地方志集成·河北府縣志輯》第 39 輯，上海：上海書店，2006 年，第 284 頁。

4 [清]周斯億等修，董濤纂：《（光緒）重修曲陽縣志》卷一《輿地圖説第二》，《中國地方志集成·河北府縣志輯》第 39 輯，上海：上海書店，2006 年，第 282 頁。

5 [清]周斯億等修，董濤纂：《（光緒）重修曲陽縣志》卷一《輿地圖説第二》，《中國地方志集成·河北府縣志輯》第 39 輯，上海：上海書店，2006 年，第 282 頁。

6 [清]周斯億等修，董濤纂：《（光緒）重修曲陽縣志》卷一《輿地圖説第二》，《中國地方志集成·河北府縣志輯》第 39 輯，上海：上海書店，2006 年，第 284 頁。

陽縣平樂社轄村。[1] 今均存，屬於河北省保定市曲陽縣邸村鎮轄村。

[6] 楊平村：應爲羊平村，定州曲陽縣屬村。清光緒三十年（1904）《重修曲陽縣志》有載，已分化爲“東羊平”“西羊平”二村，均屬於曲陽縣羊平社轄村。[2] 今爲羊平鎮、東羊平村，屬於河北省保定市曲陽縣羊平鎮轄村。

[7] 遠内：定州曲陽縣有袁村，清光緒三十年（1904）《重修曲陽縣志》有載，作“袁村”，屬於曲陽縣馬逕社轄村。[3] 今存，屬於河北省保定市曲陽縣下河鄉轄村。因爲碑文記載信息少，無法確定遠内是否爲袁村。

[8] 南楊村：清光緒十二年（1886）《保定府志》有載，作“南楊村”，屬於博野縣南路轄村。[4] 今存，屬於河北省保定市博野縣南小王鎮轄村。因爲碑文記載信息少，無法確定是否爲同一村。

[9] 河流村：定州曲陽縣屬村。清光緒三十年（1904）《重修曲陽縣志》有載，已分化爲“東河流”“西河流”“中河流”三村，分别屬於曲陽縣慈烏社和羊村社轄村。[5] 今均存，分别屬於河北省保定市曲陽縣文德鎮、恒州鎮轄村。

[10] 七里莊：定州曲陽縣屬村。清光緒三十年（1904）《重修曲陽

---

1 [清]周斯億等修，董濤纂：《（光緒）重修曲陽縣志》卷一《輿地圖説第二》，《中國地方志集成·河北府縣志輯》第39輯，上海：上海書店，2006年，第281頁。

2 [清]周斯億等修，董濤纂：《（光緒）重修曲陽縣志》卷一《輿地圖説第二》，《中國地方志集成·河北府縣志輯》第39輯，上海：上海書店，2006年，第283頁。

3 [清]周斯億等修，董濤纂：《（光緒）重修曲陽縣志》卷一《輿地圖説第二》，《中國地方志集成·河北府縣志輯》第39輯，上海：上海書店，2006年，第308頁。

4 [清]李培枯、朱靖旬修，張豫增等纂：《光緒保定府志（一）》卷二十四《户政略》，《中國地方志集成·河北府縣志輯》第30輯，上海：上海書店，2006年，第414頁。

5 [清]周斯億等修，董濤纂：《（光緒）重修曲陽縣志》卷一《輿地圖説第二》，《中國地方志集成·河北府縣志輯》第39輯，上海：上海書店，2006年，第280、285頁。

縣志》有載，屬於曲陽縣慈烏社轄村。[1]今存，屬於河北省保定市曲陽縣恒州鎮轄村。

[11] 饒陽縣：北宋時爲深州屬縣。《太平寰宇記》載，饒陽縣“本漢舊縣地，屬涿郡，應劭注云：‘在饒河之陽爲名。’今有古城，在今縣東北二十里饒陽故城是也，齊文宣天保五年移于今理。按饒陽縣，即後魏虜渠口，置虜口鎮于此，後爲縣，隸深州。隋開皇三年改屬定州，十六年屬深州。大業三年省深州，改屬瀛州。唐武德四年還屬深州。”[2]今存，爲河北省衡水市屬縣。

[12] 闡德村：應爲産德村。定州曲陽縣屬村。清光緒三十年（1904）《重修曲陽縣志》有載，作“産德村”，屬於曲陽縣西邸社轄村。[3]今存，屬於爲河北省保定市曲陽縣産德鄉轄村。

[13] 懷遠鄉于底村：定州安喜縣屬鄉村。懷遠鄉，《太平寰宇記》載：安喜縣，“舊十八鄉，今十鄉”[4]，但無具體鄉名，今可補其一鄉。于底村，不詳，待考。

[14] 白土村：定州屬村。清道光二十九年（1849）《定州志》有載，已分化爲“龐白土村”“支白土村”“郝白土村”三村，均屬於定州趙村約轄村[5]。今均存，屬於河北省定州市西城區街道轄村。

1 ［清］周斯億等修，董濤纂：《（光緒）重修曲陽縣志》卷一《輿地圖說第二》，《中國地方志集成・河北府縣志輯》第39輯，上海：上海書店，2006年，第280頁。

2 ［宋］樂史撰，王文楚等點校：《太平寰宇記》卷六十三《河北道十二・深州》，北京：中華書局，2007年，第1292頁。

3 ［清］周斯億等修，董濤纂：《（光緒）重修曲陽縣志》卷一《輿地圖說第二》，《中國地方志集成・河北府縣志輯》第39輯，上海：上海書店，2006年，第291頁。

4 ［宋］樂史撰，王文楚等點校：《太平寰宇記》卷六十二《河北道十一》，北京：中華書局，2007年，第1270頁。

5 ［清］寶林等纂修：《（道光）定州志》卷七《地理・鄉約下》，中國臺北：成文出版社，1969年，第763—764頁。

[15] 盧水荇村：應爲定州屬村。不詳，待考。

[16] 趙村：定州屬村。清道光二十九年（1849）《定州志》有載，屬於定州趙村約轄村。[1] 今存，屬於河北省定州市長安路街道轄村。

[17] 宣村：因該村距離安喜縣陵北村較近，故北宋時應爲定州安喜縣屬村。光緒十一年（1885）《新樂縣志》載有“宣村”，明代屬於新樂縣平鄉社轄村，清代屬新樂縣第三牌氏字號。[2] 今改爲“前宣村”，屬於河北省石家莊市新樂市杜固鎮轄村。

[18] 西開城：不詳，待考。

[19] 韓村：應爲定州新樂縣屬村。光緒十一年（1885）《新樂縣志》載有“韓村”，明代屬於新樂縣木村社轄村。[3] 今爲“邯村”，屬於河北省石家莊市新樂市承安鎮轄村。

[20] 加山鄉高門村：定州曲陽縣所屬鄉村。加山鄉，《太平寰宇記》載，曲陽縣“舊十三鄉，今十鄉”[4]，因不知其鄉名，今可補其一。高門村，清光緒三十年（1904）《重修曲陽縣志》載有“高門鎮”“北高門”“高門屯”，屬於曲陽縣積慶社轄村。[5] 今存有大高門村、北高門村、高門屯村，均屬於河北省保定市曲陽縣東旺鄉轄村。因爲碑文記載信息少，無法確定此“高門村”是指

1 ［清］寶林等纂修：《（道光）定州志》卷七《地理·鄉約下》，中國臺北：成文出版社，1969 年，第 762 頁。

2 ［清］雷鶴鳴等修，趙文濂纂：《（光緒）新樂縣志》卷一《城池》，中國臺北：成文出版社，1968 年，第 68—69 頁。

3 ［清］雷鶴鳴等修，趙文濂纂：《（光緒）新樂縣志》卷一《城池》，中國臺北：成文出版社，1968 年，第 67 頁。

4 ［宋］樂史撰，王文楚等點校：《太平寰宇記》卷六十二《河北道十一·定州》，北京：中華書局，2007 年，第 1276 頁。

5 ［清］周斯億等修，董濤纂：《（光緒）重修曲陽縣志》卷一《輿地圖説第二》，《中國地方志集成·河北府縣志輯》第 39 輯，上海：上海書店，2006 年，第 277 頁。

其中哪一個村。該題名碑記第 28 行還刻有“曲陽縣加山鄉三高門村維郝閻進”,“三高門村”應該是幾個高門村的合稱。

[21] 丁村:定州唐縣唐城鄉屬村。清道光二十九年(1849)《定州志》有載,屬於定州西阪約轄村。[1] 今存,屬於河北省定州市磚路鎮轄村。

[22] 騎連村:應爲奇連村。從碑文前後所載村落均爲定州唐縣屬村判斷,北宋時騎連村應爲唐縣屬村。清道光二十九年(1849)《定州志》有載,已分化爲“小奇連村”“奇連屯”二村,均屬於奇連約轄村。[2] 今均存,屬於河北省定州市西城區街道轄村。

[23] 克神鄉李村:定州唐縣所屬鄉村。克神鄉,《太平寰宇記》載,唐縣“舊十八鄉,今十鄉”[3],但無具體鄉名,今可補其一鄉。李村,清道光二十九年(1849)《定州志》有載,屬定州潘村約轄村。[4] 今存,屬於河北省定州市磚路鎮轄村。

[24] 東大王:從本方碑文第二十二行“曲陽縣西大王村”的記載來看,該村應該也爲定州曲陽縣轄村。從村名判斷,可能由大王村分化爲東、西大王二村。具體待考。

[25] 寧國坊:定州城内坊之一。定州塔第十層《在州都押衙耿素等修塔題名碑記》第 5 行刻有“信利坊麴則,鮮虞坊常文寂,仁教坊李秀,寧國坊安澄,高陽坊楊璘。”可知北宋定州城内至少有五坊。

1 [清]寶林等纂修:《(道光)定州志》卷七《地理·鄉約下》,中國臺北:成文出版社,1969 年,第 784 頁。

2 [清]寶林等纂修:《(道光)定州志》卷七《地理·鄉約下》,中國臺北:成文出版社,1969 年,第 778 頁。

3 [宋]樂史撰,王文楚等點校:《太平寰宇記》卷六十二《河北道十一·定州》,北京:中華書局,2007 年,第 1271 頁。

4 [清]寶林等纂修:《(道光)定州志》卷七《地理·鄉約下》,中國臺北:成文出版社,1969 年,第 792 頁。

[26] 翟城鄉古保村：定州望都縣所屬鄉村。翟城鄉,《太平寰宇記》載，望都縣“舊十三鄉，今四鄉”[1]，但具體鄉名不詳，今可補其一鄉。百保村，今不存，具體待考。

[27] 南赤侯村：定州新樂縣有赤侯村，光緒十一年（1885）《新樂縣志》有載，作“赤堠村”，明代屬於新樂縣孔村社轄村，清代屬於新樂縣第二十三牌鬼字號。[2]今存，屬於河北省石家莊市新樂市邯邰鎮轄村。因爲碑文記載信息少，不確定是否南赤侯村爲新樂縣屬村，待考。

[28] 白塔村：定州唐縣屬村。光緒四年（1824）《唐縣志》有載，屬定州唐縣大洋社轄村。[3]今存，屬於河北省保定市唐縣都亭鄉轄村。

[29] 西大王村：定州曲陽縣屬村。本方碑文第十七行記載有“東大王”，從村名判斷，可能由大王村分化爲東、西大王二村。

[30] 善化鄉北合村：定州望都縣所屬鄉村。善化鄉，宋《太平寰宇記》載，望都縣“舊十三鄉，今四鄉”[4]，但具體鄉名不詳，今可補其一鄉。北合村,清康熙十七年（1678）《慶都縣志》有載，作“北合”[5]。今存，爲河北省保定市望都縣固店鎮轄村。

[31] 大德鄉北張村：祁州蒲陰縣所屬鄉村。大德鄉，今不存,《太

1 ［宋］樂史撰，王文楚等點校：《太平寰宇記》卷六十二《河北道十一・定州》，北京：中華書局，2007年，第1274頁。

2 ［清］雷鶴鳴等修，趙文濂纂：《（光緒）新樂縣志》卷一《城池》，中國臺北：成文出版社，1968年，第67、71頁。

3 ［清］陳詠修，張惇德纂：《（光緒）唐縣志》卷二《輿地》，中國臺北：成文出版社，1969年，第196頁。

4 ［宋］樂史撰，王文楚等點校：《太平寰宇記》卷六十二《河北道十一・定州》，北京：中華書局，2007年，第1274頁。

5 ［清］李天璣等纂修：《（康熙）慶都縣志》卷一《村堡》，中國臺北：成文出版社，1969年，第73頁。

平寰宇記》載，蒲陰縣“舊十鄉，今八鄉”[1]，但具體鄉名不詳，今可補其一鄉。北張村，清乾隆二十一年《祁州志》有載，屬祁州義豐鄉轄村。[2]今存，爲河北省保定市安國市大五女鎮轄村。

[32] 趙求村：應爲趙邱村，定州曲陽縣屬村。本方題名碑記第 34 行還刻有“趙丘村”，二者應爲同一個村。清光緒三十年（1904）《重修曲陽縣志》卷六《山川古跡考》載：“趙邱村在縣東，嘉山之麓，今爲大趙邱、李、夏、顧等村”，可見至遲至清代時該村已分化爲夏趙邱、顧趙邱、大趙邱、南趙邱四村，均屬於定州曲陽縣趙邱社轄村。[3]今均存，屬於河北省保定市曲陽縣恒州鎮轄村。

[33] 播村：應爲潘村。從其所在的位置判斷，北宋時爲定州唐縣屬村的可能性較大。清道光二十九年（1849）《定州志》有載，作“潘村”，屬於定州潘村約轄村。[4]今存，屬於河北省定州市磚路鎮轄村。

[34] 上藕村：不詳，待考。

[35] 行樹村：應爲杏樹村，定州曲陽縣轄村。清光緒三十年（1904）《重修曲陽縣志》有載，已分化爲“北杏樹”“西杏村”“南杏村”三村，屬於曲陽縣杏樹社轄村。[5]今均存，屬於河北省保定市

1 [宋]樂史撰，王文楚等點校：《太平寰宇記》卷六十二《河北道十一》，北京：中華書局，2007 年，第 1271 頁。

2 [清]王楷等修，張萬銓等纂：《(乾隆)祁州志》卷一《輿地》，中國臺北：成文出版社，1976 年，第 84 頁。

3 [清]周斯億等修，董濤纂：《(光緒)重修曲陽縣志》，《中國地方志集成・河北府縣志輯》第 39 輯，上海：上海書店，2006 年，第 273—274、421 頁。

4 [清]寶林等纂修：《(道光)定州志》卷七《地理・鄉約下》，中國臺北：成文出版社，1969 年，第 788 頁。

5 [清]周斯億等修，董濤纂：《(光緒)重修曲陽縣志》卷一《輿地圖説第二》，《中國地方志集成・河北府縣志輯》第 39 輯，上海：上海書店，2006 年，第 278 頁。

曲陽縣東旺鄉轄村。

[36] 東王村：定州曲陽縣屬村。清光緒三十年（1904）《重修曲陽縣志》卷六《山川古跡考》載："東王村在嘉山之東，今分仝、尚、崔、王、程、杜六村，舊志作張、李、崔、王、程、杜六村"，可見該村至遲至已分化爲張東旺、程東旺、王東旺、李東旺、杜東旺、崔東旺、尚東旺、仝東旺八村，均屬於曲陽縣杏樹社轄村。[1] 今均存，屬於河北省保定市曲陽縣東旺鄉轄村。

[37] 楊村：應爲羊村，定州曲陽縣轄村。定州塔第二層《當寺上生閣百法院助緣糺首僧道瑩等修塔題名碑記》第 34 行刻有"陽村"，二者應爲同一個村。今爲安羊、王羊、靳羊、馬羊、趙羊五村，屬於河北省保定市曲陽縣路莊子鄉轄村。

[38] 南相如村：定州曲陽縣屬村。現藏曲陽縣文物保管所的修德寺塔出土造像題記也記載了該村："維大宋天禧三年（1019）四月八日，定州曲陽縣曲陽鄉北相如村。"[2] 清光緒三十年（1904）《重修曲陽縣志》有載，"相如村在縣西沙河之東，今分爲東、西兩村"，屬於曲陽縣西邸社。[3] 現爲"東相如村""西相如村"，屬於河北省保定市曲陽縣産德鄉轄村。因爲碑文記載信息少，無法推測南相如村是否爲相如村分化而來。今已不存。

[39] 北砂侯村：疑爲北砂村，定州曲陽縣屬村。清光緒三十年（1904）《重修曲陽縣志》卷六《山川古跡考》載："北砂村今有砂城，暨砂侯等村，未詳孰是。"卷一《輿地圖説第二》載有："楊砂侯""孫韓砂侯""黄段砂侯""砂城村"，屬於定州曲陽

---

1 ［清］周斯億等修，董濤纂：《（光緒）重修曲陽縣志》卷一《輿地圖説第二》，《中國地方志集成·河北府縣志輯》第 39 輯，上海：上海書店，2006 年，第 275—276、421 頁。

2 曲陽縣修德寺塔出土《李守謙等造像題記》，原石藏曲陽縣文物保管所。

3 ［清］周斯億等修，董濤纂：《（光緒）重修曲陽縣志》，《中國地方志集成·河北府縣志輯》第 39 輯，上海：上海書店，2006 年，第 291、421 頁。

縣砂侯社轄村。[1] 今存楊砂侯村、孫砂侯村、段砂侯村，屬於河北省保定市曲陽縣孝墓鄉轄村。

[40] 水浴村：應爲水峪村，定州曲陽縣屬村。清光緒三十年（1904）《重修曲陽縣志》卷一《輿地圖説第二》有載，作“葛北水峪”，屬於曲陽縣五會社轄村[2]。今存，爲北水峪村、南水峪村，屬於河北省保定市曲陽縣恒州鎮轄村。

[41] 縣東村：不詳，待考。

[42] 趙丘村：應爲趙邱村，定州曲陽縣屬村。本方題名碑記第26行還刻有“趙求村”，二者應爲同一個村。詳見本方注釋第32條。

[43] 縣北村：可能爲定州唐縣屬村。光緒四年（1824）《唐縣志》卷二《輿地》有載，作“縣北村”，屬唐縣軍城社轄村[3]。今存，屬於河北省保定市唐縣仁厚鎮轄村。

[44] 南砂侯村：疑爲南砂村。定州曲陽縣屬村。該題名碑記第33行刻有“北砂侯村”，二村應該相距不遠，可能爲楊砂侯、孫韓砂侯、黄段砂侯、砂城村一個[4]。但因爲碑文記載信息少，具體還有待考證。

[45] 成家疃：不詳，待考。

[46] 西伏成：推測爲定州唐縣屬村。在光緒四年（1824）《唐縣志》

---

1 ［清］周斯億等修，董濤纂：《（光緒）重修曲陽縣志》，《中國地方志集成·河北府縣志輯》第39輯，上海：上海書店，2006年，第298—299、421頁。

2 ［清］周斯億等修，董濤纂：《（光緒）重修曲陽縣志》，《中國地方志集成·河北府縣志輯》第39輯，上海：上海書店，2006年，第294頁。

3 ［清］陳詠修，張惇德纂：《（光緒）唐縣志》卷二《輿地》，中國臺北：成文出版社，1969年，第201頁。

4 ［清］周斯億等修，董濤纂：《（光緒）重修曲陽縣志》，《中國地方志集成·河北府縣志輯》第39輯，上海：上海書店，2006年，第298—299、421頁。

中記載有南、北伏城二村，屬定州唐縣伏城社轄村。[1] 今爲北伏城村、南伏城村，屬於河北省保定市唐縣羅莊鎮轄村。但未見“西伏成”的記録，具體待考。

[47] 南馬村：應爲南馬古莊，定州曲陽縣屬村。清光緒三十年（1904）《重修曲陽縣志》卷六《山川古跡考》載：“南馬村疑即今南馬古莊。”卷一《輿地圖説第二》中記載南馬古莊屬於定州曲陽縣關廂社轄村。[2] 今爲河北省保定市曲陽縣恒州鎮轄村。

[48] 南孝墓村：定州曲陽縣屬村。清光緒三十年（1904）《重修曲陽縣志》有載，作“南孝墓村”，屬於定州曲陽縣五會社左轄村[3]。今存，屬於河北省保定市曲陽縣孝墓鄉轄村。

[49] 北馬村：根據前文關於南馬村的記載，北馬村應爲北馬古莊，爲定州曲陽縣屬村。清光緒三十年（1904）《重修曲陽縣志》有載，作“北馬古莊”，屬於定州曲陽縣關廂社轄村。[4] 今爲河北省保定市曲陽縣恒州鎮轄村。

[50] 南馬溺村：推測爲定州曲陽縣屬村。本方碑文第三十六行記載有南馬村，因爲碑文記載信息少，具體還有待考證。

[51] 故府村：不詳，待考。

[52] 留早村：定州望都縣翟城鄉屬村。留早村，清道光二十九年

1 ［清］陳詠修，張惇德纂：《（光緒）唐縣志》卷二《輿地》，中國臺北：成文出版社，1969 年，第 236 頁。

2 ［清］周斯億等修，董濤纂：《（光緒）重修曲陽縣志》，《中國地方志集成・河北府縣志輯》第 39 輯，上海：上海書店，2006 年，第 273、421 頁。

3 ［清］周斯億等修，董濤纂：《（光緒）重修曲陽縣志》卷一《輿地圖説第二》，《中國地方志集成・河北府縣志輯》第 39 輯，上海：上海書店，2006 年，第 293 頁。

4 ［清］周斯億等修，董濤纂：《（光緒）重修曲陽縣志》卷一《輿地圖説第二》，《中國地方志集成・河北府縣志輯》第 39 輯，上海：上海書店，2006 年，第 272 頁。

（1849）《定州志》有載，屬定州胡房約轄村。[1]今已分化爲留早西街、留早東街、留早北街、留早南街和留早中心街五村，屬於河北省定州市留早鎮轄村。

[53] 南同房：定州塔第二層《望都縣善化鄉胡方村都維那王欽嗣等題名石刻》第11行刻有"南同方"。北宋時爲定州望都縣屬村，今爲"南同房村"，屬於河北省定州市留早轄村。

[54] 北同房：定州塔第二層《望都縣善化鄉胡方村都維那王欽嗣等題名石刻》第9行刻有"北同方"。北宋時爲定州望都縣屬村，今不存。

[55] 葛仙鄉蓋杜村：定州曲陽縣所屬鄉村。葛仙鄉，清光緒三十年（1904）《重修曲陽縣志》有載："葛仙鄉在縣東……今無其稱。"[2]又《太平寰宇記》載，曲陽縣"舊十三鄉，今十鄉"[3]，因不知其鄉名，今可補其一。蓋杜村，應爲蓋都村，至遲至清代分化爲"大蓋都""小蓋都"二村，屬於曲陽縣東旺社和慈烏社轄村[4]。今存，屬於河北省保定市曲陽縣恒州鎮轄村。

1 ［清］寶林等纂修：《（道光）定州志》卷七《地理・鄉約下》，中國臺北：成文出版社，1969年，第821頁。

2 ［清］周斯億等修，董濤纂：《（光緒）重修曲陽縣志》卷六《山川古跡考》，《中國地方志集成・河北府縣志輯》第39輯，上海：上海書店，2006年，第420頁。

3 ［宋］樂史撰，王文楚等點校：《太平寰宇記》卷六十二《河北道十一・定州》，北京：中華書局，2007年，第1276頁。

4 ［清］周斯億等修，董濤纂：《（光緒）重修曲陽縣志》卷一《輿地圖説第二》，《中國地方志集成・河北府縣志輯》第39輯，上海：上海書店，2006年，第275、281頁。

第九方：《雲翼左第六指揮邑衆修塔題名碑記》録文及注釋

【題解】

此碑鑲嵌於定州塔第三層，刊刻於至和二年（1055）九月九日，原碑無題目，今依據學界慣例命名。碑文三十七行，行八至三十七字不等。陸繼輝在《八瓊室金石補正續編》中著録爲《女弟子趙氏等題名》，並言："高二尺二寸五分，廣二尺四寸四分，前後共三十七行，行字不一，字徑五分。趙氏一行，特大正書。"[1] 碑高七十五厘米，寬八十一厘米。此碑捐施人主要爲參與修建定州塔捐施的雲翼、散員、龍騎、廳子馬、武衛、定塞、牢城等軍隊番號及定州城内居民。

【録文】

1 雲翼左第六指揮具姓名鐫字者維郝頭節級劉榮。第一都副兵馬使王謙，節級趙岩，長行楊贇、

2 郎遂、崔旻、張均、李謙。第二都十將牛吉，長行李倫、劉緒、王璘、王均、張贇、張乂、王貞、王隱、王斌。第三都副兵馬使劉瓊、

3 十將劉保，節級李榮，長行馬美、任晏。第四都副兵馬使吕海，十將韓隱，節級張贇、節級許旻、

4 節級劉欽，長行大楊榮、小楊榮、劉乂、賈贇、馬斌。第五都

1 ［清］陸繼輝：《八瓊室金石補正續編》卷四十二，《續修四庫全書》第900册，上海：上海古籍出版社，2002年，第341頁。

副兵馬使王興，節級王煦，長行楊忠。

5 第五都軍使邢斌、妻李氏，邑人韓榮、郎遂、父郎超、母劉氏、韓隱、妻何氏，張贇、母魏氏、王均、母郭氏，

6 節級劉興、妻王氏、劉榮、妻郭氏、鄭謙、妻李氏，節級王岩、張從。

7 雲翼第四指揮使周遇、縣君李氏、男令玫、男張十四、女留女、孫子堯喜、翁喜，軍使李興，

8 副兵馬使王均，十將羅榮、郭興、孟遠，節級劉進、張超、劉俊、史斌，長行李福、龐進、楊玟、趙金、

9 崔順、元訓、石辛、大史興、趙斌、周澄、劉乂、郎榮、王璘、賈祚、賈睿、小李謙、趙榮、李興、閻興、小張訓、

10 石榮、徐乂、張斌、史興、李興、馬均、張榮、張乂、小張興、王均。

11 散員指揮使賈進，副指揮使車訓，軍使周緒，十將趙美、十將王澄，節級等高謙、郭睿、史晏、李旻、

12 孫進、張則、張諫、郭贇、王貴。維那頭趙金、苑正、岳興、蔡青，邑人等高密、段巒、劉美、邵友、陳巒、宋明、

13 張元、劉祚、張均、張顯、王岩、楊化、張巒、劉遵、謝素、孫乂、李乂、李贇、齊達、小張巒、王倫、李謙、吴進、王斌、閻俊、

14 王均、李緒、劉斌、劉晏、孫進、□遵、李旻、劉均、李旻、李榮、三興、史信、宋遵、張贇、王謙、王斌、劉巒、趙均、石弁、

15 王榮、大李千、田旻、劉斌、張寧、李千、梅乂、桃榮、張旻、郭澄。

16 應天府駐泊龍騎第六指揮副指揮使鹿超，維那鄭德，副維那李榮，維那楚成，十將陳珂、十將秦順、十將傅貞，節級賈遠、

17 節級馬榮、節級李群、鄭來、李密、孫祚、馬信、魏謙、何通、張福、馬榮、康榮、張興、徐真、梁榮、張文、安進、李進、

18 陳遇、沈旺、宋握、嚴贇、馬政、趙謙、鄭全、李全、楊文、景進、倪順、蘇乂、劉順、王遇、李罕、王美、陳旺、董洪、王榮、

19 何瑫、楊欽、榮謙、傅昇、王光、張通、王全、宋榮、韓琮。

20 廳子馬第一指揮使[1]維邠頭劉通正、妻長氏，邑長賈斌、妻張氏，邑正王訓、妻劉氏，邑録牛遂、張氏、胡斌、孫氏、劉贇、李氏、

21 蘭閏、李氏、范進、劉氏、劉玉、廬氏、呼能、劉氏、趙方、王氏、趙遵、李氏、班璘、門氏、張榮、齊氏、侯澄、周氏、劉旻、李氏、關遂、王氏、王興、

22 李氏、賈斌、王氏、和興、馮氏、侯訓、程氏、李榮、臧氏、王美、孟氏、馬素、田氏、仇斌、劉氏、崔勍、李氏、杜璘、劉氏、

23 李倫、□氏、趙緒、王氏、侯倫、郭氏、李斌、張氏、劉斌、趙氏、馬素、李氏、桑玉、王氏、王祚、母高氏、劉敏、張氏、張則、姚氏、役超、

24 王氏、岳興、王氏、李貞、侯氏、王則、田氏。武衛第四王貴、吴倫、張斌、蘇能、梁璘、周則、史美。

25 廳子第二指揮使袁欽、縣君劉氏、男守素、守璘、守正，邑長軍頭張遇、妻馬氏，邑政十將陳美、妻張氏，邑録指使司胡美、

26 妻梁氏、邑録崔宗、張遇，十將張斌，七人節級魏翰、張訓、齊興、高緒、李興、劉榮、王斌、張海、傅習、吴遂、史榮、楊璉、劉榮、趙斌。

27 至和二年九月九日，女弟子趙氏、女柳氏、男柳遵。

28 牢城指揮使[2]楊興，副都頭楊金，軍頭張翰，節級趙訓、曹許睿、周從、姚巒，長行李遇、張興、李榮、智嗣、

29 楊貞、嚴遇、劉興、趙謙、齊貞、許忠、龍岩、齊興、鹿思、蘇澄。指揮司劉□。

30 廣信軍[3]教練使許新，都勾押官王暹。坊市户鄭訓、趙明、安璘、

何巒、李濬、焦慶、范素、闕素。
31 右班殿直永定軍兵馬監押[4]田聰。施主張守榮、施主段繼從。
32 河陽軍龍騎第五指揮第一都[5]維那鄭罕、苑明、田達、張潤、吉超、李甫、劉忠、周全、曾翼、閆斌、王福、周訓、羅祥、李明、尹璘、易興、陳用、趙節、
33 杜柔、項美、卜訓、左巒、孟行、張倫、楊遠、劉則、楊貞、侯受、何晏、崔榮、梁嵩、李平、王謙、任遵、朱忠、王倫、周霸、李乂、王昇、趙倫、八姐。
34 保州坊市户胡守榮、男胡永、張守忠、解繼元、張□、王裔、胡旻、霍裔、父霍敏、楊德、路元、杜廉、王秀。
35 定塞第一指揮使[6]蔣進，員寮孔嗣，維那王謙、吴斌、張緒、王嗣、李乂、王斌、安緒、楊忠、陳榮、
36 張能、楊嗣、田貞、楊遵。
37 雲翼左第六第二都張贇父張贇、母魏氏、妻楊氏、女喜孃子、貴姐、小王貞、父斌、母馬氏、妻乎氏、女滿姐兒、趙五。

【注釋】

[1] 廳子馬第一指揮使：宋真宗時增設的禁軍番號。仁宗慶曆年間由地方軍升爲禁軍，隸屬侍衛步軍司。從碑文來看，廳子馬在定州有第一、二兩個指揮，與正史記載相符。

[2] 牢城指揮使：宋太祖初置，屬廂軍，隸屬侍衛步軍司，一般多由犯罪之人充當。《宋史》載："及剩員直、牢城皆待有罪配隸之人。"[1]

[3] 廣信軍：廣信軍，北宋歸河北路管轄，爲同下州，"太平興國六年（981），改易州遂城縣爲威勇軍。景德元年（1004），改

1 [元]脱脱:《宋史》卷一百八十九《志第一百四十二·兵三》，北京：中華書局，1985年，第4644頁。

廣信軍。”[1]《太平寰宇記》載,廣信軍“領縣一:遂城”[2]。今爲河北省保定市徐水區西遂城。

[4] 右班殿直永定軍兵馬監押：右班殿直爲武階官，三班小使臣，位在左班殿直之下，兵馬監押爲軍職名。宋代州、府、軍、監至縣都設有兵馬監押，人員不定。《宋會要輯稿》載：“大州不過三員，小州止一員。”[3]永定軍應設兵馬監押一人，掌本部軍旅屯戍、兵甲訓練、營防、差役之事。

[5] 河陽軍龍騎第五指揮第一都：河陽軍，在河北路。其地同孟州，治河陽縣。唐德宗建中四年（783）“二月戊申，於河陽三城置河陽軍節度”。[4]《太平寰宇記》載：“皇朝爲河陽軍節度使。領縣五：河陽，温縣，汜水，河陰，濟源。”[5]今爲河南省焦作市孟州市。龍騎，北宋禁軍，爲殿前司步軍。《宋史》記載：“康定中，取配隸充軍者增置爲指揮二十，分三軍。京師四，尉氏、雍丘、咸平、鄭各二，南京、陳、蔡、河陽、潁、單、四波各一。”[6]“河陽軍龍騎第五指揮”爲河陽軍一指揮的番號，應是到定州更戍而來。

[6] 定塞第一指揮：定塞指揮爲河北地方州軍，隸屬侍衛馬軍司。

---

1 [元]脱脱:《宋史》卷一百八十六《志第三十九·地理二》,北京:中華書局,1985年,第2130頁。

2 [宋]樂史撰,王文楚等點校:《太平寰宇記》卷六十八《河北道十七·威虜軍》,北京:中華書局,2007年,第1381頁。

3 [清]徐松輯,劉琳等校點:《宋會要輯稿》職官四九之六,上海:上海古籍出版社,2014年,第7册,第4410頁。

4 [後晉]劉昫等:《舊唐書》卷十二《本紀第十二·德宗上》,北京:中華書局,1975年,第336頁。

5 [宋]樂史撰,王文楚等點校:《太平寰宇記》卷五十二《河北道一·孟州》,北京:中華書局,2007年,第1076頁。

6 [元]脱脱:《宋史》卷一百八十七《志第一百四十·兵一》,北京:中華書局,1985年,第4589頁。

“定塞，河北路州軍。”[1]另刊刻於康定二年（1041）定州《静志寺僧希素造心經幢》内有“定塞第三節級”[2]。

第十方：《雲翼左第五指揮使劉超等修塔題名碑記》録文及注釋

【題解】

此碑鑲嵌於定州塔第三層，原碑無題目。碑高六十八厘米，寬六十九厘米，碑文二十八行，行八至三十字不等。此碑捐施人主要爲雲翼指揮軍職人員及其家屬，唐縣鄉村民衆數百人。

【録文】

1 雲翼左第五指揮使劉超，縣君胡氏、姨姨王氏、男惟慶、男惟吉、男馬七、馬九、男留兒、新婦苑氏、

2 新婦張氏、孫兒翁哥、孫慶哥、孫喜、孫女喜姐、女花哥、孫女盧姐。

3 雲翼左第六指揮使曹興、妻裴氏、女曹氏、女小姐，副指揮使竇興、妻齊氏、男繼宣、男繼昇、新婦程氏、

4 新婦趙氏、孫女六娘子、深姐、榮姐、宜子花。雲翼第四指揮使張恕、妻臧氏、女援姐、□荇、女任姐、

5 男高留、男韓留、男韓七。第三都軍使李興、□李訓妻陳氏、男文瓊、高留、伴哥、妻劉氏。

---

1 ［元］脱脱：《宋史》卷一百八十九《志第一百四十二·兵三》，北京：中華書局，1985年，第4649頁。

2 ［清］陸繼輝：《八瓊室金石補正續編》卷四十一，《續修四庫全書》第900册，上海：上海古籍出版社，2002年，第306頁。

6 神衛左第一軍第一指揮[1]維那王榮，副維那劉□、霍□，十將劉順、十將張興，節級安遇、孟用、姚智、胡□、

7 李坦、馬佺、龍訥、靳弁、張德、劉忠、高璘、崔德、陶□、張化、李信、曹緒、王興、黄德、趙□、韓遇、黄□。

8 二人初惠、石元、邵忠、劉進、張信、石貴、石榮、張□、丁璨、尚忠、吉謙、喬青、除乂。

9 南郎村[2]維那張□、劉凝、劉金、亐真、王遵、王均、劉進、賈旻、劉均、王遇。

10 唐縣趙母鄉誠諫村[3]維那頭劉遵、李美、崔益、王乂、魏忠。迷成村[4]静邊指揮使李訓。

11 西都村[5]和希、和玉。連順村[6]楊辛。合布村[7]張珪、馬祚。甓里村維那頭竇嗣、韓岩、

12 馮信、張吉、張忠、張斌、韓興、張遇、張贖、韓璉。白堯村郭美、郭辛、張嗣、王澄、梁岩、趙翰。

13 岳演村劉胤、邸均、邸遇、邸岩、馬鐸、王金、張益、李訓，維那頭祖超。明府村陳謙、韓友、張元、

14 張保。縣内鞠贇、崔光斌、王超。高昌村張岩、楊贇、王緒、李乂。房家莊[8]劉從。

15 檀下村[9]安貴、邸訓、張昌。南京村楊斌、劉宣。南高和村維那頭馬金、馬密、劉暉、

16 李安、王友、李超。里泉村[10]張遂。馮村維那盧進、韓興、韓榮、□祚。白塔村德進。

17 北平縣堯城鄉堯城[11]劉再遇、趙加遂、韓光旻、劉遇、劉貴、劉重貴、侯貞、侯慶。郭村[12]維那王贇。

18 望都縣長早村[13]彭謙、楊贇、楊珍、張榮、田贇、劉進、韓德、張謙。固縣村[14]田贇、張隱、牛贇、牛乂。

19 楊丘村[15]李巒、韓嗣、齊興。黑布村[16]張超、陳貞、李榮、劉贇。東白成村[17]張辛。

20 東赤村劉氏、邸氏、魏氏。音暗村任氏。南高和劉氏。高昌村李氏、王氏。

21 升間村董氏、崔氏、李氏、劉氏。房家莊韓氏。白堯村范氏、丁氏、郭氏、劉氏、王氏、嚴氏。

22 里泉村曹氏、王氏、鄭氏。白塔村翟氏、吕氏、史氏、李氏、韓氏。岳演村崔氏、韓氏、楊氏、

23 韓氏、劉氏、宋氏、楊氏。

24 望都縣翟城鄉王家屯村[18]維那頭薛和，女邑衆鄭氏、郝氏、劉氏、孫氏、蘇氏、陳氏、

25 康氏、李氏、郭氏、王氏、郭氏、史氏、張氏、孫氏、張氏、傅氏、張氏、王氏、米氏、王氏、李氏、魏氏、

26 郭氏、王氏、趙氏、王氏。唐縣唐城鄉扳上村[19]房希璘、妻張氏、男元、新婦常氏、孫女月姐。

27 城北關維那頭周翰，邑正康興，邑録靳文、劉辛、嚴訓、石從、劉則、靳則，女弟子鄭氏。

28 城東關維那頭史贇、張榮、李贇、史訓、史一、眭岩、侯興。

【注釋】

[1] 神衛左第一軍第一指揮：神衛，原名爲虎捷，宋太宗所設禁軍番號，隸侍衛步軍司。神衛分左右廂，每廂有三軍，每軍五指揮。神衛只設於開封："宋初，指揮四十六，仁宗後，止存指揮三十一[1]。京師。"題名碑記中定州出現神衛駐軍，是更戍到

1 《宋史》卷一百八十七《志第一百四十・兵一》，北京：中華書局，第4594頁。

河北路定州。

[2] 南郎村:應爲定州唐縣屬村,具體不詳。在定州塔第十一層《史家疃張咢、母劉氏闔清題名碑記》第三部分第3行刻有“北朗村”,二者位置應該相鄰。

[3] 趙母鄉誠諫村:定州唐縣所屬鄉村。趙母鄉,今已不存,《太平寰宇記》載,唐縣“舊十八鄉,今十鄉”[1],但具體鄉名不知,今可補其一。誠諫村,光緒四年(1824)《唐縣志》有載,作“城澗村”,俗名東城澗,屬定州唐縣城澗社轄村。[2]今爲“四城澗村”,屬於河北省保定市唐縣仁厚鎮轄村。

[4] 迷成村:應爲迷城村,定州唐縣屬村。定州塔《唐縣城諫村糺首維郍頭劉希遵等修塔題名碑記》第10行刻有“迷城村”。今已分化爲東迷城、中迷城、西迷城三村,均屬於河北省保定市唐縣迷城鄉轄村。

[5] 西都村:定州塔第三層《唐縣城諫村糺首維郍頭劉希遵等修塔題名碑記》第28行刻有“西都亭”,二者應爲同一個村。今爲“西都亭”,屬於河北省保定市唐縣都亭鄉轄村。

[6] 連順村:定州唐縣屬村。清光緒四年(1878)《唐縣志》有載,已分化爲“西連頤村”“東連頤村”二村,屬於唐縣留泉社轄村。[3]今存,屬於河北省保定市唐縣王京鎮轄村。

[7] 合布村:疑爲“葛堡村”之異寫。定州唐縣屬村。光緒四年

1 [宋]樂史撰,王文楚等點校:《太平寰宇記》卷六十二《河北道十一·定州》,北京:中華書局,2007年,第1271頁。

2 [清]陳詠修,張惇德纂:《(光緒)唐縣志》卷二《輿地》,中國臺北:成文出版社,1969年,第213頁。

3 [清]陳詠修,張惇德纂:《(光緒)唐縣志》卷二《輿地》,中國臺北:成文出版社,1969年,第194頁。

（1824）《唐縣志》有載，作“葛堡”，屬唐縣醴泉社轄村。[1] 今存，屬於河北省保定市唐縣南店頭鄉轄村。

[8] 房家莊：定州無極縣屬村。清光緒十九年（1893）《無極縣續志》有載，作“房家莊”，屬定州無極縣晉州路轄村。[2] 今存，屬河北省石家莊市無極縣無極鎮轄村。

[9] 檀下村：定州唐縣唐城鄉屬村。唐縣聖壽寺内《金定州唐縣唐城鄉壇下村榮植等造陀羅尼經幢》[3] 直接言明瞭檀下村爲唐城鄉屬村。清光緒四年（1878）《唐縣志》有載，屬唐縣檀下社轄村。[4] 今已分化爲壇下屯村、壇下史村、壇下張村、壇下辛村，屬於河北省保定市唐縣仁厚鎮轄村。

[10] 里泉村：定州唐縣屬村。清光緒四年（1878）《唐縣志》有載，作“醴泉村”，屬唐縣南路轄村。[5] 今仍爲禮泉村，屬於河北省保定市唐縣南店頭鄉轄村。第三層《曲陽縣帰善鄉西諸侯村糺首維那石厚昌等題名石刻》和《唐縣城諫村糺首維那頭劉希遵等修塔題名碑記》中均載有李泉村，應爲同一村。

[11] 堯城鄉堯城：定州北平縣所屬鄉村。堯城鄉，《太平寰宇記》載，北平縣“舊十一鄉，今六鄉”[6]，因不知其鄉名，今可補其一。

1 ［清］陳詠修，張惇德纂：《（光緒）唐縣志》卷二《輿地》，中國臺北：成文出版社，1969 年，第 219 頁。

2 ［清］曹鳳來纂修：《（光緒）無極縣續志》卷一《地理志》，中國臺北：成文出版社，1969 年，第 48 頁。

3 ［清］吴式芬：《金石彙目分編》卷三，新文豐出版社編：《石刻史料新編》第 1 輯第 27 册，中國臺北：新文豐出版社，1977 年，第 20738 頁。

4 ［清］陳詠修，張惇德纂：《（光緒）唐縣志》卷二《輿地》，中國臺北：成文出版社，1969 年，第 191 頁。

5 ［清］陳詠修，張惇德纂：《（光緒）唐縣志》卷二《輿地》，中國臺北：成文出版社，1969 年，第 197 頁。

6 ［宋］樂史撰，王文楚等點校：《太平寰宇記》卷六十二《河北道十一・定州》，北京：中華書局，2007 年，第 1274 頁。

民國二十三年（1934）《完縣新志》載有堯城社。[1] 今爲堯成村，屬於河北省保定市順平縣蒲陽鎮轄村。

[12] 郭村：北平縣屬村。民國二十三年（1934）《完縣新志》有載，屬北平縣堯城社轄村。[2] 今存，屬於河北省保定市滿城區於家莊轄村。

[13] 長早村：應爲常早村，定州望都縣屬村。清康熙十七年（1678）《慶都縣志》有載，作“常早”[3]。今存，屬於河北省保定市望都縣寺莊鄉轄村。

[14] 固縣村：定州望都縣屬村。定州塔第二層《檀下村維郍劉習等修塔題名碑記》第5行刻有“故縣村”，二者應爲同一個村。清康熙十七年（1678）《慶都縣志》有載，作“固顯”[4]，民國二十三年（1934）《望都縣志》中作“固現村”，屬定州望都縣北路轄村[5]。今存，爲固現村，屬於河北省保定市望都縣黑堡鄉轄村。

[15] 楊丘村：定州望都縣屬村。民國二十三年（1934）《望都縣志》卷三有載，作“陽邱”，屬定州望都縣北路轄村。[6] 今已分化爲東陽邱村、西陽邱村，均屬於河北省保定市望都縣黑堡鄉

1 ［民國］彭作楨等纂修：《（民國）完縣新志》卷一《疆域第一上》，中國臺北：成文出版社，1968年，第85頁。

2 ［民國］彭作楨等纂修：《（民國）完縣新志》卷一《疆域第一上》，中國臺北：成文出版社，1968年，第85頁。

3 ［清］李天璣等纂修：《（康熙）慶都縣志》卷一《村堡》，中國臺北：成文出版社，1969年，第73頁。

4 ［清］李天璣等纂修：《（康熙）慶都縣志》卷一《村堡》，中國臺北：成文出版社，1969年，第73頁。

5 ［民國］王德乾等纂修：《（民國）望都縣志》卷三《建置志》，中國臺北：成文出版社，1968年，第101頁。

6 ［民國］王德乾等纂修：《（民國）望都縣志》卷三《建置志》，中國臺北：成文出版社，1968年，第101頁。

轄村。

[16] 黑布村：疑爲黑堡村，定州望都縣屬村。清康熙十七年（1678）《慶都縣志》有載，已分化爲作“東、西黑堡”二村。[1] 今均存，屬於河北省保定市望都縣黑堡鄉轄村。

[17] 東白成村：定州望都縣屬村。定州塔第二層《望都縣善化鄉胡方村都維那王欽嗣等題名石刻》第15行刻有“東白城村”。今存，屬於河北省保定市望都縣黑堡鄉轄村。

[18] 王家屯村：定州望都縣翟城鄉屬村。清康熙十七年（1678）《慶都縣志》載有“南、北王家疃”[2]。根據碑文記載的前後信息判斷，南、北王家疃可能由“王家屯村”分化而來。

[19] 扳上村：疑爲坡上村，定州唐縣唐城鄉屬村。光緒四年（1824）《唐縣志》卷二《輿地》有載，作“坡上村”，屬定州唐縣大洋社轄村[3]。今存，爲坡上村，屬於河北省保定市唐縣羅莊鎮轄村。

第十一方：《檀下村維那劉習等修塔題名碑記》録文及注釋

【題解】

此碑鑲嵌於定州塔第三層，原碑無題目，今依據學界慣例命名。碑高六十七厘米，寬九十四厘米。碑文三十九行，行二至三十四字

1 ［清］李天璣等纂修：《（康熙）慶都縣志》卷一《村堡》，中國臺北：成文出版社，1969年，第73頁。

2 ［清］李天璣等纂修：《（康熙）慶都縣志》卷一《村堡》，中國臺北：成文出版社，1969年，第73—74頁。

3 ［清］陳詠修，張惇德纂：《（光緒）唐縣志》卷二《輿地》，中國臺北：成文出版社，1969年，第234頁。

不等。此碑捐施人主要爲定州唐縣、望都縣、清苑各鄉村民衆。

【録文】

1 檀下村維那劉習、劉遇、侯慶、韓旻、劉貴、劉重貴、劉遇、王睿、王瑋、張超、

2 吕温、王贇、劉貴、李賛、李貴、劉翰、王貴、盧訓、劉斌、陳貞、劉訓、龐超、張遂、邸鑾、田海。

3 堯神鄉范家莊[1]張忠、張玢、張吉、竇嗣、張遇、劉贇、張進、張璸、韓興、邸緒、韓岩、楊祚。白堯村

4 韓暉、鄭晏。仁樂鄉高和村[2]維那馬金。望都縣永豊鄉黑堡村[3]張超、陳貞、吕温、劉瓊。

5 故縣村[4]牛乂、張美、田美、張殷、牛嗣。高昌村邑人劉斌、劉翰、劉文興、楊密、王祚、劉玢。

6 誠諫村[5]女邑維那頭張氏、苑氏、張氏、邸氏、李氏、陳氏、蔡氏、陳氏、邸氏。黑堡村李氏、

7 陳氏。范家莊女邑維那頭檀氏、丁氏。白村[6]康氏、魏氏、范氏、王氏、韓氏、武氏、潘氏、劉氏。

8 白砂村[7]楊氏。叔間村女邑馬氏、劉氏、劉氏、劉氏、陳氏、張氏。檀下村女邑維那頭田氏、

9 劉氏。唐縣内女邑楊氏、劉氏、李氏、王氏、趙氏、女宜、兒王。縣南女邑麴氏、邵氏、楊（氏）。明苻村王氏、

10 張氏、陳氏、王氏。西都村劉氏。東亦村[8]李氏、韓氏、劉氏。燕村女邑維那頭崔氏、周氏、王氏、

11 宗氏、張氏、楊氏、王氏。高昌村王氏、李氏。長故村[9]女邑李氏、宗氏。岳演村女邑氏白、

12 李氏。東間村[10]范氏、楊氏。祀泉村[11]女邑維那張氏、張氏。

南高和村張氏。

13 本城招收第一指揮[12]邑人都維那承局吕召，次維那承局任贊、次維那李煦。充都指

14 揮司副指揮使[13]劉隱，廂軍頭劉海，副兵使馬美、副兵馬使高乂，十將郭謙、十將李祚，

15 將虞候唐榮、將虞候靳斌，承局李贇、承局苑超，押官劉翰。宅庫司[14]趙恕。指揮司王贇、

16 韓乂、貴興、王貴、張演、李榮、孫敏、尹超、許美、程憲、王贊、郭興、張進、彭貞、宋進、冀秀、劉祚、

17 周斌、康隱、張氏、范氏、賈氏、張氏、孔氏、趙氏、楊氏、魏氏、嚴氏、崔氏。

18 招收第二指揮一人，殿前司虎翼[15]權管招收第二指揮使[16]鄭璘、李恕、鄭斌、杜訓、王鐸、邊祚。

19 三人維那頭都維那李隱、次維那安興、次維那江贊。一十人十將、節級宋超、李演、劉密、

20 張美、張璘、田贊、張密、李信、劉翰、史寬、劉美、田順、蔡欽、何乂、安興、王晏、張全、李明、張斌、武元、

21 温顯、陳欽、王遂、宋翰、郭斌、王勖、李遂、李贊、郄祚、傅斌、張斌、孟斌、王斌、孟祚、靳秀、郭贇、

22 李嗣、蘇筠、楊贊、趙俠、王友、劉旻、劉金、安訓、崔咢、安美、馮贇、劉均、尚欽、張超、李岩、呆煦、高遵、

23 羅演、石榮、許翰、李威、國文、李進、武榮、楊訓、婁晏、劉金、朱榮、田遵、劉翰、王密。二人都案司[17]劉恕、胡美。

24 唐縣趙母鄉誠諫村劉希遵，早爲值仕馬打虜，老母在蕃中一十八年，尋發重願，

25 去取慈母，託自□□取得慈母回來，有願燒磚一萬口於舍利塔上，

結緣已畢。今又糺到

26 邑衆一人，每人逐年各施錢一佰二十足陌，今具邑衆姓名如後：

27 維那頭劉希遵、母張氏、叔加密、婆婆田氏、阿嬸白氏、新婦王氏、女端正、定密。

28 副維那張行玢、邑録劉恕、邑正王琛、王光璘、陳延嗣、高斌、王顯、張行德、劉德旻。

29 邑人張希裕、賈廷美、張彦貞、張希璨、張爽、楊希岩、翟唐遇、劉□□、劉欽遇、李廷暉、

30 裴守謙、張思乂、張守密、王守潛、王守正、高方金、臧守榮、李守均、李廷緒、霍重興、劉榮、

31 魏光乂、劉重興、王光美、劉乂。音暗村邑人齊密、賈楚、李嗣、齊顯、魏進、魏旻

32 魏貴。西都村維那李照、和翰、楊美。東赤村成翰、楊緒。行故村[18]維那楊乂嗣、

33 楊晏、邸斌、李超、董咢、邸均、邸遇、邸岩、馬鐸、王金、張益、祖超、李訓。明符村

34 維那頭陳璡、朱旻、張贇、張翰。白合村□翰。唐縣城南維那趙睿。城内

35 譚岩、劉祚、任嗣、韓福、趙謙、馮宣、張金、郭嗣、張斌。東閭鄉[19]高昌村楊祚、王榮、

36 侯均。升閭村維那郭宗、榮祚、李翰。房家莊維那楊玢、賈憲、刑宋、刑榮、葛旻、

37 高威、彭美、張玢、李萬。安樂鄉南京村維那頭張美、張乂、宋玢、賈宗、張悦、邸遇、孔千、

38 衛謙、楊緒、張超。連順村竇柞、劉景、張訓、張祚、張白、周川、劉宗。燕村龐宗、宋玢、

39 張晏。

【注釋】

[1] 堯神鄉范家莊：定州唐縣所屬鄉村。堯神鄉，今已不存，《太平寰宇記》載，唐縣"舊十八鄉，今十鄉"[1]，但具體鄉名不詳，今可補一鄉。清光緒三十年（1904）《重修曲陽縣志》亦作"范家莊"，屬曲陽縣賢賓社轄村。[2]今存，屬於河北省保定市曲陽縣范家莊鄉政府駐地。

[2] 仁樂鄉高和村：定州唐縣屬村。仁樂鄉，今已不存，《太平寰宇記》載，唐縣"舊十八鄉，今十鄉"[3]，但具體鄉名不詳，今可補一鄉。高和村，在光緒四年（1824）《唐縣志》中記載有"宗高和村""馬宋高和村""楊高和村""南高和村""張馬高和村""婁高和村"，這六村均屬於唐縣北羅社轄村[4]，未見到高和村的相關記載。今存，西高和村、南高和村、婁高和村屬於河北省保定市唐縣南店頭鄉轄村，宋高和村、宗高和村、楊高和村屬於都亭鄉轄村。

[3] 永豐鄉黑堡村：定州望都縣所屬鄉村。永豐鄉，《太平寰宇記》載，望都縣"舊十三鄉，今四鄉"[5]，但具體鄉名不詳，今可補一鄉。

1 ［宋］樂史撰，王文楚等點校：《太平寰宇記》卷六十二《河北道十一·定州》，北京：中華書局，2007年，第1271頁。

2 ［清］周斯億等修，董濤纂：《（光緒）重修曲陽縣志》卷一《輿地圖説第二》，《中國地方志集成·河北府縣志輯》第39輯，上海：上海書店，2006年，第304頁。

3 ［宋］樂史撰，王文楚等點校：《太平寰宇記》卷六十二《河北道十一·定州》，北京：中華書局，2007年，第1271頁。

4 ［清］陳詠修，張惇德纂：《（光緒）唐縣志》卷二《輿地》，中國臺北：成文出版社，1969年，1969年，第215—216、219—220頁。

5 ［宋］樂史撰，王文楚等點校：《太平寰宇記》卷六十二《河北道十一·定州》，北京：中華書局，2007年，第1274頁。

黑堡村，清康熙十七年（1678）《慶都縣志》有載，已分化爲作“東、西黑堡”二村[1]。今均存，屬於河北省保定市望都縣黑堡鄉轄村。黑堡村應該與本層《雲翼左第五指揮使劉超等修塔題名碑記》第19行記載的“黑布村”爲同一村。

[4] 故縣村：定州望都縣屬村。定州塔第二層《雲翼左第五指揮使劉超等修塔題名碑記》第19行刻有“固縣村”，二者爲一個村。今爲固現村，屬於河北省保定市望都縣黑堡鄉轄村。

[5] 誠諫村：即城諫村，定州唐縣趙母鄉屬村。本題名碑記第24行載有“唐縣趙母鄉誠諫村”。今存，爲“四城澗村”，屬於河北省保定市唐縣仁厚鎮轄村。詳見定州塔第三層《唐縣城諫村糺首維那頭劉希遵等修塔題名碑記》第一條注釋。

[6] 白村：不詳，待考，有可能爲“白沙村”之脱文。見本方注釋第10條。

[7] 白砂村：定州唐縣屬村。光緒四年（1824）《唐縣志》有載，作“白沙村”，屬唐縣醴泉社轄村。[2] 今存，屬於河北省保定市唐縣白沙鄉轄村。

[8] 東亦村：疑爲東奇村，定州唐縣屬村。刊刻於宋宣和四年（1122）的造像題記内有“唐縣有音暗村、東奇村、西都汀村、北高和村，”[3]，在清光緒十二年（1886）《保定府志》記載“一畝泉在滿城縣東奇村”。[4] 民國二十年（1931）《滿城縣志略》

---

1 [清]李天璣等纂修：《（康熙）慶都縣志》卷一《村堡》，中國臺北：成文出版社，1969年，第73頁。

2 [清]陳詠修，張惇德纂：《（光緒）唐縣志》卷二《輿地》，中國臺北：成文出版社，1969年，第198頁。

3 [清]陸繼輝：《八瓊室金石補正續編》卷四十一，《續修四庫全書》第900册，上海：上海古籍出版社，2002年，第311頁。

4 [清]李培祜、朱靖旬修，張豫塏等纂：《光緒保定府志（一）》卷十九《輿地略》，《中國地方志集成·河北府縣志輯》第30輯，上海：上海書店，2006年，第350頁。

記載有南、北奇村，均屬於第二區公所南奇轄村。[1] 南、北奇村今已不存。因碑文記載信息較少，具體待考。

[9] 長故村：疑爲長古城村。光緒四年（1824）《唐縣志》有載，作“長古城村”，屬於唐縣軍城社轄村。[2] 今存，屬於河北省保定市唐縣長古城鎮轄村。因爲碑文記載信息少，兩者是否指同一村，待考。

[10] 東閭村：應爲定州唐縣屬村。具體不詳，待考。

[11] 祀泉村：推測爲定州唐縣屬村。清光緒四年（1878）《唐縣志》有載，作“醴泉村”，屬唐縣南路轄村。[3] 今仍爲禮泉村，屬於河北省保定市唐縣南店頭鄉轄村。第三層《曲陽縣峬善鄉西諸侯村糺首維�石厚昌等題名石刻》載有李泉村和《雲翼左第五指揮使劉超等修塔題名碑記》載有里泉村。因爲碑文信息記載少，無法確定該村的具體情況。

[12] 本城招收第一指揮：《宋史・兵志二》載：“招收：十七。保四，霸、信安各三，定、軍城砦各二，廣信、安肅、順安各一。熙寧五年，霸、信安各二併爲一，定二爲一，安肅一、保二分隸振武、招收。”[4] 從後面“廂軍頭劉海，副（馬）兵使馬美”來看，此本城招收應爲廂軍番號且是馬軍，此番號在定州駐紮至少一個指揮。

[13] 充都指揮司副指揮使：充，即充當，官員任用類別之一，是近

1 [民國]陳寶生等修，陳昌源等纂：《（民國）滿城縣志略》卷三《建制卷》，中國臺北：成文出版社，第85頁。

2 [清]陳詠修，張惇德纂：《（光緒）唐縣志》卷二《輿地》，中國臺北：成文出版社，1969年，第186頁。

3 [清]陳詠修，張惇德纂：《（光緒）唐縣志》卷二《輿地》，中國臺北：成文出版社，1969年，第197頁。

4 [元]脱脱：《宋史》卷一百八十八《志第一百四十一・兵二》，北京：中華書局，1985年，第4625頁。

於一種特派式的任用。宋代三衙中有任副指揮使的，如天聖六年二月丁亥，“樞密院言諸軍將校中，頗有因循不能禁戢軍士者，欲召殿前馬步軍副指揮使楊崇勳、夏守贇等，密令體量，具名以聞，别取進止。時將轉員故也。”[1] 都指揮司有可能爲侍衛親軍馬軍都指揮司，也有可能是殿前都指揮司。具體待考。

[14] 宅庫司：從上下文來看，宅庫司應爲軍隊中都一級的某種機構，可能爲負責軍隊資産、財務、武器管理等事項的機構。

[15] 殿前司虎翼：殿前司所轄禁軍之一。據《宋史》載：“宋初，號雄武弩手。太平興國二年，選壯勇者爲上鐵林，其次爲下鐵林。雍熙四年，改爲左、右廂，各三軍。咸平五年，以威虎軍來隸。景德三年，選效順兵補其缺。大中祥符五年，擇本軍善水戰者爲上虎翼，六年又選江、淮習水卒於金明池，按試戰棹，立爲虎翼軍。江、浙、淮南諸州，亦准此選置。七年，改爲虎翼水軍。舊指揮七十五，慶曆中，增置二十一，總九十六。京師九十并水軍一，襄邑、東明、單各一，長葛一。”[2]

[16] 權管招收第二指揮使：權，表示暫時代理之意；管，管軍之意。招收第二指揮，招收在定州所設兩個指揮中的一個，詳見定州塔第二層《開元寺上生院演法大師門人修塔題名碑記》關於“招收第一指揮”的注釋。

[17] 都案司：從上下文來看，都案司應爲軍隊中都一級的某種機構，可能爲處理文書工作的機構。可能爲吏職機構，其下有都案官的設置。史料關於“都案”的記載多在西夏，《續資治通鑑長編》

1 ［宋］李燾：《續資治通鑑長編》卷一百六，仁宗天聖六年八月癸亥朔，北京：中華書局，2004年，第2481頁。

2 ［元］脱脱：《宋史》卷一百八十七《志第一百四十・兵一》，北京：中華書局，1985年，第4594頁。

載："元豐四年（1081）冬十月丙寅……种諤言，捕獲西界僞樞密院都案官麻女喫多革。"[1] 西夏時期都案在政府機構中廣泛設置，而西夏設官多仿宋朝，因此推測此題名碑記中"都案司"職能大致應與西夏相同，爲吏職機構。

[18] 行故村：具體不詳，待考。

[19] 東閭鄉：定州唐縣所屬村。東閭鄉，唐代已有，河北出土的《唐故中山靖府君京兆田夫人合葬墓志銘》中記載："宣宗大中十一月廿日合祔唐縣東閭鄉歷山之原，禮也。"[2] 東閭鄉，今已不存，《太平寰宇記》載，唐縣"舊十八鄉，今十鄉"，但具體鄉名不知，今可補其一。

---

1 [宋]李燾：《續資治通鑑長編》卷三百十八，元豐四年冬十月丙寅，北京：中華書局，2004年，第7680頁。

2 孟繁峰、劉超英主編：《新中國出土墓志·河北卷》，北京：文物出版社，2004年，第89頁。

定州塔第四層修塔題名碑記録文及注釋

鑲嵌在定州塔第四層的修塔題名碑記共計七方:《驍武左第一指揮第一都張明等修塔題名碑記》《在州使院邑衆等修塔題名碑記》《使院糺首維那劉政等修塔題名碑記》《永定軍博野縣萬人邑衆等修塔題名碑記》《雲翼第八指揮副兵使皇祚等修塔題名碑記》《定州開元寺演法大師門人等修塔題名碑記》《驍武第六女衆等修塔題名碑記》。

第一方:《驍武左第一指揮第一都張明等修塔題名碑記》録文及注釋

【題解】

此碑鑲嵌於定州塔第四層,原碑無題目。碑高五十七厘米,寬八十五厘米。碑文三十六行,行三至三十三字不等。碑文涉及定州使院各級機構官吏的捐施人題名,驍武、忠猛、振武、龍騎、武衛等番號、基層職官、安喜縣各案各級官吏,同時保存北平鄉村的人名。

【録文】

1 驍武左第一指揮第一都張明、男憨哥、房能、張謙、張美、馬琮、耿從、陳緒、

2 張榮、郝美、劉美、杜貞、嚴興、舟乂、龐晏、路珪、郎倫、張斌。

3 第二都王訓、劉斌、曹謙、羅超、甄訓、解贇、崔乂、田乂、張昇、周榮、安美、

4 瓊美、婁美、王貞、張榮。第三都楊璘、丘璉、何金、張進、甄晏、盧讓、劉青、

5 齊萬、齊斌、張翰、孫斌、孫貞。第四都祖嗣、劉玉、張遂、韓斌、賈祚、李翰、

6 藏乂、閆美、翟興、彭晏、張琮。第五都苑賓、張嗣、周興、劉岩、劉峻、李斌、

7 趙遇、李斌、韓祚、劉貴、郝信、周進、張昇。

8 驍武左第二指揮使劉顯，軍使丁珪、軍使張煦、軍使鄭遂，副兵馬使韓瓊、

9 副兵馬使李昇、副兵馬使王贍、副兵馬（使）孫贇、副兵馬使趙寧，十將韓榮，

10 十將甄翰，節級張璘、節級張緒、節級劉德、節級卜德、節級張祚、節級傅遵、

11 節級趙□、節級任玉、節級田斌、何榮、劉召、曹竫、張均、武顒、趙超、蘇興、王美、

12 伊旻、閆進、張興、王緒、楊賨、劉青、李遇、楊貞、秦訓、王興、王進、張晏、賈信、劉均、

13 賈全、藏倫、馮斌、劉旻、方謙、楊順、李斌、李莒、劉興、張演、石緒、張晏。

14 在城忠猛指揮糺首軍使張謙，員寮王昇、員寮温翰、員寮馮超、員寮楊慶、

15 員寮李贇，維那頭劉恕，邑正張密，邑録趙岩，十將王贇、李賨、趙恕、

16 石倫、高榮、張訓、李遵、大張斌、李贇，節級王訓，十將杜信、王興、王悦、坊市户

17 辛元吉。

18 振武第二指揮使張超，副指揮使吴榮，軍使董節、軍使蓋謙、軍使史昇，

19 副都劉用、副都成巒、副都丘貴，軍頭王興，將虞候李晏，承局高斌，

20 紉首趙巒、趙潤、王信、孫貴、李遵、許謙、秦贇、董進、宋元、蘇恕、岳斌、陳興、吕榮、

21 王謙、賈立、張巒、趙遠、張進、衛演、高美、李欽、張遵、陳斌、薛均、馬□、張清、劉乂。

22 龍騎第五指揮維郍頭鄭罕、□□、孫文、劉政、錢霸、馬旺、王贇、孫太、邵政、李元、

23 朱興、鍾福、徐成、孔興、李峭、劉興、劉乂、陳真、楊節、何著、丘凝、王美、高榮、

24 蘇謙、劉進、婁貴、胡明、何居、王則、孫祐、劉昌、孫顯、劉昇、祝乂、沈旺、王貴、程成、八姐。

25 雲翼左第六指揮使曹興、縣君裴氏小娘子、三郎、公令、小娘子、小姐、三姨李氏，

26 副指揮使竇興[1]、娘子齊氏、男繼宣、繼昇、新婦程氏、新婦趙氏、孫男楊五、

27 孫女六娘子、深姐、榮姐、定姐、宜姐，紉首節級劉榮、妻郭氏。第一都副兵馬

28 使劉瓊，十將韓隱、妻何氏，節級趙岩、楊贇、郎遂、父郎超、母劉氏、韓榮、

29 崔旻、李謙、許旻。第二都李倫、王斌、父王隱、王均、母郭氏、

張贇、母魏氏。第三
30 都副兵馬使吕海，十將楊興，節級李榮、劉興、妻王氏、馬美、梁悦、劉信、李旻、
31 母劉氏，第四都副兵馬使王興，節級王岩、劉緒、母王氏、楊榮、劉乂、馬斌、賈贇、張素。
32 第五都十將張贇、崔興、張從、王信，節級吴信、節級劉榮、小女女哥、劉斌、張萬。
33 武衛第三指揮使寇福、縣君王氏，副指揮使王岫、娘子崔氏，員寮張誨、
34 黎榮、趙進、李興、彭進、嚴進，軍頭周超，十將任榮，維那頭曹一、張化、鄧最、
35 劉忠、賀忠、崔用、王順、蘇旻、郭化、馬芝、賈均、苑瞻、岳凝、湯榮、趙謙、
36 梁進、張進、陳憲、劉美、李均、段緒。

【注釋】

[1] 副指揮使竇興：雲翼第六指揮副指揮使，鑲嵌在定州塔北第二層的《當寺上生閣百法院助緣紏首僧道瑩等修塔題名碑記》中記載竇興爲雲翼第六指揮指揮使。

第二方：《在州使院邑衆等修塔題名碑記》録文及注釋

【題解】

此碑鑲嵌於定州塔第四層，原碑無題目。碑高五十五厘米，寬

一〇五厘米。碑文四十一行，行七至三十三字不等。碑記保存了定州使院各級機構官吏的捐施人題名，驍武、神衛、雲翼的番號、基層職官、安喜縣各案各級官吏，以及北平鄉村的村名、人名。

【録文】

1 在州使院邑衆等：

2 前都孔目官樊峻，都孔目官鄭勛，知勾孔目官周旻，

3 節度孔目官徐仲甫，觀察孔目官銀青光禄大夫檢校國子祭酒兼監察御史武騎尉梁吉[1]，

4 勾覆孔目官袁守琪，開拆孔目官薛守筠，知印勾押官楊永，

5 驍武左第五指揮使任重進，節度勾押官韓悦，觀察勾押官楊思旻，

6 書表勾押官李旻，勾院[2]勾押官杜隆，開拆勾押官杜化，

7 當直司[3]守闕勾押官張化，糧草案[4]勾押官韓俊，商税案[5]勾押官張顔，

8 户口案[6]勾押官李祚，差科案[7]前行康白，開拆司[8]前行賈清，

9 兵案兼機密司[9]前行王清，磨勘司[10]勾押官成真，磨勘司勾押官王緒，

10 胄案[11]前行李守一，右都押衙楊貞，右知客押衙[12]趙宗，

11 通引官嚴俊，客司軍將[13]張澄，衙前押衙[14]王聿，

12 天雄軍使院前行充都部署司勾押官[15]劉守素，使院前行王貞，

13 州院[16]前行劉信，行首張珪、王進，修造案[17]前行宋璘。

14 神衛右第一軍第二指揮第二都正軍使王贇。第四都正[18]軍使施政。第五都正軍

15 使武斌、第五都正軍使翟美，十將欒川、十將樊乂、十將邵詮，將虞候苑文、

16 將虞候于化，成局廷忠、王田、男佛留、戴均、曹翰、朝謙、李欽、

張友、姜延福、

17 男陳哥、傅文德。都維那頭田延壽、父田饒、母牟氏、妻李氏、女伴娘、韓慶，將虞

18 候皇甫成，成局曹詮、房信、彭謙、趙榮、王忠、王興、周元，十將孫能、董超、李旻、江斐，

19 成局孫益，押官崔贊，成局林喜、陳乂、魯讓、丁政、曹輪、王詮，節級王遂。

20 雲翼左第二指揮邑人等維那頭將虞候右王遂、維那頭將虞候右成翰。第二都

21 副兵馬使王興，第三都副兵馬使張興，第四都副兵馬使馬嗣，第五都副兵馬使趙遇。

22 第一都十將右趙贇，第三都十將右劉榮，第五都十將左穆訓，第一都將虞候右暴福，

23 第二都十將右馬興，第三都承局右梁遵、第三都承局右李顯，第一都長行劉副、

24 王進、郭訓、葛興、高興、崔榮、劉能。第二都長行申榮、史斌、曹旻，第三都長行

25 蕭榮、苗忠，第四都長行米斌、劉澄、張美、蘇均。第五都長行李旻、杜遇、張斌。

26 副指揮使李乂，副指揮使張訓、孫五哥、允玉、陳謙。

27 安喜縣押司録事劉璘。録事史李斌、録事史田信，勾司房勾司[19]賈緒，

28 差科案[20]高顯，户口案賈超，司功案石贇，鹽案耿緒，上司户案王洪，下司

29 户案王玉，司事案吕政，兵案杜龜，法案劉贊，勾司房演，倉案楊榮。

30 商税務[21]都維那頭崔榮，左教練使勾當商税事□[22]李嶼，商税務都勾押[23]苗裔，

31 商税務前行[24]劉宗、商税務前行馬源，商税務節級[25]張美，櫃前節級[26]孟斌，商税

32 務梁貞，鹽務節級[27]甄贇，商税務當櫃[28]張節，商税務前行王旻，教練使勾當鹽

33 務[29]張贇。北平寨雲翼第十六副指揮使[30]舟均。

34 糺首僧淳栖。北平縣蒲上村[31]邑人等楊乂、楊美、母董氏、妻王氏、妻劉氏、男仁羨、仁海，王翰、

35 妻崔氏，楊珣、妻崔氏、男道元，陶興、陶貞、陶斌、陶榮、母劉氏，郭榮、楊密、孫嗣、母楊氏、

36 郝美。寺西村[32]邑人等劉海、劉聿、劉遲暉、母王氏、男延興、劉暹。安全村[33]邑人等何玉、何祚

37 張進、張玉。懷保鄉顯楊村[34]邑人等曹文睿、文政、楊興、三哥、母趙氏、劉氏喜姐、楊謙妻劉

38 氏、楊進母曹氏、楊仙、男思顯、楊金、楊萬珎、楊三翁、男楊遵、孫密、母楊氏、楊贇、楊均、

39 妻李氏、男楊旻。智度寺[35]尼妙正、尼喜姐。北平縣懷普鄉巷北村[36]維那頭

40 韓則、妻李氏、男韓昪、男韓宣、孫課兒、女師姑。新興村[37]維那頭檀遂，

41 維那頭檀昪，維那頭劉霸岩、男劉乂，維那頭蘇習、男旲留。

【注釋】

[1] 梁吉：梁吉，不詳，待考。其所任職官爲“觀察孔目官銀青光禄大夫檢校國子祭酒兼監察御史武騎尉”。“觀察孔目官”爲差

遣，“銀青光禄大夫檢校國子祭酒兼監察御史武騎尉”爲虚銜。王曾瑜指出，北宋在元豐改制前，衙前的各種級别還附加一些類似的官銜的虚銜[1]。北宋的衙前主要指一般州府所普遍設置的自“都知兵馬使”以下至各類小吏的統稱。

[2] 勾院：五代時已置。宋代在中央和地方上均有設置。中央勾院設於三司，主管錢穀、財務事宜。北宋時期地方上勾院的設置不詳，但其職能可能同三司所設勾院類似，爲管理地方財務的機構。

[3] 當直司：此處爲使院下設機構。宋時爲各府簽書判官廳當直司的省稱，爲府推、判官訊鞫之所。南宋徐願在《重建直司記》中言：“國朝之制，開封府推、判官班六品，亞尚書郎，非扬歷久者不輕畀。中興駐蹕錢塘，典京邑者，視開封尹，而兩使職官猶調銓曹。嘉定己丣歲，歸其選於廟堂，幕府始增重矣。……别爲訊鞫之所，幕府實主之，雖他郡皆然。”[2]《題名碑記》中“當直司守闕勾押官”應爲當直司下所設吏人。

[4] 糧草案：州級使院諸案之一，具體執掌不詳，可能爲使院中所設管理糧草事務的機構。

[5] 商税案：此處爲州級使院諸案之一，具體執掌不詳，可能掌州級徵收商税之事，待考。

[6] 户口案：此處爲州級使院諸案之一，具體執掌不詳。現存史料記載最早的爲元豐改制後户部左曹五案的“户口案”，定州開元寺塔題名碑記的時間爲1001—1055年，故户口案在元豐改

1 王曾瑜：《宋衙前雜論（一）》，《北京師院學報（社會科學版）》，1986年第3期，第77頁。

2 [宋]潛説友：《咸淳臨安志》卷五十三《當直司》，《宋元方志叢刊》第4册，北京：中華書局，1990年，第3829頁。

制前已設置，可能爲主管州縣户口之機構。

[7] 差科案：此處爲州級使院諸案之一，具體執掌不詳，可能爲負責差役和賦税之機構。

[8] 開拆司：此處爲州級使院下設機構之一，主要掌管公文收發往來。

[9] 兵案兼機密司：兵案，此處爲州級使院諸案之一，應爲主管州級兵事。機密司，史籍不見記載，與其相似的是宋初所設的機宜司。機宜司，設於雄州，專門負責對遼軍事情報，後改爲："今契丹修和，請改爲國信司。"[1] 澶淵之盟後廢除。定州使院兵案兼機密司應當繼承了此前設置的機宜司的職能。

[10] 磨勘司：此處爲使院下設機構之一，爲北宋時期中央和地方的常設機構。《宋會要輯稿》載："太宗端拱二年（989）十二月，詔置三司都磨勘司，以右贊善大夫劉式判。"[2] 中央三司磨勘司主要掌覆勾三部帳籍，以驗出入之數。此題名碑記中磨勘司爲定州使院下設的磨勘部門，磨勘司勾押官可能爲掌管賬籍的吏人。

[11] 胄案：此處爲州級使院諸案之一，可能爲掌管軍器監工之事。

[12] 右知客押衙：宋代吏目，分左右，掌招待賓客。《宋史》卷一五九《選舉志五》載："凡流外補選……宣徽院貼房至都勾押官，軍將至知客、押衙各六等，並以次補；至勾押官、押衙，及五年以上出官，補三班或簿、尉。"[3]《陳從信傳》載：（陳從信）

1 ［宋］李燾：《續資治通鑑長編》卷六十四，景德三年十二月戊子，北京：中華書局，2004年，第1437頁。

2 ［清］徐松輯，劉琳等校點：《宋會要輯稿》職官五之二五，上海：上海古籍出版社，2014年，第5册，第3134頁。

3 ［元］脱脱：《宋史》卷一百五十九《志第一百一十二・選舉五》，北京：中華書局，1985年，第3735—3736頁。

太宗“在晉邸，令典財用，王宫事無大小悉委焉。累官右知客押衙。”[1]

[13] 客司軍將：宋代置於諸州，下設知客、副知客、軍將，掌招待賓客。客司軍將，爲宋代客司下設的最低吏職。

[14] 衙前押衙：宋代衙前職名，屬吏職衙前吏人。衙前爲衙門中低級吏人的統稱。宋代“衙前置都知兵馬使、左右都押衙，都教練使、（押）左右教練使、散教練使、押衙軍將，又有中軍、子城、鼓角、宴設、作院、山河等使，或不備置。又客司置知客、副知客、軍將，又通引司置行首、副行首、通引官。”[2]

[15] 天雄軍使院前行充都部署司勾押官：天雄軍，屬河北路，節度州，領縣十七[3]。宋晁載之《續談助》記載：“至德之後，中原用兵，刺史皆治軍戎，遂建天雄軍節度，乾元元年（758）復爲魏州。……周顯德元年（954）復爲天雄軍節度，皇朝慶曆二年（1042）五月十六日，德音升大名府爲北京。”[4]治所爲今河北省邯鄲市大名縣。天雄軍使院應與定州使院相似，使院前行爲衙前的吏人，其充都部署司勾押官，都部署司爲軍事性機構，職掌軍旅屯駐、攻防事宜，爲馬步軍都部署治所。“充”即充當，官員任用類別之一，是近於一種特派式的任用。梁吉本爲天雄軍使院前行，被特派到都部署任勾押官，反映了宋代吏員制度在實際操作層面的狀況。

1 ［元］脱脱：《宋史》卷二百七十六《列傳第三十五·陳從信傳》，北京：中華書局，1985 年，第 9403 頁。

2 ［清］徐松輯，劉琳等校點：《宋會要輯稿》職官四七之二，上海：上海古籍出版社，2014 年，第 7 册，第 4265 頁。

3 ［宋］樂史撰，王文楚等點校：《太平寰宇記》卷五十四《河北道三·魏州》，北京：中華書局，2007 年，第 1105 頁。

4 ［宋］晁載之：《續談助》卷二，北京：中華書局，1985 年，第 35—36 頁。

[16] 州院：北宋時期的州級機構。唐朝初年，州置録事參軍，開元元年十二月改録事參軍爲司録參軍。自此，府置司録參軍、州置録事參軍成爲制度。[1]唐朝中期以後，藩鎮領區的治州便出現了藩鎮幕府的使院系統和和録事參軍的州院體系。有些州由二者共同管理事務。唐末五代之際，伴隨着録事參軍地位的提高和職能的擴大，州院的地位日益提升。入宋之後，由於使院徹底失去了軍事職能，演變成州的文書管理機構，録事參軍便“掌州院庶務，糾諸曹稽違。”[2]因此，其所理的州院不再僅僅是其辦公的官衙，還成爲一些吏人的官署，並且參與審刑判案管理[3]。慶曆新政中，宋仁宗下令：“仍先指揮諸道防團州已下,有使州兩院者皆爲一院,公人願去者,各放歸農。”[4]將防禦、團練以下州的使院併入州院。

[17] 修造案：州級使院下設機構之一，可能爲主管州級城建和城防工程之事。

[18] 正：原碑文將“正”誤刻爲“王”。

[19] 勾司房勾司:“勾司房”史書無載，宋代有三司中的“專勾司”。專勾司最早設置於中央，由於三司勾院文案的煩瑣，户部使樊知古於淳化三年（992）奏置專勾司，在馬軍、步軍中各設一名，至五年（994）合二爲一。專勾司對於糧料院送至縣及諸軍的衣賜賞給的文書進行批勘後，才能發放；審計各司的庫物

1　賈玉英：《唐宋時期州僚佐體制變遷初探》，《中州學刊》，2012 年第 6 期，第 153—157 頁。

2　[元]脱脱:《宋史》卷一百六十七《志第一百二十·職官七》,北京: 中華書局, 1985 年,第 3976 頁。

3　苗書梅：《宋代的“使院”、“州院”試析》，《宋代文化研究》，2009 年第 2 期，第 171—185 頁。

4　[宋]李燾:《續資治通鑑長編》卷一百四十三，慶曆三年九月丁卯，北京：中華書局，2004 年，第 3442 頁。

出納數；同時，專勾司還管轄諸軍庫內賬籍之事和兵馬逃亡。史書中關於縣立“勾司”的情況並未記載。碑刻中安喜縣“勾司房勾司”是縣級所設吏職，並非是中央三司下設專勾司，可能爲負責文書工作、簽字蓋章之類的吏員機構。

[20] 差科案：此處爲縣級所設案之一，此碑文主要涉及縣級諸案，有户口案、司功案、監案、上司户案、下司户案、司事案、兵案、法案。北宋前期的縣級諸案可能是根據唐朝的縣級六曹沿襲而來。

[21] 商税務：北宋縣級所設税收機構，一般由監當官來主持。其淵源可追溯至五代時期，《舊五代史》載，長興二年（931）“八月丙寅，詔天下州府商税務，並委逐處差人依省司年額勾當納官。”[1] 可見商税務五代後唐時已置，宋初沿襲。北宋前期，政府相繼取消了五代十國以來苛雜税收，設置專門的機構來徵收商税，即爲商税務。商税務設置非常普遍，“凡州縣皆置務，關鎮亦或有之，大則專置官監臨，小則令、佐兼領，諸州仍令都監、監押同掌。”[2] 另據談鑰《（嘉泰）吴興志》載，北宋“始命州縣城市悉置商税務，以爲定式”[3]。商税務的常設，主要負責各地税務、商税的徵收，商税種類涉及人們生活的許多方面，主要有關市税、田契錢、抽税和折納等。[4] 碑刻中有“商税務都維那頭、商税務都勾押、商税務前行、商税務節級、商税

1 ［宋］薛居正：《舊五代史》卷四十二《唐書十八・明宗紀第八》，北京：中華書局，1976 年，第 581 頁。

2 ［元］脱脱：《宋史》卷一百八十六《志第一百三十九・食貨下八》，北京：中華書局，1985 年，第 4541 頁。

3 ［宋］談鑰：《（嘉泰）吴興志》卷八《公廨・州治》，《宋元方志叢刊》第 5 册，北京：中華書局，1990 年，第 4723—4724 頁。

4 馬慧丹：《宋代商税務的設置與管理》，《滄桑》，2011 年第 4 期，第 35 頁。

務當櫃、商税務節行、左教練使勾當商税務”，這些官職應爲定州安喜縣商税務機構下具體設置掌管各項事務的官吏。

[22] 左教練使勾當商税務事□：教練使爲衙前的一種，有都教練史、左右教練使、守開教練使等。此處的左教練使李嶼實際上是差遣商税務。

[23] 商税務都勾押：縣級商税務所設勾押官之首，位在諸勾押官之上。

[24] 商税務前行：縣級商税務所設低級吏名。

[25] 商税務節級：縣級商税務所設級別很低的小吏，與軍事指揮體系“都”以下的節級無關。

[26] 櫃前節級：縣級商税務當櫃内所設的低級小吏。

[27] 鹽務節級：縣級監務所設的低級小吏。

[28] 商税務當櫃：縣級商税務内所設機構。

[29] 教練使勾當鹽務：教練使爲衙前的一種，勾當監務爲監務的差遣官。

[30] 北平寨雲翼第十六副指揮使：關於北平寨的記載最早見於咸平四年。咸平四年（1001）冬十月己未，“馬步軍都軍頭、北平寨駐泊部署荊嗣領萬人，以斷西山之路。”[1] 北宋時期在縣人煙聚集，險要之地設置寨，“寨置寨官，以寨主或知寨主管”[2]。慶曆二年（1042）年升北平軍，四年設置軍使，史籍載：“慶曆二年以定州北平寨置軍，四年即北平縣治置軍使，隸定州。

1 ［宋］李燾：《續資治通鑑長編》卷四十九，咸平四年冬十月己未，北京：中華書局，2004 年，第 1079 頁。

2 林榮貴：《北宋王朝的轄區設治與戍防》，《中國邊疆史地研究》，1997 年第 3 期，第 38 頁。

舊定州北平縣。”[1] 北平軍行政級別爲縣級，因此設軍使（州級軍設知軍）。北宋中期以後“軍使”成爲縣級軍的專稱。《宋史·兵志》載：“雲翼舊指揮三十三，景祐以後，增置二十三，分左、右廂，總五十六。真定、雄、瀛、深、趙、永寧各三，定、冀各六，保五，滄、北平、永静、順安、保定各二，莫、邢、霸各一，廣信、安肅各四。”[2] 駐扎在北平的雲翼的番號爲第十六指揮，可補正史過簡之不足。

[31] 蒲上村：定州北平縣屬村。民國二十三年（1934）《完縣新志》卷一《疆域第一》載：“太平橋，舊志云在城東北里許，雍正五年蒲上村人趙應奇特建。”[3] 可知在清代雍正時期蒲上村仍存。今存，由村升爲鎮，爲蒲上鎮，屬保定市順平縣轄區。

[32] 寺西村：應爲定州北平縣轄村。具體不詳，待考。

[33] 安全村：定州北平縣屬村。民國二十三年（1934）《完縣新志》卷四《行政第二下》有載，已分化爲“南安全”“北安全”二村，屬於完縣第二區轄村[4]。今均存，爲河北省保定市順平縣蒲上鎮轄村。

[34] 懷保鄉顯楊村：定州北平縣屬村。懷保鄉，今已不存，《太平寰宇記》載：北平縣“舊十一鄉，今六鄉”[5]，但具體鄉名不詳，

---

1 ［清］徐松撰，劉琳等校點：《宋會要輯稿》方域五之三一，上海：上海古籍出版社，2014 年，第 15 册，第 9370 頁。

2 ［元］脱脱：《宋史》卷一百八十七《志第一百四十·兵一》，北京：中華書局，1985 年，第 4592 頁。

3 ［民國］彭作楨等纂修：《（民國）完縣新志》卷一《疆域第一》，中國臺北：成文出版社，1968 年，第 86 册，116 頁。

4 ［民國］彭作楨等纂修：《（民國）完縣新志》卷四《行政第二下》，中國臺北：成文出版社，1968 年，第 214 頁。

5 ［宋］樂史撰，王文楚等點校：《太平寰宇記》卷六十二《河北道十一·定州》，北京：中華書局，2007 年，第 1274 頁。

今可補其一鄉。顯楊村,民國二十三年(1934)《完縣新志》有載,已分化爲“西顯陽村”“東顯陽村”,清代屬於完縣城北社轄村,民國屬於第三區轄村。[1]今均存,分别屬於河北省保定市順平縣蒲陽鎮和高於鋪鎮轄村。

[35] 智度寺:尼寺,此寺可能爲涿州智度寺。雍正《畿輔通志》記載:“智度寺在雲居寺前。有浮圖高二十餘丈,周圍三十餘步。復一臺,高二丈,廣百五十步,中有佛殿,初創於唐,有重修碑記。”[2]又據光緒《順天府志》記載:《智度寺尼法妙等題名》,“存。正書,咸雍元年。在涿州。”[3]可知涿州的智度寺始建於唐代,至遼咸雍元年(1065)年仍有寺尼妙法等人的題名,明朝萬曆年間仍存。定州開元寺與涿州智度寺,都屬宋遼兩國邊界地區,兩地距離較近,且都爲尼寺,因此,碑文中的“智度寺”很可能是涿州的智度寺。

[36] 懷普鄉巷北村:定州北平縣屬村。懷普鄉,今已不存,《太平寰宇記》載:北平縣“舊十一鄉,今六鄉”[4],但具體鄉名不詳,今可補其一鄉。巷北村,民國二十三年(1934)《完縣新志》有載,已分化爲“南巷北村”“北巷北村”二村,屬於完縣五侯社轄村。[5]今均存,屬於河北省保定市順平縣腰山鎮轄村。

1 [民國]彭作楨等纂修:《(民國)完縣新志》卷一《疆域第一上》,中國臺北:成文出版社,1968年,第74、85頁。

2 古物保管委員會編輯:《古物保管委員會工作彙報》,北京:大學出版社,1935年,第116頁。

3 [清]周家楣、繆荃孫等:《光緒順天府志》卷一百二十八《金石志二》,北京:北京古籍出版社,1987年,第6786頁。

4 [宋]樂史撰,王文楚等點校:《太平寰宇記》卷六十二《河北道十一·定州》,北京:中華書局,2007年,第1274頁。

5 [民國]彭作楨等纂修:《(民國)完縣新志》卷一《疆域第一上》,中國臺北:成文出版社,1968年,第86頁。

[37] 新興村：定州北平縣屬村。民國二十三年（1934）《完縣新志》內載清代名醫“王一摸，新興村人，名醫也。”[1] 由此知清代新興村仍存。今存，分化爲東新興村、西新興村，屬於河北省保定市順平縣腰山鎮轄村。

第三方：《使院糺首維郍劉政等修塔題名碑記》録文及注釋

【題解】

此碑鑲嵌於定州塔第四層，原碑無題目。碑高六十一厘米，寬九十二厘米。碑文三十七行，行十九至三十八字不等。此碑中捐施人主要爲定州使院吏人、定州就糧軍雲翼第二十二指揮各級職官、保州保塞縣鄉村民衆。

【録文】

1 使院糺首維郍劉政、副維郍楊元、韓斌、評正、王緒、劉恕、張緒、劉均、段明、郝榮、韓閏、張用、

2 劉貴、成氏、劉貞、趙乂、馬吉、宋德、王忠、劉吉、路烈、韓元、張士元、魏思、舟秀、舟明、張勍、劉一、

3 劉方、許基、霍秀、郭吉、藏忠化、王睿、王凝、藺政、吴可行、陳從。

4 沉苑村 [1] 糺首維郍頭楊從、張勢昌、楊節、楊文思、楊旻、楊元吉、張緒、魏元、田泉、

1 ［民國］彭作楨等纂修：《（民國）完縣新志》卷六《文獻第四》，中國臺北：成文出版社，1968 年，第 434 頁。

5 田贇、田倫、崔則、崔氏、李玉、張乂、楊興、王斌、王嗣、趙興、王貴、封緒、荆緒、艾美、李贇。

6 竹澤村[2]糺首維那頭孟福輪、弟孟忠、母曹氏、楊晏、弟楊玉、母劉氏、孟吉、孟曉、咸氏、

7 張興、張實、張德、張裔、苑女、苑琛、苑旻、苑從、苑緒、張旻、苑贍、母許氏。

8 保州千人邑楊則、郝彬、魏斌、馮榮、趙忠、王輂、劉倩。

9 保塞縣白團鄉東臨水村[3]邑會都維那頭吴欽澄。小染村[4]副維那頭郝延美、染贇。

10 西臨水村[5]邑録杜丁，指揮使劉膳、劉贇、劉鑾、劉榮、劉方、劉友、劉斌、劉遵、劉均、吴裔、劉榮、

11 劉辛、劉益、李翰、李沼、劉貴、王瑱、李遵、劉明、劉化之、張謙、李辛、耿嗣、林演、劉顯、劉匡祚、劉美、

12 吴進、寇贇。東臨水邑人吴祚、吴習、鄧岩、吴滿、劉咢、吴嗣、高美、吴進。中臨水[6]邑人張加辛、張密、齋遠、

13 王因、李興、李慶、染濬、劉岩，女衆吴氏、王氏、劉氏、張氏、劉氏、李氏、王氏、王氏、咸氏。

14 裴村[7]邑人劉恕、劉貴、靳瓊、靳鑾、靳俊、靳化、靳斌、靳習、劉玉、張演、龐德、孫德、張贇、劉金、

15 王金、劉密。保塞縣萬石鄉賈村[8]糺首維那頭賈乂、邢臬、張祚、劉演、傅旻、郭威、孫睿、張倫、

16 李咢、吴斌、賈岩、王倫、崔林、王保、袁斌。

17 雲翼左第九指揮四人軍使張美、田弼、名鑾、馬欽。六人副兵馬使段遇、郭一、張琛、侯斌、劉璘、

18 侯友，六人十將張斌、趙信、睢晏、佐晏、宋則、李睿，一十七人節級郭斌、李貴、魏均、魏仙、楊緒、張謙、

19 韓緒、趙榮、馮斌、李贇、劉晏、李嗣、陳榮、何貴、郎斌、劉祚、王興。長行等董元、楊又、張咢、趙美、

20 舟仙、尹翰、郝晏、李遇、李海、王貞、史貞、王辛、郎遇、蔡翰、賈信、史海、苑巒、路超、蔡興、李祚、張斌、陸貴、

21 郭玉、程寧、劉咄、李旻、苑則、段嗣、楊倫、楊寬、高乂、李贇、孫進、王旻、王密、孫從、張巒、劉晏、薛斌、李均、

22 韓巳、韓德、任遇、王宗、楊玉、苑斌、劉斌、劉倫、藏旻、史顯、唐福、王巒、甄謙、奇榮、張遠、戚興、許周、崔祚、

23 田斌、王奉、李贇、馬巒、許巒、張用、張貴、李玉、張岩、張謙、張勍、苑斌、舟斌、許和、藏遵、孫斌、萬貴、

24 崔榮、許斌、宮緒、李澄、榮謙、戚贇、李遵、（高）喬謙、王謙、谷興、張緒、劉乂、曹巒、藏謙、郝璘、裴興、楊岩、

25 王貞、李友、牛貴、臧斌、石岩、閻遵、孫興、宋旻、劉貴、崔秀、王密、苑翟、葛貞、馬貞、謝留、張翰、薄斌、

26 苑煦、張斌、劉超、宗乂、張遵、王祚、仇巒、梁仙、郎翰、郭興、李巒、路青、王緒、李斌，糺首睢晏。

27 雲翼右第二十二指揮使郭美，副指揮使劉興，三人軍使張彦、李贇、王贇、張氏、男澄、馮氏，

28 二人副兵使張斌、劉嗣、尚演、孫進、劉緒、蔡偉、李緒、關乂，三人十將李巒、舟美、許嗣，四人將虞候

29 孫興、曹璘、李興、李岩、孫演、蔡斌、賈則、李演、張緒、劉保、延興、梁貴、劉緒、張遠、仇興、韓貴、

30 郭保、楊恕、李旻、劉遂、劉晏、李均、毛忠、王遵、亐超、王秀、侯佾、翟信、田勍、郭説、張進、陸遂、封貴、

31 孫巒、李周、劉進、楊遵、趙乂、刑興、王膳、王璘、郎緒、劉斌、高貞、任乂、李膳、田興、王興、趙嗣、楊斌、李謙、

32 趙咢、韓元、亐貞、李均、李宗、劉斌、郭斌、張倫、郭謙、張密、李榮、許則、韓乂、何元、苑贊、李巒、賈美、尹斌、

33 張贇、李緒、劉弼、高訓、楊習、百祚、劉興、張咢、楊倫、韓遠、李昇、劉緒、王宗、鄭則、仇翰、王則、魏岩、

34 田榮、苑晏、趙巒、王旻、王密、郝謙、王秀、李緒、耿竩、舟美、趙習、句海、吕俊、王祚、龐美、張宗、魏遵、田能、

35 劉顯、劉咢、解訓、史超、韓忠、孫元、馮巒、孫興、王建、田貞、張玉、梁美、王興、賈其、劉榮、顏開、王演、王明、趙遂、

36 劉遵、靳密、崔興、馬興、陳巒、邢斌、趙遇、劉緒、佟進、吕貞。

37 副指揮使李乂、副指揮使張訓、孫五哥、尹玉、陳謙。

【注釋】

[1] 沉苑村：應爲城苑村，保州保塞縣屬村。民國二十三年（1934）《清苑縣志》載有"苑村"，屬於清苑縣第五區轄村。[1]今存，爲城苑村，屬於河北省保定市蓮池區五四路街道轄村。

[2] 竹澤村：應爲祝澤村，保州保塞縣屬村。明嘉靖十七年（1538）《清苑縣志》有載，作"祝澤"，屬於清苑縣富昌社轄村。[2]已分化爲"大祝澤村""小祝澤村"，均屬於清苑縣第二區轄村。[3]今均存，屬於河北省保定市南市區五堯鄉轄村。

[3] 東臨水村：保州保塞縣白團鄉屬村，此題名碑記第10、12行刻有"西臨水村""中臨水"。明嘉靖十七年（1538）《清苑縣志》

1 [民國]金良驥等修，姚壽昌等纂：《（民國）清苑縣志》卷一《地理》，中國臺北：成文出版社，1968年，第50頁。

2 [明]李廷寶：《（嘉靖）清苑縣志》卷一《鄉社》，《天一閣藏明代方志選刊續編》第1册，上海：上海書店，1990年，第36頁。

3 [民國]金良驥等修，姚壽昌等纂：《（民國）清苑縣志》卷一《地理》，中國臺北：成文出版社，1968年，第43頁。

載有“臨水”，屬於清苑縣白團社轄村。[1]分化爲“西、中、東林水”三村，均屬於清苑縣第四區轄村。[2]今均存，屬於河北省保定市清苑區清苑鎮轄村。

[4] 小染村：保州保塞縣所屬村。鑲嵌在第七層的《招賢坊張能等修塔題名碑記》内第三十行内有保州保塞縣“小冉村”，應爲同一個村莊的異寫。保州保塞縣爲今河北省保定市清苑區，今清苑區有大冉村，是否爲同一村，待考。

[5] 西臨水村：保州保塞縣屬村。今存，屬於河北省保定市清苑區清苑鎮轄村。詳見本方第三條注釋。

[6] 中臨水：即中臨水村，保州保塞縣屬村。今存，屬於河北省保定市清苑區清苑鎮轄村。詳見本方第三條注釋。

[7] 裴村：應爲保州保塞縣所屬村。具體待考。

[8] 萬石鄉賈村：保州保塞縣所屬鄉村。萬石鄉，保塞縣轄鄉之一，今已不存，《太平寰宇記》載：保塞縣，“舊二十五鄉，今十一鄉。”[3]但具體鄉名不詳，今可補一鄉。賈村，原碑文刊刻爲“員村”，根據定州塔第四層《雲翼第八指揮副兵使皇祚等修塔題名碑記》第23行所載“保塞縣賢臺、萬石兩鄉賈村”來看，此處爲刊刻錯誤，應爲“賈村”。民國二十三年（1934）《望都縣志》有載，爲望都縣第三區公所駐地。[4]今存，爲河北省保定市望都縣賈村駐地，處於清苑、望都、安國三縣、區接壤處。

---

1 [明]李廷寶：《（嘉靖）清苑縣志》卷一《鄉社》，《天一閣藏明代方志選刊續編》第1册，上海：上海書店，第35頁。

2 [民國]金良驥等修，姚壽昌等纂：《（民國）清苑縣志》卷一《地理》，中國臺北：成文出版社，1968年，第47頁。

3 [宋]樂史撰，王文楚等點校：《太平寰宇記》卷六十八《河北道十七·威虜軍》，北京：中華書局，2007年，第1386頁。

4 [民國]王德乾等纂修：《（民國）望都縣志》卷三《建置志》，中國臺北：成文出版社，1968年，第105頁。

第四方：《永定軍博野縣萬人邑衆等修塔題名碑記》録文及注釋

【題解】

此碑鑲嵌於定州塔第四層，原碑無題目。碑高五十一厘米、寬一〇九厘米。碑文四十四行，行二至二十九字不等。此碑捐施人主要爲永定軍博野縣、陘邑縣、安平縣等鄉村民衆。前二十二行爲博野縣鄉村民衆。因陘邑縣於北宋康定元年（1040）并入安喜縣，故此碑的刊刻時間應在1040年之前。

【録文】

1 永定軍博野縣[1]萬人邑衆等：

2 小王村[2]郝思瓊、郝敬温、郝再旺、郝思罕、郝庭美、郝庭嗣、

3 郝庭金、郝庭贇、沈令均、王庭翰、劉賓卲、閆再隱、郝庭恕、

4 王仁暉、姪男明緒、明恕、孫男守清、孫男鄉貢學究永久、馬守旻、

5 劉希璘、劉戀、王光超、劉恕。

6 南祝村祝令贇、祝令貴、祝洪遇、祝庭珪、閆仁咢、閆仁玉、閆秀、

7 楊謙、祝詮明、祝令珣。

8 北祝村祝思友、祝重貴、柳再珪、柳則、祝超。

9 東楊村[3]楊濬、楊睿。城東村[4]楊希贇、楊守一、李暉。

10 南邑村[5]張金温、張金晏、張再榮、高榮、劉演、杜祚、王思超、

11 王延美、郭金、齊瓊、王訓、王倪。廬村[6]劉唐、王寬、董貴、

李友、劉美。

12 北邑村[7]劉欽緒、劉嗣、崔旻、崔謙。西杜[8]趙志、杜興、杜貴、田涉、田習。

13 中杜村[9]許思隱、許金、榮進、崔興、杜加進、李巒、杜超。東杜村[10]杜榮。

14 東許村[11]史洪賓、武超、崔贇、許旻、許璘、許興、劉寬。西許[12]張咢。

15 東田村[13]史方進、田晏、崔暉、崔元。西田村[14]齊榮、李贇、牛進、王倫、

16 陶塘、田倫、張美、張斌、李嗣、陳贇、顔美、顔祚。

17 小陳村[15]徐威、男光元、甄辯、顔嗣、段贇。大齊村[16]齊超、王宗。

18 程村[17]程審遇、弟審榮、審瓊、姪男希悦、程珪、劉榮、程元、母趙氏。

19 小許村[18]許密、魏旻、張岳、許超、尚貞。杜家莊[19]郝思進、劉濬。

20 白砂村[20]徐超、徐用、劉演、王沼、吴則、宋翰。長孫村[21]孫元。

21 屯莊[22]李乂、李隱、李榮。馮村[23]馮化元。在城田禹、楊正、

22 鄭林、郎凝、郝温。

23 陘邑縣□郎村[24]萬人邑維那頭郎再遇、郎金、賈清、張則、柴氏、郎千。泊頭周嗣。

24 使莊[25]維那頭趙贇、妻王氏、女趙氏，副維那封郎婦趙氏、趙暉、妻劉氏、新婦宋氏、張岩、妻趙氏、

25 趙翰、妻成氏、鄭氏、王重興，師姐妙遇、妻邢氏、劉氏、唐氏、田斌、妻成氏、王翰。

26 只董[26]維那頭賈□、劉榮、陳超、崔斌、解旻、解均、張旻、解萬、解二婆、劉氏、成超、解乂、解文、解峻、李斌。

27 北内寶施幡維那[27]張廷美、妻劉氏、男福榮、新婦□孫男文化、文用、新婦李氏、王氏、親家翁李善才、

28 妻周氏、李氏，女邑□□、男□、僧奴、新婦張氏。

29 安平縣□（武？）清鄉郝村[28]籗公。路村[29]邑人劉希顔、劉希遠、許澄、孔岩、劉俊、

30 崔廷美、劉恕、劉均、劉元、福兒、朴兒、鄭氏、王氏、貴姐。

31 陘邑縣唐邑鄉[30]趙家莊强壯指揮使馬潛、母張氏。

32 無極縣□陽鄉東牛村[31]見充修甲院專知[32]牛贇,州院前行趙文、政臘、擺近、劉素、

33 定州武衛第一指揮第五都右承局宋進，特啟，微心，專酬，懇意，報

34 慈親之鞠育，答哺乳之功勞，自捨力般磚三萬口上塔及齋僧[33]四人，然

35 覬父母，承慈勝善，植福崇因，見在者富樂百年，已亡者神

36 生浄域，然後法界内群生見性成佛道。臣宋乾興元年四月十五日

37 記。父岩戀，亡母王氏、妻張氏、男伴兒、女青姑，每轉般磚十口。

38 祁州深澤縣長樂鄉静練□大邢管馬累村[34]施主王斌、婆鄭氏、新婦

39 劉氏、男王陸、次男王宗、孫男□遇留、喜兒、重兒、宜兒、僧兒、韓留、孫僧女、

40 張氏。

41 望都縣翟城鄉西韓村[35]維那田超、妻王氏、男守慶、妻許氏、女大姐、二姐、孫

42 男楊福、鄭□、兄弟。鎮州驍武右第二指揮[36]第五都軍使田金、妻張氏、男守潛。

43 妻路氏、女三姐、四姐、孫男高留、韓留、女望仙。在村邑人許備、許玉、許澄，

44 許□、許俊、張興、高誠、王超、王興、王貴、恕明、樊璘、樊斌、

李榮、李緒。

【注釋】

[1] 博野縣：北宋時歸河北路永定軍管轄。《太平寰宇記》載："本漢蠡吾縣地，屬涿郡。後漢分置博陵郡……晉於此立博陵國。後魏宣武帝景明元年（500）改博陵爲博野，以地居博水之野。"[1]"漢蠡吾縣，屬涿郡。後漢分置博陵縣，後魏改爲博野。武德五年（622），置蠡州，領博野、清苑，割定州之義豐三縣。八年（625），州廢，三縣各還本屬。九年（626），復立蠡州，領博野、清苑二縣。貞觀元年（627），廢蠡州，博野、清苑屬瀛洲。永泰中，屬深州。"[2]今爲河北省保定市博野縣。

[2] 小王村：永定軍博野縣屬村。清乾隆三十一年（1766）《博野縣志》有載，已分化爲南小王村、北小王村二村，分别屬於博野縣北祝社和三遷社轄村。[3]今均存，分别屬於河北省保定市博野縣南小王鎮和北楊村鄉轄村。

[3] 東楊村：永定軍博野縣所屬鄉村。乾隆三十一年（1766）《博野縣志》作"東楊村"，爲博野縣東陽社駐地。[4]原屬於河北省保定市博野縣北程委鎮轄村，今已不存。

[4] 城東村：永定軍博野縣所屬鄉村。乾隆三十一年（1766）《博

1 [宋]樂史撰，王文楚等點校：《太平寰宇記》卷六十八《河北道十七·寧邊軍》，北京：中華書局，2007年，第1385頁。

2 [後晉]劉昫等：《舊唐書》卷三十九《志第十九·地理二》，北京：中華書局，1975年，第1506頁。

3 [清]吴鏊修，尹啟銓等纂：《（乾隆）博野縣志》，《中國地方志集成·河北府縣志輯》第35輯，上海：上海書店，2006年，第210、213頁。

4 [清]吴鏊修，尹啟銓等纂：《（乾隆）博野縣志》，《中國地方志集成·河北府縣志輯》第35輯，上海：上海書店，2006年，第210、213頁。

野縣志》載有“城東村”，爲博野縣城東社駐地。[1] 今仍爲城東村，屬於河北省保定市博野縣城東鄉轄村。

[5] 南邑村：永定軍博野縣所屬鄉村。乾隆三十一年（1766）《博野縣志》載有“南邑村”，爲博野縣南邑社駐地。[2] 今仍爲南邑村，屬於河北省保定市博野縣北楊鎮轄村。

[6] 盧村：永定軍博野縣屬村。乾隆三十一年（1766）《博野縣志》卷首《輿圖》有載，作“蘆村”，卷一《疆域》中作“盧村”，屬於博野縣南邑社轄村。[3] 今爲蘆村，屬於河北省保定市博野縣北楊鎮轄村。

[7] 北邑村：永定軍博野縣屬村。乾隆三十一年（1766）《博野縣志》作“北邑”，屬於博野縣南邑社轄村。[4] 今存，屬於河北省保定市博野縣北楊鎮轄村。

[8] 西杜：與本碑第 13 行中杜村、東杜村均屬於永定軍博野縣鄉村。乾隆三十一年（1766）《博野縣志》載有“杜村”，爲博野縣杜村社駐地。[5] 但在該縣志中未見西杜村、中杜村、東杜村的相關記載，推測杜村由三個村合併而成。今有西杜村、東杜村兩村，均屬於河北省保定市博野縣小店鎮轄村。

[9] 中杜村：永定軍博野縣屬村，詳見本方注釋第八條。

1 ［清］吴鏊修，尹啟銓等纂：《（乾隆）博野縣志》，《中國地方志集成·河北府縣志輯》第 35 輯，上海：上海書店，2006 年，第 210、213 頁。

2 ［清］吴鏊修，尹啟銓等纂：《（乾隆）博野縣志》，《中國地方志集成·河北府縣志輯》第 35 輯，上海：上海書店，2006 年，第 210、213 頁。

3 ［清］吴鏊修，尹啟銓等纂：《（乾隆）博野縣志》，《中國地方志集成·河北府縣志輯》第 35 輯，上海：上海書店，2006 年，第 210、213 頁。

4 ［清］吴鏊修，尹啟銓等纂：《（乾隆）博野縣志》卷一《疆域》，《中國地方志集成·河北府縣志輯》第 35 輯，上海：上海書店，2006 年，第 213 頁。

5 ［清］吴鏊修，尹啟銓等纂：《（乾隆）博野縣志》，《中國地方志集成·河北府縣志輯》第 35 輯，上海：上海書店，2006 年，第 213 頁。

[10] 東杜村：永定軍博野縣屬村，詳見本方注釋第八條。

[11] 東許村：永定軍博野縣屬村。乾隆三十一年（1766）《博野縣志》卷首《輿圖》載有“許村”,卷一《疆域》記載有東許村集、西許村集。[1]今爲“許村”,屬於河北省保定市博野縣城東鎮轄村。本碑第十九行有“小許村”，宋代東許村、西許村、小許村與現在博野縣許村之關係，因爲碑文記載信息少，待考。

[12] 西許：應爲西許村，永定軍博野縣屬村。詳見本方注釋第十一條，東許村。

[13] 東田村：與本方碑文第 15 行刻有“西田村”，二者均屬於永定軍博野縣屬村。乾隆三十一年（1766）《博野縣志》有載，作“西田、南田”，均屬於博野縣屯莊社轄村。[2]但在該縣志中未見東田村的相關記載，推測東、西、南田村三村爲田村分化而成。今存南田村、西田村，屬於河北省保定市博野縣東墟鎮轄村。

[14] 西田村：永定軍博野縣屬村。同本方注釋第十三條“東田村”。

[15] 陳村：永定軍博野縣屬村。乾隆三十一年（1766）《博野縣志》有載，作“陳村”，屬博野縣屯莊社轄村。[3]今存，屬於河北省保定市博野縣東墟鎮轄村。

[16] 大齊村：永定軍博野縣屬村。乾隆三十一年（1766）《博野縣志》有載，作“大齊”，屬於博野縣東河社轄村。[4]今存，屬於

1 [清]吴鏊修，尹啟銓等纂：《（乾隆）博野縣志》，《中國地方志集成·河北府縣志輯》第 35 輯，上海：上海書店，2006 年，第 210、213 頁。

2 [清]吴鏊修，尹啟銓等纂：《（乾隆）博野縣志》卷一《疆域》，《中國地方志集成·河北府縣志輯》第 35 輯，上海：上海書店，2006 年，第 213 頁。

3 [清]吴鏊修，尹啟銓等纂：《（乾隆）博野縣志》卷一《疆域》，《中國地方志集成·河北府縣志輯》第 35 輯，上海：上海書店，2006 年，第 213 頁。

4 [清]吴鏊修，尹啟銓等纂：《（乾隆）博野縣志》卷一《疆域》，《中國地方志集成·河北府縣志輯》第 35 輯，上海：上海書店，2006 年，第 213 頁。

河北省保定市博野縣東墟鄉轄村。

[17] 程村：疑爲程委村。乾隆三十一年（1766）《博野縣志》卷首《輿圖》和卷一《疆域》有載，作“程委”，屬於博野縣程委社駐地。[1]今仍爲程委村，屬於河北省保定市博野縣程委鎮轄村。因爲碑文記載信息少。無法確定是否爲同一個村。

[18] 小許村：永定軍博野縣屬村。同本方注釋第十一條“東許村”。

[19] 杜家莊：永定軍博野縣屬村。乾隆三十一年（1766）《博野縣志》載：“西至北……杜家莊、八里莊。”[2]今杜家莊仍存，屬於河北省保定市博野縣程委鎮轄村。

[20] 白砂村：永定軍博野縣屬村。乾隆三十一年（1766）《博野縣志》有載，已分化爲南白沙、北白沙二村。[3]今存，仍爲南白沙村、北白沙村，屬於河北省保定市博野縣博野鎮轄村。

[21] 長孫村：應爲永定軍博野縣屬村，待考。

[22] 屯莊：應爲永定軍博野縣屬村，待考。

[23] 馮村：永定軍博野縣所屬鄉村。乾隆三十一年（1766）《博野縣志》卷首《輿圖》和卷一《疆域》有載，作“馮村”，屬博野縣沙窩社轄村。[4]今存，屬於河北省保定市博野縣博野鎮轄村。

[24] □郎村：定州陘邑縣屬村，可能爲西郎村。清光緒十九年（1893）《無極縣續志》載有“西郎村”，屬於無極縣深澤路

---

1 ［清］吴鏊修，尹畝銓等纂：《（乾隆）博野縣志》，《中國地方志集成·河北府縣志輯》第35輯，上海：上海書店，2006年，第210、213頁。

2 ［清］吴鏊修，尹畝銓等纂：《（乾隆）博野縣志》卷首《輿圖》，《中國地方志集成·河北府縣志輯》第35輯，上海：上海書店，2006年，第210頁。

3 ［清］吴鏊修，尹畝銓等纂：《（乾隆）博野縣志》卷首《輿圖》，《中國地方志集成·河北府縣志輯》第35輯，上海：上海書店，2006年，第210頁。

4 ［清］吴鏊修，尹畝銓等纂：《（乾隆）博野縣志》，《中國地方志集成·河北府縣志輯》第35輯，上海：上海書店，2006年，第210、213頁。

轄村。[1]今存，屬於河北省石家莊市晉州市槐樹鎮轄村。因爲碑文記載信息少，無法確定是否爲同一個村。

[25] 使莊：祁州蒲陰縣屬村。光緒三十二年（1906）《安國縣新志稿》有載，已分化爲“北使（仕）莊”“南使（仕）莊”“西使（仕）莊”三村，“西仕莊”在“西仕莊”和“西使（仕）莊”均有記載，但是對照光緒三十二年（1906）《祁州志》來看，“西使莊”應屬於安國縣親賢鄉轄村，南、北使莊屬於山羊鄉轄村。[2]今均存，北仕莊、南仕莊、西仕莊，屬於河北省保定市安國市祁州路街道轄村。

[26] 只懂：應爲只東村，定州屬村。道光二十九年（1849）《定州志》有載：作“只東村”，屬於定州西漲約轄村。[3]今分化爲北只東村、張只東村、西只東村、楊只東村、于只東社區、東只東村六村，屬於河北省定州市龐村鎮轄村。

[27] 北内寶施幡維那：“北内寶”疑爲“北内堡”，定州屬村。道光二十九年（1849）《定州志》有載，作“北内堡村”，屬於定州子位約轄村。[4]今存，改爲北内堡社區，屬於河北省定州市子位鎮轄村。幡，旗幟。受幡，應爲掌管或者掌握一種佛教經幡。維那，爲佛教社邑首領。因此，北内寶施幡維那可能指北内寶管理經幡的執事。

---

1 ［清］曹鳳來纂修：《（光緒）無極縣續志》卷一《地理志》，中國臺北：成文出版社，1969年，第49頁。

2 ［清］宋蔭桐纂修：《（光緒）安國縣新志稿》卷一《輿圖》，中國臺北：成文出版社，1969年，第27頁；［清］宋蔭桐纂修：《（光緒）祁州志》卷一《輿地》，中國臺北：成文出版社，1969年，第82頁。

3 ［清］寶林等纂修：《（道光）定州志》卷七《地理·鄉約下》，中國臺北：成文出版社，1969年，第803頁。

4 ［清］寶林等纂修：《（道光）定州志》卷六《地理·鄉約上》，中國臺北：成文出版社，1969年，第711頁。

[28] □（武？）清鄉郝村：深州安平縣所屬鄉村。□清鄉，因文字患漫，無法釋讀，具體名稱不詳。《太平寰宇記》載，安平縣“舊一十六鄉，今五鄉”[1]，但具體鄉名不詳，今可補其一鄉。郝村，康熙三十年（1691）《安平縣志》有載，作“郝村”，在安平縣西。[2] 今已分化爲南郝村、北郝村，均屬於河北衡水市安平縣大子文鄉轄村。

[29] 路村：應爲深州安平縣所屬鄉村。

[30] 唐邑鄉：定州陘邑縣所屬鄉，今不存。《太平寰宇記》載：陘邑縣“舊一十一鄉，今六鄉”[3]，但具體鄉名不詳，今可補其一鄉。

[31] □陽鄉東牛村：定州無極縣所屬鄉村。□陽鄉，今不存，《太平寰宇記》載：無極縣“舊十三鄉，今七鄉”[4]，但具體鄉名不詳，今可補其一鄉。光緒十九年（1893）《無極縣續志》有載，屬無極縣新樂路轄村。[5] 今存，屬於河北省石家莊市無極縣郭莊鎮轄村。

[32] 專知：宋代倉、庫、場、務等的管理人員。一般以手分等吏人與衙前吏人充當，在監當官之下，主管倉、庫、場、務等的各種事務，常與其副手合稱“專副”。

[33] 齋僧：原文作“条僧”，以齋食施給僧人。

---

1 ［宋］樂史撰，王文楚等點校：《太平寰宇記》卷六十三《河北道十二・深州》，北京：中華書局，2007 年，第 1293 頁。

2 ［清］陳宗石纂修：《（康熙）安平縣志》卷一《輿地志》，《中國地方志集成・河北府縣志輯》第 51 册，上海：上海書店，2006 年，第 361 頁。

3 ［宋］樂史撰，王文楚等點校：《太平寰宇記》卷六十二《河北道十一・定州》，北京：中華書局，2007 年，第 1273 頁。

4 ［宋］樂史撰，王文楚等點校：《太平寰宇記》卷六十《河北道九・祁州》，北京：中華書局，2007 年，第 1237 頁。

5 ［清］曹鳳來纂修：《（光緒）無極縣續志》卷一《地理志》，中國臺北：成文出版社，1969 年，第 47 頁。

[34] 祁州深澤縣長樂鄉静綀□大邢管馬累村：這是北宋完整的州、縣、鄉、里、管、村整套行政設置。長樂鄉，今已不存，《太平寰宇記》載:深澤縣“舊一十鄉,今四鄉”[1],但具體鄉名不詳，今可補其一鄉。静綀□，應爲静綀里，深澤縣下轄里之一。大邢管，深澤縣下轄管之一,《宋會要輯稿》載：宋太祖開寶七年（974）,“廢鄉分爲管，置户長主納賦，耆長主盜賊、詞訟。”[2] 宋代“管”制的推行在學界仍有比較大的争議，但從該碑文記載信息來看，祁州在當時是推行了“管”制的。馬累村，咸豐十一年（1861）《深澤縣志》有載，作“馬壘”，屬於深澤縣東鄉轄村。[3] 今分化爲前、後馬里村二村，均屬於河北省石家莊市深澤縣鐵杆鎮轄村。

[35] 西韓村：定州望都縣翟城鄉屬村。具體不詳，待考。

[36] 鎮州驍武右第二指揮：鎮州，北宋屬河北路。驍武，北宋所設的就糧禁軍，隸屬侍衛馬軍司。《宋史》載:“淳化四年（993），揀閲其材，與雲騎、武騎等立，得自置馬，分左、右廂。指揮二十。北京七，真定三，定六，相、懷、洺、邢各一。”[4] 故驍武右第二指揮應爲真定所設三指揮之一，應爲到定州更戍。

---

1 [宋]樂史撰，王文楚等點校：《太平寰宇記》卷六十《河北道九・祁州》，北京：中華書局，2007年，第1239頁。

2 [清]徐松輯，劉琳等校點:《宋會要輯稿》職官四八之二五，上海：上海古籍出版社，2014年，第7册，第4321頁。

3 [清]王肇晉修輯：《（咸豐）深澤縣志》卷三《建置志》，中國臺北：成文出版社，1976年，第80頁。

4 [元]脱脱:《宋史》卷一百八十七《志第一百四十・兵一》，北京：中華書局，1985年，第4591頁。

第五方：《雲翼第八指揮副兵使皇祚等修塔題名碑記》録文及注釋

【題解】

此碑鑲嵌於定州塔第四層，原碑無題目。碑高六十三厘米，寬九十二厘米。碑文四十行，行九（40 行）至四十五字不等。碑文中的捐施人主要涉及定州就糧禁軍雲翼指揮官兵、保州保塞縣鄉村民衆、定州招收第一指揮、驍武右第一指揮、牢城指揮官兵等。

【録文】

1 雲翼第八指揮副兵（馬）使皇祚、張斌、高訓、咸演、張咢、韓璘、郝岩、高達、李榮、馬斌、郗元、劉乂、

2 崔金、馮素、李辛、郝嗣、史超、劉旻、李美、王超、孔則、高信、弟陳留、竹凝、李元、李從、韓金、張巒、李緒、

3 王贍、王榮、王熐、梁節、馬榮、李祚、龐斌、韓斌、孫化、藏乂、紀化、龐緒、劉嗣、孫咢、藏倫、苑緒、王翰、翟斌、

4 韋顯、苑明、裴均、劉乂、房贍、馮緒、劉貞、崔則、甄美、侯化、李緒、趙乂、竇澄、張則、閻翟、齊斌、王寧、

5 劉榮、楊奇、劉贇、田巒、艾進、苑贇、郭寛、趙能、李斌、劉巒、龍謙、高贇、孫翰、苑進、許宗、何榮、李美、

6 田方、成信、劉璘、藏緒、王旻、張貴、張密、崔斌、賈貞、皇進、高遠、劉均、王則、吕贇、王巒、宋興、龍贇、

7 馮輦、馮美、劉友、崔斌、安保。

8 雲翼右第九指揮使劉明俊、弟明信、耿氏、臧氏、男宜哥、閏哥、三哥、女增姐。武衛王榮，

9 副指揮使鄭欽、妻史氏、女李郎、婦李鄭氏、婆女劉美。

10 雲翼第八指揮趙忠，三人軍使石贇、張仙、李翰，

11 雲翼第十三人副兵馬使張千、馮超、張慶，將虞候張進，二人節級劉榮、龐翰、宋貞、畢海、安興、劉全、

12 周進、王副、路演、梁超、李翰、張翰、霍嗣、元化、陳温、王贊、王供、王巒、柳濬、張貴、張一、唐謙、郭晏、郭習、

13 郭巒、梁政、張祚、張仙、田密、彭斌、田凝、楊從、高岩、趙珪、李遵、齊德、張蕚、趙貞、劉宗、朱晏、龐緒、

14 盧悦、張美、孫斌、王斌、耿遠、刑璘、高巒、王祚、高俊、魏則、田贇、李緒、邵萬、曹乂、王巒、宋貞、藏遵、魏斌、

15 葛萬、韓貴、董貞、劉璘、劉巒、劉興、張乂、傅榮、尹興、尚晏、邸興、張恕、孫秀、張興、楊均、王貞、梁進、

16 牛均、費蕚、王祚、李恕、王遵、王澄、馬玉、郭均、王超、李遵、劉遂哥、

17 紏首梁政、郭興、李謙、石訓、李忠、劉則、李圓、劉贇、王恩（恴）、李旻、郭寧、友興。

18 驍武左第一指揮第二都長行紏首維那頭劉斌、女李四姐。第一都副兵馬使孟凝，將虞候劉峻，承句賈嗣、馬從、舟乂、

19 張榮、取從。第二都將虞候龐晏、解進，通引高遵、崔信、張祚、高澄、周榮、張素、田乂、婁美、張贇、張榮、樊慶、王訓。

20 第三都副兵馬使張晏、盛員，十將楊璘，將虞候安美，承句彭晏、齊斌、盧讓、齊萬、李謙、趙思。第四都軍使丘璉，

21 十將張嗣、臧乂、翰斌、田興、宋希、張遂。第五都副兵馬使何金，十將張美，將虞候劉岩，承局羅斌、張乂、周進、李埶、

22 趙遇、李翰、李斌、郝信、劉金、楊弼、張明。

23 保州千人邑保塞縣賢臺、萬石兩鄉賈村[1]糺首維那頭吕貞、劉貴、楊澄、吕辛、王貴、

24 史乂、袁膳、李光、宋愔、宋思、封再、張友、亐興、苑岩、宋斌、袁友、要緒、張晏、吕遇、

25 劉惟正、陶友、李習、丁光美、石海、張謙、楊思、唐黄、文敢、霍祚、張再友、楊宗、霍慶、

26 馬美、張貴、李因、亐因、梁恕、張祚、芮晏、耿遵、丁顯、丁裔、袁均、袁貴、楊美、楊斌、楊興、

27 曹旻、王嗣、亐興、鄭辛、張超、楊翰、張超、劉寧、田遇、楊斌、蘇超、周祚、袁贇、宋璉、游贇、

28 楊金、宋嗣、楊嗣、石興、丁咢、德琛、德瓊、母李氏、男吕明、王氏、楊氏、吕元、王氏、閻氏、卓氏、

29 張氏、劉氏、李氏、張氏、成氏、李氏。

30 招收第一指揮使孫用、李旻、郭贇、張勍、馬謙、魏用、郎珪、劉祚、在貴、侯能、許順、范吉、

31 張美、崔吉、王貞、姚均、王用、李榮、呼澄、張用、劉乂、王巒、劉睿、王仙、裴均、趙興、高美、周和、任辛、

32 時則、王興、楊祚、許元、朱宗、祝榮、李且、胡遂、郭貞、楊琛、王辛、田貴、張從、劉全、褚斌、胡昇、蓋成、

33 李昇、成則、郭璘、李斌、張興、謝寛、李忠、孫岩。

34 無極師子堂村維那牛壽、王訓、宋德、劉宣、張翼、魏氏、賈美、孟能、楊則、楊素、劉旻、李吉。

35 小吕村[2]維那劉翰、馬福、王瓊、王謙、王隱、張榮、韓緒、蔡斌、李德、吕澄、吕鐸、劉金、劉寛、鄭氏。

36 驍武左第一指揮第一都長行糺首維那頭郝斌，節級焦遵，長行

成演、王璘、金緒、劉謙、張斌、張順、郭璉、崔倫。

37 第二都節級雷遵。第三都節級李演，長行崔元。第四都節級吕斌，長行劉榮。第五都長行侯贇、常貞、齊元。

38 威邊指揮使[3]戚謙，節級張海、孟貞、崔吉、杜斌、吕旻、張乂、王璘、馮恕、李貞、劉榮、劉金、王宗、

39 張謙、康巒、李勍、畢達、吴巒、劉顯、曹昇、趙乂、孫演、宋青、朱能、周秀、嚴貞。

40 牢城指揮第三都楊緒。

【注釋】

[1] 保塞縣賢臺、萬石兩鄉賈村：保州所屬縣鄉村。保塞縣，宋代歸屬保州。《元豐九域志》載："建隆元年以莫州清苑縣地置保塞軍，太平興國六年升爲州。治保塞縣。"[1] 賢臺、萬石鄉，今已不存，《太平寰宇記》載：保塞縣，太平興國六年（981），改清苑縣爲保塞縣。[2] 清苑縣，"舊二十五鄉，今十一鄉"[3]，但具體鄉名不詳，今可補其二。賈村，定州塔第四層《使院糺首維那劉政等修塔題名碑記》第15行刻有"保塞縣萬石鄉賈村"，所以該村爲萬石鄉轄村之一。今存，爲河北省保定市望都縣賈村鎮駐地。詳見《使院糺首維那劉政等修塔題名碑記》關於賈村的注釋。

[2] 小吕村：定州無極縣屬村，光緒十九年（1893）《無極縣續志》

1 [宋]王存撰，王文楚、魏嵩山點校：《元豐九域志》卷二《河北路·西路》，北京：中華書局，1984年，第86頁。

2 [宋]樂史撰，王文楚等點校：《太平寰宇記》卷六十八《河北道十七·平戎軍》，北京：中華書局，2007年，第1386頁。

3 [宋]樂史撰，王文楚等點校：《太平寰宇記》卷六十八《河北道十七·保州·清苑縣》，北京：中華書局，2007年，第1376頁。

有載，作“小吕村”，屬於無極縣深澤路轄村。[1]今存，屬於河北省石家莊市無極縣七汲鎮轄村。

[3] 威邊指揮使：威邊軍的長官。宋仁宗慶曆年間由廂軍升置的禁軍番號，隸屬侍衛馬軍司。宋太宗時“揀選軍士，另設驍武、威邊充廂兵。”[2]“威邊。諸州廂兵，惟保州教戰射，隸巡檢司。慶曆初，升禁軍。指揮二。定、保各一。”[3]定州塔題名碑記資料與正史記載相符。

第六方：《定州開元寺演法大師門人等修塔題名碑記》録文及注釋

【題解】

此碑鑲嵌於定州塔第四層，原碑無題目。碑高五十七厘米、寬九十二厘米。碑文三十八行，行八至三十八字不等。碑文涉及的捐施人主要有：定州開元寺僧俗、定州使院吏人、莫州持惠寺女尼、保州坊市户、定州駐軍龍騎、武衛、振武等各指揮軍職人員等。

【録文】

1 定州開元寺演法大師門人行者[1]於保州纠化千人邑同修聖塔。

2 使院都孔目官八人郝信等、張元、龐元、杜簾、楊遂、李化隆、劉秀、張則，押司五人

1 [清]曹鳳來纂修：《（光緒）無極縣續志》卷一《地理志》，中國臺北：成文出版社，1969年，第48頁。

2 王曾瑜：《宋朝軍制初探（增訂本）》，北京：中華書局，2011年，第20頁。

3 [元]脱脱：《宋史》卷一百八十七《志第一百四十・兵一》，北京：中華書局，1985年，第4593頁。

3 王秀、郝元、吴吉、蓋暹、葛元，前行劉裔，通引官楊勳、父晏、母崔氏、伯霸、劉氏、叔

4 贇、崔氏、郝信、父元立、吴吉、父欽澄、母張氏、兄希密，都知兵馬使[2]李崇、

5 楊氏、張氏、鄭氏、福姐、吴家女大姐覆喜、

6 田德明、田永肩、田永保、田永錫、韓九、張十喜、孫慶、孫旺、孫興、孫女、弟子馬氏、劉氏、尹氏。

7 莫州持惠寺[3]尼樂真、亡師姨惠明、尼智静、尼智明、尼惠進、尼智遠、尼惠進、尼智仙、尼惠仙、

8 尼樂深、尼瓊濟、尼道昭、尼妙智、尼惠慶、尼智仙、尼智深、尼善慶、童子[4]法清、尹法華。

9 彰善寺[5]前寺主僧惠仙、僧繼宗。坊市户劉達、妻鄭氏、郝遵、尹隱、妻梁氏、尹貞、妻趙氏、丁贇、妻梁氏。

10 管内僧判官[6]福寬。貢吏[7]梁俊、趙達、姨姨劉氏、老娘馬氏、男劉美。祁州鼓城縣[8]施主楊宋斌、僧法幽、

11 母李氏、李寬、妻劉氏、學究孫克勤。行唐縣梁諫、妻劉氏、男壽哥、喜子、燕唐。

12 保州坊市户長史[9]仇謙、兄梁政。

13 保州坊市户司馬[10]維那苑惠明、□□、藏周、楊信、仇德宣、德明、德永、吴留、

14 劉貞、張懷永、解寧、王繼隆、霍恭、王惟志、王宗、曹貴、李用和、韓守辛、孫遵、

15 楊信、劉貞、劉文德、艾貞、楊正、楊守貞、劉惟正、孫元、安潛、張興、安隱、步貞、

16 王守貞，貢吏燕忠順、妻張氏。

17 保州鄉貢明法[11]杜文則、母冉氏、男九思。

18 女邑王氏、李氏、陳氏、何氏、劉氏、賈氏、劉氏、馬氏、高氏、馬氏。

19 駐泊代州神鋭第二指揮[12]第一都孔斌、段貴。第二都十將李珣，長行楊友、崔節、張友、王貴、王訓、李美、

20 李榮、高福、韓斌、王遂、李貞。第三都陳進、楊興、荆斌、張贇、吴進、力斌、張斌、王榮、張忠、劉乂、邵保、

21 張順、大王貴。第四都節級康貴，長行張威、胡美、孫謙、王及、鞏訓、田乂、劉倫、李貞、周順。第五都

22 鄭嗣、崔緒、張美、程榮、李贇、劉金、李榮、蕭貴、王善、節級趙韓。驍武第一楊辛。

23 龍騎第一指揮第五都副都頭李顔。行唐客杜顒、宋閔、劉貴、石嗣、王乂、張緒、解楊、張辛。

24 大成村[13]劉翰、劉宗、劉辛、劉旻、張澄、張殷、吕清、劉温。雲翼第六劉吉、劉正、劉信。

25 城東關内維那張貞、維那王澄、趙吉、孫昭、苑翰、樊興、張訓、李德、張榮、王緒、

26 史密、梁信、田貞、楊吉、李德、崔元、亐贇、亐贇、董遵、趙翰、白興、李密、李均、刑貞、田遠、

27 吕玉、韓璘、曹翰、郭欽。

28 武衛第一指揮張睿。第一都十將張真、信韜、李緒、王緒、李昮、馮悦、韓璘、宋乂、張貞。第二都將虞候

29 劉弼，節級薛乂、解千、張興、周璉、李贇、孟忠、王貞、王均。第三都十將韓瑩、十將劉辛，將虞候馬演、馬順、

30 田榮、孫千、張遇、劉斌、張緒三、王貞、董贇、大王貞、小王貞。第四都李和、劉斌、周吉、楊元、李寅。第五都任遇、

31 陳遠、芰晏、魏贇、吴順、賀辛、李謙、王金、陳巒、安遵、張興、

陳金、張隆、除岩、
32 劉旻、任興、葛潤、馬順、田遂、王緒、方潔、馮巒。
33 振武左第六指揮軍使劉德，糺首趙用，三人十將尚允、楊美、薛榮，
三人節級魏斌、
34 劉斌、張密，相使、刑霸、趙璘、韓榮、魏濬、杜玉、王密、田政、
張緒、房達、田榮、王琛、田辛、
35 尚嗣、宋金、孫璘、王澄、趙煦、劉緒、趙遂、王斌、張斌、杜顯、
李恕、萬贇、劉詔、耿恕、
36 樊貴、王斌、王祚、節級田習、李友、龐習、趙乂、田辛、齊榮、
蘇忠、董興、郭乂、劉晏、杜友、
37 張遵、鄭忠、鄭均、程進、王晏、
38 李長、薛隱、孫氏、齊氏、李氏、辛氏、王氏、翟氏、丁氏、李氏、
劉氏、李氏、劉氏、李氏。

【注釋】

[1] 行者：佛教術語，梵語爲 yogin。指觀行者，或泛指一般佛法之修行者。又稱行人、修行人，也指在寺院服雜役尚未剃髮的出家者。

[2] 都知兵馬使：此處都知兵馬使應爲定州使院内所設。都知兵馬使爲唐、五代方鎮使府軍將，掌軍府兵權。有衙内都知兵馬使、衙前都知兵馬使、中軍都知兵馬使等名目。入宋後，都知兵馬使爲衙前吏人，“衙前置都知兵馬使、左右都押衙、都教練使、（押）左右教練使、散教練使、押衙軍將，又有中軍、子城、鼓角、宴設、作院、山河等使，或不備置。”[1]

1 [清]徐松輯，劉琳等校點:《宋會要輯稿》職官四七，上海：上海古籍出版社，2014年，第7册，第4265頁。

[3] 持惠寺：莫州持惠寺，今在邢臺任丘縣。持惠寺已不可考，從碑文“尼樂真、亡師姨惠明、尼智静”來看，此寺當爲尼寺。

[4] 童子：梵語爲 Kumara，音譯爲鳩摩羅。一指四歲或八歲以上，未滿二十歲，且尚未剃髮得度之男子，稱爲童子、童兒、童真；女子則稱童女。二指菩薩，菩薩爲如來之王子，因其如世間童子之無淫欲念，故稱爲童子。三指隨侍佛、菩薩、諸天者，亦稱爲童子；如隨侍文殊菩薩者爲請召、計設尼、救護慧、烏波計設尼、光網、地慧幢、無垢光、不思議慧等八大童子。又不動明王亦有八大童子隨侍。在日本古代諸種法會、庭儀之際，必有隨伴之幼童，隨時受使喚，亦被稱爲童子。該題名碑記中的童子指尚未滿十二歲且未剃度之男子。

[5] 彰善寺：碑記記載“彰善寺前寺主僧惠仙、僧繼宗”，應爲莫州彰善寺，這個寺院後來還參與刊刻了《趙城金藏》[1]。

[6] 管内僧判官：我國古代地方僧官之一，爲僧司正官的僚佐。宋代地方僧官體系中，州一級僧司以僧正爲首，其下有副僧正、僧判等。“管内”多設一州之中，例如“管内僧正”，就是管理某領域的僧寺正官。此外在僧判之前加上“管内”一詞，則多與宋代差遣制度有關。碑文中的“管内僧判官”應爲定州僧司的僧官之一，在僧正、副僧正之下。

[7] 貢吏：可能爲地方吏員。此題名碑記中“貢吏梁俊、趙達”，二人在“僧判官”之後，因此可以推測碑記中貢吏並不是官員，而僅僅是地方吏員。

[8] 鼓城縣：祁州屬縣。《太平寰宇記》載：“隋開皇六年分槀城地于下曲陽故城東五里置昔陽縣，屬定州，即今縣是也；十年改

1 扈石様、扈新紅：《〈趙城金藏〉史跡考》，《世界宗教研究》2000 年第 3 期，第 40 頁。

屬廉州；十八年改昔陽縣爲鼓城，蓋取古鼓國以爲名。唐貞觀元年廢廉州，改屬定州。大曆三年又與趙州欒城縣同割以隸恒州。”[1] 另據《元豐九域志》載：“端拱元年（988）以真定府鼓城縣隸州……熙寧六年（1073）省深澤縣爲鎮入鼓城縣。”[2] 今爲河北省石家莊市晉州市。

[9] 長史：散官名，宋代十等散官之六等[3]。

[10] 司馬：散官名，宋代十等散官之五等[4]。

[11] 鄉貢明法：唐宋時期科舉制度中的一種類型。“明法”爲通曉法律，主要考查考生對律、令等法律知識的掌握，目的在於爲政府選拔出通曉法令的人才。“[大唐] 貢士之法，多循隋制。上郡歲三人，中郡二人，下郡一人，有才能者無常數。其常貢之科，有秀才，有明經，有進士，有明法，有書，有算。自京師郡縣皆有學焉。”[5] 由此可知從唐朝開始，明法科成爲科舉取士的常科之一。宋代承襲唐朝的科舉制度,也設立明法科。“初，禮部貢舉，設進士、九經、五經、開元禮、三史、三禮、三傳、學究、明經、明法等科。”[6] “鄉貢”爲州縣選拔推舉給中央的學子，“鄉貢明法”就是由州縣選拔出來通曉法律的人才。中國古代的科舉取士制度中,生源一般有兩種:一是生徒,一是鄉貢。

1 [宋] 樂史撰，王文楚等點校：《太平寰宇記》卷六十一《河北道十・鎮州》，北京：中華書局，2007 年，第 1258 頁。

2 [宋] 王存撰，王文楚、魏嵩山點校：《元豐九域志》卷二《河北路・西路》，北京：中華書局，1984 年，第 85 頁。

3 參見龔延明：《宋代官制辭典》，北京：中華書局：1997 年，第 615 頁。

4 參見龔延明：《宋代官制辭典》，北京：中華書局：1997 年，第 614、615 頁。

5 [唐] 杜佑撰，王文錦等點校：《通典》卷十五《選舉三・歷代制下》，北京：中華書局，1988 年，第 353 頁。

6 [元] 脱脱：《宋史》卷一百五十五《志第一百八・選舉一》，北京：中華書局，1985 年，第 3604 頁。

“由學館者曰生徒,由州縣者曰鄉貢。”[1] 即不經過學館而經過州縣考試,及第後再送往尚書省的應試者稱作“鄉貢”。因此“鄉貢明法”就是指不屬於學館的學生而報考明法科的應試者。

[12] 駐泊代州神鋭第二指揮:代州,北宋時歸屬河東路。神鋭爲宋真宗咸平六年(1003)增設的禁軍番號,隸屬侍衛步軍司。《宋史》記載:“神鋭。二十六。太原六,潞、晉各三,澤、汾、隰、平定各二,代、絳、忻、遼、邢、威勝各一。元豐二年,潞州三闕勿補。”[2] 神鋭在代州設一指揮,即神鋭第二指揮,現駐泊到定州。

[13] 大成村:疑爲大陳村。清道光二十九年(1849)《定州志》有載,作“大陳村”,屬於定州安家莊約轄村。[3] 今存,河北省定州市楊家莊鄉轄村。

第七方:《驍武第六女眾等修塔題名碑記》録文及注釋

【題解】

此碑鑲嵌於定州塔第四層,原碑無題目。碑高三十七厘米、寬七十六厘米。碑文三十一行,行八至二十二字不等。此碑捐施人主要爲保州保塞縣鄉村民衆。

1 [宋]歐陽修:《新唐書》卷四十四《志第三十四·選舉志上》,北京:中華書局,1975年,第1159頁。

2 [元]脱脱:《宋史》卷一百八十八《志第一百四十一·兵二》,北京:中華書局,1985年,第4620頁。

3 [清]寶林等纂修:《(道光)定州志》卷六《地理·鄉約上》,中國臺北:成文出版社,1969年,第600頁。

【録文】

1 驍武弟六女眾等梁氏、魏氏、何氏、梁氏、張氏、趙氏、

2 張氏、韓氏、趙氏、許氏、任氏、陳氏、劉氏、聶氏、□氏、

3 吕氏、楊氏、李氏、旁氏、陳氏、任氏、劉氏、蔡氏、趙氏、田氏、

4 賈氏、劉氏。仁教坊女邑維那頭張氏、李慶、賀氏、延哥、

5 孔氏、李四哥。房氏、崔三姐、宋氏、慶哥、韓寧、妻葉氏、

6 劉氏、彭氏、張氏、馮氏、劉氏、張氏、董氏、安氏、陳氏、楊氏、

7 趙氏、左氏、王氏、李氏、侯氏。

8 保州保塞縣高更村[1]邑衆等維那張加保，副維那王欽，

9 次維那王超、劉□、張榮、王斌、祝□、尹旻、牛嗣、牛美、牛斌、

10 孫美、鄭恕、劉乂、趙嗣、趙祚、張興、張鐸、張瓊、王温、王訓、

11 王貴、孟旻、張恕、孟榮、張緒、裴正、張嗣、王進、徐遵、

12 張金、王乂、王美、苑遠、苑信、張乂、張福、劉江。

13 維那張加保、母孫氏、妻亐氏、弟加贍，李興、男董留、留哥。

14 孔村[2]邑長王乂，邑正李瓊，邑録孔化、孔元、孔斌、崔斌、崔貴、

15 李嗣、李玉、李榮、張嗣、李進、李信、王友、劉遇、劉周、劉友

16 遇、梁乂。李家莊[3]李因、李鍼、高進、李羡、李榮、李温、

17 李斌、米演、李咢、李嗣、李晏、李辛、趙訓、□美、李晏、

18 趙均、王演、邢嗣、李璘、田進、田遇、李乂、曹榮、米嗣、李氏、

19 花美、蔡遇、陳晏、劉美、韓貴、吴貴。

20 方順村[4]邑長段晏，邑正段超，邑録張斌、李欽、段仙、李美、

21 王咢、王斌、王嗣、李温、張福。南固村[5]維那羅璘，邑正

22 苑殷，邑録苑緒、劉美、劉緒、魏辛。孟村[6]孟祚、孟美、

23 張旻、張興、張仙、張厚仙、孟卞、決堤、張密、張恕、張倫、

24 充固、陳遵。城東村張岩。白團魏村[7]香花邑衆邑長

25 魏賨、邑正李晏，邑録李琮、牛固、牛緒、朱恕、張凝、李遂、李明、

26 馬因、龐岩、龐遵、劉顯、劉訓、魏則、魏榮、魏從、魏透、張謙、

27 郎貞、高岩、覃進、魏方、魏福、魏超、魏五哥、關保、馬方、

28 張貞、魏遠、梁興、張榮、張忠、宋遵、劉則、楊長留、

29 石賨、魏德、張隱、李超、王因、劉宴、覃璘、李晏、李贇。

30 北平縣趙石村[8]維那劉欽進、趙千、王贇、段乂、張仙、趙岩、

31 趙乂、張海、張隱、劉晏。

【注釋】

[1] 高更村：保州保塞縣屬村，不詳，待考。

[2] 孔村：保州保塞縣屬村。民國二十年（1931）《滿城縣志略》有載，屬滿城縣第四區公所方順橋轄村。[1]今存，屬於河北省保定市滿城區方順橋鎮轄村。

[3] 李家莊：保州保塞縣屬村。民國二十三年（1934）《清苑縣志》有載，屬於清苑縣第六區轄村。[2]今改爲李家村，屬於河北省保定市清苑區李莊鄉轄村。

[4] 方順村：保州保塞縣屬村。清光緒十二年（1886）《保定府志》有載，作“東方順村”“方順橋村”，屬於滿城縣南路轄村。[3]民國二十年（1931）《滿城縣志略》亦載，均屬於第四區公所

1 ［民國］陳寶生等修，陳昌源等纂：《（民國）滿城縣志略》卷三《建置》，中國臺北：成文出版社，1969 年，第 91 頁。

2 ［民國］金良驥等修，姚壽昌等纂：《（民國）清苑縣志》卷一《地理》，中國臺北：成文出版社，1968 年，第 51 頁。

3 ［清］李培祜 、朱靖旬修，張豫增等纂：《光緒保定府志（一）》卷二十四《户政略》，《中國地方志集成・河北府縣志輯》第 30 輯，上海：上海書店，2006 年，第 409 頁。

方順橋轄村。[1]今均存,屬於河北省保定市滿城區方順橋鎮轄村。因碑文記載信息較少，無法確定具體爲哪一個村。

[5] 南固村：保州保塞縣屬村。民國二十年（1931）《滿城縣志略》有載，作“南固店”，屬滿城縣第四區公所方順橋轄村。[2]今仍爲南固店村，屬於河北省保定市滿城區方順橋鎮鎮轄村。

[6] 孟村：保州保塞縣屬村。民國二十年（1931）《滿城縣志略》有載，屬滿城縣第四區公所方順橋轄村[3]。今存，屬於河北省保定市滿城區方順橋鎮轄村。

[7] 魏村：保州保塞縣白團鄉屬村。明嘉靖十七年（1538）《清苑縣志》有載，屬於清苑縣魏村社轄村。[4]民國二十三年（1934）《清苑縣志》亦載，屬於清苑縣第四區轄村。[5]今存，屬於河北省保定市清苑區轄村。

[8] 趙石村：定州北平縣屬村。具體不詳，待考。

1 ［民國］陳寶生等修，陳昌源等纂：《（民國）滿城縣志略》卷三《建置》，中國臺北：成文出版社，1969 年，第 90—92 頁。

2 ［民國］陳寶生等修，陳昌源等纂：《（民國）滿城縣志略》卷三《建置》，中國臺北：成文出版社，1969 年，第 90 頁。

3 ［民國］陳寶生等修，陳昌源等纂：《（民國）滿城縣志略》卷三《建置》，中國臺北：成文出版社，1969 年，第 92 頁。

4 ［明］李廷寶撰：《（嘉靖）清苑縣志》卷一《鄉社》，《天一閣藏明代方志選刊續編》第 1 冊，上海：上海書店，1990 年，第 35 頁。

5 ［民國］金良驥等修，姚壽昌等纂：《（民國）清苑縣志》卷一《地理》，中國臺北：成文出版社，1968 年，第 48 頁。

定州塔第七層修塔題名碑記録文及注釋

鑲嵌在定州塔第七層的修塔題名碑記共計三方:《使院都孔目官薛均等修塔題名碑記》《保州小冉村邑衆等修塔題名碑記》《望都縣黑保村陳榮等修塔題名碑記》

第一方:《使院都孔目官薛均等修塔題名碑記》録文及注釋

【題解】

此碑鑲嵌於定州塔第七層,原碑無題目,今依據學界慣例命名。碑高五十七厘米、寬七十九厘米。全碑分爲三個部分,第一部分共八行,原碑文第一至第八行,行十八至四十三字不等;這一部分的捐施人爲定州使院的各級吏人。第二部分碑文共二十三行,在原碑文第十四至第三十五行,行十八至四十三字不等;這一部分的捐施人爲駐泊定州各番號的軍職人員;原碑文中第三十至四三十五行中下部有明顯的圓形缺損,除第三十行中部受到缺損影響明顯缺字以外,第三十一到第三十五行缺損處上部内容連貫並未出現缺失,故可斷定此碑的缺損應爲石質原因,碑刻刊刻時缺損已經存在,在刊刻時有意繞開這個缺損。第三部分碑文共五行,其位置在原碑文第九至第十三行,行十七至二十二字不等,這一部分刊刻字體偏大,在碑文的第一部分和第二部分的縫隙中加刻的，捐施人主要爲新樂縣清化鄉累頭村民衆。此碑第三部分第五行内刊刻有“至和元年”，《使院都孔目官薛均等修塔題名碑記》的刊刻時間應該也在這個時間左右。

此碑文中捐施人姓名與《八瓊室金石補正續集》卷四十二中《劉佺等修塔題名碑記》内捐施人名完全相同[1]，因此《劉佺等修塔題名碑記》應是抄録了此碑中的部分内容。

【録文】

第一部分：

1 使院都孔目官薛均、知勾孔目官韓悦、節度孔目官楊旻、觀察孔目官馮睿、支計孔目官李旻、書表孔目官馬偉、

2 勾覆孔目官張倫、開拆孔目官李方。勾押官，知印勾押官張進明、節度勾押官王素、觀察勾押官張化、

3 支計勾押官宋旻、書表勾押官孟凝、勾院勾押官郭文、開拆勾押官丁、守闕勾押官牛旻、守闕勾押官張忠、

4 守闕勾押官張成、守闕勾押官紉玉、守闕勾押官紉福、守闕勾押官李從、守闕勾押官張、守闕勾押官張昇、

5 守闕勾押官賈澄。前行李習、前行崔元、前行李福、前行樊忠、前行王和、前行李吉、前行牛化、前行劉吉、

6 前行田化、前行孫昌、前行房化。都押衙孫從、貼都押衙趙宗。壕塞牢城副指揮使[1]羅超。壕塞招收第一副指

7 揮使[2]鄭斌。使衙仗院行首[3]李旻、行首趙素、行首郭竔。長行程宗、長行劉岩、長行李睿、長行丁辛。

1 ［清］陸繼輝：《八瓊室金石補正續編》卷四十二，《續修四庫全書》第900册，上海：上海古籍出版社，1996年，第338頁。

8 藥院行首龐旻、藥院行首和則、藥院行首趙固。

第二部分：

1 駐泊汾州神鋭第三指揮[4]維那邑人等軍頭劉謙，十將王□德、十將張興，將虞候趙乂、妻翟氏、男定哥、將虞候崔乂、妻薛氏、將虞候

2 張斌、二人指揮司田臻、武璘。第一都長行任勳、王乂、小王乂、張貴、智斌、李順、劉清、吴岳。第二都長行寇海、妻李氏、男張四、李瑫、王榮、李超、

3 陳訓、杜琮、李昇、王千、王信、孫璉、宋德、小王信、鄭政、小李興、郭忠、郭朝、任寧、張弁、尹素、大王璘、高榮、高信、郭貴、尚遠、王忠、閆信。第三

4 都長行高斌、田綰、高通、陸吉、郭丕、黎友、党斌、趙旻、焦斌、張榮、劉保、郭榮、焦順、車明、王興。第四都長行郭謙、劉斌、張貴、

5 王演、粟榮、温謙、董進、李顒、張瓊、田素、崔進、王榮、郝密、羅斌、趙信、許遇、張海、常琮、邊海、李進、閆進、獨孤清、大王演。二人都

6 維那任遇、任演，女弟子張氏。邑衆都計九十一人。

7 忻州神虎第八指揮第四都正都頭韋興。第一都維那邑人等左丞句何福、右丞句劉元，指揮司趙買、張演、蘇憲、李訓、賈明、王謙、

8 郭免、曹顯、趙斌、李旻、張嵩、劉忠、張因、周萬、張瓊，曹司李城、元興、趙嵩、閆金、韓德、宋普、劉真、張澄、劉榮、李貴、賈元、齊訓、郭旻、

9 張榮。第一都維那陳寛。第二都長行等李崇、高興、馬真、王忠、

張密、張萬、曹信、郭顯、曹遵、趙通、韓福、劉興、孫憲、李榮、張通、劉遇。

10 第三都右押官李信，長行等大張斌、張斌、王謙、李遇、楊福、唐進、張福、李金、董元、孫榮、史進、武海、尹貞、趙順、向均、郭興、蘇海、崔旻、

11 周嗣、劉玉、崔翰、崔謙。第三都曹司王遠、趙榮、賈昇、周璉、王臻、周頊、番乂。第四都長行等曹司李遂、王興、郝榮、王演、任清、張珣、李晸。

12 第五都長行等周晏、范元、習榮、吴斌、温習、王斌、張密、任秀、宋璉、江益、李因、朱懷、樊海、燕則、劉咢、曹司路凝。

13 駐泊頻州龍騎第二指揮[5]邑人等都維那頭譚慶，副都頭侯忠，十將史璉，節級陰恕，長行等李能、田達、張萬、

14 郭乂、劉璨、董潛、樹普、尹遂、黄興、楊榮、倪福、秦金、范忠、王遇、王進、成通、杜榮、齊進、齊竘、關榮、關貴、吕超、吕德、劉貴、郝璘、高榮、

15 尹乂、王進、夏密、賈璉、刑節、曹慶、郝興、李遇、吴榮、孫興、李美、李斌、張榮、孟美、丁福、王榮、楊乂，節級薛興、節級張榮、薛乂、

16 連美、游美、吴忠、張榮、李興、姜和、張每、馬貴、李謙、郭進、莫謙，十將李備、莫贇、金榮、郭榮，節級孟榮、張千、何千、孫興、孫榮、

17 徐晏、沉能、馬祚、苗欽、樊璉、朱旺、史遂、柳順、陳興、趙榮、張成、習進、吴贇、孟貴、夏美、張信，節級白興、節級習榮，十將

18 傅美、王超、王用、曹和、岳忠、夏榮、戴斌、曲榮、曾居、張旺、劉【中缺】密、羅信、劉喜、劉凝、李密、高興、孔進。

19 定州屯駐殿前司南京龍騎第六指揮[6]副指揮袁美、馬遇

20 使、袁謙，節級楊遂、李辟、劉祚並妻賈氏、時顒、韓璨、

21 蘇乂、尹元、張通、並男遵哥、皇進、女皇氏、任祚、馬信、

22 沈旺、鄭友、王審、吕乂、趙榮、孟弼、夏贇、何[illegible]、楊欽。

23 吴昭、謝康、蔣福、大李興、孫榮、張福、曹德、宋榮。

第三部分：

1 新樂縣清化鄉累頭村《法花經》邑衆劉佺、吴緒、張進、張岩、

2 吕德、史忠、吕和、杜澄、張全、史玉、吕信、史斌、胡祚、吕、李清、

3 劉元、曹閏、吕恭、吕習、王則、吴澄、吕演、紐遂、紐順、紐真、郭倫、

4 胡能、李秀、劉佺等所爲生身父母，法界有情，

5 同占利樂，早到兜率。至和元年七月□日邑衆等。

【注釋】

[1] 壕塞牢城副指揮使：壕塞應爲壕寨。牢城，廂軍，宋太祖初置，屬侍衛步軍司。牢城軍一般由剩員直、牢城皆待有罪配隸之人。[1] 牢城設置於“河北、河東、陝西、淮南、京東西、江南、荊湖、廣南、益梓利夔路諸軍州。”[2] 壕塞牢城可能主要負責修城築寨、修路等軍事任務，是以罪犯爲主的技術兵種，在定州最少設一指揮。

1 [元]脱脱:《宋史》卷一百八十九《志第一百四十二·兵三》，北京: 中華書局，1985年，第4644頁。

2 [元]脱脱:《宋史》卷一百八十九《志第一百四十二·兵三》，北京: 中華書局，1985年，第4657頁。

[2] 壕塞招收第一副指揮使：屬侍衛步軍司，招收原爲厢軍，慶曆二年（1042）“升河北廳子馬及無敵、招收軍並隸禁軍。”[1] 壕寨招收可能主要負責修城築寨、修路等軍事任務，是技術兵種，在定州最少設一指揮。

[3] 使衙仗院行首：“使衙”最早見於唐代，“使衙（宋）凡諸使之司，於南宋時或稱使衙。”[2]《舊唐書》載：“兵士鼓譟，攻東陽門，入使衙，季康父子皆被害（時崔季康爲河東節度使）。”[3] 據此推測，使衙爲節度使司官署的稱呼，同時也設有使衙官作爲節度使的親信，但使衙官性質應爲幕僚，屬於節度使私人招募。《宋詩話全編》記載：“知江寧府，就使衙作會召荊公。”[4] 此處的使衙爲江寧府衙，題名碑記中前爲副指揮使，後爲使院行首，因此推測“使衙”爲當地轉運使之類“使職”的官署。“仗院”可能爲節度使衙門之下的一個機構，有可能負責禮儀、儀仗等具體事務。行首，爲吏員的總管。

[4] 駐泊汾州神鋭第三指揮：汾州，北宋屬河東路。轄境相當於今天汾陽、孝義等地。神鋭，宋真宗時期設置的禁軍番號，隸屬侍衛步軍司。咸平六年（1003）“料簡河東兵立。大中祥符五年，以本軍及神虎兵年多者爲帶甲剩員。指揮二十六。太原六，潞、晉各三，澤、汾、隰、平定各二，代、絳、忻、遼、邢、威勝各一。”[5] 碑刻所記“汾州神鋭第三指揮”應爲汾州神鋭兩

1 ［宋］李燾：《續資治通鑑長編》卷一百三十五，慶曆二年二月丁酉，北京：中華書局，2004 年，第 3226 頁。

2 龔延明：《中國歷代職官別名大辭典》，北京：中華書局，2019 年，第 695 頁。

3 ［後晉］劉昫等撰，中華書局編輯部點校：《舊唐書》卷十九下《本紀第十九下·僖宗》，北京：中華書局，1975 年，第 703 頁。

4 吴文治主編：《宋詩話全編》二，南京：江蘇古籍出版社，1998 年，第 1085 頁。

5 ［元］脱脱：《宋史》卷一百八十七《志第一百四十·兵一》，北京：中華書局，1985 年，第 4597 頁。

指揮之一，現駐泊到定州。

[5] 駐泊頻州龍騎第二指揮：頻州應爲潁州。潁州，屬京東路，北宋時期爲防禦州，今爲安徽省阜陽市。龍騎，宋太祖時所設禁兵番號，殿前司步軍。“舊指揮八，康定中，取配隸充軍者增置爲指揮二十，分三軍。京師四，尉氏、雍丘、咸平、鄭各二，南京、陳、蔡、河陽、潁、單、四波各一。”[1] 按正史記載，龍騎在潁州設置一指揮，本題名碑記所載番號爲龍騎第二指揮，與正史記載相符。潁州龍騎兩個指揮應爲到定州駐泊而來。

[6] 定州屯駐殿前司南京龍騎第六指揮：南京，北宋時屬京東路，原爲宋州，升爲應天府，大中祥符七年（1014）再升爲陪都南京。龍騎，禁兵番號，殿前司步軍，“舊指揮八，康定中，取配隸充軍者增置爲指揮二十，分三軍。京師四，尉氏、雍丘、咸平、鄭各二，南京、陳、蔡、河陽、潁、單、四波各一。”[2] 龍騎在南京設有一指揮，即第六指揮，此時在定州屯駐。定州塔第三層《雲翼左第六指揮邑衆修塔碑記》第 16 行刻有“應天府駐泊龍騎第六指揮副指揮使鹿超”，説明龍騎第六指揮在定州駐扎時間已經相當長，因此改由當地知州兼領禁軍，從駐泊轉爲屯駐。

1 ［元］脱脱：《宋史》卷一百八十七《志第一百四十・兵一》，北京：中華書局，1985 年，第 4589 頁。

2 ［元］脱脱：《宋史》卷一百八十七《志第一百四十・兵一》，北京：中華書局，1985 年，第 4589 頁。

第二方：《保州小冉村邑衆等修塔題名碑記》録文及注釋

【題解】

此碑鑲嵌於定州塔第七層，原碑無題目。碑高四十四厘米、寬七十五厘米。碑刻全文三十六行，行十二至三十五字不等，碑文由四次刊刻而成。第一部分刊刻順序爲从左至右，碑文起始從左邊第一行至第三十行，共三十行，行二十一至三十六字不等；第二部分刊刻順序爲从右至左，碑文起始從左邊第三十一行至第三十二行和第三十三、三十四行上半部分，共四行，行九至十六字不等，其刊刻時間爲至和元年（1054）；第三部分刊刻順序爲从左至右，碑文起始從左邊第三十五、三十六行的上半部分，共二行，行七至八字；第四部分刊刻順序爲从右至左，碑文起始從左邊第三十三至三十六行的下半部分，共四行，行四至五字。碑中捐施人主要涉及定州城内招賢坊、保州保塞縣鄉村民衆。

碑刻的第二部分保存了此碑的刊刻時間爲至和元年（1054），但從碑文的刊刻順序來看，第一部分碑文的刊刻時間不晚於這個時間，第三、第四部分碑文的刊刻應早於這個時間。

【録文】

第一部分：

1 保州小冉村[1]邑衆等郝美、弟郝超、妻王氏、孫氏、劉氏、男郝元、郝暹、

2 郝則、郝能、郝斌、郝慶、郝從、新婦劉氏、劉氏、李氏、劉氏、

張氏、劉氏、吴氏、馮氏。

3 孫惟吉、王留、王氏、郭氏、足花、美姑、五姐、六姐、攀兒、馬七、馬九、伴姐、大師、留墻

4 兒、細女小姑子、僧留、憐哥、覆孫、王乂、郝贇、妻劉氏、男喜留、楊留、娘娘女、

5 鄭暹、妻劉氏、男德宗、仙留、合得、郝貴、妻張氏、男郝均、韓七、新婦氏、王氏、消哥、伴

6 姐、嗽哥、冉玉、男冉慶、冉遵、王興、弟王超、妻李氏、冉達、成郎婦。

7 大冉村[2]邑人等陳密、妻邢氏、男陳倩、陳吉、新婦韓氏、李氏、月一、小哥、三哥、女兒、

8 師姑、冉緒、妻李氏、冉巒、妻劉氏、冉全、王翰、妻陳氏、男德全、妻龐氏、孫八兒、王璘。

9 妻馬氏、王潛、王演、孫王和、郝珪、妻常氏、男郝秀、新婦李氏、榮花、喜花、賈習、馮氏、

10 畢倫、妻冉氏、男韓七、石宗、妻畢氏、留女、齊緒、妻劉氏、男齊玉、冉元。

11 東臨水村邑人等吴澄、妻張氏、男吴密、吴吉、新婦滸氏、趙氏、史氏、孫吴

12 秀、吴政、吴達、王五、王六、吴均、妻王氏、男希宣、新婦李氏、忘哥。

13 吴蒲、妻崔氏、男吴倩、吴遂、吴行、新婦劉氏、次等劉氏、冉氏、王氏、都喜、朴奴、小羊、却憐、

14 迎兒、攀兒、八哥、巍兒、鄧進、妻張氏、男鄧素、父德、新婦王氏、田氏、孫用元、妻苑氏、齊哥、

15 孟五、孟六、鄭留、吴習、妻張氏、女婿李順、吴氏、十兒、超姐。

16 中臨水村邑人等劉超、妻謝氏、弟妻李氏、男劉緒、劉信、劉秀、劉用、新婦魏氏、李氏、郝

17 氏、劉貞、魏煙、妻劉氏、柳緒、男柳旻、張密。東白村[3]邑人等劉嗣、妻高氏、男劉信。

18 劉贇、新婦李氏、吴氏、孫奴兒、趙七、薩菩留三姐、細女、賽花、崔榮、妻王氏、男崔能、新

19 婦劉氏、四姐、張留、留哥、崔弼、母王氏、弟崔斌、崔謙、崔元、妻劉氏、滂花、崔翰、吴密、冉氏、

20 王氏、劉贇、弟劉詮、妻王氏、徐氏、徐倫、崔信、徐密、妻張氏、崔密、妻謝氏、崔均、閏兒、大奴、小奴、解

21 愁新婦郭氏、王氏、女哥、萬留、羅花。西白村[4]劉希、劉珪。西臨水村邑人等李翰、

22 張謙、劉福榮、劉乂方、劉福均。白城村[5]邑人等李超、男李福、李珪、妻王氏、釋氏、元貞、妻趙氏、

23 墻女、賽兒、四女、王七、奴兒、忙兒、不換、李氏、劉榮、母梁氏、弟劉祚、劉緒、蘇貴、妻劉氏、男文緒、李

24 贇妻張氏、劉晏、弟劉遠、劉嗣、王金、李晏、劉榮、妻吕氏、李顯、魏演、劉寬、王氏、李氏、崔氏、李倩、閆氏、

25 王斌、妻趙氏、魏謙、妻劉氏、男魏貞。中冉村[6]邑人等郭晏、周氏、郭恕、史氏、郭斌、魏氏、郭乂、冉氏、

26 李氏、郭一、孫氏、楊留、劉氏、蕊花、清兒、王岩、李氏、史宗、郭憲、梁氏、郭思、苑貴、李氏、苑倫、史萼、張氏、

27 趙嗣、冉超、劉氏、冉晏、趙密、魏氏、趙晏、劉緒、馮宗、王恕、王緒、王遵、劉氏、李氏、王福、王榮、劉則、楊

28 勍、母史氏、冉濬、劉氏。苑村[7]邑人等張緒、妻何氏、弟張恕、劉氏、亏氏、男化成、守遵、守則、留得、

29 留住、岳奴、後奴、重兒、香兒、佛奴、李嗣、妻田氏、弟李仙、張氏、男李謙、李贇、李岩、四哥、高氏、劉氏、
30 張氏、濠、子喜、孫留兒、繡羅、孫緒、母李氏、妻姚氏、男孫能、小哥。

第二部分：

1 至和元季子荆村[8]女邑：
2 高氏、王氏、小王氏、大崔氏、小崔氏，
3 吴氏、張氏、邢氏、劉氏、張氏、李氏、大許氏、
4 李氏、裴氏、劉氏、王氏、杜氏、許氏、王氏、張氏。

第三部分：

1 塞里村[9]張素妻王氏、
2 父張元、亡母王氏。

第四部分：

33 劉家疃劉和、
34 劉秀妻阿邸。
35 南關毛均。
36 招賢坊[10]張能。

【注釋】

[1] 小冉村：保州保塞縣屬村。冉村分化爲大冉村、中冉村、小冉村。明、清、民國《清苑縣志》中均未見有小冉村的記載。今不存。
[2] 大冉村：保州保塞縣屬村。明嘉靖十七年（1538）《清苑縣志》

有載，已分化爲“南大冉”“北大冉”二村，均屬於清苑縣大冉社轄村。[1] 民國二十三年（1934）《清苑縣志》亦載，均屬於清苑縣第四區轄村。[2] 今均存，屬於河北省保定市清苑區清苑鎮轄村。

[3] 東白村：不詳，待考。

[4] 西白村：不詳，待考。

[5] 白城村：保州保塞縣屬村。明嘉靖十七年（1538）《清苑縣志》有載，屬於清苑縣白團社轄村。[3] 民國二十三年（1934）《清苑縣志》亦載，屬於清苑縣第四區轄村[4]。今已分化爲白城一村、白城二村、白城三村、白城四村、白城五村，均屬於河北省保定市清苑區轄村。

[6] 中冉村：保州保塞縣屬村。明嘉靖十七年（1538）《清苑縣志》有載,屬於清苑縣白團社轄村。[5] 民國二十三年（1934）《清苑縣志》亦載，屬於清苑縣第四區轄村。[6] 今存，屬於河北省保定市清苑區轄村。

[7] 苑村：保州保塞縣屬村。清光緒十二年（1886）《保定府志》

---

1 ［明］李廷寶：《（嘉靖）清苑縣志》卷一《鄉社》，《天一閣藏明代方志選刊續編》第1册，上海：上海書店，1990年，第33—34頁。

2 ［民國］金良驥等修，姚壽昌等纂：《（民國）清苑縣志》卷一《地理》，中國臺北：成文出版社，1968年，第46頁。

3 ［明］李廷寶：《（嘉靖）清苑縣志》卷一《鄉社》，《天一閣藏明代方志選刊續編》第1册，上海：上海書店，1990年，第35頁。

4 ［民國］金良驥等修，姚壽昌等纂：《（民國）清苑縣志》卷一《地理》，中國臺北：成文出版社，1968年，第47頁。

5 ［明］李廷寶：《（嘉靖）清苑縣志》卷一《鄉社》，《天一閣藏明代方志選刊續編》第1册，上海：上海書店，1990年，第34頁。

6 ［民國］金良驥等修，姚壽昌等纂：《（民國）清苑縣志》卷一《地理》，中國臺北：成文出版社，1968年，第46頁。

有載,已分化爲“小苑村”“大苑村”二村,屬於博野縣西路轄村。[1]今存,屬於河北省保定市博野縣博野鎮轄村。

[8] 荊村:保州保塞縣屬村。光緒十二年《保定府志》記載有該村[2]。今不存。

[9] 塞里村:定州屬村。道光二十九年(1849)《定州志》有載,屬於河北定州懷德約轄村。[3]今爲賽里村,屬於河北省定州市叮嚀店鎮轄村。

[10] 招賢坊:可能爲定州城内坊之一。民國二十三年(1934)《定縣志》卷二十《剏建圓教院記》載有“招賢坊”。[4]

第三方:《望都縣黑保村陳榮等修塔題名碑記》録文及注釋

【題解】

此碑鑲嵌於定州塔第七層,原碑無題目。碑高四十六厘米、寬七十四厘米。碑文四十一行,行十至三十三字不等。碑中捐施人主要涉及望都縣、唐縣鄉村民衆及定州城内民衆等。

1 [清]李培枯、朱靖旬修,張豫增等纂:《光緒保定府志(一)》卷二十四《户政略》,《中國地方志集成·河北府縣志輯》第30輯,上海:上海書店,2006年,第414頁。

2 [清]李培枯、朱靖旬修,張豫增等纂:《光緒保定府志(一)》卷二十九《禮政略》,《中國地方志集成·河北府縣志輯》第30輯,上海:上海書店,2006年,第474頁。

3 [清]寶林等纂修:《(道光)定州志》卷六《地理·鄉約上》,中國臺北:成文出版社,1969年,第649頁。

4 [民國]張嶽靈修,賈恩紱纂:《(民國)定縣志》卷二十《志餘》,中國臺北:成文出版社,1969年,第1106頁。

【録文】

1 望都縣黑保村[1]陳榮、劉贇、張祚、張温、吕祚、吕贇、張興。長早村楊斌、楊贇、

2 彭謙。七里店[2]郭乂、郭翰、曹貴、郭玢。西白城甄大伯、温玉、殷斌、王翰、田緒、張贇、

3 李岩、郎琛、爲玖、岳旻。西堤村[3]劉思、唐康。東白城張辛、羅璘。楊丘村趙翰、左章。

4 唐縣西楊村[4]邑人宋緒、宋用、劉俊沼、丁美、高節、王顒、史玢、張瓊、張進、王貞、王從化、楊元、楊吉、

5 趙岩、齊演、友翰、譚瑧、王進、宋鑾、友贇、宋玘、李榮、龐□、李海、李榮、曹玉、王岩、翰岩、王岩、

6 王乂、韓岩、王晸、周璘、崔遵、王貞、宋贇、張明、王緒、高元、王玢、高忠、劉旻、劉遵、王祚、李均、楊則。

7 白堯村郭昇、郭嗣、郭辛、王忠、范震、范美。葛布村檀榮、張順、傅贇、劉緒。

8 南高和王宗、嚴璉、邸鑾。里村[5]韓貴、左求、李辛。蠶里村張素、竇文。塼村[7]

9 高一、高玉、張晏、曹遇、趙乂。曲河村何榮、張遵、楊郎福。孤山村[7]康用、李元。

10 潘村[8]左瓊、王從、段遇、王一、康乂、董澄。上蘇村徐美、孫化、曹忠、李斌、北送[9]張璘。

11 尹翰、張萬。雹水村[10]周立。郎村[11]邑人郎希、妻劉氏，男守信、新婦孫氏、孫觀音女。

12 孫兒七哥。保州東魏村[12]張元兄、張一、守則，姪兒文琮、焦氏、齊氏、王氏、文化、文德、陳氏、許氏、

13 賀長、六哥、蝻兒、佛奴、遇花、魏贇、弟魏咢、魏晏、王氏、畢氏、張氏、文倩、文顯、文緒、

14 張氏、延兒、劉氏、李氏、慈消婆、女明姐、迎兒、要姑、馬兒、豬兒、張榮、妻馬氏、男張秀、

15 張顯、七哥、會兒、小姐、新婦魏氏、李氏、孫氏、解愁、奴兒、伴兒、蝻蟲、劉顯、劉熯、妻張

16 氏、吴氏、男九成、張節、程千、梁興、宋岩、母劉氏、何濟、王榮、邢訓、高進。西魏村[13]

17 張貞、阿嫂、魏氏、妻魏氏、男公緒，張秀、新婦楊氏、魏氏、貴孫公、孫三哥、好女潤羅、

18 又女兒、四哥、四羅、魏乂、郭秀、魏顯、魏慶、袁照、鄭緒。東邪村[14]王殷、男王貞、

19 劉氏、王肅、張氏、忝香、最憐。西師[15]王嗣、董貴、妻董氏、男守贇、妻石氏、守瓊、妻

20 李氏。郭留、六姐、七娘、九兒、郭七、仙花、繡花、花羅。劉賓、妻魏氏、男劉緒、妻柳氏。

21 田氏、奴子樂、哥最兒、菊前、留德、董興、妻李氏、董緒、妻張氏、董倩、周氏、

22 董則、王氏、大黑、小黑、佛女、外女、八娘、住花、迎兒、合得、王遂、李贊、楊珪、妻郭氏、楊倩、傅氏、

23 李郎、楊暉、妻牛氏、馮氏、男楊乂、楊仙、劉戀、母張氏、弟希嗣、吴氏、王氏、王氏、妻楊氏、

24 石進、弟石友、何嫂、蘇氏、葛氏、鄧氏、張氏、王琛、妻李氏、石興、妻魏氏、王恕、母葛氏、

25 魏氏、劉貴、董元、妻張氏、驴兒、蓮花。保州保賽縣高更村張孃孃、張福榮、劉

26 四哥、王翰、王政、趙學究、劉义、徐晏、張嗣、趙大伯、李大伯、王守興、張謙、王超、祝興、

27 □信、牛璘、牛旻、梁斌、孫祚、張秀、成德、劉欽、孫廣、孫大伯、劉均、藥义、衛博士、孫六翁、魏□、

28 魏博士、張福、張貞、張博士、王受、張瓊。孔村王义、梁义、孔從、李瓊。方順村段晏、王斌、

29 段斌、張遵、王貞、李美、康秀、段元、張縣、段超、王岩。李家莊李因、宋晏、賈贇、李义、李緒。

30 行唐縣⿺走麗⿰鹵句村劉處勍、妻郄氏、男守均、守真、守則、守素、守政、李吉。

31 孫家樓[16]靳希演、妻胡氏。

32 没擂坊[17]女邑衆等維那頭張氏、維那頭劉氏、崔氏、趙氏、張氏、韓氏。

33 王氏、邊氏、張氏、賈氏、李氏、張氏、胡氏、魏氏、柴氏、耿氏、趙氏、張氏、劉氏、劉氏、張氏。

34 張氏、劉氏、劉氏、賈氏、劉氏、焦氏、賈氏、梁氏、張氏、田氏、菩薩女。

35 □鮮坊女衆維那頭杜氏、張氏、尹氏、楊氏、孫氏、張氏、劉氏、張氏、李氏、陳氏、任氏、高鄭哥、

36 田遇、李祚、米廣、李謙、花美、李眷。孟村張霸興、王周、孟季、孟廷希。趙石村劉慶、

37 劉保。屯頭村[18]傅嗣、邊榮、劉榮、邊興海、田辛、吴元、傅進、李則、楊異。許村[19]許贇、

38 □贇、張瓊、李旻、宋度、石海、李興、元寶、楊節、曹習、董均、劉白、劉習。北成村[20]

39 張友、武貴、趙斌、張隱、劉辛。子城村[21]王榮。蘇頭村[22]路斌、

馮宗、

40 趙旻、趙璘、趙貴、陳翰。賽頭村[23]王教練、王超、王晏、王均、王榮、

41 田巒、李密、王超、魏興、田祚、王蓮。

【注釋】

[1] 黑保村：應爲黑堡村。定州望都縣永豐鄉轄村。定州開元寺塔三層《檀下村維那劉習等修塔題名碑記》第4行刻有“望都縣永豐鄉黑堡村”。今存，屬於河北省保定市望都縣黑堡鄉轄村。

[2] 七里店：保州保塞縣屬村。民國二十三年（1934）《清苑縣志》有載，已分化爲王七里店、耳七里店、苑七里店、邵七里店、李七里店、吕七里店六村，均屬於清苑縣第二區轄村。[1]今改爲邵七店、王七店、李七店、苑七店、耳七店、吕七店，屬於河北省保定市競秀區富昌鄉轄村。

[3] 西堤村：定州望都縣屬村。清康熙十七年（1678）《慶都縣志》有載，已分化爲大、小西堤二村。[2]今均存，屬於河北省保定市望都縣望都鎮轄村。

[4] 西楊村：定州唐縣屬村。定州塔第《唐縣城諫村糺首維那頭劉希遵等修塔題名碑記》第27、28行刻有“西陽村”，二者爲同一個村。具體待考。

[5] 里村：應爲定州屬村。光緒十一年（1885）《新樂縣志》載有東、西里二村，明代屬於新樂縣平鄉社轄村，清代屬於新樂縣

1 ［民國］金良驥等修，姚壽昌等纂：《（民國）清苑縣志》卷一《地理》，中國臺北：成文出版社，1968年，第42頁。

2 ［清］李天璣等纂修：《（康熙）慶都縣志》卷一《村堡》，中國臺北：成文出版社，1969年，第73頁。

第二十七牌翼字號。[1]因爲碑文記載信息少，具體待考。

[6] 塼村：不詳，待考。

[7] 孤山村：鎮州行唐縣屬村。清乾隆九年（1744）《行唐縣新志》有載，屬於行唐縣龍崗社轄村。[2]今不存。

[8] 潘村：定州屬村。清道光二十九年（1849）《定州志》有載，屬於定州潘村約轄村。[3]今存，屬於河北省定州市磚路鎮轄村。

[9] 北送：應爲北宋村，北宋時可能爲定州唐縣屬村。清道光二十九年（1849）《定州志》有載，作"北宋村"，屬於定州磚路約轄村。[4]今存，屬於河北省定州市磚路鎮轄村。

[10] 雹水村：定州唐縣屬村。光緒四年（1824）《唐縣志》有載，已分化爲南雹水村、東雹水村、周雹水村、邸雹水村、西雹水村五村，分别屬定州唐縣北羅社和大洋社轄村。[5]今存南雹水村、東雹水村、西雹水村、周雹水村、北雹水村四村，分别爲河北省保定市唐縣北羅鎮和雹水鄉轄村。

[11] 郎村：保州保塞縣屬村。民國二十年（1931）《滿城縣志略》有載，屬於滿城縣第三區區公所江城轄村。[6]今存，屬於河北省保定市滿城區於家莊鄉轄村。

---

1 [清]雷鶴鳴等修，趙文濂纂：《（光緒）新樂縣志》卷一《城池》，中國臺北：成文出版社，1968年，第68、71頁。

2 [清]吴高增纂修：《（乾隆）行唐縣新志》卷三《地理》，《中國地方志集成·河北府縣志》第4輯，上海：上海書店，2006年，第358頁。

3 [清]寶林等纂修：《（道光）定州志》卷七《地理·鄉約下》，中國臺北：成文出版社，1969年，第788頁。

4 [清]寶林等纂修：《（道光）定州志》卷七《地理·鄉約下》，中國臺北：成文出版社，1969年，第797頁。

5 [清]陳詠修，張惇德纂：《（光緒）唐縣志》卷二《輿地》，中國臺北：成文出版社，1969年，第224—225頁。

6 [民國]陳寶生等修，陳昌源等纂：《（民國）滿城縣志略》卷三《建置》，中國臺北：成文出版社，1969年，第92頁。

[12] 保州東魏村：保州保塞縣屬村。保州，在原碑文中此二字爲橫嚮鐫刻。北宋時屬河北路。民國二十三年（1934）《完縣新志》有載，屬於完縣第三區轄村。[1] 今改爲東委村，屬於河北省保定市順平縣蒲陽鎮轄村。因碑文記載少，不確定是否爲同一村。

[13] 西魏村：保州保塞縣屬村。民國二十三年（1934）《完縣新志》有載，屬於完縣第三區轄村。[2] 今改爲西委村，屬於河北省保定市順平縣蒲陽鎮轄村。因碑文記載少，不確定是否爲同一村。

[14] 東邪村：不詳，待考。

[15] 西師：不詳，待考。

[16] 孫家樓：鎮州行唐縣屬村。清乾隆九年（1744）《行唐縣新志》載有孫家樓村，屬於行唐縣張茂社轄村。[3] 今不存。

[17] 没擂坊：不詳，待考。

[18] 屯頭村：定州北平縣屬村。民國二十三年（1934）《完縣新志》有載，清代時屬於完縣亭鄉社轄村，民國時屬於完縣第三區轄村。[4] 今存，屬河北省保定市順平縣高於鋪鎮轄村。

[19] 許村：保州保塞縣屬村。民國二十年（1931）《滿城縣志略》有載，作“許村”，屬於滿城縣第四區區公所方順橋轄村。[5] 今存，

1 ［民國］彭作楨等纂修：《（民國）完縣新志》卷一《疆域第一上》，中國臺北：成文出版社，1968 年，第 79 頁。

2 ［民國］彭作楨等纂修：《（民國）完縣新志》卷一《疆域第一上》，中國臺北：成文出版社，1968 年，第 79 頁。

3 ［清］吴高增纂修：《（乾隆）行唐縣新志》卷三《地理》，《中國地方志集成·河北府縣志》第 4 輯，上海：上海書店，2006 年，第 360 頁。

4 ［民國］彭作楨等纂修：《（民國）完縣新志》卷一《疆域第一上》，中國臺北：成文出版社，1968 年，第 80、85 頁。

5 ［民國］陳寶生等修，陳昌源等纂：《（民國）滿城縣志略》卷三《建置》，中國臺北：成文出版社，1969 年，第 91 頁。

屬於河北省保定市滿城區方順橋鎮轄村。

[20] 北城村：定州北平縣屬村。民國二十三年（1934）《完縣新志》有載，清代時屬於完縣亭鄉社轄村，民國時屬於完縣第三區轄村。[1] 今存，屬於河北保定市順平縣北城鄉駐地。

[21] 子城村：定州北平縣屬村。民國二十三年（1934）《完縣新志》有載，清代時屬於完縣亭鄉社轄村，民國時屬於完縣第三區轄村。[2] 今存，屬於河北省保定市順平縣北城鄉轄村。

[22] 蘇頭村：定州北平縣屬村。民國二十三年（1934）《完縣新志》有載，清代時屬於完縣亭鄉社轄村，民國時屬於完縣第三區轄村。[3] 今存，屬河北省保定市順平縣高於鋪鎮轄村。

[23] 賽頭村：疑爲賽子村。民國二十三年（1934）《完縣新志》有載，清代時作“塞子村”，屬於完縣魏村社轄村；民國時作“寨子”，屬於完縣第二區轄村。[4] 今存，屬河北省保定市順平縣高於鋪鎮轄村。因碑文記載信息少，無法確定是否爲同一個村。

1 ［民國］彭作楨等纂修：《（民國）完縣新志》卷一《疆域第一上》，中國臺北：成文出版社，1968 年，第 79、85 頁。

2 ［民國］彭作楨等纂修：《（民國）完縣新志》卷一《疆域第一上》，中國臺北：成文出版社，1968 年，第 80、85 頁。

3 ［民國］彭作楨等纂修：《（民國）完縣新志》卷一《疆域第一上》，中國臺北：成文出版社，1968 年，第 80、85 頁。

4 ［民國］彭作楨等纂修：《（民國）完縣新志》卷一《疆域第一上》，中國臺北：成文出版社，1968 年，第 78、88 頁。

定州塔第十層修塔題名碑記録文及注釋

鑲嵌在定州塔第十層的修塔題名碑記共計一方:《在州都押衙耿素等修塔題名碑記》。

第一方:《在州都押衙耿素等修塔題名碑記》録文及注釋

【題解】

此碑鑲嵌於定州塔第十層,原碑無題目。碑高五十四厘米、寬八十四厘米。此碑刊刻於皇祐四年(1052),碑文二十五行,行十三至三十二字不等。第十九行至二十五行與前面碑文相比,字體偏大,似不是一次刊刻完成,可能爲前一部分刊刻完成後,再爲其他佛教社邑捐施人題名。碑文捐施人主要涉及定州城内各坊民衆、保州村莊民衆等。

【録文】

1 皇祐四年七月十八日同修塔結尖了畢,善友、施主等具列如後:

2 在州都押衙耿素、吕從,南門街西劉素、郭素,茶香鋪韓密,線鋪李節,

3 茶香鋪石新,菓子鋪鄭昇,寧國坊鄭忠、張益、丁贇、王貴、李宗、

孟昱，

4 金銀鋪丁二郎、劉質，西關劉興、竹能、賈新，衙西嚴五戒、梁信、張素、劉興，

5 信利坊麴則，鮮虞坊常文寂，仁教坊李秀，寧國坊安澄，高陽坊楊璘。

6 望都縣維那劉斌、劉宗、唐均、李秀、李慶。崔丘村[1]趙澄、梁倩、邸斌、王益、

7 和金、郎澄、王宣、趙倫、李金。羅家莊[2]楊二翁。白城村温玉、王素、張十郎、

8 李蘭程、蕭五戒。沙河南[3]王續、維那王均、王恕、王遵、王秀、張宗、王恕、王澄、

9 王則、侯慶、李珣。

10 鄉村邑衆等趙緒、劉能、馬清、劉靖、賈福、劉新、邸昇、劉義、崔昇、

11 關二哥、武□使、賈祚、崔教書、邸斌、解清、司昇、王進、孫玉、王緒、

12 齊均、齊珠、李信、賈化、賈元、馬新、張貴、郭素、蓋澄、張玉、劉清、

13 崔牙推、王福、邢化、田玉、曹政、張萬、郭睿、王顯、石信、何顯、劉弼、

14 楊宣、孫慶、王秀、董氏弟子、賢氏弟子、姜氏弟子。

15 張村[4]李濬。普通村[5]田斌、楊僎。突河[6]許吉、許信。

16 西建陽[7]薛□、任旻、樊慶、許秀、南角羊[8]李三翁、李榮、

17 茶李小助教趙慶、劉昇，衙西丁晸、衛旦。韓郃村[9]李進、楊宗。

18 保州西路剛村[10]劉五戒、蓋元、李訓、臧達、臧德、臧新、王道。

19 鹽豉村[11]邑衆賈均、賈一、賈秀、賈澄、賈政、張安、

20 賈質、臧琛、梁能、蓋元、王仲。楊村[12]王則。

21 北暉村[13]王秀、王化、何興、王順。西關孫信、妻董氏。

22 佛殿村王信、張氏、馬氏、孫男坦、次孫男二哥。

23 北葛村王千、張從、王翌、門北、董氏、武氏、李氏。

24 石頭崗村[14]賈齊。張猛村[15]趙靖、趙質。

25 陵北村[16]馮翌、馮秀、甄元、孫五戒、張五戒。

【注釋】

[1] 崔丘村：定州屬村。定州塔第三層《修塔院主僧淳清等題名石刻》碑刻下部第一部分第5行刻有“崔求村”，二者爲同一村。今爲堤崔邱、劉崔邱二村，分别屬於河北省定州市楊家莊鄉和南城區街道轄村。

[2] 羅家莊：定州屬村。清道光二十九年（1849）《定州志》有載，屬定州連塚約轄村。[1]今存，屬於河北省定州市清風店鎮轄村。

[3] 沙河南：應爲指流經定州的沙河南地界，應該在今天定州沙河南片區。

[4] 張村：定州屬村。清道光二十九年（1849）《定州志》有載，已分化爲“大張村”“小張村”二村，均屬定州東不隨約。[2]今合併爲張村，屬於河北省定州市東旺鎮轄村。

[5] 普通村：不詳，待考。

[6] 突河：應爲滾河村，定州屬村。清道光二十九年（1849）《定州志》有載，已分化爲“大滾河村”“小滾河村”二村，均屬

1 [清]寶林等纂修：《（道光）定州志》卷七《地理·鄉約下》，中國臺北：成文出版社，1969年，第813頁。

2 [清]寶林等纂修：《（道光）定州志》卷六《地理·鄉約上》，中國臺北：成文出版社，1969年，第610、616頁。

定州滱河約轄村。[1] 今改爲大渡河村、小渡河村，均屬於河北省定州市大鹿莊鄉轄村。

[7] 西建陽：定州屬村。清道光二十九年（1849）《定州志》有載，屬定州建陽約轄村。[2] 今存，爲河北省定州市大鹿莊鄉轄村。

[8] 南角羊：定州屬村。清道光二十九年（1849）《定州志》有載，屬定州滱河約轄村。[3] 今存，爲河北省定州市楊家莊鄉轄村。

[9] 韓部村：定州新樂縣屬村。光緒十一年（1885）《新樂縣志》有載，明代作"韓村"，屬於新樂縣孔村社轄村；清代作"邯村"，屬於新樂縣第二十五牌星字號。[4]《新樂縣地名資料彙編》考韓部即爲邯部。[5] 今存，爲"邯部"，是河北省石家莊市新樂縣邯部鎮駐地。

[10] 西路剛村：保州保塞縣屬村。具體不詳，待考。

[11] 鹽豉村：定州塔第二層《當寺上生閣百法院助緣糺首僧道瑩等修塔題名碑記》第三部分第 41 行刻有"鹽鼓村"，二者應爲同一村。

[12] 楊村：保州保塞縣屬村。清光緒十二年（1886）《保定府志》有載，屬於安肅縣西南路轄村。[6] 今存，屬於河北省保定市蓮池區楊

1 [清]寶林等纂修：《（道光）定州志》卷六《地理·鄉約上》，中國臺北：成文出版社，1969 年，第 554 頁。

2 [清]寶林等纂修：《（道光）定州志》卷六《地理·鄉約上》，中國臺北：成文出版社，1969 年，第 560 頁。

3 [清]寶林等纂修：《（道光）定州志》卷六《地理·鄉約上》，中國臺北：成文出版社，1969 年，第 556 頁。

4 [清]雷鶴鳴等修，趙文濂纂：《（光緒）新樂縣志》卷一《城池》，中國臺北：成文出版社，1968 年，第 67、71 頁。

5 河北省新樂縣地名辦公室編：《新樂縣地名資料彙編》，新樂縣印刷廠印刷，1983 年，第 150 頁。

6 [清]李培祜、朱靖旬修，張豫增等纂：《光緒保定府志（一）》卷二十四《户政略》，《中國地方志集成·河北府縣志輯》第 30 輯，上海：上海書店出版社，2006 年，第 410 頁。

莊鄉轄村。

[13] 北暉村：不詳，待考。

[14] 石頭崗村：定州屬村，具體不詳，待考。

[15] 張猛村：應爲張蒙村，定州屬村。清道光二十九年（1849）《定州志》中有載，已分化爲“花張蒙村”“寺張蒙村”“辛李張蒙村”三村，均屬定州張蒙約[1]。今存花張蒙村、寺張蒙村、李張蒙村，屬於河北省定州市周村鄉轄村。

[16] 陵北村：定州安喜縣屬村。出土河北定縣《曹溥神道碑銘》載：“以大定十五年（1175）六月十九日因疾而薨，享年七十，於當年九月吉日歸葬於定州安喜縣陵北村。”[2] 在民國二十三年（1934）《定縣志》載有“安喜縣陵北村”[3]，清道光二十九年（1849）《定州志》亦作“陵北村”，屬定州張蒙約[4]。根據碑文記載信息來看，當爲同一村。今存，屬於河北省定州市明月店鎮轄村。

1 ［清］寶林等纂修：《（道光）定州志》卷六《地理・鄉約上》，中國臺北：成文出版社，1969 年，第 632—633 頁。

2 王新英輯校：《全金石刻文輯校》，長春：吉林文史出版社，2012 年，第 202 頁。

3 ［民國］賈恩紱纂修：《（民國）定縣志》卷二十《志餘・金石篇》，中國臺北：成文出版社，1969 年，第 1101 頁。

4 ［清］寶林等纂修：《（道光）定州志》卷六《地理・鄉約上》，中國臺北：成文出版社，1969 年，第 635 頁。

定州塔第十一層修塔題名碑記録文及注釋

鑲嵌在定州塔第十一層的修塔題名碑記共計一方:《史家疃張咢、母劉氏閻清題名碑記》。

第一方:《史家疃張咢、母劉氏閻清題名碑記》録文及注釋

【題解】

鑲嵌在定州塔第十一層，碑身高四十四厘米，寬九十八厘米，原碑無題目。此題名碑記文字分爲四個部分：第一部分爲第一行至十七行上半行，從右至左書寫，行十一至二十三字不等，刊刻時間爲至和元年（1054）；第二部分爲第十七行下半行、第十八行至十九行，從左至右書寫；第三部分爲第二十行至二十六行，從左至右書寫，行四至二十二字不等；第四部分爲碑文第二十七行，行十一字。第二、四部分文字應是在第一、第三部分刊刻完畢後，在原碑文縫隙中刊刻了捐施人的姓名。此四部分碑文的捐施人主要爲北平縣、安喜縣各級吏人、新樂縣等鄉村民衆等。

【録文】

第一部分：

1 史家疃張咢、母劉氏、閻清題名碑記。

2 左侍禁北平軍兵馬監押[1]趙威記。

3 安喜縣都押成基，録事馬望，次録事[2]楊璘，

4 差科案劉薦，户口案申顯，司功延方、鹽錢李晶進，

5 上倉案石堅，下倉案王素、高振，兵案楊靖，司士案

6 孫則，司法案劉志，尉司[3]朱昌、梁堅、王和、吴寧，書手[4]張

7 元、張閏、左素、劉方、高能、甄倩、高齊、段真、趙和、張錫，

8 手力[5]節級劉遵、安普、劉辛、吕辛、王辛、劉堅、段西、全佺。

9 新樂縣清化鄉累頭村女邑衆等延氏、粟氏、張氏、小張氏、

10 李氏、侯氏、范氏、王氏、劉氏、崔氏、小王氏、史氏、衛氏、大杜氏、

11 二杜氏、小杜氏、趙氏、安氏、小趙氏、小李氏、焦氏、小焦氏、高氏、

12 小王氏、方氏、劉氏、田氏、李氏、宋氏、張氏、大延氏。新樂縣

13 東曹村[6]邑長楊敏、楊□、耿吉、楊真、劉均、王素、耿清、

14 耿仙、胡昇、楊海、楊均、劉宗、楊信、耿玉、楊慶、王仙。累頭村

15 劉超、妻阿楊、男劉玉、劉一、劉素、劉昌、呆兒、老僧、□兒、

16 改兒、阿張、阿王、阿李、阿王、阿□、五姐、滿姐、大女、二姐。

17 至和元年，見今寺主賜紫惠則。

第二部分：

1 楊一、楊澄、張緒、張福、張遵、蕭政、蕭和、侯忠、蕭欽。
2 蕭村 [7] 邑人張信、王遇、張立、牛斌、楊宗、成元、何辛、
3 侯秀、王宗、紀元。

第三部分：

1 鹽豉鋪楊氏、閆氏、戊氏、龐氏、王氏、小王氏、李氏
2 彭氏、許氏、楊氏。南暉村 [8] 甄氏、戊氏、尚氏。
3 北郎村 [9] 何氏、李氏、曹氏、迎兒、吕氏、戊氏、李氏、
4 馮氏、解氏、米氏、閆氏。東亭 [10] 戊元、弟戊一。
5 南郎村戊氏、劉氏、戊氏、亐氏、閆氏、李氏。
6 史家疃子京邑人邑正李秀、許福、戊元、段慶、李澄、
7 李福、曹素、孫福、孫慶、魏旻、韓祚、魏顯、劉元、戊遵、
8 韓昱方。程村 [11] 曹吉。邵村 [12] 劉□、妻王氏、宋贍、
9 張猛、劉元、高辛、高羨、葛堅、□三婁、劉吉 [13]、
10 子京、劉信、王化、劉之。仙虞坊石吉、和氏、李氏。
11 史家疃必方、尚吉、母陳氏、李閏、史福、母賈氏 [14]、
12 李之、母劉氏、王氏、王勍。陵頭 [15] 王緒。
13 北郎村閆澄、劉遇、劉和、習學究孟歸一。
14 陵北村邑衆孫宗、孫顒、齊緒、李嗣、甄一、甄澄、趙謙、
15 戊宗、崔元、劉能、戊信、羅秀、劉則、劉慶、劉勍、馮哲、楊化、楊金、
16 馮秀、啓旻、

第四部分：

1 王氏、韓師、胡郎師、胡甄師、胡【下缺】

【注釋】

[1] 左侍禁北平軍兵馬監押：左侍禁，武階名，屬三班小使臣階列。“端拱以後，分東、西供奉，又置左、右侍禁及承旨、借職，皆領于三班。”[1] 淳化年間正式設立，在右侍衛之上。“春正月，先是供奉官、殿直有四十年不遷者，乙酉，始置内殿崇班在供奉官之上，左右侍禁在殿直之上。”[2] 左侍禁敘遷，“轉西頭供奉官。”[3] 北宋前期爲八品，元豐改制後爲九品。北平軍兵馬監押爲差遣官，北宋時期縣級軍。“北平軍。慶曆二年，以北平砦建軍。四年復隸州，即北平縣治置軍使，隸州。”[4] 今爲河北省保定市順平縣。

[2] 次録事：縣級吏職，其位應次於録事，職責應與録事相同。

[3] 尉司：官署名，爲縣尉的治所，同時也是縣内維護社會治安的緝捕機構，“掌閲習弓手，戢姦禁暴”[5]。尉司中吏人由鄉村户中徵調來服役的弓手充當，題名碑記中出現的“尉司朱昌、梁堅、王和、吴寧”，可能爲尉司中負責緝捕盜賊、維護社會治安的弓手。

[4] 書手：宋代職役名。縣、鄉設置有鄉書手。鄉書手最早爲鄉役，隸屬里正、户長，後升爲縣役，職掌催收賦税，參與編造户産等。

1 [宋]李燾：《續資治通鑑長編》卷三百十，元豐三年十一月壬子，北京：中華書局，2004年，第7518頁。

2 [宋]李燾：《續資治通鑑長編》卷三十二，淳化二年春正月乙酉，北京：中華書局，2004年，第710頁。

3 [元]脱脱：《宋史》卷一百六十九《志第一百二十二・職官九》，北京：中華書局，1985年，第4030頁。

4 [元]脱脱：《宋史》卷八十六《志第三十九・地理二》，北京：中華書局，1985年，第2127頁。

5 [元]脱脱：《宋史》卷一百六十七《志第一百二十・職官七》，北京：中華書局，1985年，第3978頁。

《嘉定赤城志》載："國初，里正、户長掌課輸。鄉書手隸焉以稅户，有行止者，充勒典押里正委保，天聖後以第四等户"，"建隆初，里正、户長掌課輸，里正於第一等差，户長於第二等差，鄉書手隸里正於第四等差"[1]。天聖以後，用第三、四等户充當。熙寧三年（1070）推行免役法，遂改爲雇役代替。

[5] 手力：宋代縣役之一。五代時已有手力之役。手力和弓手是宋代公吏中設置最多的兩種。熙寧年間，手力罷差法，改爲從稅户及有行止的坊廓户中充募，一般差第二、三等户充。手力的職責主要有：一、追催拖欠租稅；二、爲縣官"供身驅使"提供迎送搬運等各種差使；三、爲縣官提供"打草供柴"等雜役[2]。

[6] 東曹村：定州新樂縣屬村。光緒十一年（1885）《新樂縣志》兩處記載有東曹村，分别屬於新樂縣在成社和平鄉社轄村。[3]今存，爲河北省石家莊市新樂市杜固鎮轄村。

[7] 蕭村：疑爲今保定市定興縣屬村。光緒十六年（1890）《定興縣志》有載，已分化爲"西蕭村""東蕭村"二村，均屬於定興縣西南路轄村。[4]今改爲"西肖村""東肖村"，屬於河北省保定市定興縣肖村鄉轄村。因爲碑文記載信息少，不確定是否爲同一個村。

[8] 南暉村：可能爲定州新樂縣屬村。定州塔第十層《在州都押衙

1　[宋]陳耆卿：《嘉定赤城志》卷十七《吏役門·州役人》，《宋元方志叢刊》第7册，北京：中華書局，1990年，第7418—7419頁。

2　參見：苗書梅：《宋代縣級公吏制度初論》，《文史哲》，2003年第1期，第126頁。

3　[清]雷鶴鳴等修，趙文濂纂：《（光緒）新樂縣志》卷一《城池》，中國臺北：成文出版社，1968年，第66、68頁。

4　[清]張主敬等修，楊晨纂：《（光緒）定興縣志》卷一《村莊》，中國臺北：成文出版社，1969年，第55—56頁。

耿素等修塔題名碑記》第21行有"北暉村"。兩村應該相鄰。具體不詳，待考。

[9] 北郎村：應爲定州唐縣屬村。具體不詳，待考。

[10] 東亭：定州屬村。道光二十九年（1849）《定州志》載有"東亭鎮"，屬於河北定州東亭約轄村。[1] 今存有東亭鎮和東亭社區，屬於河北省定州市。

[11] 程村：不詳，待考。

[12] 陵頭村：定州屬村。道光二十九年（1849）《定州志》有載，已分化"北陵頭村""南陵頭村"二村，均屬於河北定州南不隨約轄村。[2] 今均存，分别屬於河北省定州市南城區街道和周村鎮轄村。

[13] 邵村：定州屬村。道光二十九年（1849）《定州志》有載，屬於河北定州張謙約轄村。[3] 今存，屬於河北省定州市東留鄉轄村。

[14] 吉：該行末尾有"米輝"二字，當爲後世塗鴉，不録。

[15] 氏：該行末尾有"李欣"二字，當爲後世塗鴉，不録。

1 ［清］寶林等纂修：《（道光）定州志》卷六《地理・鄉約上》，中國臺北：成文出版社，1969年，第566頁。

2 ［清］寶林等纂修：《（道光）定州志》卷六《地理・鄉約上》，中國臺北：成文出版社，1969年，第720、727頁。

3 ［清］寶林等纂修：《（道光）定州志》卷六《地理・鄉約上》，中國臺北：成文出版社，1969年，第655頁。

參考文獻

古籍史料

[南朝宋]范曄:《後漢書》，北京：中華書局，1965年。

[北齊]魏收:《魏書》，北京：中華書局，1974年。

[唐]魏徵等撰:《隋書》，北京：中華書局，1973年。

[唐]李吉甫撰，賀次君點校:《元和郡縣圖志》，北京：中華書局，1983年。

[宋]王溥:《唐會要》，北京：中華書局，1985年。

[唐]李匡乂:《資暇集》，北京：中華書局，1985年。

[唐]杜佑撰，王文錦等點校:《通典》，北京：中華書局，1988年。

[唐]李林甫等撰，陳仲夫點校:《唐六典》，北京：中華書局，1992年。

[唐]玄奘、辯機撰，季羨林等校注:《大唐西域記校注》，北京：中華書局，2000年。

[唐]歐陽詹撰，楊遺旗校注:《〈歐陽詹文集〉校注》，武漢：華中科學技術大學出版社，2012年。

[唐]長孫無忌等撰，岳純之點校:《唐律疏議》，上海：上海古籍出版社，2013年。

[後晉]劉昫等:《舊唐書》，北京：中華書局，1975年。

[宋]李誡:《營造法式》，上海：商務印書館，1954年。

[宋]司馬光編撰，[元]胡三省音注：《資治通鑑》，北京：中華書局，1956年。

[宋]王欽若等編：《册府元龜》，北京：中華書局，1960年。

[宋]李昉等編：《太平廣記》，北京：中華書局，1961年。

[宋]歐陽修：《新五代史》，北京：中華書局，1974年。

[宋]歐陽修、宋祁：《新唐書》，北京：中華書局，1975年。

[宋]薛居正：《舊五代史》，北京：中華書局，1976年。

[宋]范鎮撰，汝沛點校：《東齋記事》，北京：中華書局，1980年。

[宋]邵伯温撰，李劍雄、劉德權點校：《邵氏聞見録》，北京：中華書局，1983年。

[宋]曾鞏撰，陳杏珍、晁繼周點校：《曾鞏集》，北京：中華書局，1984年。

[宋]王存撰，王文楚、魏嵩山點校：《元豐九域志》，北京：中華書局，1984年。

[宋]晁載之：《續談助》，北京：中華書局，1985年。

[宋]宋庠：《元憲集》，北京：中華書局，1985年。

[宋]張表臣：《珊瑚鉤詩話》，北京：中華書局，1985年。

[宋]蘇軾撰，孔凡禮點校：《蘇軾文集》，北京：中華書局，1986年。

[宋]孫逢吉：《職官分紀》，北京：中華書局，1988年。

[宋]高承、[明]李果撰，金圓、許沛藻點校：《事物紀原》，北京：中華書局，1989年。

[宋]司馬光撰，鄧廣銘、張希清點校：《涑水記聞》，北京：中華書局，1989年。

[宋]程大昌：《演繁露(續集)》，北京：中華書局，1991年。

[宋]章如愚:《山堂考索(續集)》，北京：中華書局，1992年。

[宋]章定:《名賢氏族言行類稿》，上海：上海古籍出版社，1994年。

[宋]王安石撰，寧波等點校:《王安石全集》，長春：吉林人民出版社，1996年。

[宋]包拯撰，楊國宜校注:《包拯集校注》，合肥：黄山書社，1999年。

[宋]歐陽修:《歐陽文忠公集》，北京：中國文史出版社，1999年。

[宋]趙汝愚:《宋朝諸臣奏議》，上海：上海古籍出版社，1999年。

[宋]韓琦撰，李之亮、徐正英箋注:《安陽集編年箋注》，成都：巴蜀書社，2000年。

[宋]李心傳撰，徐規點校:《建炎以來朝野雜記》，北京：中華書局，2000年。

[宋]王稱:《東都事略》，濟南：齊魯書社，2000年。

[宋]趙汝適撰，楊博文校釋:《諸蕃志校釋》，北京：中華書局，2000年。

[宋]歐陽修撰，李逸安點校:《歐陽修全集》，北京：中華書局，2001年。

[宋]朱熹撰，朱杰人、嚴佐之、劉永祥主編:《朱子全書》，上海：上海古籍出版社，2002年。

[宋]歐陽忞撰，李勇先、王小紅校注:《輿地廣記》，成都：四川大學出版社，2003年。

[宋]王應麟:《玉海》，揚州：廣陵書社，2003年。

[宋]程顥，程頤:《二程集》，北京：中華書局，2004年。

[宋]李燾:《續資治通鑑長編》，北京：中華書局，2004年。

[宋]王象之撰，李勇先點校:《輿地紀勝》，成都：四川大學出版社，2005年。

[宋]陳均編，許沛藻等點校:《皇朝編年綱目備要》，北京：中華書局，2006年。

[宋]梅堯臣撰，朱東潤校注:《梅堯臣集編年校注》，上海：上海古籍出版社，2006年。

[宋]樂史撰，王文楚點校:《太平寰宇記》，北京：中華書局，2007年。

[宋]宋敏求編:《唐大詔令集》，北京：中華書局，2008年。

[宋]田錫撰，羅國威點校:《咸平集》，成都：巴蜀書社，2008年。

[宋]司馬光撰，李之亮箋注:《司馬温公集編年箋注》，成都：巴蜀書社，2009年。

[宋]葛寅亮:《金陵梵剎志》，南京：南京出版社，2011年。

[宋]蘇軾撰，李之亮箋注:《蘇軾文集編年箋注》，成都：巴蜀書社，2011年。

[宋]錢若水修，范學輝校注:《宋太宗皇帝實録校注》，北京：中華書局，2012年。

[宋]王明清撰，王松清點校:《揮麈録》，上海：上海古籍出版社，2012年。

[宋]程大昌撰，許逸民校證:《演繁露校證》，北京：中華書局，2018年。

[元]脱脱:《遼史》，北京：中華書局，1974年。

[元]脱脱:《宋史》，北京：中華書局，1985年。

[元]德輝主編:《中國禪宗典籍叢刊》，鄭州：中州古籍出版社，

2011 年。

[元]馬端臨:《文獻通考》,北京:中華書局,2011 年。

[明]宋濂:《元史》,北京:中華書局,1976 年。

[明]陸楫:《古今説海》,成都:巴蜀書社,1988 年。

[清]高宗敕修:《續文獻通考》,中國臺北:新興書局,1965 年。

[清]雷鶴鳴等修,趙文濂纂:《(光緒)新樂縣志》,中國臺北:成文出版社,1968 年。

[清]寶林等纂修:《(道光)定州志》,中國臺北:成文出版社,1969 年。

[清]曹鳳來纂修:《(光緒)無極縣續志》,中國臺北:成文出版社,1969 年。

[清]陳永修,張惇德纂:《(光緒)唐縣志》,中國臺北:成文出版社,1969 年。

[清]韓志超等修,張瑲纂:《(光緒)蠡縣志》,中國臺北:成文出版社,1969 年。

[清]李天璣等纂修:《(康熙)慶都縣志》,中國臺北:成文出版社,1969 年。

[清]宋蔭桐纂修:《(光緒)安國縣新志稿》,中國臺北:成文出版社,1969 年。

[清]宋蔭桐纂修:《(光緒)祁州志》,中國臺北:成文出版社,1969 年。

[清]張主敬等修,楊晨纂:《(光緒)定興縣志》,中國臺北:成文出版社,1969 年。

[清]陳詠修,張懷德纂:《(同治)欒城縣志》,中國臺北:成文出版社,1976 年。

[清]王楷等修,張萬銓等纂:《(乾隆)祁州志》,中國臺北:

成文出版社，1976 年。

[清] 王肇晉修輯:《(咸豐) 深澤縣志》，中國臺北:成文出版社，1976 年。

[清] 紀昀編纂:《文淵閣四庫全書》，中國臺北:臺灣商務印書館，1983 年。

[清] 于敏中等纂:《欽定日下舊聞考》，北京:北京古籍出版社，1983 年。

[清] 陸增祥:《八瓊室金石補正》，北京：文物出版社，1985 年。

[清] 周家楣、繆荃孫等:《光緒順天府志》，北京：北京古籍出版社，1987 年。

[清] 戴錫章撰，紀昀、陸錫熊總纂:《西夏紀》，蘭州：蘭州古籍出版社，1990 年。

[清] 葉昌熾:《語石　語石異同評（考古學專刊丙種第四號)》，北京：中華書局，1994 年。

[清] 施晉等纂:《(嘉慶) 寧國府志》，南京：江蘇古籍出版社，1998 年。

[清] 錢謙益:《錢牧齋全集》，上海：上海古籍出版社，2003 年。

[清] 顧祖禹撰，賀次君、施和金點校:《讀史方輿紀要》，北京：中華書局，2005 年。

[清] 王斂福:《潁州府志》，合肥：黄山書社，2006 年。

[清] 徐松輯，劉琳等點校:《宋會要輯稿》，上海：上海古籍出版社，2014 年。

[民國] 金良驥等修，姚壽昌等纂:《(民國) 清苑縣志》，中國臺北：成文出版社，1968 年。

[民國] 金良驥等修，姚壽昌等纂:《(民國) 清苑縣志》，中國臺北：

成文出版社，1968年。

[民國]李佩恩修，宋文華纂：《(民國)高邑縣志》，中國臺北：成文出版社，1968年。

[民國]彭作楨等纂修：《(民國)完縣新志》，中國臺北：成文出版社，1968年。

[民國]宋大章等修，周存培纂：《(民國)涿縣志》，中國臺北：成文出版社，1968年。

[民國]王德乾等纂修：《(民國)望都縣志》，中國臺北：成文出版社，1968年。

[民國]陳寶生等修，陳昌源等纂：《(民國)滿城縣志略》，中國臺北：成文出版社，1969年。

[民國]賈恩紱纂修：《(民國)定縣志》，中國臺北：成文出版社，1969年。

[民國]張嶽靈修，賈恩紱纂：《(民國)定縣志》，中國臺北：成文出版社，1969年。

[民國]耿之光、王桂照修，王重民纂：《(民國)無極縣志》，中國臺北：成文出版社，1976年。

[民國]劉延昌總裁，劉宏書等編纂：《(民國)徐水縣志》，中國臺北：成文出版社，1976年。

今人著作

古物保管委員會編輯：《古物保管委員會工作彙報》，北京：北平[北京]大學出版社，1935年。

嚴耕望：《唐代方鎮使府僚佐考》，香港：新亞研究所，1969年。

新文豐出版社編：《石刻史料新編》，臺灣：新文豐出版社，

1977年。

上海古籍書店編:《天一閣藏明代方志選刊》,上海:上海古籍書店,1981年。

河北省新樂縣地名辦公室編:《新樂縣地名資料彙編》,河北:河北省新樂縣地名辦公室,1983年。

唐剛卯:《銜前考論》,中州書畫社編:《宋史論集》,鄭州:中州書畫社,1983年。

胡聘之編:《山右石刻叢編》,太原:山西人民出版社,1988年。

北京圖書館金石組:《北京圖書館藏中國歷代石刻拓本彙編》,鄭州:中州古籍出版社,1989年。

黄淮、楊士奇編:《歷代名臣奏議》,上海:上海古籍出版社,1989年。

張政烺主編:《中國古代職官大辭典》,鄭州:河南人民出版社,1990年。

上海書店出版社編:《天一閣藏明代方志選刊續編》,上海:上海書店出版社,1990年。

張厚安、白益華:《中國農村基層建制的歷史演變》,成都:四川人民出版社,1992年。

向南:《遼代石刻文編》,石家莊:河北教育出版社,1995年。

安平縣地方志編纂委員會編:《安平縣志》,北京:中國社會出版社,1996年。

苗書梅:《宋代官員選任和管理制度》,開封:河南大學出版社,1996年。

龔延明:《宋代官制辭典》,北京:中華書局,1997年。

中原石刻藝術館:《河南碑志敘録》,鄭州:河南美術出版社,

1997 年。

吴文治主編:《宋詩話全編》，南京：江蘇古籍出版社，1998 年。

孟繁峰，劉超英主編:《新中國出土墓志·河北卷》，北京：文物出版社，2000 年。

徐海榮:《中國服飾大典》，北京：華夏出版社，2000 年。

何廣博主編:《〈述善集〉研究論集》，甘肅：甘肅人民出版社出版，2001 年。

李之亮:《宋河北河東大郡守臣易替考》，成都：巴蜀書社，2001 年。

續修四庫全書編委會編:《續修四庫全書》，上海：上海古籍出版社，2002 年。

馮俊傑等編著:《山西戲曲碑刻輯考》，北京：中華書局，2002 年。

李希泌主編:《唐大詔令集補編》，上海：上海古籍出版社，2003 年。

曾棗莊、李文澤、吴洪澤:《中國文學家大辭典》，北京：中華書局，2004 年。

楊作龍，趙水森等:《洛陽新出土墓志釋録》，北京：北京圖書館出版社，2004 年。

曾棗莊、劉琳主編:《全宋文》，上海：上海辭書出版社，2006 年。

龔延明:《中國歷代職官别名大辭典》，上海：上海辭書出版社，2006 年。

黄正建:《中晚唐社會與政治研究》，北京：中國社會科學出版社，2006 年。

中華書局編輯部編:《宋元方志叢刊》，北京：中華書局，

2006年。

上海書店出版社編:《中國地方志集成·河北府縣志輯》,上海:上海書店出版社,2006年。

淮建利:《宋朝廂軍研究》,鄭州:中州古籍出版社,2007年。

趙力光:《西安碑林博物館新藏墓志彙編》,北京:綫裝書局,2007年。

柳立言:《宋代的家庭和法律》,上海:上海古籍出版社,2008年。

范景中、曹意强主編:《美術史與觀念史》,南京:南京師範大學出版社,2009年。

趙振華:《洛陽古代銘刻文獻研究》,西安:三秦出版社,2009年。

譚景玉:《宋代鄉村組織研究》,濟南:山東大學出版社,2010年。

王曾瑜:《點滴編》,保定:河北大學出版社,2010年。

向南、張國慶、李宇峰輯注:《遼代石刻文續編》,瀋陽:遼寧人民出版社,2010年。

王曾瑜:《宋朝軍制初探(增訂本)》,北京:中華書局,2011年。

趙超:《新編續補歷代高僧傳》,北京:社會科學文獻出版社,2011年。

程龍:《北宋糧食籌措與邊防:以華北戰區爲例》,北京:商務印書館,2012年。

曾棗莊:《宋代傳狀碑志集成》,成都:四川大學出版社,2012年。

齊運通:《洛陽新獲七朝墓志》,北京:中華書局,2012年。

章國慶:《寧波歷代碑碣墓志彙編》,上海:上海古籍出版社,

2012 年。

胡海帆、湯燕：《1996—2012 北京大學圖書館新藏金石拓本菁華》，北京：北京大學出版社，2012 年。

北京大學圖書館金石組胡海帆、湯燕、陶誠：《北京大學圖書館藏歷代墓志拓片目録》，上海：上海古籍出版社，2013 年。

樊秋寶主編：《澤州碑刻大全》，北京：中華書局，2013 年。

景茂禮、劉秋根編：《靈石碑刻全集》，保定：河北大學出版社，2014 年。

陳振：《中古時代・五代遼宋夏金時期》，上海：上海人民出版社，2015 年。

吴國武：《兩宋經學學術編年》，南京：鳳凰出版社，2015 年。

楊倩描：《宋代人物辭典》，保定：河北大學出版社，2015 年。

西安市文物稽查隊：《西安新獲墓志集萃》，北京：文物出版社，2016 年。

周振鶴主編、李昌憲編：《中國行政區劃通史・宋西夏》，上海：復旦大學出版社，2017 年。

定州開元寺塔文物保護管理所編著：《定州開元寺塔石刻題記》，北京：文物出版社，2019 年。

學術論文

姜錫東：《宋代就糧軍簡析》，《文史哲》，1985 年第 2 期。

王雲海，張德宗：《宋代坊郭户等的劃分》，《史學月刊》，1985 年第 6 期。

王曾瑜：《宋衙前雜論（一）》，《北京師院學報（社會科學版）》，1986 年第 3 期。

陳振:《關於宋代的縣尉與尉司》,《中州學刊》, 1987 年第 6 期;

張國剛:《唐代藩鎮軍將職級考略》,《學術月刊》, 1989 年第 5 期。

鄭世剛:《宋代的鄉和管》, 載鄧廣銘等主編:《中日宋史研討會中方論文選編》, 保定: 河北大學出版社, 1991 年。

周聖國:《保定西夏人探源——從西夏文經幢、老索神道碑看保定西夏人》,《文物春秋》, 1995 年第 3 期。

方寶璋:《宋代審計院考析》,《中國經濟史研究》, 1995 年第 3 期。

苗書梅:《論宋代的權攝官》,《河南大學學報(社會科學版)》, 1995 年 3 期。

李立:《宋代縣主簿初探》,《城市研究》, 1995 年第 4 期。

王育濟:《論"陳橋兵變"》,《文史哲》, 1997 年第 1 期。

祖慧:《宋代胥吏的選任與遷轉》,《杭州大學學報(哲學社會科學版)》, 1997 年第 2 期。

林榮貴:《北宋王朝的轄區設治與戍防》,《中國邊疆史地研究》, 1997 年 3 期。

祖慧:《宋代胥吏出職與差遣制度研究》,《浙江學刊》, 1997 年第 5 期。

祖慧:《宋代胥吏溢員問題研究》,《中國史研究》, 1998 年第 3 期。

王棣:《宋代鄉里兩級制度質疑》,《歷史研究》, 1999 年第 4 期。

扈石様、扈新紅:《〈趙城金藏〉史跡考》,《世界宗教研究》, 2000 年第 3 期。

陳峰:《都部署與北宋武將地位的變遷》,《安徽師範大學學報(人文社會科學版)》, 2001 年第 3 期。

李明:《後周與南唐淮南之戰述評》,《江西社會科學》, 2001 年第 4 期。

徐怡濤:《河北淶源閣院寺文殊殿建築年代鑒别研究》,《建築史論文集》第 16 輯, 北京: 清華大學出版社, 2002 年。

馮培紅:《試論晚唐五代的客將、客司與客省》,《中國史研究》, 2002 年第 4 期。

姚兆餘:《論北宋世家大族的擇偶標準》,《甘肅社會科學》, 2002 年第 6 期。

祖慧:《論宋代胥吏的作用及影響》,《學術月刊》, 2002 年第 6 期。

姜錫東:《北宋鄉兵人數考論》,《宋史研究論叢》第 5 輯, 保定: 河北大學出版社, 2003 年。

苗書梅:《宋代縣級公吏制度初論》,《文史哲》, 2003 年第 1 期。

夏維中:《宋代鄉村基層組織衍變的基本趨勢——與〈宋代鄉里兩級制度質疑〉一文商榷》,《歷史研究》, 2003 年第 4 期。

陸敏珍:《宋代縣丞初探》,《史學月刊》, 2003 年第 11 期。

苗書梅:《宋代州級公吏制度研究》,《河南大學學報(社會科學版)》, 2004 年第 6 期。

張彦霞:《宋代韓琦家族婚姻關係特徵考論》,《集寧師專學報》, 2005 年第 3 期。

吴磐軍:《宋常祐墓誌銘淺説》,《文物春秋》2005 年第 4 期。

王曾瑜:《宋代社會結構》, 收入周積明、宋德金《中國社會史論(下)》, 武漢: 湖北教育出版社, 2005 年。

劉秋根、王慧傑:《宋朝遣遼使節的家族性特徵探析》,《宋史研究論叢》第7輯,保定:河北大學出版社,2006年。

余蔚:《宋代的縣級政區和縣以下政區》,《歷史地理》第21輯,上海:上海人民出版社,2006年。

楊瑞軍:《略論宋代廂坊制度》,《山西師大學報(社會科學版)》,2006年第6期。

包偉民、魏峰:《宋人籍貫觀念論述》,《浙江大學學報(人文社會科學版)》,2007年第1期。

林小異:《"主管往來國信"?——淺談宋代的國信所》,載張希清主編:《澶淵之盟新論》,上海:上海人民出版社,2007年。

王卡:《遼代的李弘起義與道教》,《道教經史論叢·經史編》,成都:巴蜀書社,2007年。

梁松濤:《西夏文〈敕牌讚歌〉考釋》,《寧夏社會科學》,2008年第3期。

穆靜:《五代控鶴軍考》,《史學集刊》,2008年第6期。

黃覺弘:《劉絢〈春秋傳〉佚文考説》,《南京社會科學》,2008年第12期。

苗書梅:《宋代的"使院""州院"試析》,《宋代文化研究》,2009年第2期。

强文學:《北宋鄉兵的編制、教閲制度》,《河西學院學報》,2009年第3期。

强文學:《北宋鄉兵徵募制度探究》,《甘肅社會科學》,2009年第4期。

强文學:《北宋中後期鄉兵地位的上升》,《牡丹江大學學報》,2009年第5期。

黃覺弘:《〈程氏雜説〉佚文考説》,《西南交通大學學報(社會科學版)》，2010 年第 5 期。

王育濟、范學輝:《洛陽少年——宋太祖趙匡胤連載之四》，《文史知識》，2010 年第 9 期。

田高、王利華、王玉亭:《遼代〈張懿墓志〉補考》，《北方文物》，2011 年第 3 期。

康鵬:《遼代西南面安撫使司研究》，《隋唐遼宋金元史論叢》第 1 輯，北京：紫禁城出版社，2011 年。

馬慧丹:《宋代商税務的設置與管理》,《滄桑》, 2011 年第 4 期。

程龍:《北宋華北戰區引兵就糧的地理表現》，《歷史地理》第 25 輯，上海：上海人民出版社，2011 年。

仇鹿鳴:《新見五代崔協夫婦墓志小考》，《唐史論叢》，2012 年第 1 期。

包偉民:《宋代鄉制再議》，《文史》，2012 年第 4 期。

賈玉英:《唐宋時期州僚佐體制變遷初探》，《中州學刊》，2012 年第 6 期。

魯西奇:《買地券所見宋元時期的城鄉區劃與組織》，《中國社會經濟史研究》，2013 年第 1 期。

范學輝:《直轄與遥隸：宋代軍馬“皆隸三衙”考析》，《文史哲》，2013 年第 5 期。

郭茂育，顧濤:《新出土宋代〈張子立墓志銘〉》，《書法》，2013 年第 12 期。

許世娣:《北宋韓琦墓志研究》，《宋史研究論叢》第 14 輯，保定：河北大學出版社，2013 年。

魏麗:《宋代縣佐制度研究》，《青海師範大學學報（哲學社會科學版)》，2014 年第 3 期。

劉剛、薛炳宏:《江蘇揚州出土錢匡道墓志考釋》，《東南文化》，2014年第6期。

包偉民:《中國近古時期“里”制的演變》,《中國社會科學》，2015年第1期。

王曉薇:《定州開元寺塔碑刻題名中的禁軍、廂軍、鄉兵指揮考》,《宋史研究論叢》第24輯，保定:河北大學出版社，2016年。

甄一蘊:《宋代胥吏研究綜述》,《中國史研究動態》，2016年第1期。

包偉民:《宋代鄉村“管”制再釋》,《中國史研究》，2016年第3期。

朱奎澤:《兩宋鄉治體系中“管”的幾個問題》,《甘肅社會科學》，2016年第6期。

尤東進:《北宋禁軍兵力分佈研究——以仁宗朝爲中心》,《新宋學》第8輯，上海：復旦大學出版社，2019年。

高柯立:《宋代地方官府胥吏再探：以官民溝通爲中心》,《河北大學學報（哲學社會科學版）》，2017年第3期。

王雙慶、蘇靜:《墓志所見北宋名相韓琦的妻與妾》,《大衆考古》，2017年第5期。

劉宇瑞:《論宋初李筠之亂——以軍事地理的角度》,《學理論》，2017年第5期。

梁松濤、劉會改:《新發現題名碑記所見北宋定州就糧禁軍考》,《中華文史論叢》，2019年第2期。

學位論文

游彪:《宋代蔭補制度研究》，中國社會科學院研究生院博士學位論文，2000年。

梁建國:《宋代鄉村區劃研究》,河南大學碩士學位論文,2004年。

孫先文:《吴越錢氏政權研究》,安徽大學碩士學位論文,2004年。

梁金貴:《宋代胥吏制度探微》,貴州大學碩士學位論文,2008年。

張换换:《宋代軍屬研究》,河南大學碩士學位論文,2008年。

張鳳:《宋代士大夫家族婚姻問題研究》,西北師範大學碩士學位論文,2008年。

鄧銘傑:《北宋胥吏行爲模式研究》,華中師範大學碩士學位論文,2009年。

蔣文軒:《宋代州制研究》,湖南師範大學碩士學位論文,2010年。

張洪新:《宋代縣制探析》,山東大學碩士學位論文,2010年。

趙丹:《唐、五代藩鎮孔目官研究》,黑龍江大學碩士學位論文,2011年。

馬天寶:《北宋吴越錢氏後裔——錢惟演研究》,河北大學碩士學位論文,2011年。

上官紅偉:《北宋中下級統兵官研究》,西北大學博士學位論文,2013年。

張超逸:《崛起·毁譽·真實——唐宋胥吏階層的考察》,河北師範大學碩士學位論文,2013年。

甄一蘊:《官民之間:北宋胥吏階層研究》,西北民族大學碩士學位論文,2014年。

外文或外國學者論著、論文

[日]出光美術館:《地下宮殿の遺寶——中國河北省定州北宋塔基出土文物展》,東京:東京印書館,1997年。

圖書在版編目（CIP）數據

定州塔北宋題名碑記整理 / 梁鬆濤，魏國棟注釋
. -- 北京 : 北京聯合出版公司，2024.4
ISBN 978-7-5596-1334-9

Ⅰ. ①定… Ⅱ. ①梁… ②魏… Ⅲ. ①碑文—研究—定州 Ⅳ. ① K877.424

中國版本圖書館 CIP數據核字（2017）第 311564號

定州塔北宋題名碑記整理

作　　者：梁鬆濤　魏國棟
出 品 人：趙紅仕
出版監製：劉　凱
責任編輯：章　懿
封面設計：王　鵬
內文排版：南京五葉流芳圖文設計中心

北京聯合出版公司出版
（北京市西城區德外大街 83 號樓 9 層 100088）
固安蘭星球彩色印刷有限公司印刷　北京聯合天暢文化傳播有限公司發行
字數 332千字　787mm × 1092mm　1/16　27.5 印張
2024 年 4 月第 1 版　　2024 年 4 月第 1 次印刷
ISBN 978-7-5596-1334-9
定價：168.00 圓
